B&E 经济学系列

西方经济学原理（第三版）

刘秀光 刘辛元
欧阳勤 董思雁 编著

清华大学出版社
北 京

内容简介

本书共十九章。第一章至第九章是微观经济学部分，包括导论、供给与需求原理、消费理论、生产理论、成本分析、市场理论、要素价格决定理论、一般均衡分析、微观经济政策；第十章至第十九章是宏观经济学部分，包括宏观经济学基础、简单国民产出决定理论、总供给的基础、货币与银行理论、产品和货币市场的双重均衡、中央银行与货币政策、国民经济的宏观调控、通货膨胀和失业、经济增长理论、开放经济的宏观经济学。

本书写作方法的重要特色是，通俗易懂地表达深奥的经济学原理，而避免烦琐的推导和演绎，让读者从中感受到经济学的意趣盎然。

本书适用于高等院校经济管理类以及其他专业的教学，也适合经济管理工作者和经济学爱好者阅读。

图书在版编目(CIP)数据

西方经济学原理/刘秀光等编著. —3版. —北京：清华大学出版社，2017(2021.8重印)
(B&E经济学系列)
ISBN 978-7-302-46261-3

Ⅰ. ①西…　Ⅱ. ①刘…　Ⅲ. ①西方经济学　Ⅳ. ①F091.3

中国版本图书馆CIP数据核字(2017)第021017号

责任编辑：梁云慈
封面设计：刘晓霞
责任校对：宋玉莲
责任印制：宋　林

出版发行：清华大学出版社
　网　　址：http://www.tup.com.cn，http://www.wqbook.com
　地　　址：北京清华大学学研大厦A座　　**邮　　编**：100084
　社 总 机：010-62770175　　**邮　　购**：010-62786544
　投稿与读者服务：010-62776969，c-service@tup.tsinghua.edu.cn
　质量反馈：010-62772015，zhiliang@tup.tsinghua.edu.cn
印 装 者：三河市铭诚印务有限公司
经　　销：全国新华书店
开　　本：185mm×260mm　　**印　张**：22　　**字　　数**：503千字
版　　次：2009年5月第1版　2017年3月第3版　　**印　　次**：2021年8月第5次印刷
定　　价：55.00元

产品编号：068480-02

第三版前言

世界正处在一个急剧变革和不断创新的时期，新技术爆炸式的发展使许多奇思妙想能够迅速变为新颖的产品，传统的思维方式常常受到互联网思维的冲击。这一系列令人目不暇接的变化，的确是"经济学的现代戏剧的一幕"。

马歇尔在其《经济学原理》第一版的序言中指出，经济状况在不断地变化着，每一代人都以自己的方式看待自己的问题。在英国以及欧洲大陆和美国，人们比以往更加积极地进行经济学研究。当时之所以出现这样的社会现象，是因为这些国家和地区正在经历着一场经济社会的变革，这就必然促使人们积极地研究经济学。

经济学的历史表明，经济思想一旦用于解决现实问题，便会酝酿和掀起社会变迁的浪潮。众所周知，《就业、利息和货币通论》的问世，终结了自由放任的经济思想和经济体制，开启了政府干预经济的历史，让许多国家摆脱了 20 世纪 30 年代的大萧条而走向繁荣。

中国经济面临着产业结构调整、维护生态环境使经济发展可持续、收入分配的不公平等经济发展中的矛盾和问题。我们可以相信，经济学对于揭示经济的变动趋势，探索经济发展的方式和路径都是重要的工具。

对第三版的修订更注重教材的可读性，同时略去了一部分内容如福利经济学等，增加了一部分内容如经济增长理论等。

第三版修订工作的分工如下：刘辛元负责第一章至第六章，欧阳勤负责第七章至第十三章，董思雁负责第十四章至第十九章，刘秀光负责统稿与定稿。

第三版前言

第一版前言

西方经济学包括微观经济学与宏观经济学，本书的第一章至第九章是微观经济学部分，第十章至第十九章是宏观经济学部分。微观经济学主要研究作为单个实体的市场、企业、家庭的行为等；宏观经济学则主要研究经济的总体运行，例如，投资与消费的决定、中央银行对货币和利率的管理、经济增长、国际金融危机产生的原因等。

亚当·斯密被认为是微观经济学的创始人，亚当·斯密《国富论》(1776 年)的问世是微观经济学诞生的标志；约翰·梅纳德·凯恩斯《就业、利息和货币通论》(1936 年)的出版，产生了现代意义上的宏观经济学。尽管自亚当·斯密时代以来，微观经济学已经有了长足的发展，但亚当·斯密的许多观点至今仍然不断地为人们所引用。尽管宏观经济学已经远远超越了凯恩斯开创性研究的成就，但凯恩斯所提出的许多命题仍然是今天宏观经济学的基本范畴。

经济学是动态的科学，它所揭示的是经济现象、环境变化以及世界经济和整个社会的变动趋势。因此，经济学必须置身于现实世界中，紧跟经济社会的发展，才能成为一门活生生的不断丰富和发展的学科。

经济学是一门关于如何选择的学科，而编著一本经济学教科书同样涉及如何选择的问题。因此，本书着重于对现代西方经济学的基本概念、基本原理、基本方法做一番明晰的介绍。在叙述的方法上，作为一本导论性的经济学教科书，不是拘泥于烦琐的推导和演绎，而是将复杂深奥的经济学原理通俗易懂地表达出来，从而让读者确实感受到如同萨缪尔森所说，“经济学竟然能够如此意趣盎然”，经济学是一门“激动人心的学科”。

目　　录

第一章　导　论

本章作为西方经济学的导论，主要说明西方经济学的研究对象和研究方法。

第一节　经济学的研究对象

经济学是一门动态的科学，它揭示了经济现象、环境变化以及世界经济和整个社会的变动趋势。经济学涵盖了许多论题，包括：研究要素的价格及其资源配置；考察金融市场，并且分析通过金融市场将资本在各经济部门之间的有效配置，收入的分配问题，政府的财政政策和货币政策对经济增长的作用；研究经济周期中的通货膨胀和失业问题；等等。

从经济学涵盖的论题中可以得出经济学的一般定义：经济学研究的是一个社会如何利用稀缺的资源，生产出有价值的商品，并将生产的商品在不同的人之间进行分配。

在经济学的定义中，包含着经济学的两个核心思想，或者说经济学的双重主题：稀缺与效率。具体地说，经济学是从资源的稀缺性出发，研究如何有效地分配和利用有限的资源，去满足人们的无限需要。其中，所谓稀缺是指资源的有限性。经济学因为研究稀缺性，被称为忧郁的科学。资源并非是取之不尽，用之不竭的。但如果能无限量地生产出满足人们无限需要的物品，便不会有人去关心不同的人、不同阶层之间的收入分配问题。

因为物品是有限的，需求是无限的，才会有人提出效率的概念。所谓效率是指社会如何最有效地利用资源以满足人们的愿望和需要。所以，这就使经济学成为一门重要的学科。经济学的贡献也在于承认资源的稀缺性，并研究一个社会如何最有效地利用资源。

与经济学的核心思想或双重主题相连的问题是，一个社会或经济组织必须面对和解决三个基本问题：生产什么、如何生产、为谁生产。生产什么和生产多少是一个社会必须决定，在诸多可能生产的商品和劳务中，应该生产多少以及何时生产；如何生产是一个社会必须决定使用何种资源,以及采用何种生产技术,谁来生产;为谁生产是指社会生产的商品和劳务如何进行分配。

这三个基本问题归纳起来就是,相对于需求而言资源是稀缺的,一个经济体系必须决定如何利用有限的资源。更具体地说,必须在资源的不同组合之间进行选择——生产什么;在不同的资源及生产技术之间进行选择——如何生产;必须决定由谁消费生产出的商品和劳务——为谁生产。市场经济就是这样在运行着。市场经济的运行可以用图 1-1 来表示。

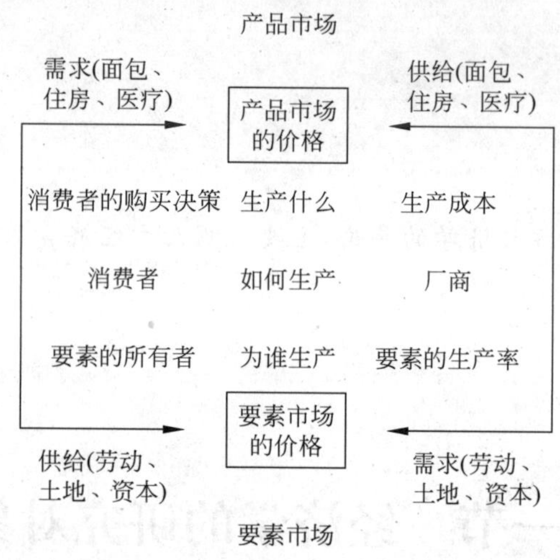

图 1-1　市场经济活动的流程图

图 1-1 中的上半部分是产品市场,消费者的购买决策和厂商的供给决策相互作用,共同决定"生产什么"。下半部分是要素市场,厂商为购买要素和以最低价格出售产品而展开竞争,解决"如何生产";厂商对要素的需求和社会公众对劳动及其他要素的供给相结合,决定构成要素市场价格的工资、租金和利息的支付。要素市场价格就是要素所有者的收入,而收入将会影响产品配送给谁,即"为谁生产"。

总之,供给和需求的相互依存,借助市场机制以解决生产什么、如何生产和为谁生产的问题。

许多学科是在不同层次上进行研究的,例如,生物学中的分子生物学研究构成生命体的化学合成物,细胞生物学研究细胞,进化生物学研究各种动物和植物。经济学也是如此,现代主流经济学将经济学分为微观和宏观两个层次。微观经济学研究单个经济决策单位,如消费者、厂商和资源所有者的经济行为。它所考察的是单个产品市场上的价格和供求是如何变动的,单个消费者的行为受哪些因素制约,单个厂商的成本、价格和产量是如何决定的,收入如何在要素所有者之间进行分配等。尽管经济中的个量繁多,对个量和个量之间关系的研究范围广泛,但可以用"价格决定"的研究来说明产品价格的决定机制,借以说明厂商的行为过程和局部产品市场的运行机制;通过说明生产要素的价格决定,可以说明生产要素市场的运行机制以及收入分配和资源分配的过程;通过说明所有产品和要素的价格如何相互影响和共同决定,可以说明各局部市场之间的相互联系和影响。因此,价格决定是微观经济学研究的核心，微观经济学因此被称为价格理论。

当然，微观经济学也考察一个社会的经济活动。例如，福利经济学是以一个社会的福利为研究对象的；一般均衡分析同时考察所有产品和各种生产要素的供求及其相互作用。但是，由于福利经济学和一般均衡分析仍是以单个消费者和厂商的行为为出发点来考察社会经济运行的，所以，一般都把这二者归于微观经济学的研究范围。

宏观经济学研究的是整个国民经济活动，以及一国国民产出的变动及其与价格水平、经济周期、通货膨胀和失业、经济增长、财政政策和货币政策之间的关系等。在这些变量中，最能反映一国国民经济状况的是国民产出水平。因此，国民产出的决定是宏观经济学的核心。由于现代宏观经济理论是英国的经济学家凯恩斯创立的，而凯恩斯主义宏观经济学是以国民产出和就业理论为中心的，因此，宏观经济学又称就业理论。

第二节　经济学的研究方法

一、实证分析和规范分析

经济学中的实证分析是对经济现象的因果关系或函数关系进行客观描述，回答经济现象"是什么"以及经济社会问题"是怎样的"，对这些问题的解释是描述性的。例如，如果其他因素保持不变，当某种商品的价格上升时，消费者将减少其需求量。当经济理论只限于表述经济活动的原因与结果以及各经济变量之间的函数关系时，这种经济理论就被称为实证经济学。

经济学中的规范分析是研究经济活动"应该是什么"，研究经济社会问题"应该是怎样解决的"，对这些问题的解释是命令性的。例如，政府"应该"提高最低工资以帮助低收入的人，政府"应该"关注环境问题等。规范分析涉及伦理标准和价值判断。当经济理论把因果分析与价值判断结合在一起时，这种经济理论被称为规范经济学。

微观经济学主要采用实证分析（微观经济学中的福利经济学和制度经济学等采用规范分析），宏观经济学则主要用规范分析。正如天文学只研究天体运行的规律，而对于天文现象本身不做好或坏的评价一样。实证分析只研究和分析经济运行的规律，而不涉及伦理标准和价值判断。因此，西方的学者将其比喻为天文学。正如占星术要预言吉凶祸福，要有好或坏的判断一样，因为规范分析要对经济活动做出价值判断，所以，西方的学者将其比喻为占星术。

二、均衡分析和边际分析

均衡是指两种相反力量形成的一种稳定状态。例如，在市场上供求相等时形成的价格。当均衡出现以后，如果没有外来的力量，均衡状态就不会被打破，而将一直持续下去。

均衡分析方法分为局部均衡分析和一般均衡分析。局部均衡分析只考察某一局部的均衡状态，不考察该局部与其他局部之间的相互关系和影响。如果只分析个别消费者、个别厂商、个别市场的均衡,就是局部均衡分析。而一般均衡分析是将所有的消费者和厂商、要素市场、产品市场、金融市场一并考察,分析它们之间相互关系和影响所形成的共同均衡状态。

例如,假定石油价格只取决于石油本身的供求状况,而不受其他产品价格、供求状况等因素的影响,此时石油的价格就由供给和需求两种相反力量的作用而最终达到均衡,这就是局部均衡分析。假定石油价格上涨,然后从石油价格上涨的状况出发,进一步分析汽车等其他市场,考察各种产品的价格、供求如何同时达到均衡,这就是一般均衡分析。

边际分析方法是通过考察某些因素微小的增量变动对被影响的事物带来的变化。简单地说,"边际"的含义就是因变量相对于自变量的变化率,或者是自变量变化一个单位时因变量的改变量。在边际分析中,总是最后一个单位的变动具有决定作用。边际分析是经济学的重要分析方法,在经济学中经常会涉及诸如边际效用、边际成本、边际收益、边际消费倾向等概念,这些概念对于理解经济学的相关原理很重要。

三、静态分析和动态分析

静态分析与均衡分析联系密切。静态分析是分析经济现象的均衡状态,以及有关的经济变量达到均衡状态所需要的条件,但并不涉及达到均衡状态的过程。例如,假定对谷物的供求状况为已知的,就可以据此找出今年谷物达到供求相等时的均衡产量和均衡价格。只要假定的供求条件不变,今年谷物的产量和价格就处于静止不变的状态。

在静态分析中还有比较静态分析。比较静态分析是在原有的已知条件发生了变化的情况下,比较在这些条件发生变化以后的均衡状态相应地发生了哪些变化,但不涉及怎样从原有均衡向新的均衡实际变化的过程。简言之,比较静态分析,就是比较一个变动过程的起点和落点。例如,人们为了追求高的生活品质,更偏好绿色食品,因而导致对绿色食品的需求提高。在供给保持不变的条件下,当该商品的供求达到新的均衡时,其产量和价格都将比以前有所提高。

与比较静态分析仅仅将前后不同时期的两种均衡状态加以比较不同,动态分析是要考察经济活动的实际变化过程。因为某一经济变量发生变化以后,对其他经济变量的影响存在着时间差异,考虑时间差异的分析称为动态分析。例如,价格变动之后在很短的时间内将对需求产生影响,但却需要持续一段时间之后才能影响供给,这是因为生产的调整需要较长的时间才能完成。显然,价格变动会影响当前的需求和下一期的供给。对这类经济活动的分析,就是需要将时间因素考虑进去的动态分析。产品生产周期的不同,对供给的影响也不同。例如,手机和谷物的生产周期有很大的差别。手机的生产周期较短,其价格的变动对供给的影响持续的时间就较短;谷物的生产周期一般需要一年,价格的变动对供给的影响需要持续一年的时间。一般地说,生产周期越长的产品,其供给往往具有更多的不确定性,原因是许多因素在较长的时间跨度内影响着供给的不确定性。

四、经济模型

经济模型是抽掉次要因素,规定典型环境,以突出主要经济变量关系的一种方法。经济模型的形式主要有以下四种。

1. 用文字表述一种经济模型的含义。例如，均衡国民产出水平的决定条件是总供给等于总需求，或者投资等于储蓄。这一表述就是国民产出的模型。

2. 用数学形式表示经济变量之间的关系。例如，需求函数 $Q_D = f(p, x_1, x_2, \cdots, x_n)$；供给函数 $Q_S = f(p, y_1, y_2, \cdots, y_n)$。

建立经济模型的基本步骤是：对经济现象归纳和抽象；定义相关变量；对变量之间的因果关系提出假设；将假设进一步符号化和公式化；建立经济模型，获取数据进行求解；对模型的结果进行分析。我们通过建立汽车的市场供求模型，说明建立经济模型的基本步骤。

$$Q_D = f_1(p, x_1, x_2, \cdots, x_n)$$
$$Q_S = f_2(p, y_1, y_2, \cdots, y_n)$$
$$Q_D = Q_S$$

在上述三个方程式中，需求函数说明了汽车市场的需求状况。对汽车的需求取决于汽车的价格 p，平均收入 x_1，人口 x_2 等因素；供给函数说明了汽车市场的供给状况。对汽车的供给取决于汽车的价格 p，技术 y_1，投入品的价格 y_2 等因素。当汽车的需求等于供给时，汽车市场达到均衡状态。

三个方程式组成了一个经济模型。模型中涉及的变量分为两类：第一类是外生变量，如 x_1、x_2、…、x_n，y_1、y_2、…、y_n。外生变量是在模型之外测定的，是本模型中决定其他变量的变量。第二类是内生变量，如 Q_D、Q_S、p。内生变量是在本模型中通过求解过程才能得出的变量。将假设的数据代入上述模型，得到一个三元一次方程组：

$$Q_D = f_1(p) = 15 - 3p$$
$$Q_S = f_2(p) = 5 + 2p$$
$$Q_D = Q_S$$

解这个方程组，得到汽车市场的均衡价格和均衡数量分别为

$$p = 2, \quad Q_D = Q_S = 9$$

上述汽车市场的供求模型表明了汽车市场上的基本状态：汽车的价格越高，消费者愿意购买的数量越少，厂商愿意出售的数量越多；反之，正好相反。当汽车的需求量和供给量相等时，汽车的价格处于稳定状态。

3. 用图形说明各种数据或经济变量之间的关系及其变化。图形在经济学中非常有用，一般用于分析经济概念和研究经济的发展趋势。由于图形在经济模型中占有很大的比重，而且经济学家经常用图形解释他们的模型，因此，我们需要了解识图的基本常识和方法。

(1) 变量。变量是一种可以度量并且变化的量，价格、工资、销售量等都是变量。经济学经常研究变量之间的关系，而图形就是表示两个变量之间关系的工具。图形上的水平线指横轴，通常称 X 轴；垂直线指纵轴，通常称 Y 轴。横轴表示因变量，纵轴表示自变量，因此，X（或者 x）表示因变量，Y（或者 y）表示自变量，这与数学的习惯不同。

(2) 斜率。因变量 X 的变化和自变量 Y 的变化之间的关系的数字度量就是斜率。斜率的数值为高度/长度，其中，“高度”是指垂直距离，“长度”是指水平距离。

斜率分为正斜率和负斜率。正斜率是指两个变量沿相同方向变化,同时增加或同时减少,两个变量之间是正相关的关系;负斜率是指两个变量沿反方向变化,一个变量减少时另一个变量增加,两个变量之间是负相关的关系。但在涉及负斜率时,常常忽略"负"字,而取斜率的绝对值。

图 1-2 显示了正斜率和负斜率,同时,我们用该图说明如何计算直线的斜率。在该图的(a)和(b)中:

$$斜率的数值=CD/BC=纵轴上值的变化/横轴上值的变化=\Delta Y/\Delta X$$

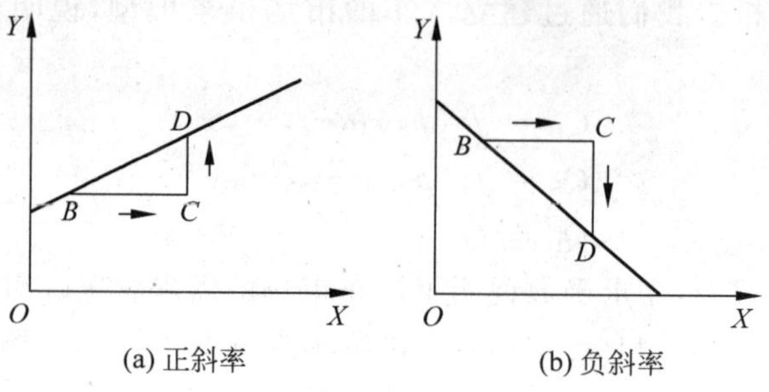

图 1-2　如何计算直线的斜率

(3) 图形中的曲线及其斜率。图形中的线段有直线和曲线,但习惯上都将其称为"曲线",因为"曲线"是更一般的术语。一条直线或线性关系的数学公式表示为

$$y = a + bx$$

这条直线的斜率为 b,表示 x 变动一单位时 y 的变动量。直线的斜率是一个常数,是等式中取值不变的量,因为因变量的取值是由自变量的取值决定的。b 的增加或者减少,意味着直线的斜率更陡峭或者更平坦。需要注意,如果按经济学的习惯,上式将表示为

$$x = a + by$$

例如,长途电话费每个月的固定费用为 4 美元,并且每分钟的通话费为 30 美分。用 y 表示每个月的话费总额,t 表示每个月通话的总分钟数,代入上式得

$$y = 4 + 0.3t$$

式中,每个月的固定费用 4 美元,每分钟收取的通话费用 30 美分都是参数。如果一个月你打了 100 分钟的电话,用下式表示:

$$y = 4 + 0.3 \times 100 = 34(美元)$$

因为直线的斜率在任何一点上都是相同的,所以可以用图形中的任何两点计算线段的斜率。在图 1-2 的(a)中,假设 C 点至 D 点之间的垂直距离为 12－8＝4 单位(自变量的增量),B 点至 C 点的水平距离为 20－10＝10 单位(因变量的增量),因此这条直线的斜率等于自变量除以因变量,即 4/10＝0.4。在(b)中,假设 C 点至 D 点之间的垂直距离为 10－18＝－8 单位(自变量的增量),B 点至 C 点的水平距离为 20－10＝10 单位(因变量的增量),因此这条直线的斜率等于自变量除以因变量,即－8/10＝－0.8。

某些变量之间的关系不可能通过直线准确地表示。例如,图 1-3 显示了某厂商生产的商品数量和价格之间的关系,这种关系的曲线是非线性的,非线性曲线的斜率不是固定不变的。非线性关系的一个例子是二次方程:

$$X=(Y-2)^2$$

当 $Y<2$ 时,该方程的斜率为负;当 $Y>2$ 时,斜率为正;当 $Y=2$ 时,斜率为零。

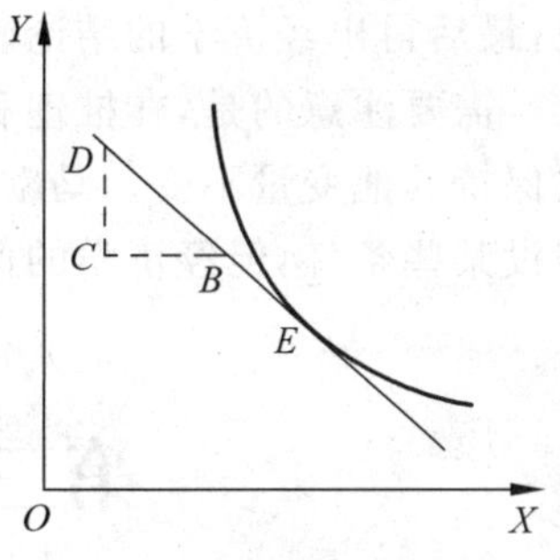

图 1-3 某点的斜率用切线的斜率表示

在图 1-3 中,E 点的斜率用切线的斜率表示,即 CD/BC。可以用图 1-3 说明一种商品的数量和价格的变化关系。例如,当商品的价格从 14 美元降至 10 美元时,该商品售出的数量从每天 50 个增至 60 个。因而有

$$\begin{aligned}\text{斜率}&=\Delta\text{商品的价格}/\Delta\text{商品的数量}=(10-14)/(60-50)\\&=-4/10=-0.4\end{aligned}$$

斜率的值越大(不考虑负号),线段越陡峭,说明随着价格的降低,商品的销售数量并不能增加很多;反之,斜率的值越小,线段越平坦,说明随着价格的降低,售出的商品数量增加得较多。

(4) 矩形和三角形面积的计算。图形中的矩形和三角形可能有重要的经济意义,因此需要掌握其计算的方法。我们借助图 1-4 说明矩形和三角形面积的计算方法。

图 1-4(a)的矩形代表厂商的总收益(或总收入),总收益等于价格 P 乘以销售量 Q。在该图中,每单位产品的价格为 2 美元,出售产品的数量为 10 000 单位,即 $10\,000\times2=20\,000$ 美元。所以,计算矩形面积的公式为

$$\text{矩形面积}=\text{底}\times\text{高}$$

图 1-4(b)的三角形计算公式为

$$\text{三角形面积}=1/2\times\text{底}\times\text{高}$$

在该图中,底等于 $12\,000-10\,000=2\,000$;高等于 $2-1.5=0.5$ 美元。所以,其面积等于 $1/2\times2\,000\times0.5=500$ 美元。

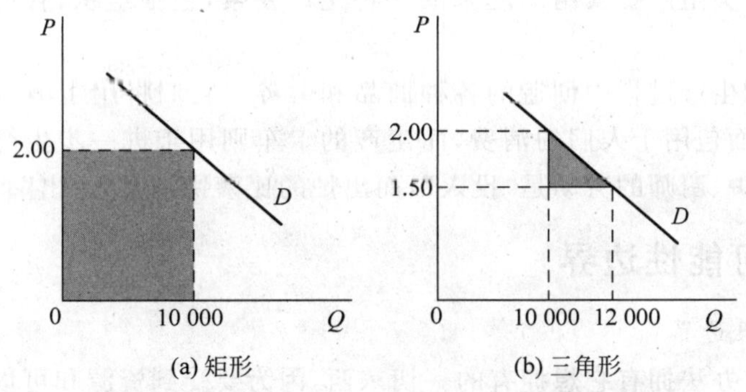

图 1-4 图形中矩形和三角形面积的计算

只有当需求曲线是直线时才显示为三角形,不过,即使需求曲线不是直线,上述计算三角形的公式仍然可以提供一个近似值。

4. 用图表列示各种经济变量的数值及其变化。经济模型反映的经济变量关系是否符合实际,与假定条件有重要关系。同时,还要记住经济学研究的逻辑。经济理论通过对一系列经济活动的分析,包括买卖、投资、消费和储蓄、国际贸易,等等,然后进行一般化的抽

象,最后得出经济学的结论。

需要注意的是,在推理和论证的过程中,当分析一个变量对于经济体系的影响时,一定要保持其他变量不变。马歇尔在其《经济学原理》一书中指出,一切科学的学说无不含蓄地假设某些条件,但经济学的假说在经济规律中却特别明显。

第三节　社会的技术可能性

在第一节说明了经济学的研究对象之后,曾经归纳出经济学的双重主题:稀缺与效率以及经济组织所面临的生产什么,如何生产和为谁生产三个基本问题。本节进一步说明这些问题。

一、投入和产出

要回答生产什么、如何生产和为谁生产这三个基本问题,就必须对经济活动的投入和产出做出选择。

所谓投入又称生产要素或经济资源,是指在生产商品和劳务的过程中所使用的产品和劳务。投入分为四类:劳动、土地、资本和企业家才能。其中,劳动是由人类提供的脑力和体力。在各种技术水平上,经济活动都是由劳动完成的,劳动是最重要的生产要素。土地是一切自然资源的简称,是指生产过程中由自然界所提供的一切,它包括农业、住房等所使用的土地,还包括矿产、森林和水域等。资本又称资本品,是一个经济体为生产其他商品而由劳动和土地生产出来的产品。资本品包括机器、设备、厂房、道路、原料和存货等。企业家才能是将上述三类生产要素组织起来的一种生产要素,包括组织、管理、创新、承担风险等活动。

所谓产出是指生产过程中创造的各种商品和劳务。它们将用于消费或用于进一步生产。例如,生产的面包用于人们的消费,而生产的卡车则用于进一步生产。生产一块比萨饼,面粉、鸡蛋、烤炉、厨师的劳动是“投入”,而出炉的比萨饼则是“产出”。

二、生产可能性边界

1. 生产可能性边界

一个社会没有办法拥有它想拥有的一切东西,因为要受到资源和可以利用的技术的制约,这就涉及生产可能性边界问题。所谓生产可能性边界是指一个社会或一个国家利用现有的技术和资源,可能生产的资本品和消费品最大数量的各种组合,如图 1-5 所示。

横轴为消费品的数量,纵轴为资本品的数量,AF 曲线即生产可能性边界,曲线上的 A、B、C、D、E、F 点分别表示在一定的技术条件下,一个社会或一个国家将全部资源只用于两种物品(如消费品和资本品)的生产,并且是最大数量时的各种组合。

从图 1-5 中看出,当全部资源用于资本品的生产时,生产的资本品的最大数量为 15 个单位。沿着这一边界向右下方移动,资源逐渐由资本品的生产转向消费品的生产,资本品

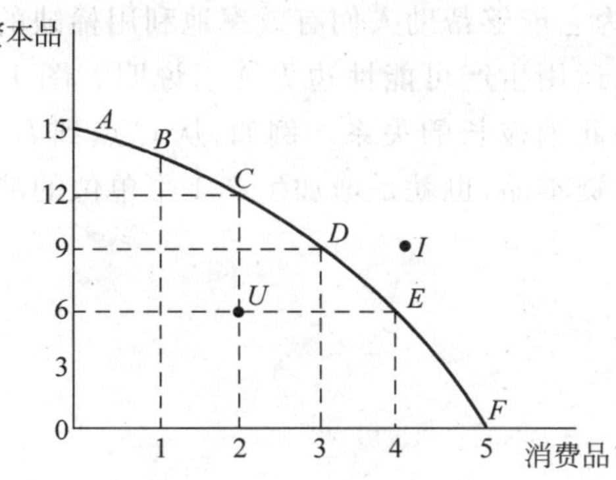

图 1-5 生产可能性边界

的数量逐渐减少，而消费品的数量则逐渐增加；当全部资源用于消费品的生产时，所能生产的消费品的最大数量为 5 个单位。连接 A、B、C、D、E、F 各点，就形成一条生产可能性曲线。这一曲线向右下倾斜并呈凸形，意味着多生产一定量的消费品所放弃的资本品的数量越来越多。换言之，当大部分资源生产消费品时，生产可能性边界非常陡峭。因为此时多增加一单位消费品的生产，放弃的资本品则会多得多。反之，当大部分资源生产资本品时，生产可能性边界非常平坦。因为每放弃一单位消费品的生产，引起的资本品的增加量是微小的。

在生产可能性边界之外的点如 I 点，在技术水平和投入品数量既定时是不能达到的，因为没有支持这种产量水平的资源。而边界内的任何一点如 U 点，表明经济尚未达到有效的生产程度，因为所进行的生产小于所能得到的资源的产量水平，所以是缺乏效率的生产水平。经济周期中较高的失业率就说明了这一原理。

总之，经济只有在生产可能性边界上才能利用所能得到的全部资源进行生产，生产可能性边界上的生产表明是有效率的生产水平。

2. 机会成本

由于资源的稀缺性，就决定了选择的必要性。例如，当人们决定是否购买汽车，或是否上大学等时，就必须考虑做出一种选择，需要放弃多少其他成本，这就是所谓机会成本。机会成本是指把一定的资源用于生产某种产品时所放弃的该资源生产另一种产品的价值。换言之，在资源稀缺的条件下，选择一样东西就意味着放弃其他东西。其机会成本就是所放弃的或被错过的商品或劳务的价值。例如，一个人是上大学还是高中毕业后就业，如果选择上大学，上大学的全部成本，除了学习的全部费用，还包括机会成本，选择上大学的机会成本就是高中毕业后就业所挣得的货币收入。

以上是机会成本的原始含义。机会成本是指错过了最有价值的物品或劳务的价值，或者机会成本是指放弃一种资源在其他用途中能得到的最高收入。这是目前广泛使用的机会成本的含义。例如，上大学每年的学费、书本费合计为 5 000 美元。一个高中毕业生全日制工作的年平均工资为 20 000 美元，这是花费在学习方面的时间的机会成本。因此，上大学的机会成本为每年 25 000 美元（5 000＋20 000）。

由于机会成本是由选择引出的经济学概念，因此，机会成本也称为选择成本。可见，机会成本之所以重要,是因为它能够帮助人们有效率地利用稀缺的资源。

机会成本概念也可以运用生产可能性边界加以说明。图 1-5 中的生产可能性边界反映了生产资本品和消费品此消彼长的关系。例如,从 C 点到 D 点的机会成本是为生产额外的消费品而必须放弃的资本品,也就是增加生产 1 个单位的消费品的机会成本是 3 个单位的资本品。

练习题

一、概念

将定义的序号填入概念的____中。

____经济学　　____稀缺与效率　　____价格决定

____实证分析　　____规范分析　　____静态分析

____动态分析　　____边际分析　　____投入和产出

____生产可能性边界　　____机会成本

1. 一个社会或一个国家利用现有的技术和资源,可能生产的资本品和消费品最大数量的各种组合。

2. 分析经济现象的均衡状态以及有关的经济变量达到均衡状态所需要的条件,但并不涉及达到均衡状态的过程。

3. 通过考察某些因素微小的增量变动对被影响的事物带来的变化。

4. 是一门动态的科学,它揭示了经济现象、环境变化以及世界经济和整个社会的变动趋势。

5. 把一定的资源用于生产某种产品时所放弃的该资源生产另一种产品的价值。或者机会成本是指放弃一种资源在其他用途中能得到的最高收入。

6. 某一经济变量发生变化以后,对其他经济变量的影响存在着时间差异,考虑到时间差异的分析,这一分析方法是要考察经济活动的实际变化过程。

7. 在生产物品和劳务的过程中所使用的产品和劳务,以及生产过程中创造的各种物品和劳务。

8. 研究经济活动"应该是什么",研究经济社会问题"应该是怎样解决的",对这些问题的解释是"命令性"的。

9. 考察单个产品市场上的价格和供求是如何变动的,单个消费者的行为受哪些因素制约,单个厂商的成本、价格和产量是如何决定的,收入如何在要素所有者之间进行分配等。

10. 资源的有限性和社会如何最有效地利用资源以满足人们的愿望和需要。

11. 对经济现象的因果关系或函数关系进行客观描述,回答的经济现象"是什么"以及经济社会问题"是怎样的",对这些问题的解释是描述性的。

二、选择题(从下列备选答案中选出最佳答案,下同)

1. 资源不能满足人们的无限需要这一事实被称为(　　)。

A. 机会成本　B. 稀缺性　C. 效率　D. 生产什么

2. 经济组织必须面对和解决的基本问题是(　　)。

A. 生产什么(和生产多少)　B. 如何生产

C. 为谁生产　D. 以上全部都对

3. 微观经济学研究的核心是(　　)。

A. 就业理论　B. 失业理论　C. 价格决定　D. 市场机制

4. 下列属于实证分析的是(　　)。

A. 通货膨胀对经济发展有利

B. 通货膨胀对经济发展不利

C. 政府应该治理严重的通货膨胀

D. 只有控制通货膨胀经济才能稳定增长

5. 下列选项中违反“其他条件不变”这一假定前提的是(　　)。

A. 一个问题产生紧随另一个问题产生

B. 当许多变量同时发生变化时,未能针对其做出相应的调整

C. 如果一部分是真的,则整体就是真的

D. 一个事件先于另一个事件发生,则前者为因后者为果

6. 资本品是(　　)。

A. 货币　B. 股票和债券

C. 投入和产出　D. 金融资产

7. 生产可能性边界图形的轴线衡量的是(　　)。

A. 产品的数量　B. 产品的价值

C. 资源的数量　D. 投入和产出

8. 机会成本是(　　)。

A. 仅仅用于讨论生产可能性边界问题

B. 得到的物品和劳务的价值

C. 通过比较次优替代方案来衡量成本

D. 以上均不正确

三、计算题

根据表中的数据写出方程式,然后选出任意一组 X、Y 的值求出截距。

X	Y
20	22
25	25
30	28

四、分析题

1. 为什么说价格决定是微观经济学的核心,而国民产出决定是宏观经济学的核心?

2. 列出你上大学的机会成本。日常饮食和住宿方面的支出属于机会成本吗?

第二章 供给与需求原理

微观经济学的重要目的，是解释价格制度的运行，而价格制度运行的核心是市场机制。市场机制的基本力量是供给和需求，供给和需求的变动会导致产出和价格的变动，只有理解供给和需求如何运作，才能深入理解市场经济的机理。同时，供给与需求原理是经济学的基础理论，因而掌握供给与需求原理是学习经济学的前提条件。

本章将讨论供给和需求的概念以及供给曲线和需求曲线，然后运用这些基本工具，分析均衡价格和均衡数量的形成。

第一节　需求原理

一、需求

经济学中的需求，是指消费者愿意并且能够购买的一定数量的商品和劳务。需求包含两个必不可分的条件：消费者的购买欲望和支付能力。例如，有关购买轿车问题。当人们想购买而无力购买时，就只是购买的一种欲望，而不能构成需求；或者虽然有购买能力却没有购买欲望，同样不能构成需求。

商品是有价格的，由于价格的不同，消费者愿意并且能够购买的数量也不同，这就是消费者对某种商品的需求量。我们需要区分需求和需求量这两个相互联系又相互区别的概念。需求涉及两个变量，一个变量是商品的价格，另一个变量是与该价格相对应的消费者的需求量。简言之，需求是指价格与需求量之间的关系，而需求量仅指消费者在给定价格条件下愿意并且能够购买的商品数量。

需求可以分为个人需求和市场需求两类。个人需求是指单个消费者对某一种商品的需求；市场需求则是指所有消费者对某一种商品的需求，可见，市场需求是个人需求的总和。本章讨论的需求是市场需求。

二、需求表和需求曲线

在一种商品的市场价格与该商品的需求量之间存在着一定的关系，体现这种市场价格与需求量之间关系的工具就是需求表或需求曲线。

1. 需求表

表 2-1 是一定时期内玉米片的需求表。

表 2-1　玉米片的需求表

	价格 P/(美元/盒)	需求量 Q/(百万盒/年)
A	5	9
B	4	10
C	3	12
D	2	15
E	1	20

从表 2-1 中看出，在每一价格水平上，消费者所购买的玉米片的数量。例如，在每盒价格为 5 美元时，需求量为 9 百万盒。在较低价格时，购买的玉米片数量会较多。如在每盒价格为 4 美元时，需求量为 10 百万盒。如果价格更低，如在每盒 3 美元时，需求量更大，为 12 百万盒。需求量与价格之间呈反方向变动的关系。

2. 需求曲线

将需求表用图 2-1 表示出来就是需求曲线。

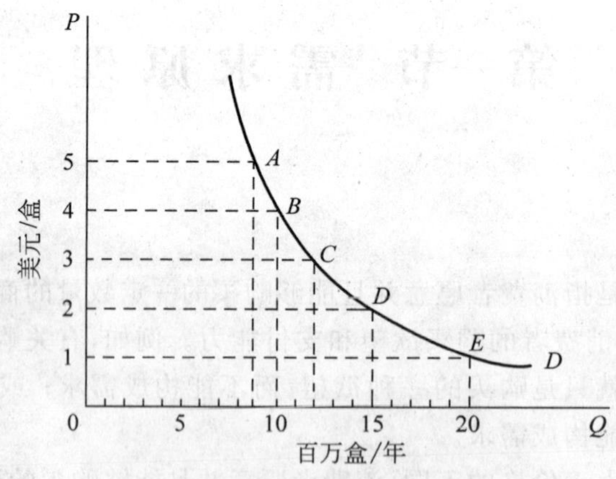

图 2-1　玉米片的市场需求曲线

横轴为玉米片的需求量 Q，纵轴为玉米片的价格 P，D 是从左上方向右下方倾斜的具有负斜率的市场需求曲线。曲线表明了需求量与价格之间呈反方向变动的关系。当价格下降时，需求量上升；当价格上升时，需求量下降。

曲线从左上方向右下方倾斜的性质称为需求向下倾斜规律。那么，为什么需求曲线一般总是向下倾斜？或者说，当价格上升时，需求为什么会下降？原因有两个：一是收入效应。价格的变化导致消费者实际收入的变化，从而引起需求量的变化。价格上升意味着实际收入的减少，导致这种商品需求量下降。价格下降意味着实际收入的增加，导致这种商品需求量上升。二是替代效应。当一种商品价格提高时，消费者用类似的商品来替代。如当牛肉价格上升时，可以多吃鸡肉。

商品价格的变化影响着消费者收入的变化，而这种影响就涉及对商品的划分——正常品和劣等品。正常品是收入增加需求量增加，收入减少需求量减少的商品。大部分商品都是正常品。劣等品或称低档品，劣等品不是自身质量差，而是收入增加需求量减少，收入减少需求量增加的商品。例如，对于是乘坐出租车还是乘坐公共汽车。随着收入的增加，你就很可能较多地乘坐出租车而减少乘坐公共汽车。可见，公共汽车相对于出租车而言就是劣等品。劣等品多指低档的烟酒、低档的蔬菜等。表 2-2 总结了价格变化引起的收入效应和替代效应。

表 2-2　价格变化引起的收入效应和替代效应

	收入效应			替代效应
	收入和购买力变化	正常品	劣等品	
价格上升	收入和购买力下降	需求量减少	需求量增加	消费该商品的机会成本上升，对该商品的需求量减少
价格下降	收入和购买力上升	需求量增加	需求量减少	消费该商品的机会成本下降，对该商品的需求量增加

需求与价格呈反比的关系原理也有例外，即价格越高，需求量越大，这就是所谓的吉芬之谜，将在第三章叙述。

三、影响需求的因素

需求表和需求曲线表示的是商品的价格和需求量之间的关系，是将价格视为影响需求量的唯一因素。但实际上，除了商品的价格之外，还有消费者的收入、偏好、相关物品的价格等许多因素影响需求。表 2-3 以汽车为例概括了需求的决定因素。

表 2-3　影响需求的因素

1. 平均收入	当收入增加时，购买力提高，人们增加对汽车的购买量
2. 人口因素	人口的增长增加了汽车购买量
3. 相关物品的价格	汽油价格的下降提高了汽车需求
4. 偏好因素	拥有一辆新车成为社会地位的象征
5. 特殊因素	特殊因素包括其他运输方式的可利用性、汽车的安全性、未来价格上升的预期，等等

1. 消费者的平均收入

消费者的平均收入是需求的重要决定因素。当消费者的收入增加时，需求量会相应增加，而收入减少时，需求量会相应减少。但由于商品的性质不同，其市场需求量对收入变化的反应也不同。一般地说,生活必需品对收入变化的反应较小,不会因为收入增加或减少而大幅度地增加或减少对生活必需品(如食品)等的需求量。而耐用消费品和奢侈品对收入变化的反应却相当大,如轿车等只有在收入有较大幅度提高时才会购买,而在收入下降较大时,就不会有需求。

生活必需品、耐用消费品和奢侈品,其需求量的变化方向与收入的变化方向是相同的。即当收入增加时,需求曲线向右移动,当收入减少时,需求曲线向左移动。但也有的商品(劣等品或低档品)的需求量是同收入的变化呈反方向的,关于这种特殊情况,我们将在第三章进一步讨论。

2. 相关商品的价格

相关商品包括替代品和互补品。替代品是指具有相同功能和用途的商品。如牛肉和鸡肉。由于商品之间相互替代,当一种商品价格提高,而另一种替代品的价格保持不变时,消费者就会减少对该商品的需求量而增加对价格不变的另一种商品的需求量。例如,当牛肉的价格提高,鸡肉的价格不变,消费者会减少对牛肉的需求量,增加对鸡肉的需求量。互补品是相互补充才能使用的商品。例如,汽车和汽油。互补品之间存在着相互依存的关系,一种商品的价格上升其需求量下降,会导致另一种商品的需求量也随之下降。反之,则随之上升。汽油的价格上升将会降低汽车的需求量。

3. 消费者的偏好

这是消费者的主观原因和决定需求的最明显因素。消费者的偏好表示在不考虑预算约束的条件下,消费者对各种商品和劳务喜欢和愿意消费的程度。消费者的偏好反映出心理或生理需要,也包括人为造成的需要(如香烟、毒品),还可以是传统或宗教的因素。

偏好本身似乎是历史学和心理学所要解释的问题,但经济学家要考察偏好变动时人们的需求会发生什么变化。在其他条件既定时,消费者偏好的变化,会影响需求曲线的移动。比如消费者更喜欢喝咖啡,那么咖啡的需求曲线会向右移动。

4. 特殊因素

除上述因素之外,在某一商品的背后,往往存在着一些特殊因素,例如,多雨或少雨的地区对雨伞的需求会有很大差别;未来的经济条件,尤其是对价格的预期,包括该商品本身价格的预期,还包括对相关商品价格的预期,对需求会产生重要影响。例如,当消费者预期咖啡的价格将会上涨时,咖啡的需求曲线会向右移动(增加当前的购买);或者当消费者预期与咖啡相关的物品如茶叶的价格将会下跌时,咖啡的需求曲线会向左移动。

四、需求量和需求水平的变化

在现实的经济生活中,需求会不断地变化。进一步分析需求的变化,将其区分为需求量的变化和需求水平的变化。如前所述,需求量的变化是指在决定需求的其他因素不变的情况下,只是由于商品本身价格的变化所引起的对该商品需求量的变化。在需求曲线上,是沿着同一条需求曲线的移动,如图 2-2 所示从 A 点移至 B 点。

如前所述,需求水平的变化或需求状况的变化是指在商品本身的价格保持不变的情况下,由其他因素所引起的需求量的变化。在需求曲线图中,不是沿需求曲线的移动,而是整个需求曲线的移动，左移或右移，如图 2-3 所示，当消费者的收入降低或提高时，需求曲线左移至 D_1，或右移至 D_2。

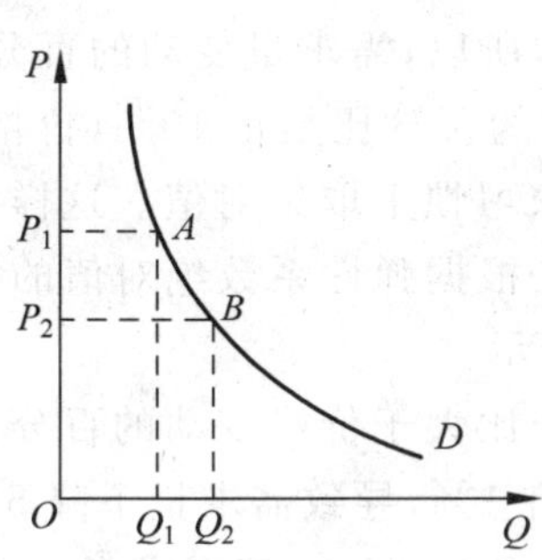

图 2-2　沿着曲线的移动

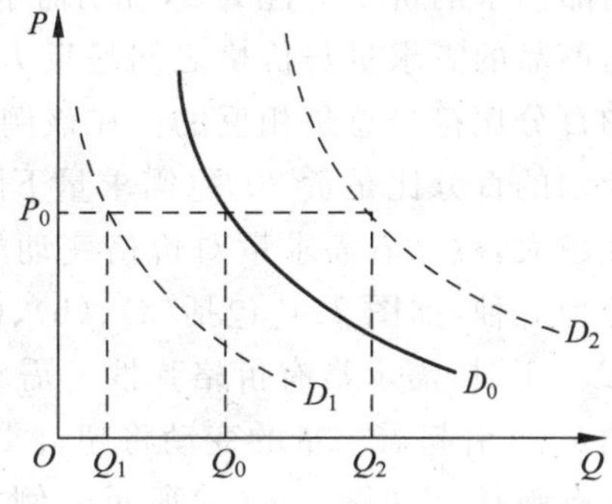

图 2-3　曲线的移动

五、需求的弹性

为了将供求曲线运用于对实际供求状况的分析，需要知道供给和需求在多大程度上对价格的变动作出反应。一些物品对价格的变动十分敏感，如金银首饰等奢侈品，当价格变动时，其需求量会大幅度变动。而一些物品对价格的变动几乎无动于衷，如食品等必需品，当价格变动时，其需求量基本不变。

这些问题可以运用弹性概念加以分析。弹性是对供求相对于价格等对其决定因素变动的反应程度进行定量分析的方法。弹性分析包括需求弹性和供给弹性。需求弹性包括价格弹性、收入弹性和交叉弹性。

1. 需求的价格弹性

需求的价格弹性，又称价格弹性，是指价格变动 1% 所导致的需求量变动的百分比，它衡量的是需求量对价格变动的反应程度。还可以表述为，需求的价格弹性衡量当一种商品的价格发生变动时该商品需求量变动的大小。其数学定义是需求量变动的百分比除以价格变动的百分比，即：

$$\text{需求的价格弹性}=\frac{\text{需求量变动的百分比}}{\text{价格变动的百分比}}$$

用公式表示如下：

$$E_{\mathrm{d}} = \frac{\Delta Q}{Q} \div \frac{\Delta P}{P}$$

式中：E_{d} 为需求的价格弹性系数，Q 与 ΔQ 为原来的需求量和变动的需求量，P 与 ΔP 为原来的价格和变动的价格。

例如，假定某种商品的价格从 2 美元升至 2.2 美元，消费者对该商品的购买从每个月 10 个减至 8 个。计算该商品需求的价格弹性。

$$\text{价格变动的百分比} = \frac{2.20-2.00}{2.00} \times 100\% = 10\%$$

$$\text{需求量变动的百分比} = \frac{10-8}{10} \times 100\% = 20\%$$

$$需求的价格弹性=\frac{20\%}{10\%}=2$$

该商品需求的价格弹性为2,说明需求量变动的比例是价格变动比例的2倍。

因为商品的需求量与价格之间呈反方向变动的关系,所以,需求量变动的百分比与价格变动的百分比符号总是相反的。在该例题中,价格变动的百分比是正10%(价格上升),需求量变动的百分比是负20%(需求量下降),但经济学家习惯上取绝对值。这样,需求的价格弹性越大,意味着需求量对价格变动的反应越敏感。根据弹性系数绝对值的大小,价格弹性分为五种,如图2-4[包括(a)、(b)、(c)、(d)、(e)]所示。

当$E_d>1$时,需求富有价格弹性。需求量变动的百分比大于价格变动的百分比,如果价格变动1%,引起需求量的变动将超过1%。如价格上升1%,导致需求量下降5%,则该商品就富有弹性。如图2-4(a)所示。例如,某商品价格上升20%,其需求量下降40%,$E_d=40/20=2$,需求是富有弹性的。拥有替代品的商品弹性大。

商品在富有价格弹性时与总支出的关系:消费者在商品上的总支出等于需求量乘以单价($Q\times P$)。如果价格下降,需求量增加的百分比大于价格降低的百分比,会导致消费者在这种商品上总支出增加。如果价格提高会导致总支出减少。

当$E_d=\infty$时,需求完全富有弹性,是$E_d>1$时的极端,表示某种商品在某一既定价格水平上,需求量无穷大,需求曲线是与横轴平行的水平线,如战争状态下政府对战争物资的采购。如图2-4(b)所示。

当$E_d<1$时,需求缺乏价格弹性。如果价格变动1%,引起需求量变动不足1%,如图2-4(c)所示。例如,价格上升1%,需求量仅下降0.2%。食品、燃料、鞋以及药品等生活必需品一般是缺乏弹性的。生活必需品即使价格上升也是难以舍弃的。

当$E_d=0$时,需求完全缺乏弹性或零价格弹性,是$E_d<1$时的极端。无论价格如何变动,需求量却保持不变,需求曲线是与横轴垂直的一条直线,如图2-4(d)所示。如食用盐是完全缺乏弹性的。

商品在缺乏弹性时与总支出的关系:价格降低导致在这种商品上的总支出减少,而价格提高则导致总支出增加。

当$E_d=1$时,需求具有单一弹性(或单元弹性),需求量变动的百分比等于价格变动的百分比。如图2-4(e)所示,价格上涨1%,导致需求量下降1%;价格下降1%,导致需求量上升1%。

商品在单一弹性时与总支出的关系:价格的升降对这种商品上的总支出没有任何影响。

利用图2-4分析价格弹性时,有一个基本规则:通过某一点的需求曲线越平坦,需求的价格弹性越大;通过某一点的需求曲线越陡峭,需求的价格弹性越小。

学习需求的价格弹性,有助于我们对某些经济问题做出准确的决策。例如,要提高经营的收入,对有些休闲娱乐场所是提高还是降低门票的价格?基本回答是,这些场所如果需求缺乏弹性,提高门票的价格会增加经营的收入。如果需求富有弹性,提高价格会使顾客减少,导致经营的收入减少,于是应该降低价格招揽顾客,从而增加经营的收入。

用需求弹性还可以分析丰收悖论。当农业丰收之后,反而降低了农民的收入。原因在

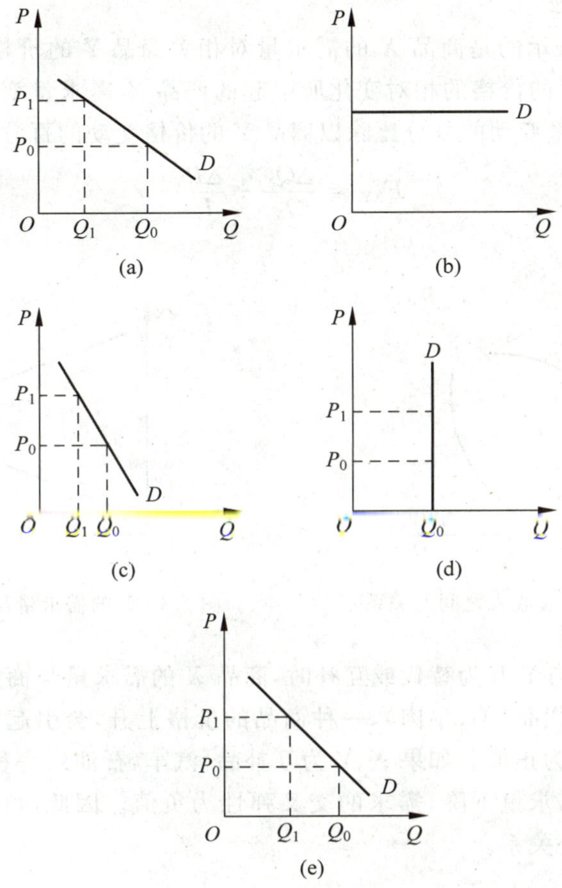

图 2-4　需求的价格弹性

于消费者对小麦、稻谷等的需求是缺乏弹性的。消费者对于食品这类必需品价格变动的反应迟钝，当丰收使供给增加以后价格进而下降，丰收的结果是农民收入的降低。

2. 需求的收入弹性

需求的收入弹性表示一种商品的需求量对消费者收入变动的反应程度或敏感程度，等于由 1%的收入变动所引起的需求量变动的百分比。其数学定义是用需求量变动的百分比除以收入变动的百分比。公式如下：

$$E_I = \frac{\Delta Q}{Q} \div \frac{\Delta I}{I}$$

式中，ΔQ 为需求的变动量，ΔI 为收入的变动量。图 2-5 表明了市场需求与总收入之间的各种关系。

曲线 A，收入弹性 $E_I>1$，表明收入增加 1%，导致需求量增加 1%以上。收入弹性大大高于 1 的商品可以认为是高档品。

曲线 B，收入弹性 $E_I<1$，表明收入增加 1%，导致需求量增加低于 1%。低收入弹性的商品属于生活必需品。

曲线 C，收入弹性是负值，收入增加导致需求量下降。这类商品属于低档品。

3. 需求的交叉弹性

需求的交叉弹性表示的是商品 X 的需求量对相关商品 Y 的价格变动的反应程度，等于由1%的相关商品 Y 的价格的相对变化所引起的商品 X 需求量变动的百分比。其数学定义是用商品 X 需求量变动的百分比除以商品 Y 的价格变动的百分比。公式为

$$E_{XY}=\frac{\Delta Q_X}{Q_X}\div\frac{\Delta P_Y}{P_Y}$$

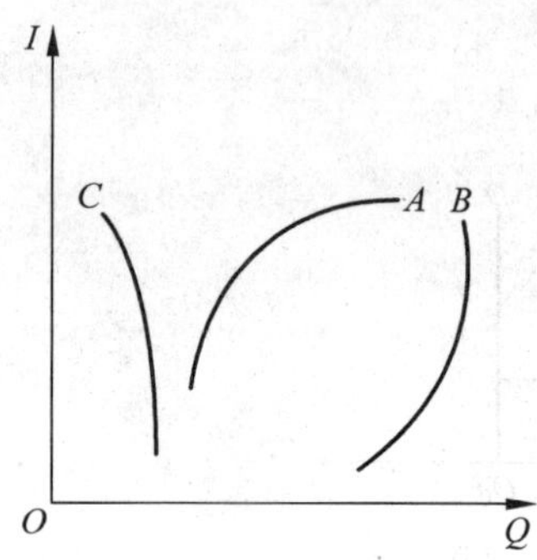

图 2-5　市场需求与总收入之间的关系

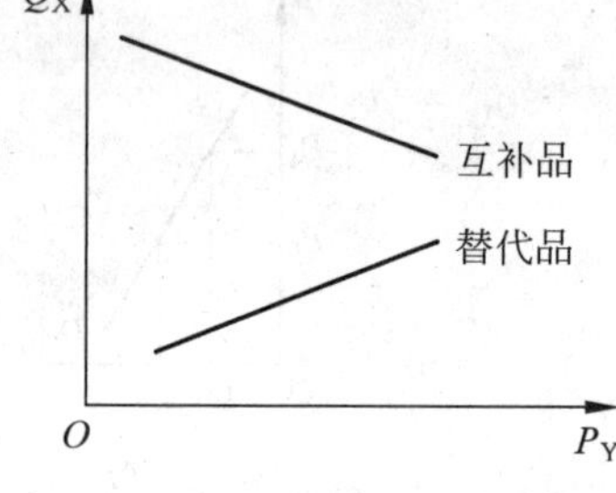

图 2-6　X 的需求量与 Y 的价格的关系

图 2-6 表明了 X 与 Y 互为替代或互补时，商品 X 的需求量与商品 Y 的价格之间的关系。如果 X、Y 互为替代品(羊、牛肉)，一种商品的价格上升，会引起另一种商品的需求量上升，需求的交叉弹性为正值。如果 X、Y 为互补品(汽车、石油)，一种商品的价格上升，则会引起另一种商品的需求量下降，需求的交叉弹性为负值。因此，可以从 E_{XY} 的正负号判断是替代关系还是互补关系。

第二节　供给原理

一、供给

分析供给与分析需求在方法论上是一致的，主要的不同是供给决定因素的基本点是利润，价格与供给量的关系是同方向的。

经济学中的供给是指生产者在某一特定时期内，在每一价格水平上愿意并且能够出售的商品和劳务的各种数量。供给包含两个不可分的条件：生产者出售的愿望和具有的供给能力。例如，面包、可乐的供给量表示的是在每一个价位上出售的面包、可乐的数量。

既然供给量是指在每一种价格水平上各个不同的供给量，而不是某一个特定价格上的供给量。同需求相似，供给反映的也是价格与其对应的供给量之间的关系。

供给分为个别供给和市场供给。个别供给是指个别生产者在一定时期内，在每一价格水平上愿意并且能够出售的某种商品或劳务的数量。而市场供给是指市场上所有生产者在一定时期内，在每一价格水平上愿意并且能够出售的某种商品或劳务的数量，即市场供

给是个别供给的总和。

二、供给表和供给曲线

在其他条件保持不变时,某商品的市场价格与生产者愿意生产和出售的数量之间存在着一定的关系,体现这种关系的工具是供给表和供给曲线。

1. 供给表

表 2-4 中的数据反映出在每一价格水平上,生产者(如玉米片生产者)愿意生产并能够出售的数量。当价格为每盒 1 美元时,生产者将不生产任何数量的玉米片,随着价格的上升,供给量随之上升。因为在价格很低时,生产者将无利可图。厂商将生产其他的产品,如麦麸片的生产,以获得更多的利润。随着玉米片的价格上升,厂商发现生产玉米片又有利可图时,将会转而生产该商品。供给量与价格之间呈同方向变动的关系,这种关系就是供给规律:在其他条件相同时,一种商品的价格上升,该商品的供给量就会增加。

表 2-4 玉米片的供给表

	价格 P(美元/盒)	供给量 Q(百万盒/年)
A	5	18
B	4	16
C	3	12
D	2	7
E	1	0

2. 供给曲线

将供给表用图形表示出来就是供给曲线,如图 2-7 所示。横轴为玉米片的供给量 Q,纵轴为玉米片的价格 P。将供给表中的价格和数量的组合点放在坐标图上并连接起来,就形成一条从左下方向右上方倾斜的供给曲线。

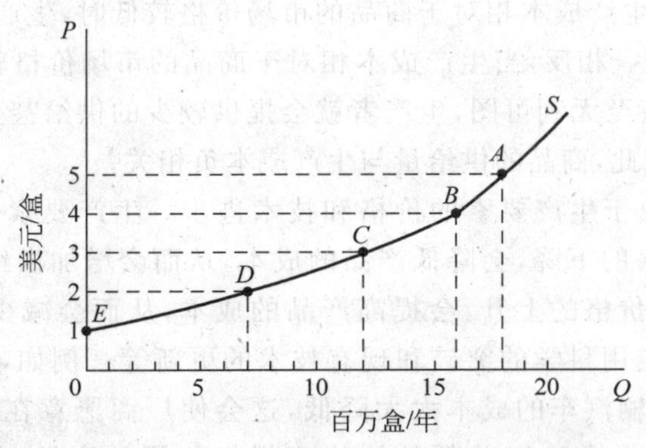

图 2-7 玉米片的市场供给曲线

供给曲线向上倾斜的原因主要有两点:第一,较高的价格意味着有较多的利润,厂商会增加供给;反之,价格下降,利润下降,厂商会减少供给。第二,在一定的技术和生产规模条件下,产量达到一定程度以后收益递减。举例说,消费者如果更偏好消费有机蔬菜,就会促使更多的劳动投入有机蔬菜的生产。但是,土地资源是有限的。在此情况下,新增的每一单位的劳动所增加的产量是递减的。因此,为刺激产量的增加就必须使价格上升,只有提高产品的价格,才能诱导生产者生产并出售更多的产品。这种经济变化过程反映在图形上,产品的供给曲线就会呈现出向上倾斜。

供给曲线一般是向右上方倾斜的,但也有例外,劳动的供给就是一例,如图 2-8 所示。

当工资较小幅度上升时,劳动的供给会增加,但当工资增加到一定程度时,人们更看重闲暇,劳动的供给会下降,如图 2-8 中供给曲线向后弯曲的部分。

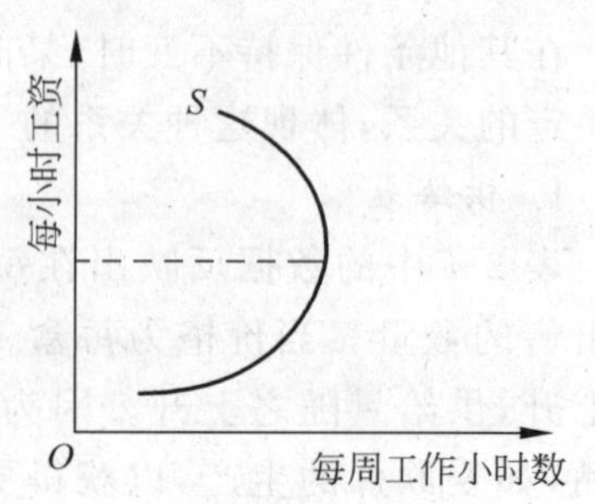

图 2-8　向后弯曲的劳动供给曲线

三、影响供给的因素

除了商品本身的价格因素之外,影响供给的因素还有生产成本、生产要素的价格、技术因素、政府政策、其他特殊因素等。表 2-5 以汽车为例说明了影响供给的因素。

表 2-5　影响供给的因素

1. 技术因素	计算机化条件下的制造工艺降低了生产成本,增加了汽车供给
2. 投入品的价格	汽车公司工人工资的削减降低了生产成本,增加了汽车供给
3. 相关物品价格	如果卡车的价格下降,轿车的供给会增加
4. 政府政策	取消对进口汽车配额和关税会增加汽车的供给
5. 特殊因素	如果政府降低污染控制的标准,汽车供给可能还会增加

1. 生产成本

生产成本是决定供给的关键因素。因为供给决定的基本点在于生产者提供商品是为了利润,当一种商品的生产成本相对于商品的市场价格较低时,生产者供给该商品就会有利可图或获得更多利润。相反,当生产成本相对于商品的市场价格较高时,生产者供给该商品获得的利润较少甚至无利可图,生产者就会提供较少的供给甚至不提供该商品,而转向其他产品的生产。因此,商品的供给量与生产成本负相关。

生产成本主要取决于生产要素的价格和技术进步。生产要素的价格构成厂商的成本,一般地说,要素价格的下降,会降低产品的成本,从而会增加供给,导致供给曲线向右移动。反之,生产要素价格的上升,会提高产品的成本,从而会减少供给,供给曲线向左移动。技术进步包括应用科学的突破和现有技术的更新等。例如,近 20 多年来,汽车业的技术进步,使生产一辆汽车的成本大大降低,这会使厂商愿意在同一价格水平下提供比以前更多的产量,或者在比以前低的价格下提供相同的产量,从而引起供给曲线的右移。

2. 相关商品的价格

如果一种替代品的价格上升,那么另一种替代品的供给就会下降。例如,汽车公司通常生产各种类型的汽车，如果一种类型（或车型）的需求增加从而价格上升，厂商将会生产更多的该种车型，其他类型的汽车供给就会下降。

3. 政府的政策

政府的政策发生变动，例如提高或者降低对汽车生产的税收，厂商因生产成本的提高或降低，将提高或降低汽车的价格，进而影响汽车的供给。

4. 特殊因素

许多特殊因素也会影响供给。比如，气候条件对农产品的供给会产生重要影响；发展速度快的产业会导致该行业产品供给的增加；未来价格的预期通常会对厂商的供给决策产生重大影响，如厂商预期未来石油价格会上升，他们将多储存石油，并减少当前的市场供给。

四、供给量和供给水平的变化

可以将供给的变化区分为供给量的变化和供给水平的变化。

供给量的变化是指在决定供给的其他因素，如生产成本、要素价格、技术进步保持不变的情况下，只是由于商品本身价格变动所引起的该商品供给量的变化，在供给曲线图上是沿着同一条供给曲线的变动。如图 2-9 中，从 A 点移至 B 点。价格从 P_1 上升至 P_2，供给量从 Q_1 增至 Q_2。

供给水平的变化是指在商品本身价格保持不变的情况下，由于其他因素如生产成本等的变化所引起的供给量的变化。在供给曲线图上，不是沿着曲线的移动，而是整个曲线的移动。如图 2-10 所示，当生产成本提高或降低时，供给曲线左移至 S_1 或右移至 S_2，供给量减至 Q_1 或增至 Q_2。

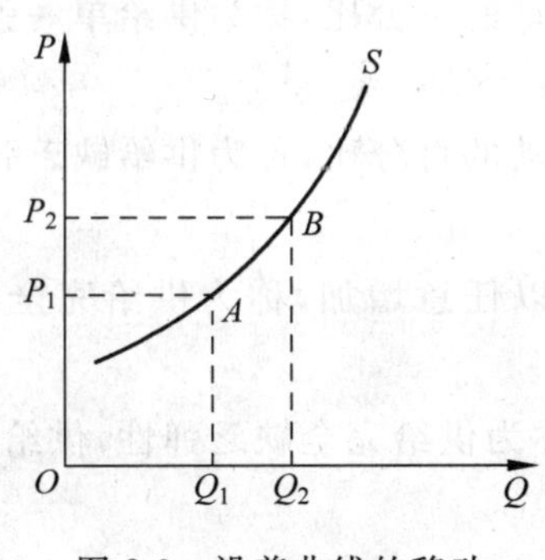

图 2-9　沿着曲线的移动

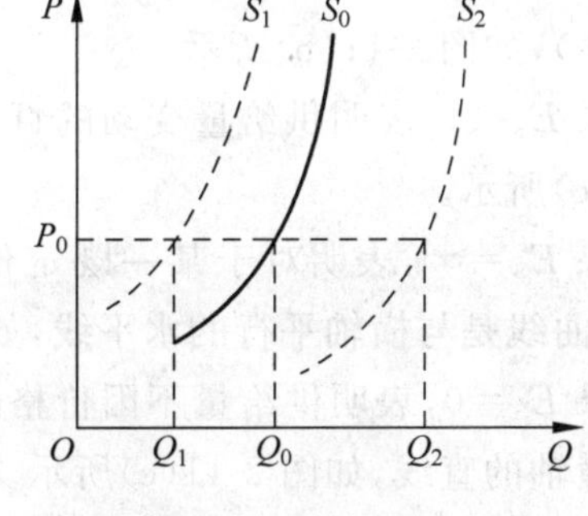

图 2-10　曲线的移动

五、供给的弹性

对于供给的讨论，从定性分析转向定量分析，就是供给的弹性问题。与市场需求曲线相似，不同商品的市场供给曲线在位置和形状上也存在着差别。因为不同商品的供给对决定供给的不同因素变化的反应程度或敏感程度是不同的，而这种反应程度是用供给的弹性来表示的。

供给的弹性包括供给的价格弹性、交叉弹性、价格预期弹性。这里只说明供给的价格弹性。供给的价格弹性是指一种商品的供给对该商品的价格变动的反应程度,它等于供给量的相对变动与价格的相对变动之比。即:

$$供给的价格弹性=\frac{供给量变动的百分比}{价格变动的百分比}$$

用公式表示:

$$E_S=\frac{\Delta Q_S}{Q_S}\div\frac{\Delta P}{P}$$

式中,E_S 为供给的价格弹性系数,Q_S 为与原来的价格 P 相对应的供给量,ΔQ_S 为由价格的改变量 ΔP 引起的供给量的变动。由于 Q 和 P 呈同方向变动,因此,E_S 为正值。例如,假设每加仑牛奶的价格从 3 美元升至 3.3 美元,厂商的月产量从 1 万加仑增至 1.15 万加仑,计算供给的价格弹性。

$$价格变动的百分比=\frac{3.30-3.00}{3.00}\times 100\%=10\%$$

$$供给量变动的百分比=\frac{11\,500-10\,000}{10\,000}\times 100\%=15\%$$

$$供给的价格弹性=\frac{15\%}{10\%}=1.5$$

供给的价格弹性分为五种情况,如图 2-11 所示。

如果 $E_S>1$,表明供给量变动的百分比超过价格变动的百分比,称为供给富于弹性,在上例中,弹性为 1.5,大于 1,这说明,供给量变动的比例大于价格变动的比例,如图 2-11(a)所示。

如果 $E_S=1$,表明供给量变动的百分比等于价格变动的百分比,称为供给单一弹性(或单元弹性),如图 2-11(b)所示。

如果 $E_S<1$,表明供给量变动的百分比小于价格变动的百分比,称为供给缺乏弹性,如图 2-11(c)所示。

如果 $E_S=\infty$,表明对于某一既定价格的供给量可以任意增加,称为供给完全富于弹性,供给曲线是与横轴平行的水平线,如图 2-11(d)所示。

如果 $E_S=0$,表明供给量不因价格的变动而变动,称为供给完全缺乏弹性,供给曲线是垂直于横轴的直线,如图 2-11(e)所示。

利用供给弹性原理可以说明有关经济问题。例如,为什么厂商在其生产能力内,在供给量水平较低时,供给弹性较高,而接近甚至达到其生产能力时,供给缺乏弹性?

一般的解释是,在供给水平较低时,厂商存在着未被利用的生产能力,如价格稍有增加,厂商利用闲置的生产能力是有利可图的,此时供给弹性高。随着供给量的增加,一旦其生产能力得到充分利用时,再增加供给就需要增加新的设备、厂房等,而要使厂商能承担这些额外的投入,价格就必须大幅度上升,因此,供给缺乏弹性。

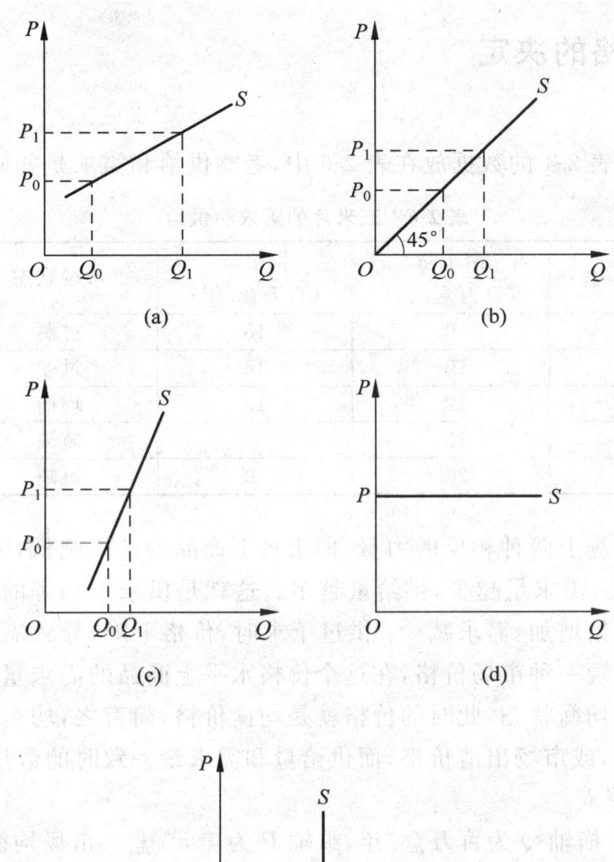

图 2-11　供给的价格弹性

第三节　市 场 均 衡

分别考察供给和需求，回答了在每一价格下买卖双方愿意购买和销售的数量。将市场中供给和需求放在一起分析，就形成了市场均衡。均衡这一概念被马歇尔从物理学引入了经济学，借以说明经济中各种对立和变动着的力量处于一种相对稳定、不再变动的状态。

供给和需求的力量相互作用，会导致商品的均衡价格和均衡数量，即实现市场均衡。在市场均衡点上，买者(消费者)所愿意购买的数量正好等于卖者(生产者)所愿意出售的数量，并且只要其他条件保持不变，价格就不会改变。

一、均衡价格的决定

1. 市场均衡

我们将表 2-1 和表 2-4 的数据放在表 2-6 中,考察供给和需求是如何决定市场均衡的。

表 2-6 玉米片的需求和供给

	价格(美元/盒)	需求量(百万盒/年)	供给量(百万盒/年)	市场状态	对价格的压力
A	5	9	18	过剩	向下
B	4	10	16	过剩	向下
C	3	12	12	均衡	中立
D	2	15	7	短缺	向上
E	1	20	0	短缺	向上

需求和供给是市场上两种相反的力量,即市场上商品的价格越低,需求量越多,供给量越少;反之,价格越高,需求量越少,供给量越多。这就是供求不相等的情况。当供不应求时,价格上升,导致供给增加,需求减少;供过于求时,价格下降,导致需求增加,供给减少。这种变化的结果会出现一种市场价格,在这个价格水平上商品的需求量等于供给量。这种供求平衡的状态称为均衡状态,此时的价格就是均衡价格,简言之,均衡价格就是需求量正好等于供给量的价格,或市场出清价格,而供给量和需求量一致时的数量称为均衡数量。

2. 均衡价格的形成

如图 2-12 所示。横轴 Q 为百万盒/年,纵轴 P 为美元/盒。市场均衡价格 P_0 和均衡数量 Q_0 发生在供求曲线的交点 E,即 3 美元/盒的价格水平和 12 百万盒/年的数量。

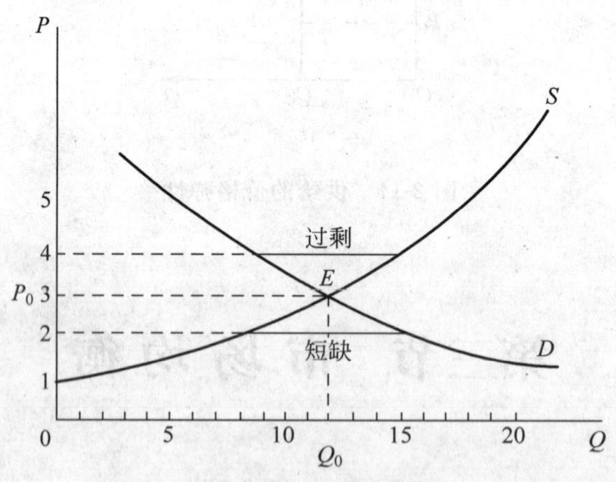

图 2-12 均衡价格的形成

当价格低于均衡价格,如 2 美元/盒,需求量大于供给量,出现短缺或超额需求,由图中的“短缺”线段标示。结果是买者之间竞争有限的商品,迫使价格上升至均衡水平。

当价格高于均衡价格,如 4 美元/盒,供给量大于需求量,出现过剩或超额供给,由图中的“过剩”线段标示。结果是卖者之间竞争,争相出售自己的产品,迫使价格下降至均衡水平。

只有在 3 美元/盒的价格水平上，市场上才不存在短缺和过剩，市场出清，买卖双方都得到满足，买者买到了所要买的全部商品，卖者卖出了所要卖的全部商品。

3. 均衡价格和实际价格

在实际的经济生活中人们看到的是实际价格而不是均衡价格。因为市场上有一种内在的向心力，即供求的相互作用，总是能够把实际价格推向均衡价格。如果需求和供给在一定时期稳定的话，实际价格会成为均衡价格，否则，市场上的价格（实际价格）如表 2-6 所显示的那样，会存在一种向上或向下波动的压力。可见，均衡价格是中心，实际价格围绕其上下波动。

二、供求曲线移动对均衡的影响

供求曲线移动对均衡的影响，就是供求的变动对均衡的影响。供求曲线由于种种原因会产生移动和形状（在此只分析供求曲线的移动）的变化，曲线的变化必然引起均衡价格和均衡数量的变动。

1. 需求曲线的移动对均衡的影响

需求曲线由于偏好、收入、其他商品的价格等变化而变化。需求曲线会产生两种位移，向右和向左位移，如图 2-13 所示。

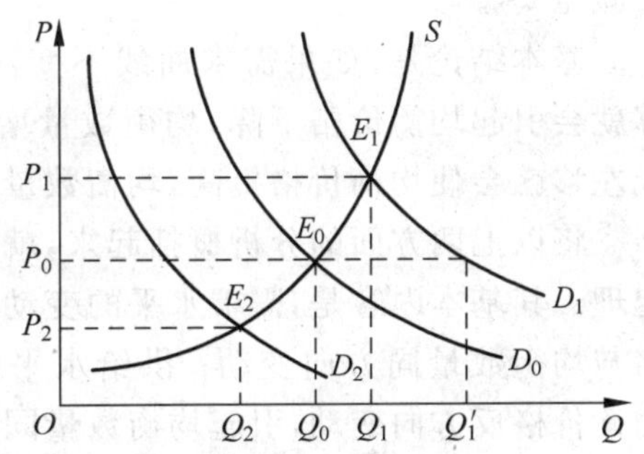

图 2-13　需求曲线的移动对均衡的影响

假定供给曲线不变，消费者的偏好增加，导致对某种商品需求增加，需求曲线从 D_0 右移至 D_1。当需求曲线为 D_0 时均衡价格为 P_0。需求曲线右移至 D_1，如果价格不变（仍为 P_0），会出现 Q_1-Q_0 数量的短缺，供给者会提高价格，经过反复的调整，价格为新的均衡价格 P_1，均衡数量为 Q_1。

如果消费者对某种商品的偏好降低，导致对该商品的需求减少，需求曲线从 D_0 左移至 D_2，如果供给曲线不变，新的均衡价格为 P_2。

基本结论是，当供给曲线不变时，需求曲线右移使均衡价格提高，均衡数量增加；需求曲线左移使均衡价格降低，均衡数量减少。

以上以消费者偏好的改变为例，分析了需求变化对均衡的影响。现代生活中处处充斥着广告，而广告是否能够改变消费者的偏好，是一个令人感兴趣的话题。

生产商通过电视、收音机、报纸杂志和广告牌等劝诱消费者购买他们的产品，并且企图改变消费者的偏好。例如，《花花公子》杂志说，“我是世上一个有男子气概的男人”。万宝路香烟说，“我是一个享受‘宜于成年男人的风味’的粗犷的个人主义者”。佳得乐说，“如果我喝迈克尔·乔丹喝的运动饮料，我将成为一个胜利者。还有，如果我穿飞人乔丹运动鞋，我能跳 8 英尺高”。

一些广告是为了提供现存产品的信息或引起消费者对新产品的注意，而广告利用了消费者信息缺乏的劣势从而影响其判断力。在广告的诱导下，消费者要做的就是购买广告宣传的产品。

因为所有广告的目的无非是为了改变消费者的选择,为了增强对特定商品或劳务的偏好,以及消费者的购买欲望,所以,一个成功的广告将使消费者的需求曲线向右移动,这意味着消费者在各种价格下增加了对某种商品的购买量。相反,如果是一个不成功的广告,就不能使消费者增强对特定商品和劳务的偏好以及购买欲望,消费者的需求曲线将向左移动,这就势必减少对某种商品的购买量。

需要强调的是,某些消费者的不理智消费也不能完全归咎于广告,消费者是否能够正确判断至关重要;广告虽然对消费者的消费行为造成一定影响,但广告不能独立地影响总的消费水平,总的消费水平还要受到收入、价格等因素的影响。

2. 供给曲线的移动对均衡的影响

如图 2-14 所示,假定需求曲线不变,由于技术进步,厂商对商品的供给增加,供给曲线右移至 S_1,均衡价格降至 P_1,均衡数量增至 Q_1。如果要素价格上升、成本上升,厂商供给会下降,供给曲线就会左移至 S_2,均衡价格上升至 P_2,均衡数量减至 Q_2。

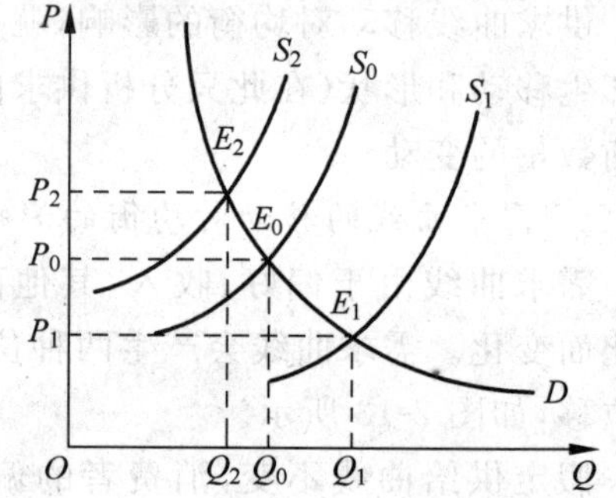

图 2-14　供给曲线的移动对均衡的影响

基本结论是,如果需求曲线不变,供给曲线右移就会引起均衡价格下降,均衡数量增加;供给曲线左移就会使均衡价格提高,均衡数量减少。

将以上两方面的分析概括起来,就是所谓供求定理。其基本内容是,需求水平的变动引起均衡价格与均衡数量同方向变动;供给水平的变动引起均衡价格反方向变动,引起均衡数量同方向变动。

三、需求和供给的方程式

假设某种产品的需求和供给函数分别为

$$Q_D = 30\,000 - 1\,000P$$

$$Q_S = -4\,500 + 1\,300P$$

在市场均衡状态下,需求量必然等于供给量,均衡条件的方程式为

$$Q_D = Q_S$$

运用需求方程式等于供给方程式,计算出产品的均衡价格为

$$30\,000 - 1\,000P = -4\,500 + 1\,300P$$

$$34\,500 = 2\,300P$$

$$P = \frac{34\,500}{2\,300} = 15$$

将均衡价格代入需求方程式或供给方程式,求得产品的均衡数量为

$$Q_D = 30\,000 - 1\,000P = 30\,000 - 1\,000 \times 15 = 15\,000$$

$$Q_S = -4\,500 + 1\,300P = -4\,500 + 1\,300 \times 15 = 15\,000$$

一、概念

将定义的序号填入概念的____中。

____需求　　____收入效应　　____替代效应
____需求水平的变化　　____供求的弹性　　____点弹性
____弧弹性　　____价格弹性　　____收入弹性
____交叉弹性　　____丰收悖论　　____替代品
____互补品　　____供给　　____均衡价格

1. 当一种商品价格提高，消费者将用类似的物品去替代。

2. 供求相对于价格等决定因素变动的反应程度。

3. 生产者在某一特定时期内，在每一价格水平上愿意并且能够出售的物品和劳务的各种数量。

4. 测定函数某一区间的平均弹性。

5. 商品 X 的需求量对相关商品 Y 的价格变动的反应程度。等于由 1%的相关商品 Y 的价格的相对变化所引起的商品 X 需求量变动的百分比。

6. 价格变动 1%所导致的需求量变动的百分比，它衡量的是需求量对价格变动的反应程度。

7. 价格的变化导致消费者实际收入的变化，从而引起需求量的变化。

8. 如果一种商品的价格上升，会引起另一种商品的需求量下降，需求的交叉弹性为负值的商品。

9. 在商品本身的价格保持不变的情况下，由于其他因素所引起的需求的变化。

10. 测定函数某个点上的弹性。

11. 消费者愿意并且能够购买的一定数量的物品和劳务。

12. 在一定的价格水平上，商品的需求量等于供给量时的价格，该价格又称市场出清价格。

13. 如果一种商品的价格上升，会引起另一种商品的需求量上升，需求的交叉弹性为正值的商品。

14. 农业丰收之后，农民的收入反而降低了。原因在于人们对小麦、稻谷的需求缺乏弹性。

15. 一种商品的需求量对消费者收入变动的反应程度或敏感程度，等于由 1%的收入变动所引起的需求量变动的百分比。

二、选择题

1. 当机票的价格上涨时(　　)。

A. 机票的需求量不变　　B. 机票的需求量上升

C. 机票的需求量下降　　D. 机票的需求量难以确定

2. 需求向下倾斜规律表明(　　)。

A. 商品过剩导致价格下跌

B. 商品价格下跌,消费者愿意购买的数量将增加

C. 商品款式过时,消费者对该商品的购买量下降

D. 收入发生变化将导致消费结构和数量的变化

3. 假设商品 X 的需求曲线左移,对于这种左移的合理解释是(　　)。

A. 消费者的偏好发生变化,因此减少商品 X 的购买量

B. 商品 X 的价格上升,消费者减少了购买量

C. 商品 X 的价格下跌,消费者增加了购买量

D. 厂商对商品 X 的供给量减少

4. 机票的价格经常打折,说明乘坐飞机旅行的需求(　　)。

A. 需求具有单一弹性　　B. 需求缺乏价格弹性

C. 需求富有价格弹性　　D. 以上都不正确

5. 在两种商品中,一种商品的价格上升,会引起另一种商品的需求量下降,需求的交叉弹性为(　)。

A. 0　　B. 1　　C. 正　　D. 负

6. 供给曲线表示的是(　　)。

A. 价格和供给量之间的反比例关系　　B. 价格和供给量之间的正比例关系

C. 收入与供给量之间的反比例关系　　D. 收入与供给量之间的正比例关系

7. 谷物歉收导致小麦价格上升,在这一过程中(　　)。

A. 谷物供给的减少,引起需求量下降

B. 谷物供给的减少,引起需求下降

C. 谷物供给量减少,引起需求量下降

D. 谷物供给量减少,引起需求下降

8. 生产者预期某种商品的价格要下降,他们当前的供给决策是(　　)。

A. 供给不变　　B. 供给增加　　C. 供给减少　　D. 以上情况都存在

9. 就皮箱和皮包的生产者而言,皮箱的价格上涨将导致(　　)。

A. 皮包供给曲线沿着曲线的移动　　B. 皮箱需求曲线的移动

C. 皮箱和皮包供给曲线的左移　　D. 皮包供给的下降

10. 制造某种商品的原材料价格上涨,导致该商品市场的变化是(　　)。

A. 需求曲线左移　　B. 需求曲线右移

C. 供给曲线左移　　D. 供给曲线右移

11. 如果厂商的生产成本是固定的,政府对其销售的每单位产品征收 2 美元的税收,结果是(　　)。

A. 消费者购买的商品价格增加 2 美元

B. 消费者购买的商品价格减少 2 美元

C. 如果供给相对于需求缺乏弹性,消费者承担大部分税收

D. 如果需求相对于供给缺乏弹性,消费者承担大部分税收

12. 在需求和供给同时减少的条件下(　　)。

A. 均衡价格与均衡数量都上升

B. 均衡价格与均衡数量都下降

C. 均衡价格下降均衡数量不确定

D. 均衡价格不确定均衡数量减少

三、计算题

1. 已知某种商品的需求函数为 $Q_D=50-5P$，供给函数为 $Q_S=-10+5P$。

(1) 求均衡价格 P_0 和均衡数量 Q_0。

(2) 假定供给函数不变，由于消费者收入水平的提高，需求函数变为 $Q_D=60-5P$。求均衡价格 P_1 和均衡数量 Q_1。

(3) 假定需求函数不变，由于技术进步，供给函数变为 $Q_S=-5+5P$。求均衡价格 P_2 和均衡数量 Q_2。

(4) 用(1)～(3)的计算结果，说明需求和供给的变动对均衡价格和均衡数量的影响。

2. 某种商品需求的价格弹性系数为1.5，当其价格降低8%时，该商品的需求量将增加多少？

四、分析题

1. 用需求弹性分析丰收悖论。

2. 利用供求曲线图形说明，严重的自然灾害导致农产品产量的减少，农产品的需求缺乏弹性时，自然灾害会产生什么影响？这些农产品的需求富有弹性时，自然灾害会产生什么影响？

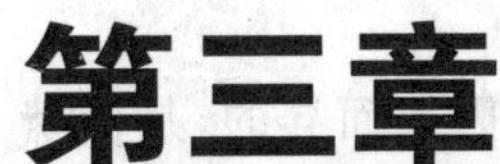

第三章 消费理论

消费者是单个经济决策单位中的一个重要部分。在解释消费行为的过程中，经济学的一个基本假定是，人们遵循稀缺规律，就如何配置稀缺的资源面对无数选择，但总是选择那些对自己满足程度最高的商品或劳务。本章将阐明消费者选择和消费者均衡的条件等问题，也是上一章需求问题分析的继续。

第一节 边际效用分析

为了描述消费者选择的方式，一个多世纪以前，经济学家们就采用了效用这一概念，消费理论就是以效用理论为基础的。

在效用理论的发展过程中，新古典经济学家杰文斯认为，经济理论是一种“愉快与痛苦的计算”，理性的人们应以每一商品所能增添的或边际的效用为基础来做出他们的消费决策。19世纪许多功利主义者相信效用是一种心理上的实际存在——可直接以基数加以衡量，像长度和温度一样。同时，他们通过反观自己的感觉和情绪来断定边际效用递减规律的成立。

一、边际效用及其递减规律

1. 效用及其基本假定

效用是指消费者从商品和劳务的消费中所得到的满足。简言之，效用表示满足。效用一方面取决于商品和劳务是否具有满足人们欲望的物质属性，因商品和劳务的客观物质属性不同，具有不同的效用。例如，面包和音乐会，给人们带来充饥和精神愉悦各不相同的满足。另一方面因为效用依存于消费者的主观感受或评价,所以,效用是因人而异的,是消费者的主观评价。例如,在现实生活中,有人喜好古典音乐,有人更偏爱流行歌曲。

作为消费者行为分析的第一步,经济学家对效用做了以下三个基本假定。

第一个假定:可以比较。假定有两种商品 A、B,消费者可以对 A、B 的组合做出比较,以比较其效用大小。

第二个假定:效用具有传递性。一种情况,A、B、C 三种食品,A 的效用超过 B,B 的效用超过 C,那么,A 的效用一定超过 C。另一种情况,A 与 B 的效用无差异,B 与 C 的效用无差异,那么,A 与 C 的效用一定无差异。

第三个假定:多比少好。消费者总是多要而不是少要某些东西。这一假定是以消费者对这些东西的消费尚未达到饱和程度,以及这些东西是“好东西”而不是“坏东西”为前提的。“好东西”越多,效用越高。

2. 总效用和边际效用

效用与需求的关系十分密切,因此经济学家使用效用概念来解释消费者的需求。在需求理论中,所谓效用最大化,就是指消费者总是选择最偏好的消费品组合。这表明经济学家的目的是将效用概念应用于需求理论,这就必须涉及总效用和边际效用。

效用区分为总效用和边际效用。总效用是指消费者从在一定时间内消费的一定量某些商品中所得到的总的满足。例如,消费一个单位的冰淇淋,会给消费者带来一定的满足或效用,随着消费量的增加,消费者的效用会增加,把所有消费的数量带来的效用相加就是总效用。总之,总效用是从对某一商品消费的开始处累计的所有边际效用之和。

边际效用是指增加消费一单位某种商品所带来的新增的效用,或总效用的增量。在一般意义上,经济学中的边际这一术语,是指“新增”的或“额外”的意思。例如,当消费者多吃一单位的冰淇淋时,会获得“新增”的效用或满足,也就是边际效用。TU 表示总效用,MU 表示边际效用,则:

$$MU=\frac{\Delta TU}{\Delta Q}$$

3. 边际效用递减规律

用表 3-1 说明总效用和边际效用的关系,进而说明边际效用递减规律。从表 3-1 中看出,随着某种商品消费量的增加,总效用 TU 也在增加,但当达到 2 个单位后,一单位商品与下一单位商品之间的效用增量即边际效用 MU 是递减的。这种边际效用的变化趋势称为边际效用递减规律,这一规律指出,随着个人消费越来越多的某种商品,他从中得到的新增的或边际的效用是下降的。

这一规律产生的原因主要是,当某种商品的消费量增加时,消费者从中得到的满足随着商品消费量的增多而下降。例如,当消费者饮用了足够多的可乐之后,再饮用将不会增加满足程度或效用,甚至会使人痛苦。简单地说,边际效用递减规律说明的是,人们从某种商品中得到的满足随着该商品消费量的增多而下降。表 3-1 的第(3)栏说明了这一事实。

表 3-1　总效用与边际效用

(1)某商品消费量 Q	(2)总效用 TU	(3)边际效用 MU
0	0	
1	12	12(=12−0)
2	22	10(=22−12)
3	30	8(=30−22)
4	36	6(=36−30)
5	40	4(=40−36)
6	42	2(=42−40)
7	42	0(=42−42)

从边际效用递减规律中，可以解释所谓消费者剩余。消费者剩余这一概念是马歇尔引入价值理论的，是边际效用的引申。消费者剩余也称效用剩余，是指一种商品的总效用与该商品市场价值之间的差额，或者是购买某种商品时，消费者愿意支付的价格和实际支付的价格之间的差额。之所以存在消费者剩余，是因为消费者愿意付出的价格取决于边际效用，而消费者实际付出的价格取决于市场上的供求关系。

例如，某消费者购买了 5 单位矿泉水，而付出了相同的市场价格每瓶 1 元。但是，根据边际效用递减规律，从第 1 个单位到第 5 个单位的效用依次递减。因此，消费者愿意支付的价格也各不相同。第 1 个单位他愿意支付 2 元，而市场价格为 1 元，消费者剩余 1 元；第 2 个单位他愿意支付 1.7 元，消费者剩余 0.7 元；第 3 个单位他愿意支付 1.5 元，消费者剩余 0.5 元；第 4 个单位他愿意支付 1.3 元，剩余 0.3 元；第 5 个单位他愿意支付 1 元，没有消费者剩余。他按最后 1 单位矿泉水的价格购买了每 1 单位矿泉水，实际支付为 1 元×5＝5 元。而他愿意支付的价格为 2 元＋1.7 元＋1.5 元＋1.3 元＋1 元＝7.5 元，二者之差为 2.5 元。这样，该消费者获得了超过其实际支付价格 2.5 元的消费者剩余。总之，消费者剩余是消费者得到的大于其支付的，消费者剩余源于递减的边际效用。

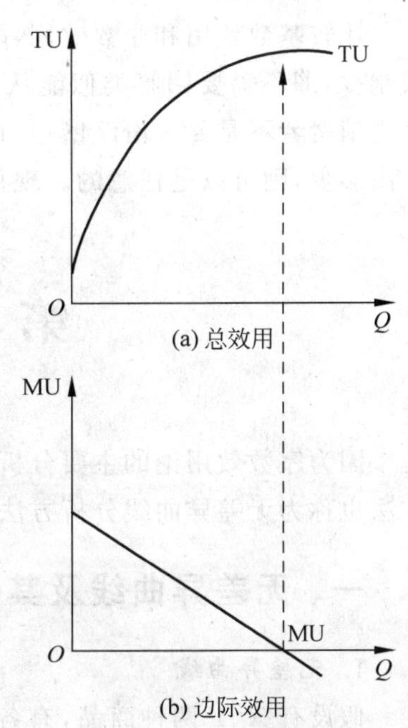

图 3-1　总效用与边际效用

将表 3-1 中总效用与边际效用的数据绘成图形，如图 3-1 所示。

图 3-1(a)中的 TU 曲线表示消费量 Q 与总效用 TU

之间的关系。虽然总效用随着消费量的增加而增加,但它是以递减的速度增加的。

图 3-1(b)中的 MU 曲线表示消费量 Q 与边际效用 MU 之间的关系。总效用 TU 逐渐增加时,MU 是递减的。当消费量的增加超过一定点后,TU 曲线上的斜率逐渐变小,这意味着 TU 增加的幅度在减小,或者说,同时是 MU 处于递减阶段。当 TU 曲线的斜率为零时(TU 曲线的切线为水平),MU=0,TU 为最大,这就是消费者对某种商品消费所达到的饱和点。超过这一点以后,MU 为负值,TU 开始下降,这意味着消费者对该商品的消费已经不是满足,而很可能是一种痛苦。

二、基数效用与序数效用

如前所述,微观经济学的消费行为理论,是以效用理论为基础的。而经济学家又把效用区分为基数效用和序数效用。所以,对消费者行为的分析,是以基数效用和序数效用为基础而展开的。

基数效用是指用数字所表示的不同商品效用的大小。假定一杯咖啡给你提供的效用为 4 个单位,一杯牛奶的效用为 2 个单位。那么,咖啡的效用比一杯牛奶的效用大 2 个单位。19 世纪的经济学家杰文斯(英)、门格尔(奥地利)、瓦尔拉斯(法)都主张效用的大小可以用基数来衡量,像物体的轻重、长短一样。

序数效用是指效用使用序数来度量,即按满足程度的高低排列各种不同商品组合的顺序,或者说是商品组合的偏好顺序,这种学说强调“A 是否比 B 值得偏好”。例如,某消费者情愿要两张球赛的票,而不要两张电影票。不过,他说不出前者的满足程度比后者高多少。“序数”的含义就是可以排序,但不能衡量各种情况之间的数量差别。

比较基数效用和序数效用,两者的主要区别是,序数效用的假定比基数效用的假定受限制少,即不需要回答类似能从两份汉堡包中额外得到多少单位的满足这样的问题,而只是说消费者不是要一份汉堡包,而是要两份。因为两份汉堡包的效用比一份的效用高,至于高多少,则可以是任意的。现代经济学家一般都假定效用是以序数来度量的。

第二节 无差异曲线

因为序数效用论的主要分析工具是无差异曲线,所以,对消费者行为的序数效用分析方法也称为无差异曲线分析方法。

一、无差异曲线及其特征

1. 无差异曲线

假设有 X、Y 两种商品,有各种组合方式,每种组合对消费者的满足程度都是无差异的,如表 3-2 所示。

表 3-2　X、Y 商品的无差异组合

	X 商品数量	Y 商品数量
A	1	6
B	2	3
C	3	2
D	4	$\frac{3}{2}$

我们用图 3-2 描述表 3-2 的这些组合。横轴表示商品 X 的数量，纵轴表示商品 Y 的数量。将 A、B、C、D 四种组合，各用图形中的一个点表示出来，连接四个点就形成一条无差异曲线。所谓无差异曲线是表示能给消费者带来同等程度满足的两种商品的不同数量组合的点的轨迹。

2. 无差异曲线的特征

(1) 假定某种商品多比少好，无差异曲线的斜率一定向右下方倾斜，斜率是负的。因为 X、Y 的组合代表消费者既定的满足程度，当减少一定量的 X 时，消费者的满足程度会下降，为保持原有的满足程度，就必须增加一定量的 Y。

(2) 假定多比少好，较高水平的或离原点越远的曲线，代表的满足程度越高。

(3) 无差异曲线不能相交。因为，如果两条无差异曲线相交就会出现矛盾。如图 3-3 所示，在曲线 A 上，商品组合 1 的效用等于商品组合 2，1＝2，在曲线 B 上，1＝3。如果可以相交，商品组合 2 的效用就一定等于商品组合 3 的效用。但这是不可能的，因为 3 比 2 离原点远，所以，商品组合 3 包含的效用多于商品组合 2 所包含的效用。

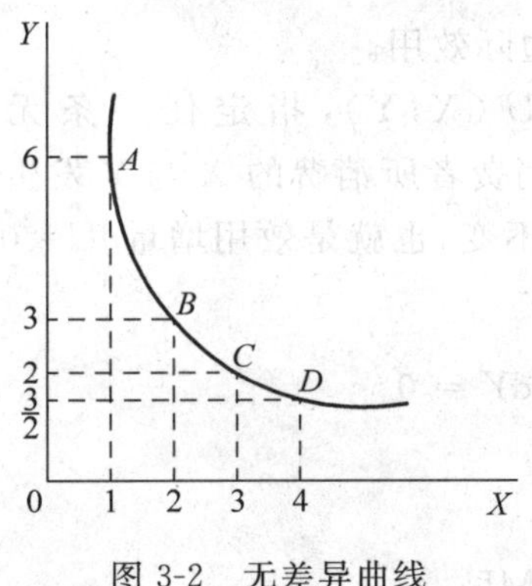

图 3-2　无差异曲线

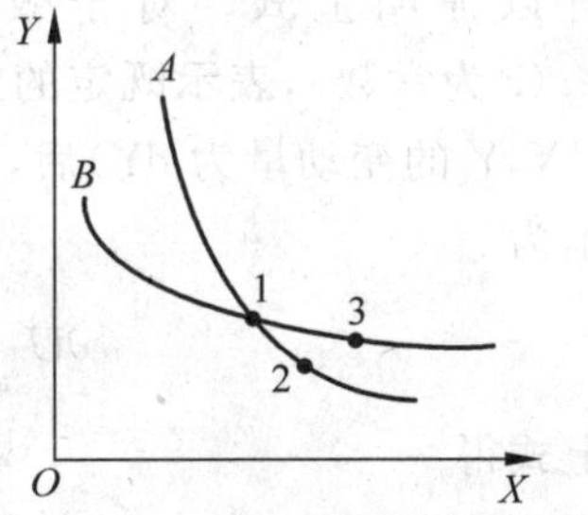

图 3-3　无差异曲线相交产生矛盾

(4) 无差异曲线是凸向原点的，这是由边际替代率递减规律所决定的。

二、边际替代率及其递减

1. 边际替代率

消费者对增加或减少一单位某种商品的重视程度是不同的，衡量这种重视程度的尺度就是边际替代率(MRS)。或者说，为研究消费者放弃一种商品若干数量而取得另一种商品若干数量，就要使用替代规律。

边际替代率是指消费者为保持原有的满足水平,为增加一单位商品 X 而必须放弃的商品 Y 的数量。用公式表示为

$$\mathrm{MRS}=-\frac{\Delta Y}{\Delta X}$$

式中,MRS 为消费者用商品 X 替代商品 Y 的边际替代率,ΔY 和 ΔX 分别为商品 Y 的减少量和商品 X 的增加量。因为 ΔY 和 ΔX 的变化方向相反,所以,MRS 的值为负,但经济学家习惯上取其绝对值。

假设,某消费者有 6 个汉堡和两瓶饮料,他将以两个汉堡换取一瓶饮料。那么,即 X(饮料)=2,Y(汉堡)=6 时(汉堡较多),其边际替代率(取绝对值)等于 2。

还可以用图 3-2 来说明边际替代率。从 A 移至 B,意味着消费者用 6 单位 Y 中的 3 单位换取 1 单位的 X;从 B 移至 C,只需放弃 1 单位的 Y 换取 1 单位(即第 3 个单位)的 X,即 1∶1 的交换比例;从 C 移至 D,再要增加 1 单位(即第 4 个单位),他仅愿意放弃 1/2 个单位的 Y。这说明,一种商品越是稀缺,其相对替代价值越大。

将图 3-2 中的 A 和 B 连接起来,连线的斜率为 3;将 B 和 C 连接起来,斜率为 1;将 C 和 D 连接,斜率为 1/2。3、1、1/2 就是边际替代率,或两种商品之间的替代率。随着在曲线上移动的距离越来越短,边际替代率就越来越接近于无差异曲线的实际斜率。

边际替代率可以转换成两种商品的边际效用之比。因为边际替代率表示的是为维持同等满足程度,当增加 1 单位商品 X 时,必须放弃的商品 Y 的数量。所以,边际替代率 $\Delta Y/\Delta X$ 的绝对值,实际上也表示了两种商品的边际效用之比。用公式表示为

$$\mathrm{MRS}=-\frac{\Delta Y}{\Delta X}=\frac{\mathrm{MU_X}}{\mathrm{MU_Y}}$$

式中,$\mathrm{MU_X}$、$\mathrm{MU_Y}$ 分别为商品 X 和商品 Y 的边际效用。

我们可以证明上式。对于效用函数 $U=U(X,Y)$,指定任一条无差异曲线 $U(X,Y)=c$(c 为常数),表示既定的效用水平。当消费者所消费的 X 与 Y 发生变动(X 的变动量为 $\mathrm{d}X$,Y 的变动量为 $\mathrm{d}Y$)后,维持效用水平不变,也就是效用增量 $\partial U=0$,这种变化的关系表示为

$$\partial U=\frac{\partial U}{\partial X}\mathrm{d}X+\frac{\partial U}{\partial Y}\mathrm{d}Y=0$$

整理上式得

$$-\frac{\mathrm{d}Y}{\mathrm{d}X}=\frac{\frac{\partial U}{\partial X}}{\frac{\partial U}{\partial Y}}=\frac{\mathrm{MU_X}}{\mathrm{MU_Y}}$$

即有:$\mathrm{MRS}=-\frac{\mathrm{d}Y}{\mathrm{d}X}=\frac{\mathrm{MU_X}}{\mathrm{MU_Y}}$

或者,$\mathrm{MRS}=-\frac{\Delta Y}{\Delta X}=\frac{\mathrm{MU_X}}{\mathrm{MU_Y}}$

2. 边际替代率递减规律

在上面的分析中已经看出,在用商品 X 替代商品 Y 的过程中,消费者为保持原有的满足程度不变,愿意为增加一单位商品 X 而放弃的 Y 的数量越来越少,这就是边际替代率递

减规律。

边际替代率发生递减的原因在于，当消费者拥有越来越多的某种商品时，增加一单位该种商品使他得到的满足程度越来越低，而消费者对减少的那种商品的重要程度越来越高。从图形上看，无差异曲线是凸向原点的。

例如，在图 3-2 的 A 点时，由于消费者有较多的可乐(Y)，较少的面包(X)，而他很饿却不太渴。此时，该消费者愿意用较多的可乐去换取面包。在 C 点时，消费者有较少的可乐较多的面包，而此时他很渴并不饿。在这一点上，他愿意放弃较多的面包换取可乐。由无差异曲线凸向原点的图形分析可以看出，消费者更愿意放弃拥有的较多的那一种商品，而不愿意放弃拥有的较少的那一种商品。

第三节　消费者效用最大化

经济学家认为，一个理性的消费者，当面对多种可能的选择时，他将选择其效用最大化的组合以实现最大满足。

一、预算线

对无差异曲线的分析，即假定商品组合与消费者的收入和商品的价格无关。实际上，消费者的购买数量要受到其货币收入多少和商品价格高低的限制，收入和价格合起来就构成了消费者的预算约束。用曲线的形式来表示这一约束条件，就是预算线。

假定可购买的商品只有 X、Y 两种，消费者把所有收入 I 花费在两种商品上，得出

$$Q_X P_X + Q_Y P_Y = I$$

式中，$Q_X P_X$ 为购买的 X 的数量乘以价格；$Q_Y P_Y$ 为购买的 Y 的数量乘以价格。例如，X 商品价格每单位 1 美元，Y 的价格每单位 2 美元，收入为 100 美元，得出 $Q_X + 2Q_Y = 100$。

在一种极端的情况下，消费者把全部收入 I 用于购买商品 Y，I/P_Y 是纵轴上的截距；在另一种极端的情况下，全部收入购买 X，I/P_X 是横轴上的截距。将两个截距连接起来的直线就是预算线，如图 3-4 所示。预算线的斜率为 $-P_X/P_Y$，取其绝对值为 P_X/P_Y。这就是说，预算线的斜率的绝对值是两种商品的价格之比。

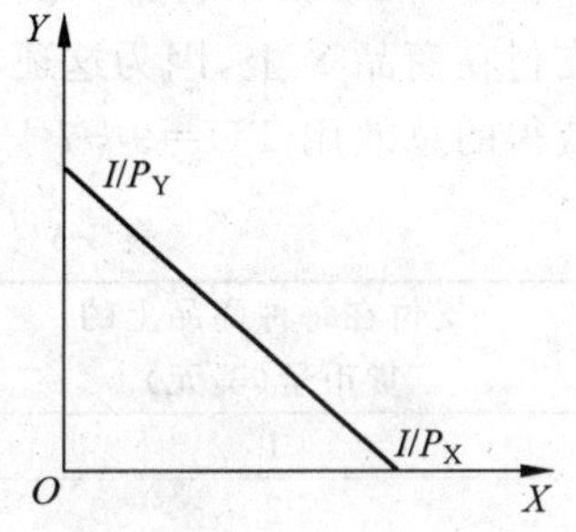

图 3-4　预算线

可见，预算线是指在消费的收入和商品价格给定条件下，消费者的全部收入所能购买的商品 X 和商品 Y 的所有不同数量的组合。预算线也称收入线、消费可能线、等支出线。

当我们分析预算线定义时，是假定消费者的收入和商品价格不变的。如果消费者的收入和商品价格发生变化，那么，对消费者行为会产生什么影响呢？这些变化在图形上就构成了预算线的移动，在实际的消费中，消费者对商品的购买量随之发生变动，如图 3-5 和图 3-6 所示。

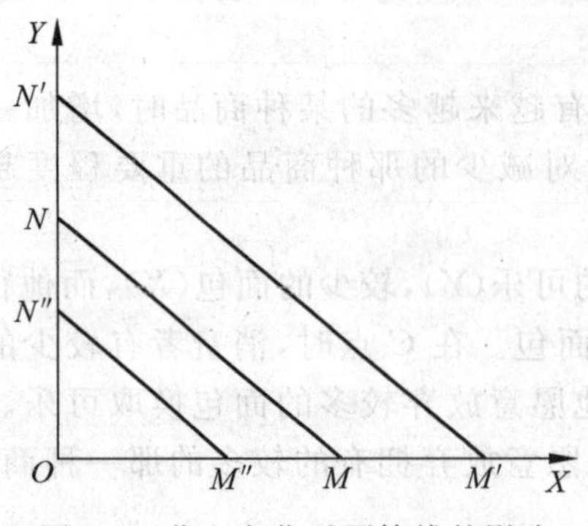

图 3-5　收入变化对预算线的影响

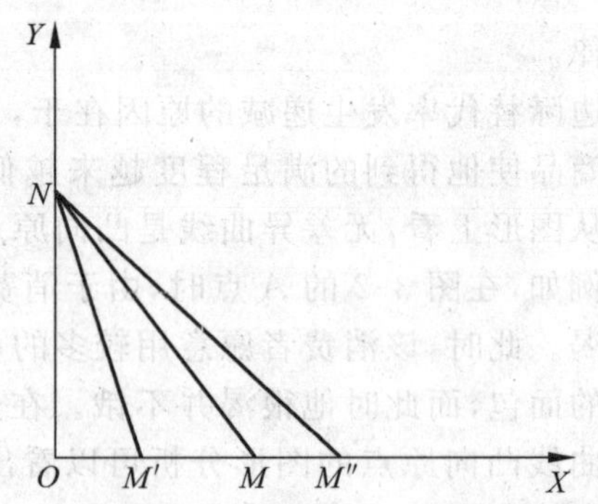

图 3-6　商品 X 的价格变化对预算线的影响

当商品价格不变时，收入的增加使消费者可以购买更多的商品，预算线会向右上方移动。因为价格不变，只是收入发生了变化，价格比率也就是预算线的斜率没有发生变化，所以，预算线向右上方平行移动。如图 3-5 所示，预算线从 MN 平行移动至 $M'N'$。同理，当收入减少时，预算线由 MN 平行向左移动至 $M''N''$。

当收入和商品 Y 的价格 P_Y 保持不变时，商品 X 的价格 P_X 提高或降低，会使预算线的斜率 P_X/P_Y 的绝对值增大或减小；同时，预算线在横轴上的截距缩小或增大，但预算线在纵轴上的截距保持不变。

如图 3-6 所示，MN 表示 P_X 没有变化时的预算线。当 P_X 提高时，意味着消费者购买的商品数量减少，预算线在横轴的截距缩小，预算线变为 $M'N$。当 P_X 降低时，意味着消费者购买的商品数量增加，预算线在横轴的截距增大，预算线变为 $M''N$。

二、消费者均衡

1. 消费者均衡原则

我们用表 3-3 说明消费者均衡原则。假设某消费者每日收入只有 4 美元，他将如何在商品 X、Y 之间分配这 4 美元以取得效用最大化？结果是他将用第 1 块美元支付在商品 X 上，因为可获得 9 单位的 MU；第 2 块美元也会支付在商品 X 上，因为可以获得 7 单位的 MU；第 3 块美元可支付在商品 X 上，也可以支付在商品 Y 上，因为商品 X、Y 都可获得 4 单位 MU；如果将第 3 块美元支付在商品 X 上，那么，第 4 块美元，即最后 1 美元就必然支付在商品 Y 上，因为这还将为他获得 4 单位的 MU。这样，该消费者从 4 美元的消费中获得的总效用 TU=9+7+4+4=24 单位。

表 3-3　消费者每天从消费的商品 X、Y 中得到的边际效用

支付在每种商品上的货币量(美元)	每 1 美元商品 X 所提供的 MU	每 1 美元商品 Y 所提供的 MU
1	9	4
2	7	3
3	4	2
4	3	1
5	2	0

可见，该消费者的3美元的商品 X 和1美元的商品 Y 就是均衡的商品组合，或者获得效用最大化的商品组合。这说明，消费者花在商品 X 和商品 Y 的最后一单位收入所获得的边际效用都相等(4单位)，这就是所谓消费者均衡原则。

2. 消费者均衡的图解

现在，将图3-2和图3-4中的无差异曲线和预算线两部分综合起来，分析消费者是如何达到均衡状态的，或者说消费者的效用是如何实现最大化的。

如图3-7所示，U_1、U_2、U_3 为无差异曲线。在 U_2 上的任何商品组合都比 U_3 上的任何商品组合效用更高。而在 U_3 上的组合都比 U_1 上的组合效用更高。消费者总是在尽可能高的无差异曲线上选择一种商品组合以使其效用最大化。

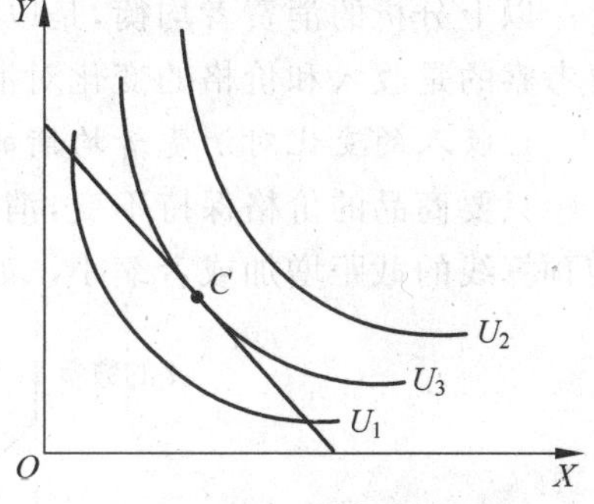

图3-7 消费者均衡的图解

但是，由于消费者收入的限制，或者说，预算线表明了消费者能够选择的商品组合范围。预算线上方 U_2 上的任何组合是收入无法达到的。而预算线下方 U_1 上的任何组合，意味着没有花去消费者的全部收入，从而没有达到他所能达到的最高的满足程度，也就没有实现效用最大化。U_1 与预算线相交点，是边际替代率不等于价格之比。消费者必须沿着预算线通过选择更多的 X 和更少的 Y，或者选择更多的 Y 和更少的 X，使商品组合移动到较高的无差异曲线 U_3 上，以实现效用最大化。

效用最大化将在 X、Y 商品组合的 C 点上，这是有限收入能够买到的无差异曲线 U_3 上的唯一的组合点，C 点是预算线与无差异曲线上相切之点。在这一点上，代表的商品组合是在预算约束下使消费者效用最大化的商品组合，因此 C 点被称作最优组合点。

预算线与无差异曲线相切的条件，是当预算线的斜率等于无差异曲线的斜率时，效用达到最大化，公式为 $P_X/P_Y = \text{MRS}$。这一公式表明，只有当消费者把他的全部收入在商品 X 和商品 Y 之间做了这样的分配：使 X 替代 Y 的边际替代率等于 X 与 Y 的价格比率时，消费者才达到均衡状态。因为MRS是消费者为保持其总的满足水平不变而愿意用 X 替代 Y 的比率，而 P_X/P_Y 则是消费者能够用 X 替代 Y 的比率。这一公式说明，消费者在保持原有的满足程度不变的情况下，愿意用 X 替代 Y 的比率必须等于他能够用 X 替代 Y 的比率。

在效用最大化的商品组合点，预算线的斜率等于无差异曲线的斜率，还可以理解为，消费者在做出自己的选择时要把两种商品的相对价格(P_X/P_Y)作为既定的，然后选择边际替代率(MRS)等于这种相对价格的最优点。因为相对价格是"市场"愿意用一种商品交换另一种商品的比率，边际替代率则是"消费者"愿意用一种物品交换另一种物品的比率。所以，当两种比率相等时，达到消费者效用最大化。

对于以上的分析，简言之，消费者购买商品的价格之比等于消费者获得的边际效用之比；在均衡点上，消费者从花费在商品 X 上的最后1美元得到的边际效用与花费在商品 Y 的最后1美元得到的边际效用相等。消费者的均衡条件为

$$\frac{P_X}{P_Y} = \text{MRS} = \frac{MU_X}{MU_Y}$$

或者

$$\frac{MU_X}{P_X}=\frac{MU_Y}{P_Y}$$

三、收入和价格变化对消费者均衡的影响

以上分析的消费者均衡,是以消费者的收入和商品价格都不发生变化为前提的,这里要考察的是收入和价格的变化对消费者均衡的影响。

1. 收入的变化对消费者均衡的影响

只要商品的价格保持不变,消费者收入的增加或者减少就不影响预算线的斜率,只是使预算线的截距增加或者缩小。如图 3-8 所示。

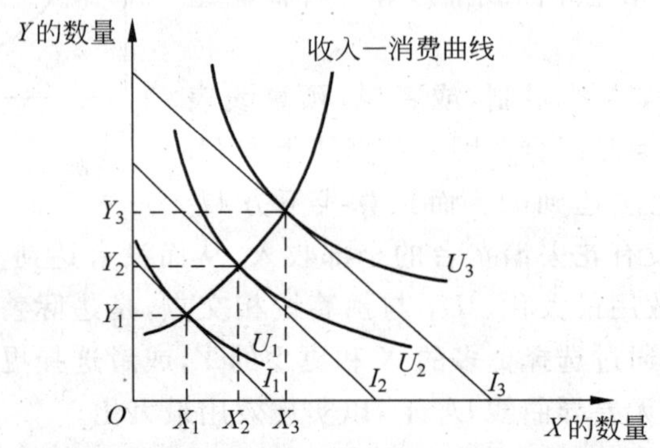

图 3-8　收入的变化对消费者均衡的影响

图 3-8 中,I_1、I_2、I_3 为预算线;U_1、U_2、U_3 为与预算线相切的无差异曲线。假定商品价格不变,当收入从 I_1 到 I_2、I_3,商品 X 的数量会从 X_1 升至 X_2、X_3,商品 Y 的数量会从 Y_1 升至 Y_2、Y_3。

将与三种收入水平相适应的均衡商品组合点连接起来,就是收入—消费曲线,它表示在商品价格不变的条件下,各种不同收入所能买到的两种商品的各种均衡组合,表明消费者收入变化时的商品消费量和满足水平的变动。

收入—消费曲线可以用来推导出恩格尔曲线,恩格尔曲线是说明商品需求量与总收入水平关系的曲线。恩格尔是 19 世纪的德国统计学家,他率先对上述关系进行了统计研究,恩格尔定律由此而得名。

恩格尔定律指出,当收入提高时,食品消费的比重下降。一个国家或地区、家庭在食品上的支出所占其收入比重称为恩格尔系数,其大小标志着这个国家(或家庭)的富裕程度。较富裕国家的食品支出在其收入中所占的比重小于较贫穷的国家。根据联合国粮农组织的标准,恩格尔系数在 59%以上为贫困,50%～59%为温饱,40%～50%为小康,30%～40%为富裕,30%以下为最富裕。

图 3-9 就是不同形状的恩格尔曲线。图 3-9(a)为必需品的恩格尔曲线,商品 X(必需品)的消费量随收入 I 的增加而增加,但必需品的增加比收入增加得慢,或者说其增长率是递减的。图 3-9(b)为奢侈品(高档品)的恩格尔曲线,商品 X(奢侈品)的消费量也随收入 I

的增加而增加，但奢侈品的增加比收入增长得快，或者说其增长率是递增的。

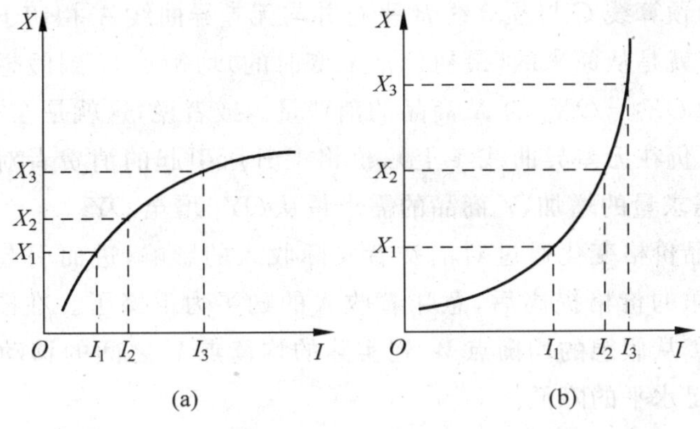

图 3-9　不同形状的恩格尔曲线

2. 价格变化对消费者均衡的影响

(1) 替代效应和收入效应

价格变化对消费者均衡的影响，在图形上是价格变化会使预算线的截距和斜率都发生变化。同时，新的效用最大化的选择是从一条无差异曲线移动到另一条无差异曲线以及边际替代率的变化。

这种价格变化所产生的总效应或总影响分解为替代效应和收入效应。所以，分析价格变化对消费者均衡的影响就要分析这两个效应，我们可以用图 3-10 来说明。

替代效应是当一种商品的价格下降时，消费者用此商品替代价格没有变化的商品。或者说，当一种商品价格上升时，消费者用其他物品来替代变得较为昂贵的该种物品。

如图 3-10 所示，原来的价格比率由预算线 A 的斜率表现出来，消费者将选择无差异曲线 1 上的 U 点进行消费，消费的 X 商品量为 OX_1。假定 X 价格上升，新的预算线为 B，消费量为 OX_2。这样，由于价格上升，对 X 的需求量的总影响为 OX_1-OX_2，满足水平下降了 X_2 至 X_1 的数量。

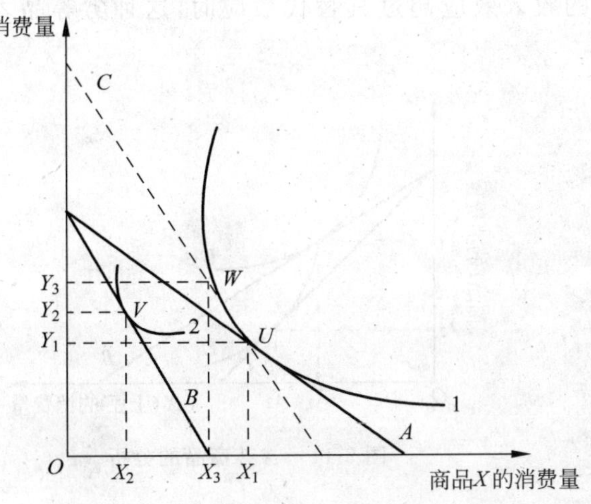

图 3-10　替代效应和收入效应

现在假定,在价格上升时使消费者的收入提高,以维持在原来的无差异曲线上。在图形上,做一条假想的预算线 C 与预算线 B 平行并与无差异曲线 A 相切于 W 点。

可见,替代效应就是从原来的(最初价格未变时的)均衡点 U 到假想的均衡点 W 之间的移动,替代效应为 OX_1-OX_3 的 X 商品的消费量。或者说,这就是在消费者的满足水平保持不变的条件下(仍在无差异曲线 1 上),价格上升所引起的消费者对 X 商品的需求量的减少,对 Y 商品需求量的增加,Y 商品的需求量从 OY_1 增至 OY_3。

收入效应是商品价格变化通过对消费者实际收入的影响,进而引起的对 X 商品需求量的变化。如当可乐的价格提高后,意味着收入的购买力下降了。在图中 OX_3-OX_2 的部分就是这种变化。从假想的均衡点 W 到实际的均衡点 V 之间的移动,标志着消费者实际收入的下降和满足水平的降低。

综上所述,由商品 X 价格上升所产生的总效应或总影响等于收入效应(OX_3-OX_2)和替代效应(OX_1-OX_3)之和(OX_1-OX_2)。

以上只是分析了价格上升时的替代效应和收入效应。价格下降时的替代效应和收入效应,其原理和方法与以上的分析是相同的。

(2) 吉芬商品

一般而言,在实际收入保持不变的情况下,商品 X 的价格与商品 X 的消费量成反方向变动(斜率为正的无差异曲线除外),因此替代效应总是负的。而收入效应在多数情况下是正的,也就是说,实际收入的变动与商品消费量的变动方向相同。但在某些情况下,收入效应为零或负。在此条件下,实际收入的变动对商品消费量没有影响或与商品消费量的变动方向相反。如前所述,收入效应大于或等于零的商品为正常品,收入效应为负的商品为劣等品。而当价格变动的总效应为负时,这种商品就是所谓的吉芬商品。

19 世纪英国经济学家罗伯特·吉芬从统计中发现,在 1845 年爱尔兰发生的饥荒中,土豆的销售量随价格上升而提高,这一现象称作吉芬之谜、吉芬悖论,这是需求定理的一个例外。具有吉芬效应的商品为吉芬商品。吉芬商品一定是劣等品,但劣等品不都是吉芬商品,只有当劣等品的收入效应超过其替代效应时,这种劣等品才是吉芬商品。如图 3-11 所示。

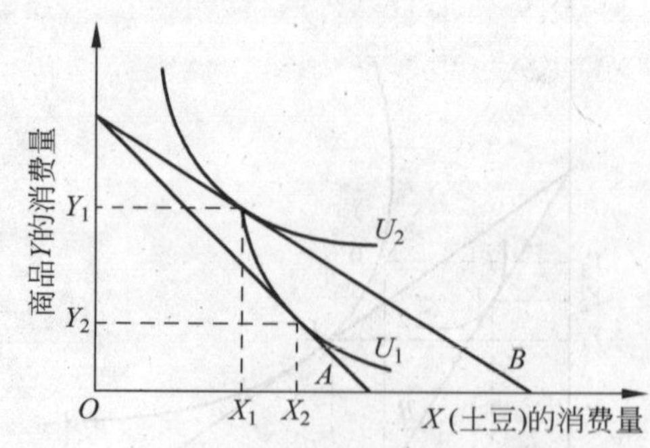

图 3-11　吉芬商品的分析

图 3-11 中,土豆的消费量表示在横轴上,其他商品的消费量表示在纵轴上,U_1、U_2 为无差异曲线,A、B 为预算线。假设商品 X(土豆)的价格上升,替代效应会减少土豆的消费,增加其他商品 Y 的消费。但土豆这类劣等品的替代效应很小,或替代土豆这种劣等品的商品很少,而收入效应则很强,土豆的消费花去爱尔兰一部分穷人收入的很大比例。当土豆价格上升时,实际收入大幅减少,爱尔兰人为了购买更多的土豆,不得不削减其他高档食品的消费。此时,收入效应超过负的替代效应,致使土豆价格上升,而土豆的需求量也是上升的,这是一种非常少见的现象。在图形上,因土豆价格上升,预算线从 B 降至 A,而土豆需求量反而从 OX_1 增至 OX_2。

四、从个人需求曲线到市场需求曲线

1. 从价格—消费曲线推导个人需求曲线

假定只有商品 X 和 Y,并且商品 Y 的价格不变,分析商品 X 的价格变化对消费者商品组合的影响,以及“价格—消费曲线”的建立。如图 3-12 所示。

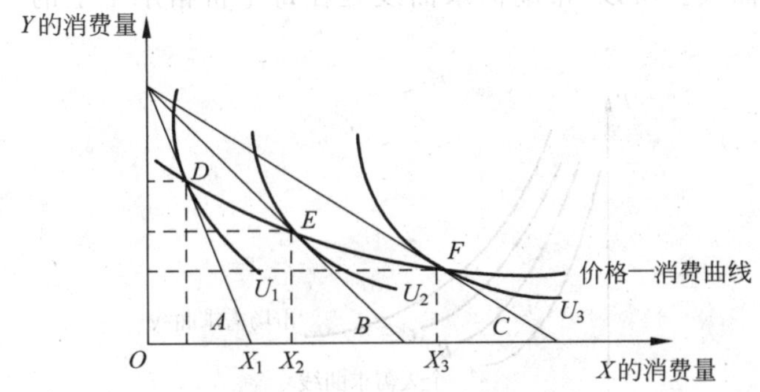

图 3-12　价格—消费曲线的建立

图 3-12 中,U_1、U_2、U_3 为三条无差异曲线,A、B、C 为三条预算线,D、E、F 为三个商品组合点。假定与商品 X 原来的价格相对应的预算线为 B,商品组合点为 E,X 消费量为 X_2,如果商品 X 的价格上升了,新的预算线为 A,消费者新的商品组合点为 D,X 的消费量为 X_1。如果商品 X 的价格下降了,预算线变为 C,商品组合点为 F,X 消费量为 X_3。由这些组合点或均衡点连接而成的曲线就是价格—消费曲线,表示在消费者收入保持不变的条件下,由于商品 X 价格的变化所引起的均衡组合的变化。

从价格—消费曲线能够推导出商品的个人需求曲线。个人需求曲线表示消费者收入保持不变的条件下,消费者在某种商品的不同价格水平下购买的该商品的数量。

由图 3-12 的价格—消费曲线可知,D、E、F 三个切点,表示三种价格下的商品 X 的三种需求量。将商品 X 的价格用纵轴表示,X 的需求量用横轴表示,分别标出当 X 价格发生变化时,消费者对商品 X 的需求量。如图 3-13 所示。

图 3-13 中的 D_X 就是商品 X 的个人需求曲线,D_X 表示当商品 X 的价格发生变化时,消费者对商品 X 需求量的变化情况。可见,个人需求曲线就是商品 X 的不同价格与需求量的点的轨迹。

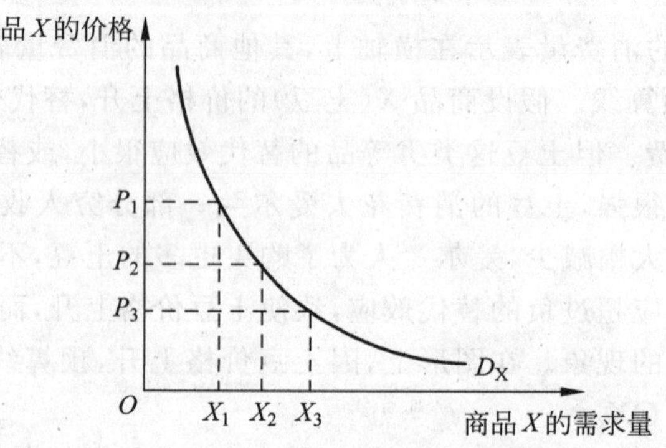

图 3-13　对商品 X 的个人需求曲线

2. 从个人需求曲线到市场需求曲线

每一个消费者(如 A、B、C)都有一条需求曲线,该曲线是根据需求量随价格的变化描述出来的,因此是向右下方倾斜的。把所有消费者的需求量加总,就可以得到某一种商品的整个市场的需求曲线。所以,市场需求曲线是在每个价格水平上的个人需求之和。如图 3-14 所示。

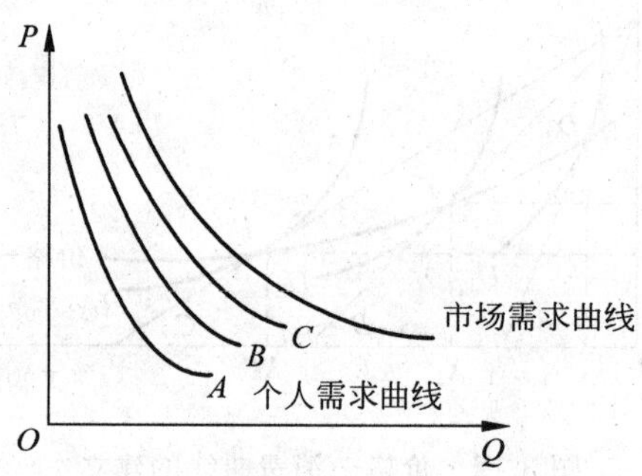

图 3-14　个人需求曲线和市场需求曲线

应当指出,生产者关心的是整个市场的消费者对某种商品的需求曲线并借以分析市场如何运行,而不是单个消费者对该商品的需求曲线。经济学家对市场需求曲线的关注也超过对个人需求曲线的关注,因为与市场供给曲线一起决定均衡价格和均衡数量的是市场需求曲线,而不是个人需求曲线。所以,在经济分析中主要使用市场需求曲线。

一、概念

将定义的序号填入概念的____中。

____效用　　____总效用　　____边际效用

____消费者剩余　　____基数效用　　____序数效用

____无差异曲线　　____边际替代率　　____预算线

____消费者均衡原则　　____吉芬商品

1. 增加消费一单位某种物品所带来的新增的效用,或总效用的增量。

2. 用数字所表示的不同商品效用的大小。

3. 消费者为保持原有的满足水平不变,为增加一单位商品 X 而必须放弃的商品 Y 的数量。

4. 消费者所能购买的商品 X 和商品 Y 的所有不同数量的组合。

5. 消费者从物品和劳务的消费中所得到的满足。

6. 收入效应超过替代效应,价格上升引起需求量增加的劣等品。

7. 消费者花在商品 X 和商品 Y 上的最后一单位所获得的边际效用都相等。

8. 消费者从在一定时间内消费的一定量某些物品上所得到的总的满足。

9. 消费者购买某种物品时,愿意支付的价格和实际支付的价格之间的差额。

10. 能给消费者带来同等程度满足的两种商品的不同数量组合的点的轨迹。

11. 效用的度量按满足程度的高低排列各种不同商品组合的顺序,或者说是商品组合的偏好顺序,这种学说强调"A 是否比 B 值得偏好"。

二、选择题

1. 对商品消费边际效用的理解不正确的是(　　)。

A. 增加一单位商品消费引起的总效用的增量

B. 最后增加的一单位商品消费所提供的效用

C. 消费一定数量的某种商品所获得的总效用

D. 数学表达式为 $\mathrm{MU}=\Delta \mathrm{TU}/\Delta Q$

2. 边际效用递减规律说明(　　)。

A. 随着对某商品消费量的增加,该商品的总效用有下降趋势

B. 随着对某商品消费量的减少,该商品的总效用有下降趋势

C. 随着消费者收入的增加,边际效用有下降趋势

D. 随着某商品消费量的增加,该商品的边际效用有下降趋势

3. 如果某商品的边际效用等于 0,那么,该商品的总效用(　　)。

A. 最大　　B. 最小　　C. 不变　　D. 总效用等于 0

4. 某消费者消费了 4 块点心,有如下统计数据:

第 1 块的边际效用为 8 个单位;第 2 块的边际效用为 4 个单位;第 3 块的边际效用为 2 个单位;第 4 块为−1 个单位。当消费了这 4 块点心以后,该消费者从中得到的总效用为(　　)。

A. 8 个单位　　B. 10 个单位　　C. 14 个单位　　D. 13 个单位

5. 消费者剩余是消费者的(　　)。

A. 实际的所得　　B. 象征性所得　　C. 支付的部分　　D. 剩余的部分

6. 序数效用论认为,商品效用的大小(　　)。

A. 可以用基数衡量　　B. 取决于它的价格

C. 效用大小不能比较　　D. 效用大小可以比较

7. 在无差异曲线上,商品 X 和商品 Y 的边际替代率等于 X 和 Y 的(　　)。

A. 价格之比　　B. 数量之比

C. 边际效用之比　　D. 边际成本之比

8. 消费者在预算约束下实现效用最大化的条件是(　　)。

A. $MU_X/P_X = MU_Y/P_Y$　　B. $MU_X/P_Y = MU_Y/P_X$

C. $MU_X = MU_Y$　　D. $P_X = P_Y$

9. 商品 X 的价格为 1.5 元,商品 Y 的价格为 1 元。当消费者从这两种商品的消费中实现最大满足时,Y 的边际效用为 30,X 的边际效用为(　)。

A. 20　　B. 30　　C. 45　　D. 50

10. 某消费者用每周的预算购买了 X 和 Y 两种商品。下表中列出了商品的各种数据,为了实现满足最大化,该消费者应该购买(　)。

	价格(美元)	购买量	总效用	边际效用
X	70	20	500	30
Y	50	12	1 000	20

A. 较少的 X 和较多的 Y　　B. 较多的 X 和较少的 Y

C. 较少的 X,Y 数量不变　　D. X 和 Y 的数量相等

11. "吉芬商品"的销售量随着其价格上升而提高,原因是(　)。

A. 收入效应大于替代效应　　B. 收入效应小于替代效应

C. 收入效应大于零　　D. 收入效应等于零

12. 市场需求曲线是个人需求曲线(　)。

A. 相对富有弹性的部分　　B. 相对缺乏弹性的部分

C. 在垂直方向上的加总　　D. 在水平方向上的加总

三、计算题

如下图所示,商品 X 的数量 $Q_X = 30$,Y 的数量 $Q_Y = 20$。AB 为预算线,U 为无差异曲线,E 为消费者效用最大化的均衡点,商品 X 的价格 $P_X = 2$ 美元。

(1) 求消费者的收入 I。

(2) 求商品 Y 的价格 P_Y。

(3) 写出预算线的方程式。

(4) 求预算线的斜率。

(5) 求 E 点 MRS_{XY} 的值。

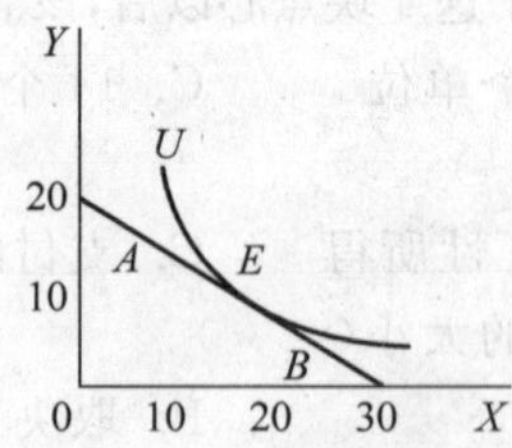

四、分析题

1. 如果每种商品最后一单位的边际效用都相等,消费者就达到了效用最大化。这一说法是否正确?

2. 怎样通过收入效应和替代效应判断正常品、劣等品和吉芬商品?

第四章 生产理论

本章和第五章分别阐述生产理论和成本理论，从而说明竞争的市场供给曲线所形成的基础。因此，生产理论和成本理论是第二章供给分析的继续。

第一节 厂商的目标和生产函数

生产是指制造用于人们消费的商品和劳务(服务和劳动的统称)的行为，是对生产要素进行组合而制成产品的行为，生产一般是由厂商进行的，厂商是为销售而生产某种商品和劳务的单位。

一、厂商的组织形式与目标

厂商的组织形式有以下几种：

1. 个人业主制，指某一个人经营的厂商组织。其数量很多，在数量上占有优势，但总销售额却很小，一个小企业可能每天只有几百美元的生意。

2. 合伙制，两个或者可能多达 200 个合伙人合资经营，共同分享利润，共担风险。这种合伙制不太适应大厂商。其主要缺点是每个合伙人对整个合伙制企业所欠债务负有无限责任。例如，你在合伙制企业中的份额占 10%，当企业破产倒闭时，你应该赔偿 10% 的损失。但当合伙人无力赔偿时，你往往会倾家荡产。这就可以解释为什么合伙制局限于农业和零售商业这类小型、个人的厂商组织。

3. 公司制，也称股份制，它是按照公司法建立的现代厂商最重要的组织形式。公司制的核心特征包括其所有权属于持有普通股的股东；股东按股份比例分配红利；公司的经理和董事会拥有制定决策的权力。公司制的优点是，它是最有效的从事经济活动的组织形式；公司是可以从事经济活动的“法人”，无论股份如何易手，公司是永续存在的；公司的股东承担有限责任,即他们承担的公司债务或亏损不会超过最初的出资比例。例如,投资者购买了1 000美元某公司的股票,那么,在企业破产的情况下,投资者最大的损失,不可能超过原来的投资,投资者不承担更多的责任。

公司制的主要缺点是,对公司利润要征税。非公司形式的厂商,超出成本的收入会像一般个人那样纳税。而对公司而言,其收入要缴纳两次税,一是作为公司利润交税,二是以红利形式缴纳个人所得税。对于这种双重征税,一些经济学家对此提出了指责和质疑。公司制尽管有其缺点,但公司制形式规模较大而有效率,能够吸收大量的私人资本,可以生产各种相关产品,同时,公司承担有限责任使其能够分摊风险。

关于厂商经济活动的目标,经济学家们假定,其目标是利润最大化。利润或净收益,等于厂商的总销售额和总成本之间的差额。但是,经济学家和会计学家对利润的定义不同。前者说的利润是在长时期内,通过适当方法折为现值,并且扣除了业主提供的资本和劳动的报酬之后的利润。后者说的利润是目前的、短期的。

第二节　短期生产函数

一、什么是生产函数

厂商在每个时期投入的各种生产要素的数量与获得的产出数量之间的关系叫作生产函数。具体地说,生产函数是在既定的工程技术水平条件下,给定投入之后能得到的最大产出。例如,厂商拥有一定数量的投入,像土地和劳动,能够得到多少产出,像小麦和汽车。这种投入与产出的关系就是生产函数。生产函数虽然是描述厂商生产能力的有用方法,但是随着技术的不断进步,生产某种产品的生产函数会不断地被改变。如果用Q、L、K、N、E分别表示总产量、劳动、资本、土地、企业家才能,则生产函数的公式为

$$Q = f(L, K, N, E)$$

20世纪30年代初,美国经济学家柯布和道格拉斯根据美国1899—1922年的资本和劳动对美国制造业的影响,得出了这一时期美国制造业的生产函数,这就是柯布-道格拉斯生产函数:

$$Q = AL^{a}K^{1-a}$$

式中,Q为美国制造业的总产量,L、K分别为劳动量和资本量,A、a为根据不同情况变化的参数,a为小于1的正数。公式表明,在总产量中,工资的相对份额为a,资本收益的相对份额为$1-a$。

根据美国的资料,20世纪以来,$a=3/4$,$1-a=1/4$。这说明,每增加1%的劳动所引起的产量的增加,3倍于每增加1%的资本所引起的产量的增加。或者说,在美国制造业的增长中,有3/4归于劳动的贡献,1/4归于资本的贡献。这一结论与美国工资收入和资本收入之比3∶1的事实基本相符。

柯布和道格拉斯根据统计资料,得出的具体数字如下:

$$Q = 1.01L^{\frac{3}{4}}K^{\frac{1}{4}} = 1.01\sqrt[4]{L^3}\cdot\sqrt[4]{K}$$

这一函数的经济含义是，当资本 K 固定不变时，劳动 L 增加 1%，产量将增加 1%的 3/4，或增加 1%的 0.75。当劳动 L 固定不变时，资本 K 增加 1%，产量将增加 1%的 1/4，或增加 1%的 0.25。

柯布-道格拉斯生产函数说明，资本和劳动对产量的影响是，如果各增加 1%，则各自所引起产量的增加额之比为

$$\frac{0.25}{100} : \frac{0.75}{100} = 1 : 3$$

在柯布和道格拉斯之后，一些经济学家也在研究生产函数这一课题，包括约翰·肯德里克、爱德华·丹尼森、罗伯特·索洛、德尔·乔更生等人。这些研究的目的是探讨经济增长在多大程度上依赖于资本、劳动和生产率的增长速度。

在本章中，我们假定厂商把生产函数作为既定的。在下一章中，则着重分析技术进步对生产成本曲线的影响。

在分析生产函数时，有必要弄清生产要素的分类，以及短期和长期这些基本概念。生产要素分为两类，一类是固定要素，是在考察期内数量不变的要素，是不随产量的变化而变化的要素，通常包括厂商的工厂和机器设备等。另一类是可变要素，是在考察期内数量可变的要素，是随产量的变化而变化的要素，通常包括原料、劳动等，这些要素能够随产量的变化而调整。

一种要素是被当作可变还是固定的，取决于考察期时间的长短，这就是短期和长期问题。微观经济学中的短期是指厂商的某些要素保持不变的时期。通常被定义为厂商的工厂和设备固定不变的时期。长期是指所有投入都可以变化的时期，厂商可以根据外部环境的变化对各种要素的投入量做全面调整。

例如，活鱼市场的供给方是捕鱼船队。假设市场对鱼的需求增加，鱼的价格上涨，船长会提高捕鱼量，但短期内不能建新船，只能雇用船员和增加工作时间，从而使鱼的供给增加。但在长期内可以增加船只、水手，新厂商也会进入，就是说可以实现全面调整。对于短期和长期的含义，简言之，在短期可以调整产量，不能调整规模；在长期既可以调整产量，又可以调整规模。

二、短期生产函数

假设生产活动使用劳动和资本两种要素，并且资本的投入量是固定不变的。因此，短期生产函数是考虑只有一种可变要素的生产函数。

（一）总产量、平均产量和边际产量

从生产函数出发，能够计算三个重要的产量概念：总产量 TP、平均产量 AP 和边际产量 MP。

总产量表示在一定时期内生产出来的产出总量。在只有一种生产要素是可变的，其他要素的数量保持不变的条件下，随着可变要素使用量的变化，总产量也将会发生变化。在投入量为零时，总产量为零。

从总产量的概念中会衍生出边际产量的概念。边际产量（或边际收益）表示在其他要素的数量保持不变时，增加一单位要素所引起的总产量的增加。例如，保持土地的数量以

及与此相关的机器设备的数量不变,劳动的边际产量是每增加1单位劳动而多得到的产出。边际产量MP的公式如下:

$$MP = \frac{\Delta TP}{\Delta X}$$

式中的ΔTP为要素X(劳动、资本等)的增量ΔX所引起的总产量的增量。

平均产量表示总产量除以为生产这一总产量所使用的该种要素的数量,其公式为

$$AP = \frac{TP}{X}$$

用表4-1说明总产量、平均产量和边际产量。该表说明的是总产量在其他生产要素(资本、土地等)以及技术不变的条件下,由于投入的劳动量不同而发生的变化,并从这一变化中推导出平均产量和边际产量。

表4-1　总产量、平均产量和边际产量

(1) 劳动量L	(2) 总产量TP	(3) 边际产量MP	(4) 平均产量AP
0	0		0
		8	
1	8		8
		12	
2	20		10
		16	
3	36		12
		12	
4	48		12
		7	
5	55		11
		5	
6	60		10
		0	
7	60		8.6
		−4	
8	56		7

根据表4-1中的数据,我们可以画出劳动的总产量、平均产量和边际产量曲线。如图4-1所示。

从图中可以看出,总产量TP曲线、平均产量AP曲线、边际产量MP曲线都是先上升,分别达到最高点之后转而下降的。当MP高于AP时,AP上升;当MP等于AP时,AP最高;当MP低于AP时,AP下降。

上述变化包含的算术原理是,如果总产量的增量或边际产量MP大于平均产量AP,平均产量AP是增加的;如果总产量的增量小于平均产量,平均产量是减少的。这是因为,MP由最后一个单位来承担,而AP是由全部产量来均摊的。当边际产量MP等于零时(MP曲线与横轴相交),总产量TP最高;当边际产量MP为负时,总产量TP下降。

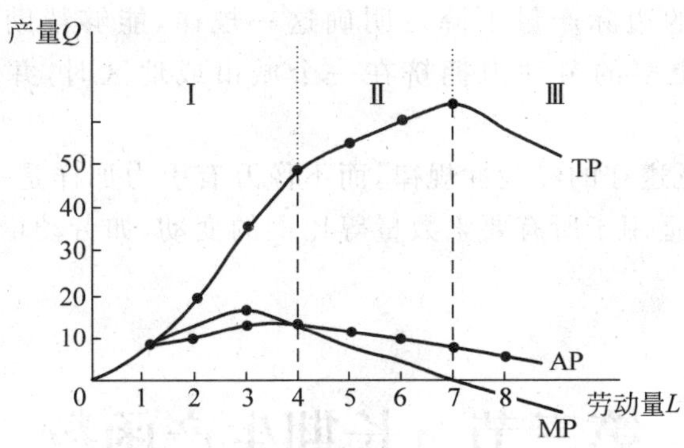

图 4-1　总产量、平均产量和边际产量

（二）可变投入使用量的合理区间

要确定一种可变投入的合理使用量，根据生产的总产量曲线、平均产量曲线和边际产量曲线之间的关系，将生产划分为三个阶段，如图 4-1 所示。

在第Ⅰ阶段，劳动的平均产量 AP 是递增的，这意味着每单位劳动的边际产量都高于平均产量。厂商通常不会把可变投入的使用量限制在这一阶段。因为只要生产要素的价格和产品价格给定不变，继续扩大可变投入的使用量从而使产量增加是有利可图的，至少在平均产量达到最高点为止。

厂商在第Ⅲ阶段将不会继续生产，因为在第Ⅲ阶段，总产量曲线、平均产量曲线和边际产量曲线都是下降的，尤其是边际产量呈现负值。这意味着相对固定投入而言，可变投入的使用量过多。即使可变投入(如劳动)的费用为零，理性的厂商也会通过减少劳动的投入量来增加总产量，才不会出现边际产量为负值和总产量下降的局面。总之，减少其可变投入的使用量是有利的。

唯有在第Ⅱ阶段，才是可变投入使用量的合理区间。在这个阶段的起点处，平均产量曲线和边际产量曲线相交，相交点是平均产量的最高点。在这个阶段的终点处，边际产量曲线和横轴相交，边际产量为零。在第Ⅱ阶段进行生产，厂商既得到由于第Ⅰ阶段增加可变投入带来的有利方面，又避免第Ⅲ阶段因可变投入过多带来的不利方面。至于在第Ⅱ阶段厂商究竟将其可变投入的使用量确定在这一区间的哪一点上，要根据产品价格和生产要素的价格水平而定。

（三）边际收益递减规律

使用生产函数可以理解经济学中的重要规律：边际收益递减规律或报酬递减规律。边际收益递减规律是指当其他要素数量保持不变时，产出对一种要素增加的反应。

边际收益递减规律的基本内容可以概括为，在其他要素投入数量不变时，如果等额增加一种要素，产量的增加额开始会上升，但超过某一点后，增加每一单位要素带来的边际产量会下降，在表 4-1 中已有说明(劳动量增加到 3 个单位时，边际产量开始下降)。

这一规律表明的基本关系是，当更多的投入如劳动，被追加于固定数量的土地、机器设备和其他要素上时，单位劳动所能作用的要素越来越少，土地越来越拥挤，机器设备被过度使用,此时,劳动的边际产量下降。明确这一规律,能够帮助经营决策者减少盲目性;可以理解为什么更多的劳动力拥挤在一个城市或地区时,并不一定有高的产出和收入。

该规律只是被广泛遵守的经验性规律,而不像万有引力那样是一种普遍真理;假定至少有一种要素不变,不适用于所有要素数量等比例的变动,如劳动增加,土地也增加;假定技术不变等。

第三节　长期生产函数

分析长期生产函数是假设劳动和资本都是可变的,包括两种可变要素按不同比例变动的生产函数和两种可变要素按相同比例变动的生产函数。

一、两种可变要素按不同比例变动的生产函数

两种可变投入并且按不同比例变动的生产函数和只有一种可变投入的生产函数,都是反映要素的各种组合与这些组合能够实现的最大产量之间的关系,只不过前者的分析要比后者的分析更复杂一些。

(一)等产量曲线

生产要素可以相互替代而维持同等产量,或者说,一个既定的产量可以用两种投入的不同组合生产出来。用表 4-2 和图 4-2 来说明。

表 4-2　两种可变投入的生产函数

劳动量(人/年)	土地量(英亩)			
	谷物年产量(蒲式耳)			
	1	2	3	4
1	5	11	18	24
2	14	30	50	72
3	22	60	80	99
4	29	80	115	125
5	34	84	140	145

表 4-2 描述的是两种可变投入的生产函数,它表明,一个既定的产量,比如 80 蒲式耳谷物,可以由 4 人的劳动和 2 英亩的土地生产出来,也可以由 3 人的劳动和 3 英亩的土地生产出来。假定的生产函数表明的这一事实,可以用一组等产量曲线来表示。如图 4-2 所示。

图 4-2 中,横轴和纵轴分别为单位时间使用的劳动量(L)和单位时间使用的资本量(K),三条曲线分别代表 50、100、150 的单位产量的劳动和资本的组合。例如,为生产 50 单位产量,可以使用 OL_0 和 OK_0 的组合,也可以使用 OL_1 和 OK_1 的组合,等等。

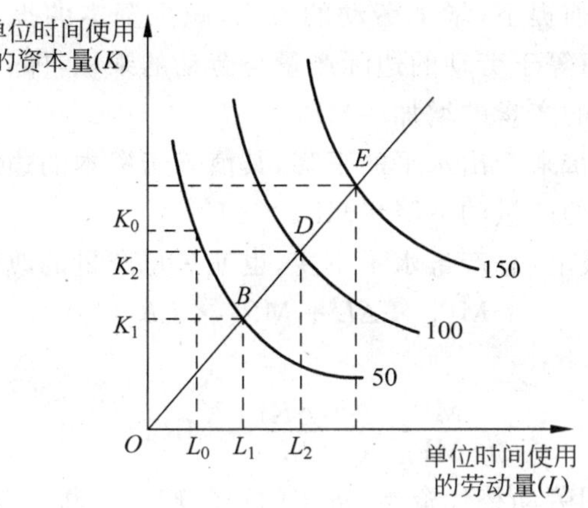

图 4-2　等产量曲线

可见，等产量曲线就是表示能够生产同一产量的两种要素的各种组合的曲线。等产量曲线和无差异曲线所起的作用很相似，因此，等产量曲线又称生产的无差异曲线。其区别是，无差异曲线表明为消费者提供相同满足程度的两种商品的各种组合；等产量曲线表明为厂商带来相同产量的两种要素的各种组合。

等产量曲线一般具有的特征包括：(1)等产量曲线向右下方倾斜，其斜率为负。因为等产量曲线上每一个点都代表着生产同一产量的两种投入的有效组合。同时，每增加一单位某种投入的使用量，要保持产量不变，就必须相应减少另一种投入的使用量，否则，说明这一点所代表的投入组合是无效率的。(2)同一坐标图上的任意两条等产量曲线不能相交。因为两条等产量曲线的交点代表着两种投入的同一组合，这与两条等产量曲线代表不同的产量水平相矛盾。(3)等产量曲线通常是凸向原点的，其斜率是递减的，这是由边际技术替代率递减规律决定的。(4)同一坐标图上可以有无数条等产量曲线，离原点越远，代表的产量水平越高。离原点越近，代表的产量水平越低。但在同一条等产量曲线上的各点，代表的都是同样的产量水平。

在图 4-2 中还有一条射线 $OBDE$，表示资本—劳动比率不变时所有的要素组合。如在 100 个单位的产量的 K、L 比率为 OK_2/OL_2。一条射线表明一个固定的要素比率和变化的产量水平，一条等产量曲线表明固定的产量水平和变化的要素比率，这就是射线和等产量曲线的区别。

(二) 边际技术替代率

在上面分析等产量曲线的特征时指出，等产量曲线凸向原点或其斜率递减，是因为边际技术替代率递减。边际技术替代率是研究产量不变的条件下，一种要素对另一种要素的替代。具体地说，为保持原有的产量水平不变，由于增加一单位要素 X 的使用量而放弃的要素 Y 的数量。边际技术替代率与需求理论的边际替代率很相似。其公式为

$$\mathrm{MRTS_{XY}} = -\frac{\Delta Y}{\Delta X}$$

劳动对资本的边际技术替代率也等于劳动的边际产量与资本的边际产量之比。假设，

在产量水平保持不变的前提下，增加劳动的投入，减少资本的投入。劳动投入的增加会带来产出水平的增加，其值等于劳动的边际产量与劳动的乘积，即：

劳动投入增加产生的产量的增加$=MP_L \times \Delta L$

资本投入的减少会带来产出水平的下降，其值等于资本的边际产量与资本的乘积，即：

资本投入减少产生的产量的下降$=MP_K \times \Delta K$

这样，在等产量曲线上，总产量水平不变，也就是总产量的改变量为0，因此可得

$$MP_L \times \Delta L + MP_K \times \Delta K = 0$$

整理后得到

$$\frac{MP_L}{MP_K} = -\frac{\Delta K}{\Delta L} = MRTS_{LK}$$

等式说明，不断地用劳动替代资本，资本的边际产量不断上升，而劳动的边际产量不断下降，这就是边际技术替代率递减规律。

边际技术替代率递减规律的基本内容是，随着劳动对资本替代量的增加，劳动对资本的边际技术替代率趋于下降。因为随着劳动对资本的替代不断增加，劳动的边际产量趋于下降，而资本的边际产量趋于上升。这样，要保持原有的产量水平不变，每增加一单位劳动所必须放弃的资本量就会越来越少。由于边际技术替代率等于劳动的边际产量（正在下降）除以资本的边际产量（正在上升），所以，$MRTS_{LK}$一定是下降（或递减）的，从而等产量曲线通常凸向原点。

（三）生产的经济区域

在某些情况下，等产量曲线可能有斜率为正的部分，或向自身弯曲的部分，如图4-3所示。横轴为劳动量L，纵轴为资本量K，三条等产量曲线分别代表50、100、150单位的产量水平。

在OA以上和OB以下的部分，斜率为正。斜率为正意味着要素的边际产量是负的。这是由投入的要素过多造成的。在OA以上，资本的边际产量为负，在劳动量保持不变时，减少资本使用量反而会使产量增加（边际产量为正）；在OB以下，劳动的边际产量为负，在资本量保持不变时，减少劳动量反而会使产量增加。

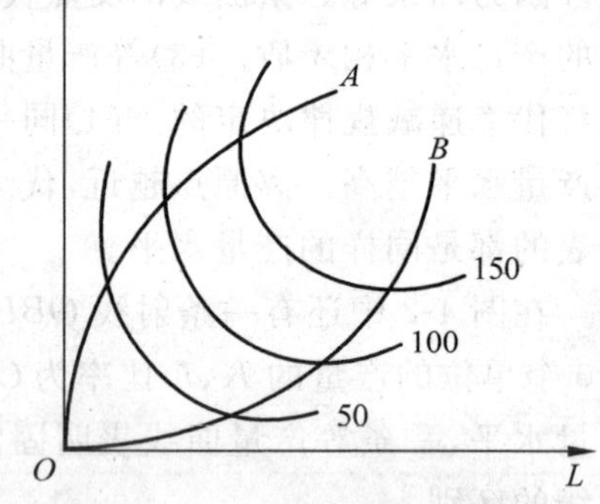

图4-3 生产的经济区域

OA、OB曲线，称作脊线，两条脊线之间的区域称作生产的经济区域。因为，在脊线内比脊线外使用较少的投入，从而较低的费用，可以达到同样的产量。

（四）等产量曲线的两种特例

生产过程中投入要素的替代，有两种极端的生产函数，造成等产量曲线的两种特例。第一种是两种投入要素之间是完全可替代的；第二种是两种投入要素必须按固定比例使用。图4-4为两种投入要素之间完全可替代的等产量曲线。

当两种投入要素之间完全可替代时，边际技术替代率在等产量曲线上所有的点均为常

数。因此，可以用更多的资本(A 点)，或更多的劳动(C 点)，或两者的均衡组合(B 点)生产出同样的产量 Q_3。例如，大桥的收费可以采用自动化，也可以采用人工来完成。

在 Q_1、Q_2 的产量水平上，两种投入要素完全可替代时的等产量曲线的形状，与 Q_3 产量水平的等产量曲线的形状相同。

两种投入必须按固定比例使用的情况如图 4-5 所示。如一人使用一台机器(拖拉机、汽车)；还有，某些企业如一个纺织工人操作 10 台纺织机。这些都是两种投入必须按固定比例使用的情况。

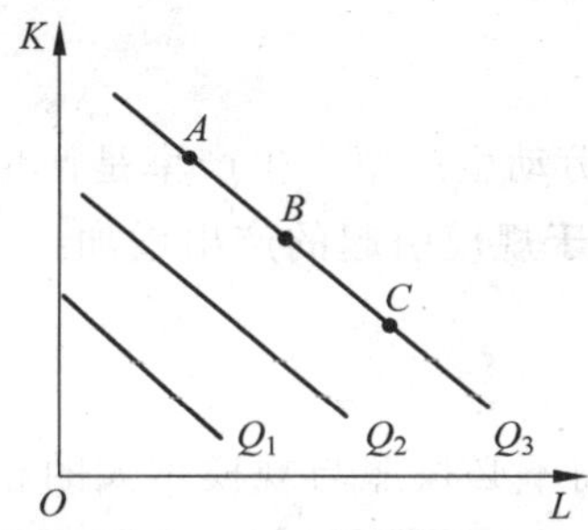

图 4-4　两种投入要素完全可替代的等产量曲线

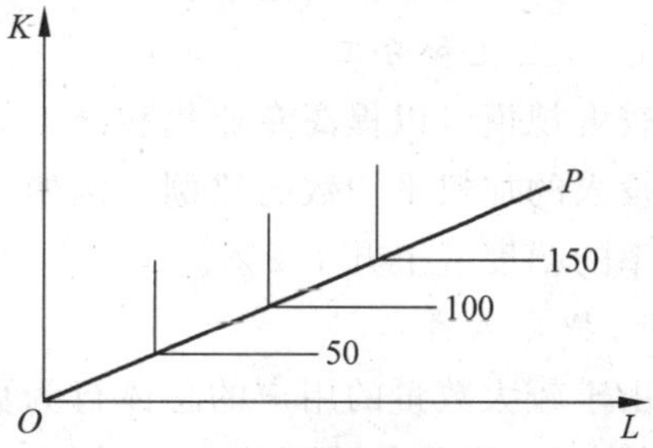

图 4-5　投入要素具有固定比例的等产量曲线

K 对 L 的比例是射线 OP 的斜率。等产量曲线为直三角形。这说明，当一种投入数量不变时，改变另一种投入的数量，产量水平不会上升。或者说，一种投入数量不变，另一种投入的边际产量为零。如一个人驾驶一台拖拉机耕地，如果只增加一台拖拉机而不增加劳动，那么，新增的拖拉机的边际产量为零。

如果投入的比例是不能改变的，则两条脊线会合并成一条脊线，就是图 4-5 中的 OP 射线。在这种情况下，厂商只能在 OP 射线上选择投入要素的组合方式。

二、两种可变要素按相同比例变动的生产函数

分析两种可变要素按相同比例变动的生产函数是规模收益问题。

(一) 规模收益

边际收益及其递减规律是当其他投入保持不变时，产出对于一种投入增加的反应。而当所有的投入都按相同比例增加时，就产生所谓规模收益。进一步说，规模收益就是当所有投入同比例增加时，总产量的反应程度。或者说，规模收益是由规模变动所引起的总产量的变动。

规模收益有三种情况：(1)规模收益递增。产量增加的比例要比投入增加的比例大。如投入增加 10%，而产量增加超过 10%。(2)规模收益递减。产量增加的比例小于投入增加的比例。如投入增加一倍时，产量增加小于一倍。(3)规模收益不变。产量增加的比例正好等于投入增加的比例。如投入增加一倍，产量也增加一倍。许多手工业表现为规模收益不变，如理发、手工织机。

(二) 规模收益递增的原因

1. 某些技术和投入的不可分性

有些技术和投入在规模较小时无法使用,只能在规模或产量足够大时才可能使用。例如,自动化装配线、炼钢平炉等。一个较大的工厂可能比规模相同的两个小的工厂更有效率。

2. 一定的几何关系

例如,4×4×4 英尺的容器与1×1×1 英尺的容器相比,前者的容积是后者的64倍,生产能力增加了63倍。而所需的材料前者只是后者的16倍。又如,载重汽车装载能力的增加也大于其自身重量的增加。

3. 专业化和分工

较大规模可以提高专业化和分工的程度,从而提高劳动生产率。生产率是衡量总产出和总投入的加权平均数的比例。例如,投入增加1%,由于规模引起的产出增加3%,那么,生产率的幅度就上升了2%。

4. 概率因素

由于较大数量的用户的总体行为更稳定,所以,厂商不必按照与规模扩大的相同比例增加其存货(存货相对可减少)。例如,对于大学的餐厅,学生的就餐时间、人数等都是基本稳定的。如果新学年学生数量增加,这些增加的群体其行为与原来的群体行为是一致的。这样,当各种投入都增加一倍时,产量的增加会不止一倍。

(三) 规模收益递减的原因

首先,当规模扩大到一定点后,协调和控制大规模经营的困难就会增加。随着管理层次的增加,信息在传递过程中会损失或失真,会导致管理费用的增加和规模收益的递减。例如,在20世纪70年代,世界上规模最大的通用汽车公司,由于在石油涨价时对市场变化没有做出及时反应,被那些经营机制灵活的小公司借机抢走了很多市场份额。这就说明了技术可以提供规模收益,但管理系统的庞大会导致规模收益递减。

其次,在许多流程中规模增大超过一定点后会导致低效率。例如,设备利用的非效率风险加大,个人努力程度、工作实绩和报酬之间的关系,不像中小企业那样直接而明显。

(四) 规模收益变动的图示

用图4-6表示规模收益变动的三种情况。

图4-6中,(a)图是规模收益不变的情况。在(a)图中,从原点出发的任意一条射线,例如OA,与产量为50、100、150单位的三条等产量曲线分别交于D、C、B点,由于$OD=DC=CB$,所以三条等产量曲线距离相等,产量由50单位增加到100单位,增加了1倍,投入正好增加了1倍;产量由100单位增加到150单位,增加了0.5倍,要素也正好增加了0.5倍,所以是规模收益不变的情况。

(b)图是规模收益递增的情况。在(b)图中,$OD>DC>CB$,这说明产量由50单位增加到100单位,增加了1倍,而所需要的投入并没有增加1倍;当产量由100单位增加到150单位,产量增加了0.5倍,而所需的投入增加的比例更小,这说明随着生产规模的扩大,产量也在增加,但产量增加的比例比投入增加的比例大,所以是规模收益递增的情况。

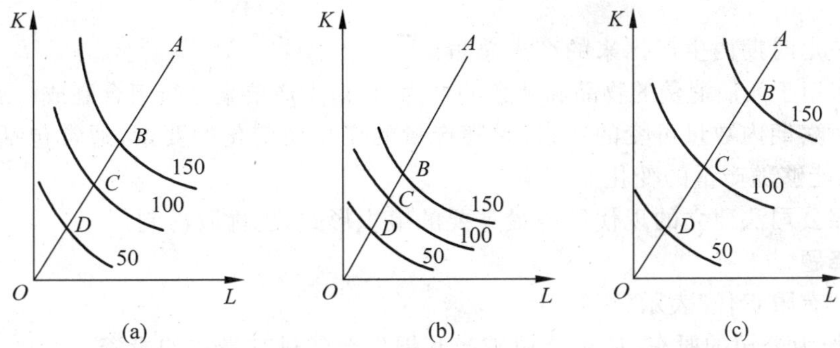

图 4-6　规模收益不变、规模收益递增和规模收益递减

(c)图是规模收益递减的情况。在(c)图中，$OD<DC<CB$，这说明产量由 50 单位增加到 100 单位，增加了 1 倍，而增加的投入不止 1 倍；产量由 100 单位增加到 150 单位，增加了 0.5 倍，而所需的投入增加的更多。这表明，随着生产规模的扩大，产量也在增加，但产量增加的比例比投入增加的比例小，所以是规模收益递减的情况。

一、概念

将定义的序号填入概念的____中。

____生产	____个人业主制	____合伙制
____公司制	____生产函数	____固定要素
____可变要素	____短期和长期	____总产量
____边际产量	____等产量曲线	____ $MRTS_{XY}$
____规模收益	____柯布-道格拉斯生产函数	

1. 两个或两个以上的人合资经营，共同分享利润，共担风险。

2. 厂商在每个时期投入的各种生产要素的数量与获得的产出数量之间的关系。

3. 在考察期内数量不变的要素，是不随产量的变化而变化的要素，通常包括厂商的工厂和机器设备等。

4. 厂商的固定要素保持不变的时期；所有生产要素都可以变化的时期。

5. 由一个人经营的厂商组织。业主享有企业的全部经营所得，同时对企业的债务负有完全责任。

6. 在其他要素的数量保持不变时，增加一单位要素所引起的总产量的增加。

7. 根据美国 1899—1922 年的资本和劳动对美国制造业的影响，得出了这一时期美国制造业的生产函数：$Q=AL^{a}k^{1-a}$

8. 能够生产同一产量的两种要素的各种组合的曲线，又称生产的无差异曲线。

9. 当所有投入要素同比例增加时，总产量的反应程度。

10. 为保持原有的产量水平不变，由于增加一单位要素 X 的使用量而减少使用的要素

Y 的数量。

11. 在一定时期内生产出来的产出总量。

12. 制造用于人们消费的物品和劳务的行为,是对生产要素进行组合制成产品的行为。

13. 在考察期内数量可变的要素,是随产量的变化而变化的要素,通常包括原料、劳动等,这些要素能够随产量的变化而调整。

14. 按照公司法建立的现代厂商最重要的组织形式,也称股份制。

二、选择题

1. 公司"有限责任"表示(　　)。

A. 作为公司的股东,如果公司破产其损失会超过其最初的投资

B. 作为公司的股东,要承担公司生产经营的全部

C. 投资者购买了公司的股票以后,不承担其他财务方面的义务

D. 以上都不正确

2. 生产函数描述了(　　)。

A. 要素的价格与产出水平的关系　　B. 要素的价格与厂商的最优产出

C. 要素的供给量和需求量之间的关系　　D. 一定数量的投入与获得的产出数量

下表中的数据是某公司的短期生产函数,该公司雇用工人生产。依据表中的数据,回答3~5题。

工人数量	总产量
0	0
10	50
20	150
30	350
40	500
50	600

3. 前10个工人的边际产量是(　　)。

A. 50　　B. 10　　C. 100　　D. 200

4. 50个工人的平均产量是(　　)。

A. 10　　B. 12　　C. 15　　D. 20

5. 报酬递减规律发生在(　　)个工人之间。

A. 10~20　　B. 20~30

C. 30~40　　D. 40~50

6. 在微观经济学中的"短期"是指(　　)。

A. 一年或一年以内的时期　　B. 所有要素固定不变的时期

C. 所有要素可以变动的时期　　D. 某些要素保持不变的时期

7. 在下列结论中,错误的结论是(　　)。

A. 只要总产量减少,边际产量一定是负值

B. 只要边际产量下降,总产量一定也下降

C. 边际产量高于平均产量时,平均产量上升

D. 边际产量等于平均产量时，平均产量最高

8. 可变投入使用量的合理区间是（　　）。

A. 边际产量为正，平均产量递减　　B. 边际产量为负，平均产量递减

C. 边际产量递增，平均产量递增　　D. 边际产量递增，总产量递增

9. 等产量曲线上的每个点代表的是（　　）。

A. 相同生产成本的两种要素的各种组合

B. 相同生产成本各种产量的组合

C. 生产相同产量的两种要素的各种组合

D. 相同要素组合获得的生产函数

10. 当所有投入均衡增加，生产将分别表现为（　　）。

A. 更大比例的产出增加——规模收益递增

B. 更小比例的产出增加——规模收益递减

C. 同比例的产出增加——规模收益不变

D. 以上都正确

三、计算题

计算并填上 MP_L 和 AP_L 的数值。

4单位资本				8单位资本			
劳动	TP	MP_L	AP_L	劳动	TP	MP_L	AP_L
0	0	—	—	0	0	—	—
1	22			1	22.5		
2	42			2	44.0		
3	60			3	64.5		
4	76			4	84.0		

四、分析题

1. 等产量曲线的斜率为什么是 $-MP_L/MP_K$？

2. 边际收益递减与规模收益递减有何不同？

第五章

成本分析

第四章分析了生产理论。厂商要实现利润最大化，不仅分析产量，还要考虑成本，而成本是为获得一定利益而付出的代价。成本核算之所以重要，是因为多花费一美元无意义的成本，就会减少相同数量的利润。成本对厂商的影响还有许多方面。例如，规模过大时成本的变化可能会超过收入等。总之，只有完整地理解生产成本，才能全面认识经济稀缺性是如何转化成市场价格的。

第一节 等成本线

假定厂商得到劳动 L 和资本 K 两种要素，厂商想在既定的成本水平下使产量最大化，应该选择什么样的 L、K 的组合？

单位劳动价格为 P_L，单位资本价格为 P_K，既定的成本水平为 TC，从既定的总支出或总成本中得到的组合公式如下：

$$P_L L + P_K K = \mathrm{TC}$$

式中，L、K 是劳动、资本的数量。在 P_L、P_K、TC 既定的条件下，厂商能够买到的 L、K 的各种组合如图 5-1 所示。

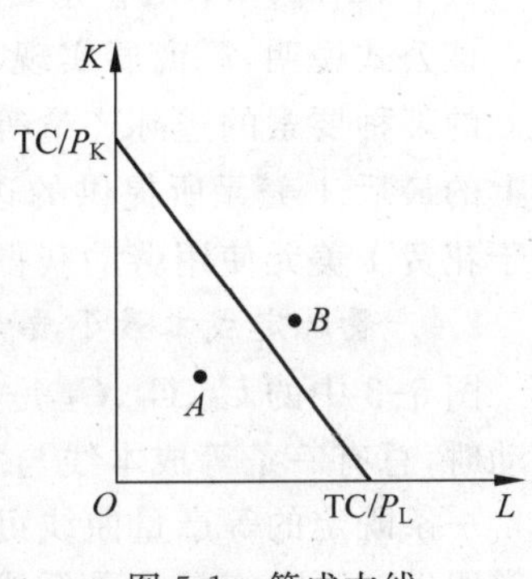

图 5-1 等成本线

当总支出 TC 全部购买资本 K，此时 $L=0$，不能购买劳动，能够买到资本量 $K=\mathrm{TC}/P_K$，在纵轴上有一个截距。当总支出 TC 全部购买劳动 L，此时 $K=0$，不能购买资本，能够买到劳动量 $L=\mathrm{TC}/P_L$，在横轴上有一个截距。

连接两个截距，就是等成本线，斜率为 $-P_L/P_K$。等成本线是指厂商运用固定数量的货币支出，或者等量的成本，能够购买的两种要素不同数量组合的轨迹或一条直线。在这条直线上有 L、K 的各种组合,但成本是相同的。而等成本线以内的任何一点,如 A 点,表示用既定的全部成本用来购买该点的 L 和 K 的组合之后还有剩余;在等成本线以外的任何一点,如 B 点,表示用既定的全部成本买不到该点的 L 和 K 的组合。

第二节 要素的最优组合

任何一个追求利润最大化的厂商,一定要将其投入的生产要素进行最优组合。这种组合是成本既定时使产量最大,或者是产量既定时使成本最小的组合。对生产要素的最优组合的分析方法,是用等成本线和等产量曲线这两个工具。

一、生产要素的最优组合

1. *成本既定产量最大要素的最优组合*

分析方法是将等成本线加到等产量曲线图上。厂商应选择其等成本线所能达到的最高的等产量曲线上的某一点,该点是等成本线与等产量曲线相切的点,如图 5-2 所示的 P 点。切点 P 所表示的要素组合是总成本为 TC 时产量最大化的要素组合。

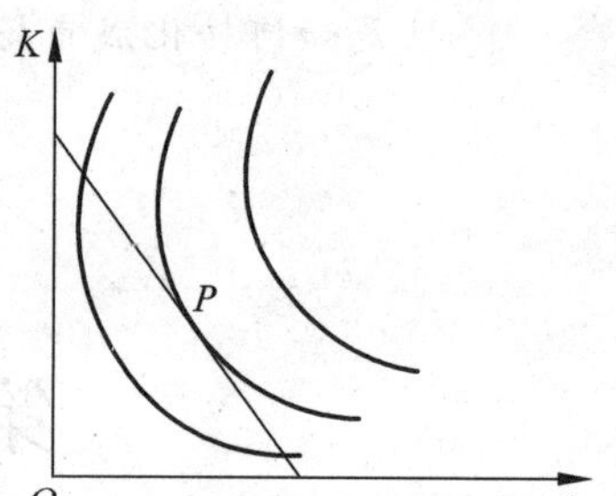

图 5-2 成本既定时的产量最大

由于等成本线的斜率是 $-P_L/P_K$,等产量曲线的斜率等于负的边际技术替代率,而劳动对资本的边际技术替代率是 MP_L/MP_K。所以,要素的最优组合就是

$$MP_L/MP_K = P_L/P_K$$

还可以是

$$MP_L/P_L = MP_K/P_K$$

以上分析的是两种要素,同样适合于多种可变要素的投入。公式如下:

$$\frac{MP_a}{P_a} = \frac{MP_b}{P_b} = \cdots = \frac{MP_m}{P_m}$$

式中,$MP_a,\cdots,MP_m$ 是要素 $a,\cdots,m$ 的边际产量,$P_a,\cdots,P_m$ 是要素 $a,\cdots,m$ 的价格。

该公式说明,厂商要实现利润最大化,必须通过在不同的要素上分配其支出,使价值 1 美元的某种要素的边际产量等于价值 1 美元的任何其他要素的边际产量,使花在每一种要素上的最后 1 美元所提供的边际产量都相等。如果花费 1 美元使用资本获得的边际产量大于花费 1 美元使用劳动获得的边际产量,就要增加资本的投入而减少劳动的投入。

2. *产量既定成本最小要素的最优组合*

图 5-3 中的 C_0、C_1、C_2 是产量既定的三条等成本线,沿着代表既定产量的等产量曲线移动时,总有一条等成本线与之相切。

一条既定的等产量曲线可以和许多条等成本线相交,但只能与一条等成本线相切。切点表明生产既定产量的最低成本水平,而相交点说明产量是可以达到的。

比较三条等成本线与一条等产量曲线的关系可以看出，在等成本线 C_0 上成本最低，但生产不出要求的产量；在 C_2 上虽然能生产出要求的产量，但成本比 W 点高。所以，只有 C_1 与等产量曲线的切点 W 点是最优的组合点。

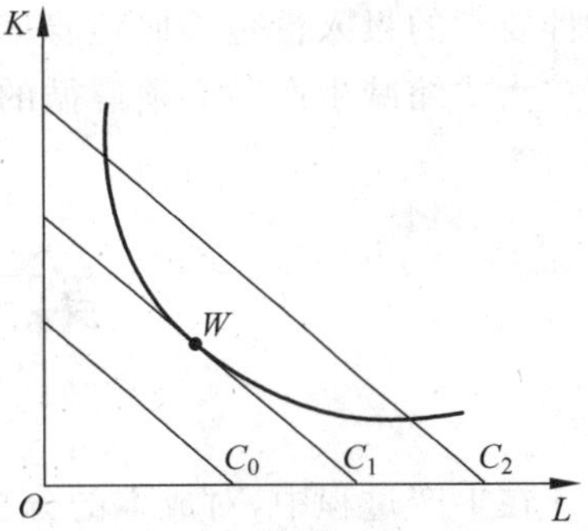

例如，有 $K=10, L=2$ 的组合；$K=4, L=5$ 的组合。两种组合都可以生产出相同的产量，但哪一种是最优组合？这取决于资本 K 和劳动 L 的价格。

图 5-3　产量既定时的成本最小

如果 $P_K=2$ 美元，$P_L=5$ 美元，则 10 单位资本和 2 单位劳动的组合总成本为

$$2\times10+5\times2=30(\text{美元})$$

4 单位资本和 5 单位劳动的组合总成本为

$$2\times4+5\times5=33(\text{美元})$$

可见，30 美元的总成本要素组合为最优。

成本既定产量最大和产量既定成本最小的要素最优组合，这两种情况都必须使要素的边际技术替代率等于要素价格的比率：$MP_L/MP_K=P_L/P_K$，都必须使花在每一种投入上的最后 1 美元所提供的边际产量都相等，并且符合下面公式所规定的条件，这样，生产者才能达到均衡状态。

$$\frac{MP_a}{P_a}=\frac{MP_b}{P_b}=\cdots=\frac{MP_m}{P_m}$$

对最优组合点的简单推导：等产量曲线的斜率等于等成本线的斜率。对于等产量曲线而言，它的斜率就是两种要素之间的边际技术替代率。等产量曲线的替代比率或斜率等于两种要素的相对边际产量 MP_L/MP_K。等成本线的斜率等于两种要素的价格之比 P_L/P_K。因此，其公式为

$$\frac{MP_L}{MP_K}=\frac{P_L}{P_K}$$

二、生产扩展线

在生产要素的价格、技术以及其他条件不变时，从长期来看，当生产的成本或产量发生变化时，要素投入量如何按最优化原则发生变化？这就是对生产扩展线或扩展线的分析。如图 5-4 所示。

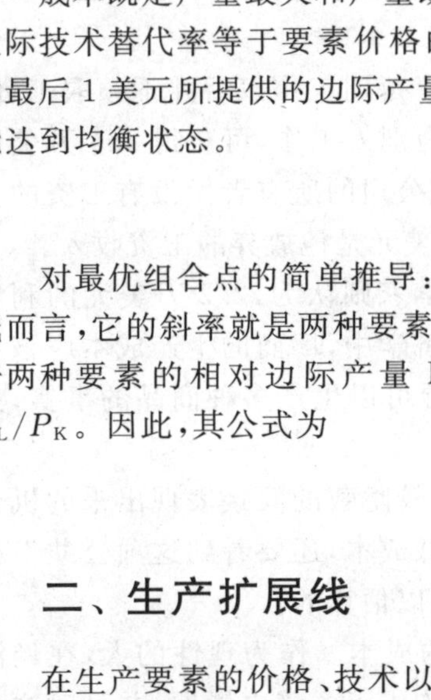

图 5-4　生产扩展线

厂商的不同产量水平，分别用 50、100、150 的等产量曲线来表示，三条等产量曲线分别与等成本线 H_0、H_1、H_2 相切于 E_0、E_1、E_2 点，每个切点都是生产相应产量时要素的最小成本组合点。例如，当产量水平为 50 时，要素的最小成本组合由 E_0 给出，以此类推。连接这些组合点就是生产扩展线。因此，生产扩展线是指不同产量水平上的要素最优组合点的轨迹。

生产扩展线表明，在要素价格、技术等条件不变时，

各种要素的投入量是如何随着产量的变化而变化的。同时也表明,生产扩展线是厂商在长期扩大或缩减生产时必须遵循的路线,离开生产扩展线的生产要素组合都不是最优组合。

第三节　成本的概念

在生产过程中,对成本的分析是厂商生产经营的基础。如前所述,成本是为了获得一定利益而付出的代价,如果发生一定数量的不必要的支付或成本,厂商的利润就会减少相同的数量。本节讨论几个主要成本概念。

一、机会成本和沉没成本

经济学家的成本定义比会计学家的成本定义含义更宽泛。经济学家的成本不仅包括明显的直接购买或支出,还包括较隐蔽的间接表现出来的机会成本。在第一章分析机会成本的基础上,在此做进一步的分析。

分析某公司的所有者来说明机会成本。该公司的所有者每周工作以后并不领取工资。但年末,公司获得 2.2 万美元的利润。如果公司的所有者为别人工作,可获得 4.5 万美元的工资收入。这就是他的机会成本或所放弃的收益,因为该公司的所有者做没有工资的企业老板,而不是作为其他公司的雇员获得工资,所以,4.5 万美元是他放弃的工资收入。

在账面上这一公司得到了 2.2 万美元的利润,但经济学家则认为,2.2 万美元的利润减去 4.5 万美元的机会成本,该公司是亏损的。所以,在经济学中,厂商的生产成本应该从机会成本的角度去解释。另外,机会成本还反映了一种资源可以生产多种商品的事实,只不过机会成本是放弃的商品或劳务的价值。

以上是在市场内分析机会成本。在市场之外的交易中,较隐蔽的间接表现出来的机会成本更是不可忽视。例如,一项公共工程,不能只看到它的低成本,还要看到这项公共工程所引致的严重生态破坏和环境污染,这种机会成本可能是难以估算的。

沉没成本又称沉淀成本,是指已经付出并且不能收回的成本。作为理性的人,在经济活动中应该忽略沉没成本。例如,现在你已经付出 10 美元购买了一张电影票,并且对这场电影是否值 10 美元怀有疑问。而当看了半小时以后,你认为这场电影很糟糕。

需要讨论的问题是,你应该放弃这场电影吗?作为理性的人在做这一决策时,应该忽略这 10 美元的沉没成本。不管继续看还是放弃这场电影,10 美元是已经付出了的。因此,唯一有意义的选择是,继续看糟糕的电影还是去从事别的活动。

沉没成本与机会成本相比,虽然机会成本是隐性的,但在做出经济决策时却必须予以考虑。与之相反,沉没成本是可见的,但一旦发生之后,就不应该影响当前的经济决策。

二、外显成本和隐含成本

在经济分析中,厂商的生产成本包括外显成本和隐含成本,经济学家有时将两者通称为总机会成本。因为在竞争的市场上，厂商的外显成本和隐含成本将趋向于和它所使用的资源的机会成本相等。

外显成本和隐含成本又称经济成本，所以，经济学家用下列公式计算成本：

经济成本＝外显成本＋隐含成本

1. 外显成本

外显成本又称直接成本，是指厂商购买或租用生产要素的实际支出。它包括工资、原料和燃料等费用，向银行支付的贷款利息、支付的租金等。从机会成本的角度看，外显成本等于这些相同数量和质量的生产要素使用在其他最好用途时所能得到的收入。否则，厂商就不能获得这些生产要素，并保持对其的使用权。所以，外显成本也是一种机会成本，只不过是显性的。

2. 隐含成本

隐含成本是指被用于该企业生产过程的厂商自身所拥有的资源(包括企业家的劳务和自有资本)的总价格。例如，一个使用自己的土地和资金并且直接从事经营管理的企业家，该企业家在生产过程中如同使用借贷资金需支付利息、租用土地需支付地租那样，向自己支付地租、利息和薪金。隐含租金、隐含工资是经济学家对厂商自有资源或自有要素的收益的称谓。

隐含成本是与厂商使用自有资源相联系的成本，它反映了这些资源同样可以用于别处使用的事实。因此，隐含成本也必须从机会成本的角度分析厂商的自有资源的最佳用途，只不过这种机会成本是隐性的。所以，隐含成本有时也称为机会成本，只是机会成本的含义更广泛。如上例中的企业家使用自有资源每年获得 2 万美元的收入，而如果他为别人工作、将自有资金贷出、土地出租每年所获得的全部收入达 5 万美元或者更高，这表明该厂商经营的企业有很高的机会成本。可见，如果忽略隐含成本，将会导致决策的失误以及不能保证资源使用的最佳用途。

因为隐含成本是与厂商所使用的自有资源相联系的，而厂商的自有资源中有企业家的劳务。所以，在隐含成本中还包括正常利润，这是厂商对自己所提供的企业家才能的报酬的支付，正常利润是将一个企业家留在一个行业中的起码报酬。正常利润之所以是成本的一部分，是因为，如果这部分得不到偿付，对于企业家而言，就不会为特定行业提供劳务。

除了正常利润之外，还有经济利润。经济利润是指厂商的总收益减去总成本，是超过正常利润的那一部分利润，因此，经济利润又称超额利润。

总而言之，利润包括正常利润和经济利润。

这样，我们就可以区分经济利润与会计利润。由于经济学家和会计学家用不同的方法衡量成本，也就有不同的方法衡量利润。用公式的形式显示会更为明了。

经济利润＝总收益－外显成本－隐含成本

会计利润＝总收益－外显成本

所以，会计利润大于经济利润。这是经济学家和会计学家在衡量利润时，是包括还是忽略了隐含成本的缘故。

我们用表 5-1 显示一个杂货店每月经济利润的计算。这个杂货店每月的总收益为

28 000 美元,外显成本(包括从生产商购买的商品的成本、雇员的工资、租金和水电费、销售税和营业税)为 22 000 美元。总收益减去外显成本,得到每月 6 000 美元的会计利润。隐含成本(包括店主兼经理的工资、自有资金回报)为 4 000 美元。总收益减去外显成本和隐含成本,每月的经济利润为 2 000 美元。

表 5-1　杂货店每月经济利润的计算　　美元

总收益	28 000
减外显成本:	
从生产商购买的商品的成本	18 000
雇员的工资	2 500
租金和水电费	800
销售税和营业税	700
外显成本	22 000
会计利润(总收益－外显成本)	6 000
减隐含成本:	
店主兼经理的工资	3 000
自有资金回报,一年 120 000,10%年回报率	1 000
隐含成本	4 000
经济利润(总收益－外显成本－隐含成本)	2 000

三、私人成本和社会成本

私人成本是指厂商的生产所发生的成本,它反映了厂商可以得到的资源的最好替换用途。外显成本和隐含成本就是私人成本。社会成本是指整个社会所发生的成本,它反映了社会可以得到的资源的最好替换用途。

私人成本是按厂商所使用的资源的市场价格来计算,而社会成本是整个社会所使用的资源所体现出的社会价值来衡量的。当资源的市场价格反映该资源的社会价值时,私人成本与社会成本是一致的。但是,生产某种商品的私人成本并不总是等于社会成本。例如,对于向河流中排放污水的化工厂来说,排放污水的私人成本只是直接排放的费用。但河流受到污染,其他厂商和消费者要使用无污染的河水,就必须额外支付使河水净化所需的费用。在此情况下,排放污水的社会成本大于私人成本。

第四节　短期成本函数

在本章第二节中,我们分析了追求利润最大化的厂商如何选择生产要素的最优组合。确定了某一产量水平上的要素最优组合,就会知道生产这一产量的成本。这样,我们就可以确定厂商的成本函数。成本函数是由它的生产函数和在投入品上支付的价格决定的,成本函数就是成本与产量的关系。生产函数分为短期生产函数和长期生产函数，成本函数也分为短期成本函数和长期成本函数。

一、总成本及其两个组成部分

我们用表 5-2 说明不同产量水平上的总成本以及总成本的两个组成部分：总固定成本和总可变成本。从第(1)栏和第(4)栏的关系中可以看出，总成本 TC 随着产量 Q 的上升而上升。因为，要使产量提高必须使用更多的劳动和其他要素，而增加生产要素会引起成本的增加。例如，生产 1 单位的产量，总成本为 80 美元；生产 3 单位的产量，总成本增至 125 美元。而总成本等于总固定成本加总可变成本。

表 5-2　总成本、总固定成本和总可变成本　　美元

(1) 产量 Q	(2) 总固定成本 TFC	(3) 总可变成本 TVC	(4) 总成本 TC
0	50	0	50
1	50	30	80
2	50	55	105
3	50	75	125
4	50	105	155

1. 总固定成本(TFC)

总固定成本又称沉没成本，是厂商在短期内必须支付的固定要素的全部费用。它是不随产量变化而变化的，即使厂商的产量为零时，也必须支付这些费用，包括厂房和设备的折旧费、借贷资金的利息、自有资本的收益、财产税、设备租金、长期管理人员的工资等。在第(2)栏中，无论产量如何变化，它的数值总是保持在 50 美元。

2. 总可变成本(TVC)

总可变成本是厂商为其使用的可变要素所支付的成本，是随产量的变化而变化的。产量增加，总可变成本会增加。因为，较高的产量需要投入较多的可变要素。它包括原料、燃料、员工的工资等。

从表 5-2 第(1)栏和第(3)栏的关系中可以看出，当产量为零时，总可变成本的起始值为零；当产量为 1 个单位时，总可变成本为 30 美元；当产量增至 2 个单位时，总可变成本随之增至 55 美元。可见，在任何两种产量之间的变化，引起的总成本的变化，就是总可变成本的变化，因为总固定成本是始终不变的。

3. 总成本(TC)

总成本是相对于每一产量水平上的总固定成本和总可变成本之和。用公式表示如下：

$$TC = TFC + TVC$$

根据表 5-2 的资料，我们用图 5-5 表示出总固定成本曲线、总可变成本曲线和总成本曲线。

如图 5-5 所示，(a)图中的总固定成本曲线 TFC 是高度为 50 美元的水平线，它表明不论产量为多少(即使为零)，其总固定成本都是 50 美元。(b)图中的总可变成本曲线 TVC

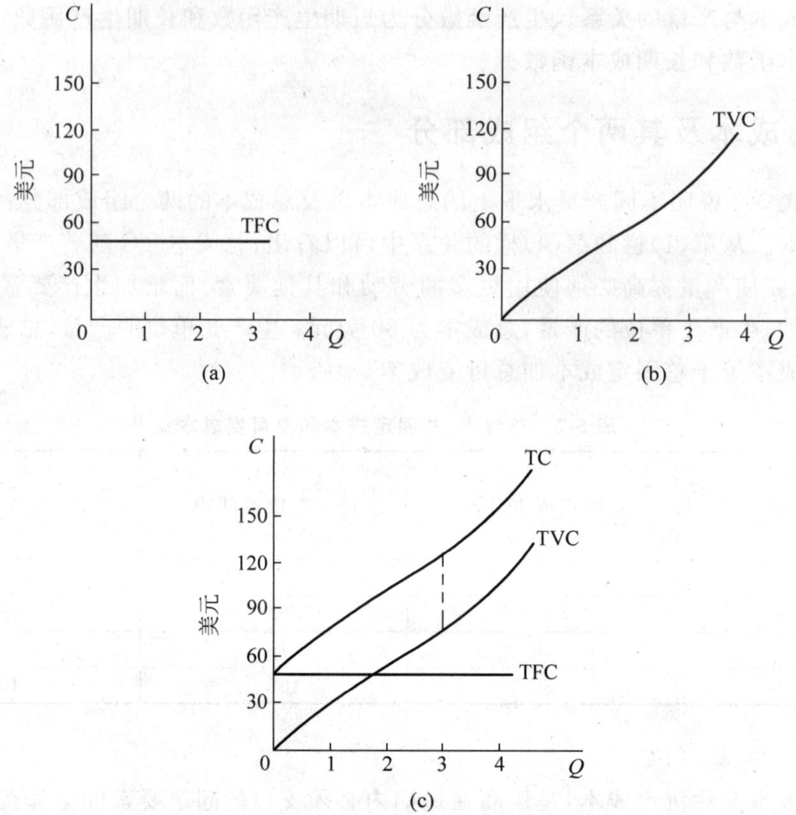

图 5-5 TFC 曲线、TVC 曲线和 TC 曲线

是随产量增加而向右上方倾斜的。(c)图中的总成本曲线 TC 与总可变成本曲线 TVC 形状相同,只不过是在每一产量水平上,都比 TVC 高出 50 美元。这表明二者之间只相差总固定成本 TFC 这一固定数值,该数值是 TVC 曲线与 TC 曲线之间的垂直距离。

二、平均成本

相对于上述三个总成本概念,在短期内,存在着三个平均成本(又称单位产量成本)概念。这就是平均固定成本 AFC、平均可变成本 AVC 和平均总成本 ATC。我们用表 5-3 说明不同产量水平上三个总成本以及相对应的三个平均成本概念。

表 5-3 总成本和平均成本 美元

(1) Q	(2) TFC	(3) TVC	(4) TC	(5) AFC	(6) AVC	(7) ATC
0	50	0	50	—	—	—
1	50	30	80	50	30	80
2	50	55	105	25	27.5	52.5
3	50	75	125	16.7	25	41.67
4	50	105	155	12.5	26.25	38.75

1. 平均固定成本

平均固定成本等于总固定成本除以产量，其公式为

$$AFC = \frac{TFC}{Q}$$

因为总固定成本是不变的，所以，产量越大，每单位产量的平均固定成本就越低。如表 5-3 中第(1)栏和第(5)栏，产量为 1 个单位时，AFC=50 美元；当产量为 3 个单位时，AFC=16.7 美元。在数学上，平均固定成本表现为一条双曲线，渐近于两个轴。如图 5-6 所示。

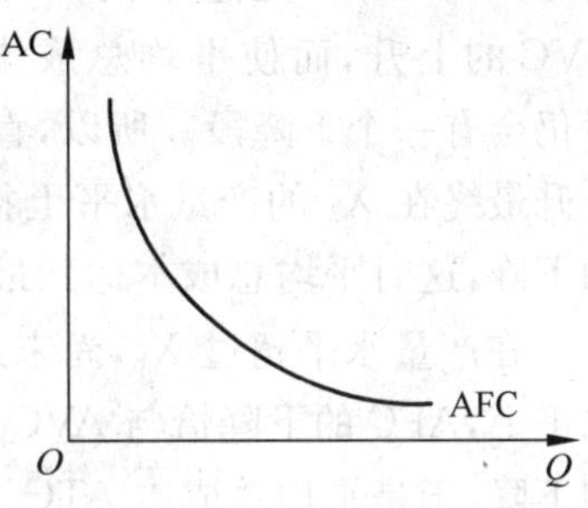

图 5-6　平均固定成本曲线

由于总固定成本是不变的，因此，总固定成本除以不断增加的产量，就得到一条不断下降的平均固定成本曲线。换言之，当厂商卖出越来越多的产品时，不变的总固定成本被越来越多的产量分摊。例如，一个软件公司拥有一大批编程人员，卖出的拷贝数不直接影响所需的开发人员数目，而编程人员的工资成为固定成本。如果产品畅销，其平均固定成本非常低；如果产品滞销，则平均固定成本会很高。

2. 平均可变成本

平均可变成本等于总可变成本除以产量，其公式如下：

$$AVC = \frac{TVC}{Q}$$

从表 5-3 中看出，当产量为 1 个单位时，AVC=30 美元，当产量为 2 个单位时，AVC=27.5 美元，当产量为 3 个单位时，AVC=25 美元，当产量为 4 个单位时，AVC=26.25 美元，是在产量达到 4 个单位时平均可变成本转而上升。我们将平均可变成本变化的这一特点用图形表示出来，如图 5-7 所示。

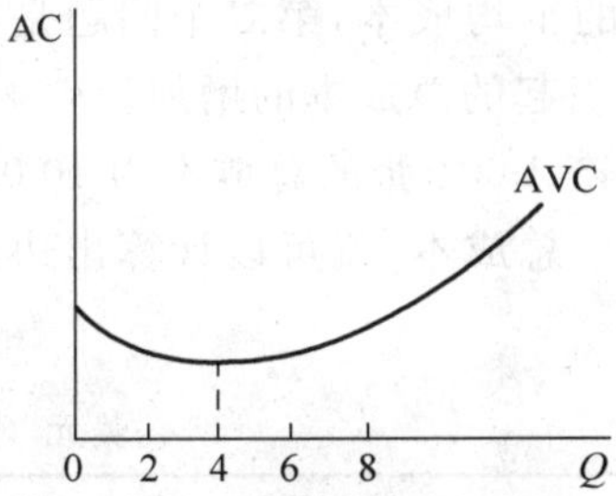

图 5-7　平均可变成本曲线

随着产量的增加，一开始 AVC 在下降，但当产量超过 4 个单位时，产量的增加会导致 AVC 的上升。因为产量很低时，可变要素的效率不能充分发挥，随着可变要素的增加，其效率随之提高，产量不断增加。但可变要素增加到一定程度后，可变要素的效率下降，受边际收益递减规律的支配，平均可变成本转而递增。同时，根据假定可变要素的价格 P 又是固定的，随产量增加，AVC 一定是先下降然后开始上升。

3. 平均总成本

平均总成本等于总成本除以产量，是单位产量的总成本，或者说，平均总成本等于平均固定成本和平均可变成本之和。其公式表示如下：

$$ATC = \frac{TC}{Q} = AFC + AVC$$

我们用图 5-8 来说明平均固定成本、平均可变成本和平均总成本的关系。

在平均可变成本和平均固定成本都下降的区间内，平均总成本也一定下降。但是，平

均总成本 ATC 是在平均可变成本 AVC 达到最低点之后才达到最低点的,也就是 ATC 在 AVC 之后达到最低点。

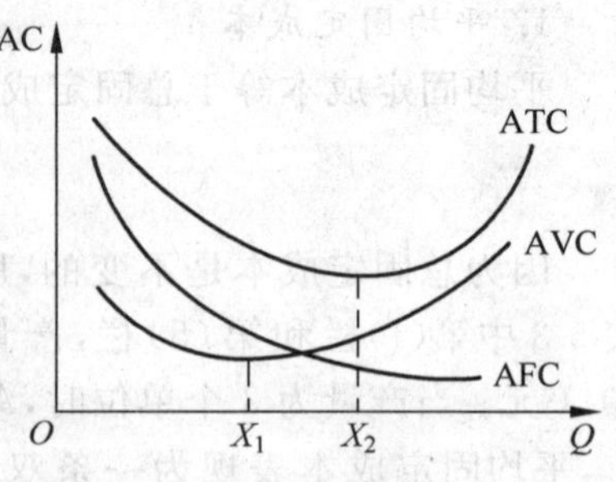

图 5-8 AFC、AVC 和 ATC 的关系

因为在平均可变成本 AVC 上升的初期,由于平均固定成本 AFC 是递减的,AFC 会抵消平均可变成本 AVC 的上升,而使平均总成本 ATC 曲线在 X_1 产量以后仍会有一个下降段。所以,直到平均可变成本 AVC 的上升最终在 X_2 的产量水平上抵消了平均固定成本 AFC 的下降,这时平均总成本达到最低水平。

在产量水平超过 X_1,尚未达到 X_2 的区间,AFC 的下降大于 AVC 的上升。在 X_2 的产量水平上,AFC 的下降恰与 AVC 的上升相抵。超过 X_2 的产量水平,AVC 的上升则大于 AFC 的下降,于是平均总成本 ATC 在 X_2 产量水平之后开始上升。

通过以上的分析就可以解释,为什么在平均可变成本达到它的最低点之后,平均总成本才达到它的最低点。这是因为平均可变成本的增加数值要经过一段时间后才能超过平均固定成本的减少数值。

三、边际成本

大多数经济分析主要是以平均成本和边际成本为基础的。在厂商决定生产某种产品之初,会涉及两个似乎相同而且重要的概念。

例如,生产一瓶矿泉水的成本是多少?增加生产一瓶矿泉水的成本又是多少?在这两个问题里面,只相差"增加"一词。第一个问题是已经讨论过的平均成本,第二个问题是准备讨论的边际成本。所谓边际成本是新增加的一单位产量所引起的总成本的增加。

例如,生产 1 000 张光盘的总成本为 10 000 美元。如果生产 1 001 张的总成本为 10 003 美元,那么,生产第 1 001 张光盘的边际成本为 3 美元。知道了总成本,就可以计算出边际成本。从表 5-4 中来分析总成本与边际成本的关系。

表 5-4 总成本与边际成本的关系 美元

(1) 产量 Q	(2) 总成本 TC	(3) 边际成本 MC
0	50	
		30
1	80	
		25
2	105	
		20
3	125	
		30
4	155	
		50
5	205	

总成本与边际成本之间的关系，类似于总产量和边际产量，或者总效用与边际效用之间的关系。从表 5-4 中可以看出，随着产量的增加，边际成本下降，在达到最低点后开始上升。将这一特点用图 5-9 表示出来并说明其原因。

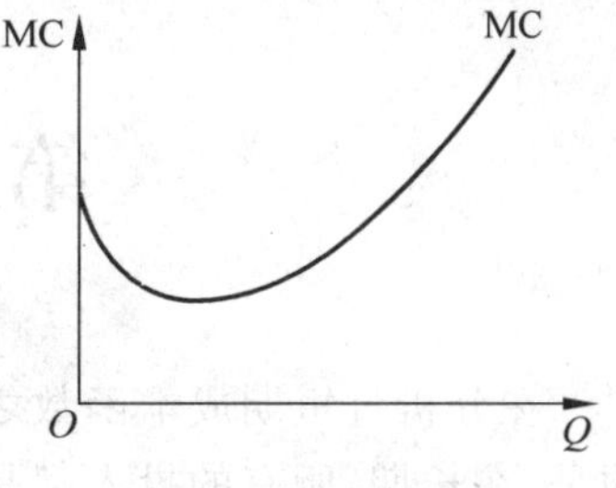

图 5-9　边际成本曲线

起初，边际成本曲线 MC 在较低产量水平上，随着产量的增加 MC 在下降，但达到一个最低点后，随着产量的增加 MC 会上升，这是由边际收益递减规律决定的。如果产量变化 ΔQ，导致总可变成本变化 $\Delta\mathrm{TVC}$，总固定成本变化 $\Delta\mathrm{TFC}$，那么，$\mathrm{MC}=\Delta\mathrm{TC}/\Delta Q$。由于固定成本是固定不变的，则 $\Delta\mathrm{TFC}=0$，所以，$\mathrm{MC}=\Delta\mathrm{TVC}/\Delta Q$。

四、边际成本与平均成本的关系

说明了边际成本和平均成本这两个成本概念之后，进一步分析二者之间的关系，从而得出追求最低成本的厂商如何决定其产量的结论。

平均成本 AC 与边际成本 MC 的关系，有三种情况：AC＞MC，AC＜MC，AC＝MC。总之，平均成本比边际成本高或者低，只有在平均成本最低时，二者才相等。我们可以用图 5-10 说明上述关系。

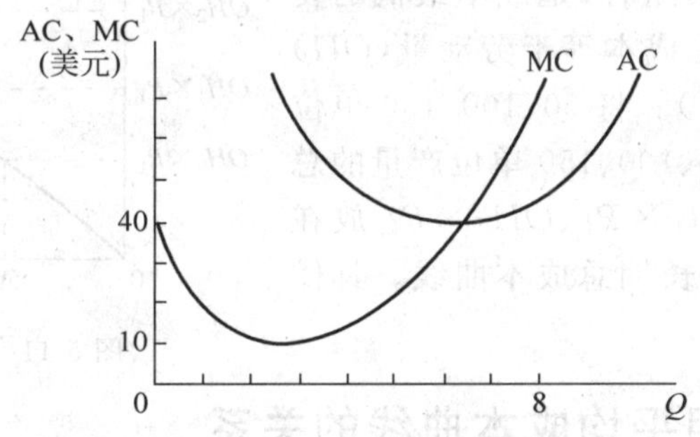

图 5-10　边际成本与平均成本的关系

从图 5-10 中看出，当 MC 位于 AC 之下时(MC 低于 AC)，AC 是下降的。如果目前的平均成本为 10 美元，增加一单位产量的成本(MC)为 5 美元，那么，所有单位产量的平均成本 AC 将被“拉下来”。当 MC 位于 AC 之上时(MC 高于 AC)，AC 是上升的。如果现实的平均成本为 10 美元，而增加一单位产量的成本为 15 美元，所有单位产量的平均成本被“拉上去”。当 AC 最低时，边际成本 MC 等于平均成本 AC。

这是一个非常重要的关系，意味着一个追求最低平均成本的厂商，应当使其产出量位于平均成本与边际成本相等的水平，就是 MC＝AC＝AC 最小值。

为什么追求最低平均成本的厂商，应当使其产出量位于平均成本与边际成本相等的水平？理由是，如果 MC 小于 AC，那么，生产的最后一单位产量(或每增加一单位的产量)成本小于过去全部单位的平均成本，所以平均成本 AC 是下降的，还未到最小值。反之，如果 MC 大于 AC，那么，每增加一单位产量的成本大于过去全部单位的平均成本，所以平均成本 AC 是上升的。只有 MC＝AC 时(MC 和 AC 曲线的相交点)，AC 既不上升也不下降，并且 MC=AC=AC 最小值。

第五节　长期成本函数

在分析过短期成本函数之后，接下来我们就要研究长期成本函数的问题了。应当强调的是，在长期，所有的投入都是可变的，不存在总固定成本和平均固定成本。因为在长期，厂商有足够的时间调整其所有投入的使用量，以便以最低的成本进行生产。如厂商可以通过建立设施或购买已建成的设施来扩大其工厂和设备，也可以通过出租和转让多余的设施，缩小其生产规模。

一、生产扩展线与长期总成本

生产扩展线与长期总成本曲线关系密切，因为长期总成本曲线可以从生产扩展线推导出来。

在图 5-4 所示的生产扩展线上，每一点代表不同产量水平的最优要素组合，是成本最低的要素组合。而要素组合的总成本等于劳动量(OH)乘以单位劳动的价格(P_L)。将 50、100、150 单位的产量放在横轴上，将 50、100、150 单位产量的总成本(TC)$OH_0\times P_L$、$OH_1\times P_L$、$OH_2\times P_L$ 放在纵轴上，就会得到相应的长期总成本曲线。具体情况如图 5-11 所示。

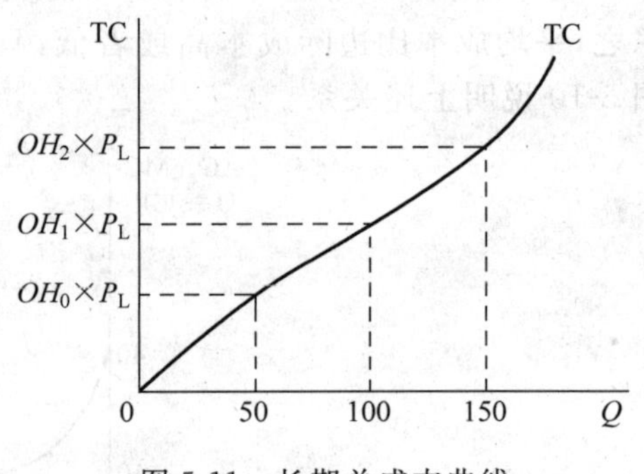

图 5-11　长期总成本曲线

二、短期和长期平均成本曲线的关系

1. 工厂在不同规模时的短期平均成本曲线

假定一厂商只有选择建立三种规模的工厂的可能，如图 5-12 所示。

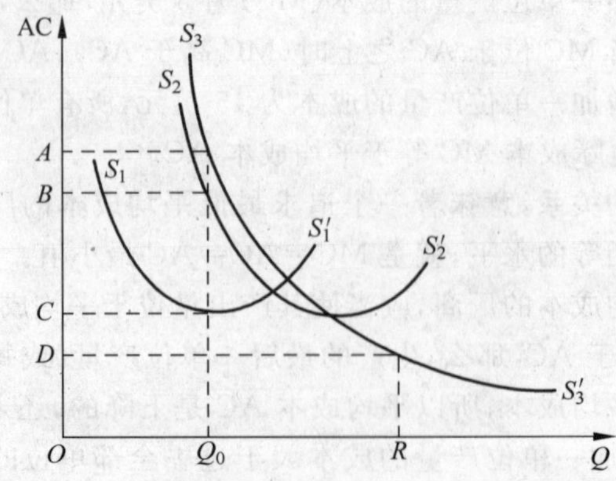

图 5-12　工厂在不同规模时的短期平均成本曲线

每一种规模的短期平均成本函数分别用 S_1S_1'、S_2S_2'、S_3S_3' 来表示。在长期，选择建立哪一种规模获利最多？这要取决于在长期将要生产的产量，因为厂商要以最小成本生产这一产量。

例如，预期产量为 OQ_0，应选择规模最小的工厂。因为最小的工厂单位产品的平均成本为 OC，相比中等规模的平均成本 OB 与最大规模的平均成本 OA，在同样生产 OQ_0 时最低。如果产量为 OR，应选择规模最大的工厂，其平均成本为 OD。

2. 短期与长期平均成本曲线的关系

这是上述问题的继续或扩展。假定厂商不是建立三种规模，而是建立许多种规模（如五种），就会有许多的短期平均成本曲线（如五种）。如图 5-13 所示。

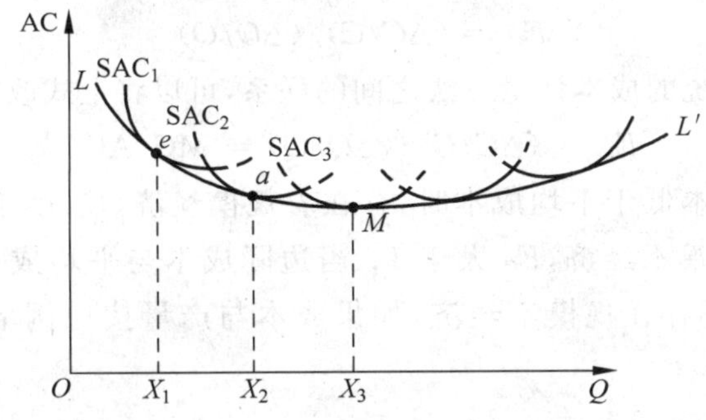

图 5-13　短期与长期平均成本曲线的关系

LL'是长期平均成本曲线。长期平均成本曲线表示的是当所有投入都可变，任何规模的工厂都可以建立时的产量与最低成本之间的关系。就是说，当无穷多种规模的工厂可供选择时，LL'曲线就会变成一条平滑的曲线，该曲线上的每一个点都是与厂商所选择的与不同产量水平相对应的最佳工厂规模相互联系的，都是与每个短期平均成本曲线相切的点，每个切点相对应于那个短期成本曲线的最优工厂规模。

短期与长期平均成本曲线的关系如下：一是长期平均成本曲线比短期平均成本曲线平坦得多；二是长期平均成本曲线位于所有短期平均成本曲线之下，长期平均成本曲线是短期平均成本曲线的包络线，意思是长期平均成本曲线包裹着短期平均成本曲线。

M 点是 LL'曲线的最低点。而在 LL'曲线上，这一点以及该点的左边或右边各有不同的含义。在 M 点的左边，当 LL'曲线下降时，它在各短期平均成本曲线的最低点的左侧与短期平均成本曲线相切。原因是，处在 LL'曲线下降部分的厂商总是不能充分利用其生产能力，也就不能达到其短期平均成本曲线的最低点。根据成本最小化原则，厂商总是在尚未达到现有规模的最低成本点之前就沿着两条 SAC 曲线的交叉点将企业的规模扩大到新的水平上了。如图 5-13 所示，当产量从 X_1 扩大到 X_2 时，尚未达到 SAC_1 的最低点 e 点之前，厂商就会根据 SAC_1 与 SAC_2 的交叉点扩大规模，从而使厂商的 SAC_1 移动至 SAC_2。这时，虽然 X_2 的产量不足以使新的生产能力充分利用，但是，新规模下的成本 a 点却低于 SAC_1 的 e 点。从长期平均成本曲线来看，它随产量的增加而下降，所以，此时存在着规模经济。

在 M 点的右边，当长期平均成本曲线 LL'上升时，它在各短期平均成本曲线的最低点的右侧与短期平均成本曲线相切。原因是,处在 LL' 曲线上升部分的厂商总是超负荷运行,也就是超过其短期平均成本曲线的最低点。这时,长期平均成本曲线和短期平均成本曲线都随产量增加而上升,所以,此时存在着规模不经济。

只有在 LL' 曲线的最低点 M,厂商才能充分利用其生产能力使其短期平均成本曲线也处于最低点上。长期平均成本不随产量变动而变动,此时存在着规模收益不变。

在分析短期和长期平均成本曲线关系时,涉及规模经济和规模不经济以及规模收益不变,我们进一步说明这些概念。

规模经济通常用成本—产出弹性(E_C)来计量。成本—产出弹性 E_C 表示单位产量变动的百分比所引起的平均生产成本变动的百分比,公式为

$$E_C = (\Delta C/C)/(\Delta Q/Q)$$

为了说明 E_C 与传统的成本计量方法之间的联系,可以将上式改写为

$$E_C = (\Delta C/C)/(\Delta Q/Q) = \mathrm{MC}/\mathrm{AC}$$

这说明,当边际成本低于平均成本时,存在着规模经济,E_C 小于 1;当边际成本高于平均成本时,存在着规模不经济,E_C 大于 1;当边际成本与平均成本相等时,E_C 等于 1,既不存在规模经济也不存在规模不经济,如果成本与产量按比例增加,存在着规模收益不变。

三、学习效应

除了规模经济或规模收益递增会引起长期平均成本下降以外,学习效应是引起长期平均成本下降的另一个原因。学习效应是指在长期的生产过程中,管理者和工人在熟悉其工作的同时,吸收了新的技术和知识。学习效应通常用学习曲线来表示,如图 5-14 所示。

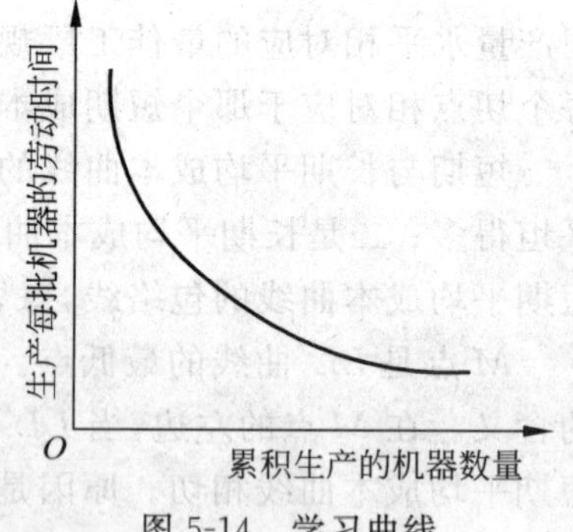

图 5-14 学习曲线

向右下倾斜的学习曲线,是由于学习效应导致的单位产品劳动投入量的下降,从而导致产品的长期平均成本下降。当学习效应完全实现时,学习曲线与横轴相平行。学习曲线的公式为

$$L = A + BN^{-\beta}$$

式中,N 为生产的产品的累积数量,L 为单位产品的劳动投入单位,A、B、β 均为常数,A、B 为正数,β 介于 0～1 之间。

当 $N=1$ 时,$L=A+B$,从而 $A+B$ 表示生产第一单位产品所需要的劳动投入。当 $\beta=0$ 时,意味着累积产量水平上升时单位产品的劳动投入保持不变,因而不存在学习效应。当 β 为正数而 N 不断变大时,L 大致接近于 A,从而 A 代表所有的学习效应发生以后单位产品的最低劳动投入。β 的值越大,学习效应对长期平均成本下降的作用就越显著。

练习题

一、概念

将定义的序号填入概念的____中。

____等成本线　　____生产扩展线　　____沉没成本

____外显成本　　____隐含成本　　____正常利润

____经济利润　　____私人成本　　____社会成本

____总固定成本　　____总可变成本　　____ AFC

____ AVC　　____边际成本　　____规模经济

____规模不经济

1. 已经付出并且不能收回的成本。
2. 厂商自身所拥有的资源并被用于该企业生产过程的总价格。
3. 厂商的总收益减去总成本，是超过正常利润的那一部分利润。
4. 厂商的生产所发生的成本，它反映了厂商可以得到的资源的最好替换用途。
5. 不同产量水平上的要素最优组合点的轨迹。表明在要素价格、技术等条件不变时，各种要素的投入量是如何随着产量的变化而变化的。
6. 厂商购买或租用生产要素的实际支出。
7. 总固定成本除以产量得到的成本量。
8. 长期平均成本随着产量的增加而下降。
9. 厂商对自己所提供的企业家才能的报酬的支付。
10. 厂商运用固定数量的货币支出，能够购买的两种要素不同数量组合的一条直线。
11. 整个社会所使用的资源所体现出的社会价值来衡量的成本。
12. 总可变成本除以产量得到的成本量。
13. 厂商在短期内必须支付的固定要素的全部费用。
14. 长期平均成本随着产量的增加而上升。
15. 新增加的一单位产量所引起的总成本的增量。
16. 厂商为其使用的可变要素所支付的成本。

二、选择题

1. 等成本线描述的是(　　)。
   A. 不同价格的要素之间的关系
   B. 两种要素的数量之间的关系
   C. 给定的支出厂商购买的两种要素的组合
   D. 对厂商具有同等效用的两种要素的组合
2. 等成本线的斜率表示的是(　　)。
   A. 横轴变量的价格与纵轴变量的价格的比率
   B. 纵轴变量的价格与横轴变量的价格的比率
   C. 生产函数

D. 效用函数

3. 等产量曲线和等成本线上的任何一点都代表(　　)。

A. 商品的总产量　　B. 生产的总成本

C. 要素价格的组合　　D. 要素数量的组合

4. 厂商生产所投入的要素为劳动和资本,其预算恰好全部用完以后,$MP_L/MP_K>P_L/P_K$。要实现要素的最优组合,厂商应该(　)。

A. 增加 K 的投入,使 $MP_L/MP_K=P_L/P_K$

B. 增加 L 的投入,使 $MP_L/MP_K=P_L/P_K$

C. 减少 K 的投入,使 $MP_L/MP_K=P_L/P_K$

D. 减少 L 的投入,使 $MP_L/MP_K=P_L/P_K$

5. 厂商原来生产产品 X,税后净利润为 20 万美元。如果改为生产产品 Y,生产成本为 500 万美元,则生产产品 Y 的机会成本是(　　)万美元。

A. 20　　B. 500

C. 480　　D. 520

6. 隐含成本中包含着(　)。

A. 外显成本　　B. 私人成本

C. 正常利润　　D. 社会成本

7. 如果你辞去了每月 1 000 美元工资的工作,使用自有的存款 10 万美元(月利息率为 1%,但没有向自己支付利息)自主创业。假设不存在经营风险,你自主创业按月计算的机会成本是(　　)。

A. 2 000 美元　　B. 10 万美元　　C. 1 000 美元　　D. 0

8. 在"长期",不存在的成本是(　)。

A. 平均成本　　B. 机会成本

C. 隐含成本　　D. 可变成本

9. 厂商在短期内的固定成本包括(　)。

A. 购买生产要素的所有成本　　B. 即使不生产也要支付的费用

C. 增加产量所需要的额外费用　　D. 以上都不是

10. 当边际成本高于平均成本时,则(　)。

A. 固定成本上升　　B. 固定成本下降

C. 平均成本上升　　D. 平均成本下降

11. 边际成本和平均成本相等时,平均成本(　　)。

A. 最高　　B. 最低　　C. 提高　　D. 降低

12. 厂商生产产品的日产量为 1 000 个单位,总成本为 3 900 美元。如果产量减少 1 个单位,则总成本降为 3 890 美元。在这一产量范围内(　)。

A. 边际成本等于平均成本　　B. 边际成本低于平均成本

C. 边际成本高于平均成本　　D. 无法确定

三、计算题

1. 某厂商生产所使用的两种要素的日边际产量如下表所示。

雇用劳动量	劳动的边际产量	能源消耗	能源的边际产量
1	10	1	20
2	12	2	25
3	14	3	22
4	13	4	17
5	11	5	10
6	8	6	1

厂商雇用每个工人每天的成本为 4 美元，每单位产品的能源消耗为 11 美元，投入要素的预算支出共计 57 美元，该厂商生产要素的最优组合是什么？

2. 在下图中，等成本线与等产量曲线相交的 A 点，为什么不是要素的最优组合点？

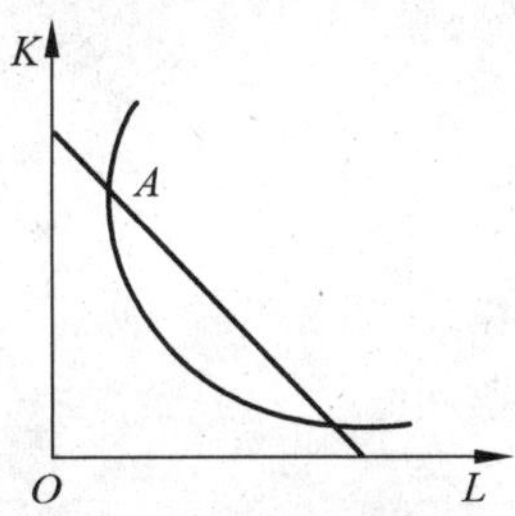

3. 已知产量为 99 个单位时，总成本为 995 美元。当产量增至 100 个单位时，平均成本为 10 美元。边际成本是多少？

四、分析题

1. 为什么说生产扩展线上的任何一点都是要素的最优组合点？

2. 短期平均成本曲线和长期平均成本曲线呈 U 形的原因何在？

第六章 市场理论

第五章说明了成本函数问题。成本函数表明厂商为可能生产的各种产量所支付的最低成本，但不能说明厂商将要确定什么样的产量水平。因为厂商究竟选择何种产量才能实现利润最大化，不仅取决于成本条件，而且还取决于它所面临的市场状况。市场理论是具体分析在不同的市场条件下，使厂商实现最大利润的均衡产量和均衡价格是如何决定的，这同时也是市场理论的核心。

第一节 市场类型

在本节中，主要明确市场类型以及与市场理论相关的基本概念。

一、市场、厂商和行业

市场是买卖双方从事商品交易的场所。在这个场所中，有为交易某种商品而相互发生联系的厂商和个人。有多少种商品就会有多少个市场。交易可以是一个有形的场所，如小麦交易市场；也可以是通过传播媒体如报纸广告和广播电视等进行。可以是集中的，如证券市场；也可以是分散的，如房地产市场。市场最关键的特征应当是，买卖双方汇集在一起，共同决定商品和劳务的价格和交易数量的机制。

厂商是指以追求利润最大化为目标，而向市场提供商品和劳务的生产经济单位。为同一市场提供相同商品和劳务的所有厂商的总和就是行业。当然，也不排除有些厂商同时向市场提供两种以上的商品和劳务。

二、市场结构和市场类型

市场结构是指市场的组织和构成，或者组成方式。按照以下的标准将市场结构区分为不同的市场类型：一是一个行业厂商数量的多少；二是厂商所生产的商品的差别程度；三是单个厂商对市场价格影响的程度；四是厂商进入或退出该行业的难易程度。

根据这四条标准，将市场划分为完全竞争和不完全竞争，不完全竞争又分为垄断、寡头和垄断竞争三种类型。见表 6-1。

表 6-1　市场类型的划分和特点

<table>
<tr><th colspan="2">市场类型</th><th>厂商数目</th><th>产品性质</th><th>对价格的控制程度</th><th>进出该行业的难易程度</th><th>营销方式</th><th>现实中近似的例子</th></tr>
<tr><td colspan="2">完全竞争</td><td>很多</td><td>同质</td><td>完全不能控制</td><td>非常容易</td><td>市场交易或拍卖</td><td>某些农产品如小麦市场</td></tr>
<tr><td rowspan="3">不完全竞争</td><td>垄断</td><td>一个</td><td>没有合适替代品的特殊产品</td><td>在很大程度上控制</td><td>不可能</td><td>广告宣传和加强服务的活动</td><td>特许经营如电力、自来水；专利药品</td></tr>
<tr><td>寡头</td><td>很少</td><td>有一定差别或同质</td><td>在较大程度上控制</td><td>比较困难</td><td>广告宣传与质量及价格竞争</td><td>汽车、钢铁市场</td></tr>
<tr><td>垄断竞争</td><td>较多</td><td>有一定差别</td><td>在一定程度上控制</td><td>比较容易</td><td>广告宣传与质量及价格竞争</td><td>香烟、糖果市场</td></tr>
</table>

三、完全竞争市场的条件

完全竞争市场是其竞争没有障碍、干扰和控制的市场类型，完全竞争的厂商能够按现行市场价格出售其想要出售的全部产品。在这一市场上既没有政府的干预，也没有厂商之间的勾结行为对市场机制的阻碍。经济学家认为，在理想化的竞争市场中资源的配置是有效率的。尽管这种市场类型有许多假定前提才能存在，但从完全竞争市场模型的分析中，可以得到关于市场机制及其资源配置的一些基本原理。同时，该模型也为不完全竞争市场效率的分析和评价提供了参照和对比。

完全竞争市场包括以下四个条件：

(1) 市场上存在着大量的买者和卖者。由于完全竞争市场上存在着大量的买者和卖者，相对于市场上总需求量和总供给量而言，任何一个买者和卖者都不会影响产品的价格，都只能是既定价格的接受者。

(2) 产品是同质的。在这一市场上所有厂商提供的产品是无差别的，或者说，所有的产品对于买者来说都是完全可替代的。因此，消费者的购买行为是随机性的。厂商不可能提高价格，如果一个厂商提高价格，买者就会转而购买其他厂商的产品。厂商也没有必要降低价格，因为厂商总是按照既定的价格销售属于该厂商的很小份额。

(3) 资源自由流动。每一种资源能够自由进入和退出市场，都能够及时投向能获得最大利润的生产中，并在亏损时从生产中退出。在这个过程中不存在自然的、社会的或法律的壁垒。当然，这种资源的自由流动是从长期而言的。在短期内，即使是在完全竞争的市场，有些资源也难以有效率地流动。

(4) 信息是充分和完全的。所有的厂商和消费者都掌握自己进行正确经济决策所必需的信息。厂商对所需生产要素的价格和能够销售的产品的价格，消费者对自己所需的各种商品和劳务的价格以及他们提供的生产性劳务所能获得的报酬，都是充分和完全了解的。总之，厂商和消费者对经济决策所需要的过去、当前和未来的信息都有准确的了解，这就排除了由于信息不畅通导致的一个市场同时按照不同价格交易的现象。

第二节　完全竞争市场的需求曲线

一、完全竞争市场的需求曲线

在完全竞争市场上，对某一厂商的产品的需求，可以用该厂商面临的需求曲线来表示。而所有该产品的个人需求的加总，就构成了行业需求曲线。如图 6-1 所示。

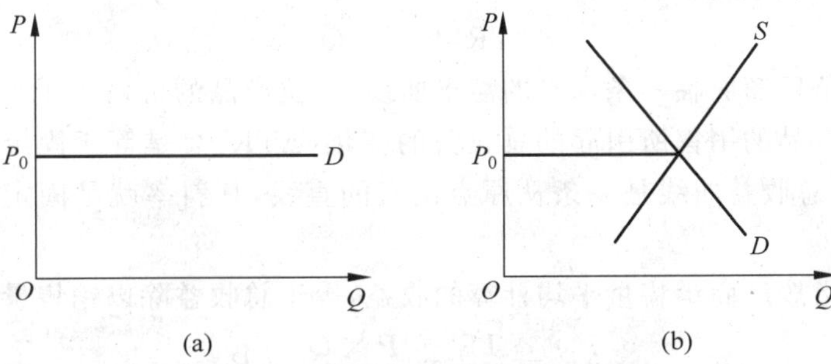

图 6-1　完全竞争市场的需求曲线

图 6-1(a)中的 D 是单个厂商的需求曲线，是一条与横轴平行的直线。需求曲线与横轴之间的距离等于整个行业的供给与需求决定的价格。从市场对该厂商产品的需求来看，一条水平的需求曲线意味着产品的需求弹性无穷大，厂商能够卖掉想卖的任何产量而不会影响产品价格。换句话说，完全竞争厂商是价格的接受者，因为价格是由市场上所有成员决定的，单个厂商只是把市场价格当作是既定的，而不认为它的决策会影响价格。

图(b)中的 D 为行业需求曲线，由所有该产品的个人需求加总而成。S 为行业供给曲线，由该行业所有厂商的供给加总而成。P_0 为均衡价格，是由所有厂商提供的产品销售总量与行业需求总量的共同作用而决定的。

以上的分析假定价格是不变的，如果所有的完全竞争厂商或多数厂商同时增减产量，市场价格会发生变动。但价格变动以后，单个厂商仍是变动以后价格的接受者。另外，在一些因素影响下，如消费者收入水平普遍提高、生产中先进技术的使用、政府的经济政策的作用，单个厂商面临的需求曲线会平行上下移动，而行业供求曲线会左右移动，从而形成新的均衡价格。

二、完全竞争厂商利润最大化的条件

研究完全竞争市场的需求曲线，是为了分析完全竞争厂商利润最大化的条件。

1. 总收益、平均收益和边际收益

收益是厂商在一定价格水平上出售一定数量的商品和劳务所得到的货币额。厂商的收益分为总收益 TR、平均收益 AR 和边际收益 MR。结合表 6-2 来说明这些基本概念。

表 6-2　竞争厂商的总收益、平均收益和边际收益　　美元

产量 Q	价格 P	总收益 $TR=P\times Q$	平均收益 $AR=TR/Q$	边际收益 $MR=\Delta TR/\Delta Q$
1	6	6	6	6
2	6	12	6	6
3	6	18	6	6
4	6	24	6	6

总收益是指厂商销售一定数量的商品和劳务从中得到的货币总额,等于单位产品的价格 P 乘以销售量 Q,其公式为

$$TR = P \times Q$$

因为完全竞争厂商面临一条水平的需求曲线,单位产品的价格等于平均收益,或者说,厂商增减一单位产品的销售所引起的总收益的变化(ΔTR)总是等于固定不变的单位产品的价格 P。所以,总收益曲线是一条从原点出发的直线,其斜率就是固定不变的价格。如图 6-2 所示。

平均收益是指按厂商销售量平均计算的收益,等于总收益除以销售量。其公式为

$$AR = \frac{TR}{Q} = \frac{P \times Q}{Q} = P$$

如上所述,因为在销售一定产品时,平均每单位产品带来的收益就是销售任何一数量产品时单位产品的价格,所以,AR=P。

因为需求曲线可以理解为消费者愿意并且能够为任一购买量支付的价格,所以,厂商的平均收益曲线在任何市场条件下都可以由其产品的需求曲线来表示。完全竞争厂商的需求曲线是一条水平线,所以,其平均收益曲线也是一条水平线。如图 6-3 所示。

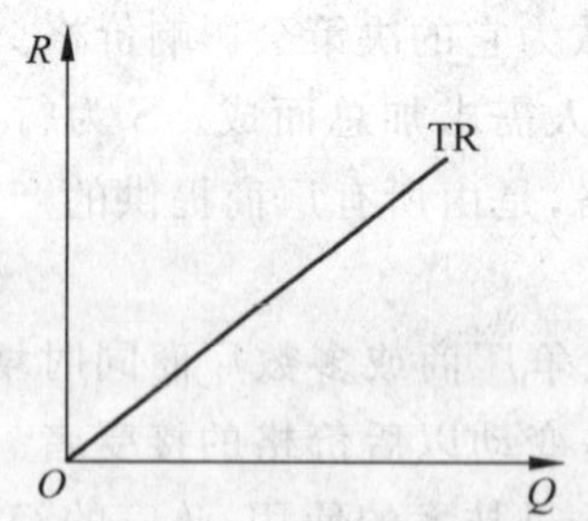

图 6-2　完全竞争厂商的 TR 曲线

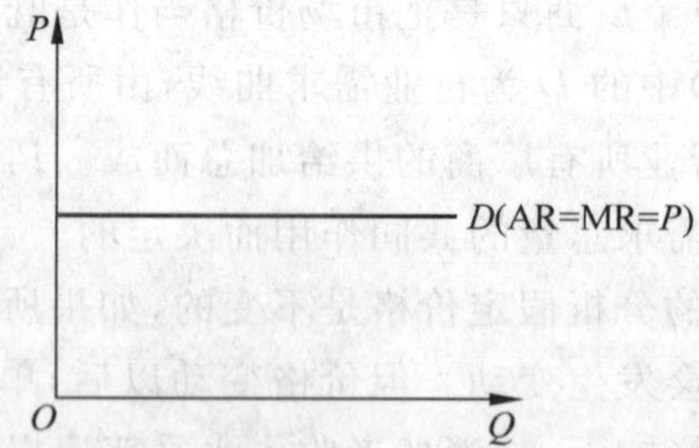

图 6-3　完全竞争厂商的 AR 曲线和 MR 曲线

边际收益是指由增加一单位商品和劳务的销售量所引起的总收益的增量,是增加销售一单位的商品和劳务而增加的收益。其公式表示为

$$MR = \frac{\Delta TR}{\Delta Q}$$

因为在完全竞争市场上，不管单个厂商的销售量如何变动，其单位产品的价格是固定不变的，所以，每一单位产品的边际收益就等于固定不变的销售价格，从而等于平均收益，即 MR＝P＝AR，表示完全竞争厂商的需求曲线、平均收益曲线和边际收益曲线是重合的。如图 6-3 所示。

生产每一加仑牛奶将获得多少收益？增加生产一加仑牛奶将获得多少额外收益？如同分析平均成本与边际成本一样，这两句话中前者说的是平均收益，后者说的是边际收益。

举例说明总收益、平均收益和边际收益的关系。在完全竞争市场上，某商品的价格为每单位 50 美元，某厂商已经销售了 100 个单位，TR＝50×100＝5 000 美元；AR＝(50×100)÷100＝50 美元。如果该厂商增加销售一单位该产品，共计 101 个单位。总收益 TR 增至 5 050 美元，平均收益仍为 50 美元，边际收益 MR＝5 050－5 000＝50 美元。

为什么在完全竞争市场上，厂商的需求曲线、平均收益曲线和边际收益曲线是一条重合的直线？这是因为，任何买方只能按既定的市场价格购买他愿意购买的数量，价格不会随其需求量的增减而变化；任何卖方所供给的某种商品的数量只占总需求量的很少部分，厂商只能按既定的市场价格出售他愿意出售的数量，价格不会随其供给量的增减而变化；因为增售任何一单位商品的价格是固定不变的，厂商增售一单位商品的收益或边际收益是不会改变的。在上例中，销售 100 个单位的平均收益为 50 美元，而增售一单位的收益也为 50 美元。由于 AR＝MR，所以，厂商的需求曲线、平均收益曲线和边际收益曲线是一条重合的直线，并且与横轴平行。

2. 完全竞争厂商利润最大化的均衡条件

在分析了完全竞争市场总收益、平均收益和边际收益之后，我们就可以进一步推导出厂商利润最大化的均衡条件。如图 6-4 所示。

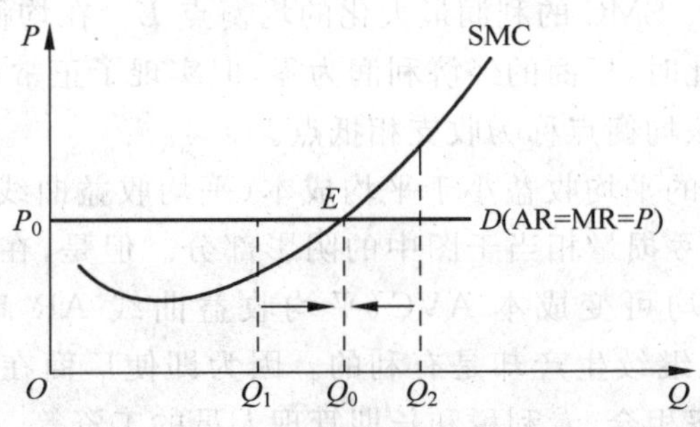

图 6-4　厂商利润最大化的均衡条件

某完全竞争厂商短期边际成本曲线 SMC 和一条从既定价格水平 P_0 出发的需求曲线 D 相交于 E 点。E 点是厂商获得最大利润的生产均衡点，产量为 Q_0。

因为当产量小于 Q_0 时，如在 Q_1，MR＞SMC，价格高于 SMC 曲线。这说明增加产量是有利可图的。因此，只要 MR＞SMC，厂商就会增加产量。同时，随着产量的增加，MR 或价格保持不变而 SMC 逐步增加，直到 MR＝SMC，获得最大利润为止。

相反，当产量大于 Q_0 时，如在 Q_2，MR＜SMC，表明每增加一单位产量的总收益的增量

MR 小于付出的总成本的增量 SMC。这说明增加产量是不利的,增加产量反而会使利润减少。同时,随着产量的减少,厂商的边际收益 MR 或价格不变,而 SMC 逐步下降,直到 MR=SMC 为止。可见,完全竞争厂商利润最大化的均衡条件为

$$MR = SMC$$

第三节　完全竞争厂商的短期均衡

一、完全竞争厂商的短期均衡

厂商的短期均衡是指厂商在固定要素数量不变的前提下实现的一种暂时稳定状态。如前所述,由于在完全竞争的市场中,价格对任何单个厂商都是既定不变的,所以,厂商每销售一单位商品得到的边际收益就是该单位商品的价格或平均收益,就是 MR=P=AR。

在短期内,厂商在既定的生产规模下,通过对产量的调整来实现 MR=SMC 的利润最大化的均衡条件。而当厂商实现 MR=SMC 时,厂商的短期均衡有五种情况。如图 6-5 所示。

在图 6-5(a)中,厂商利润最大化的均衡点为 MR 曲线和 SMC 曲线的交点 E,均衡产量为 Q_0。在 Q_0 的产量水平下,平均收益为 EQ_0,平均成本为 FQ_0,平均收益大于平均成本,厂商获得经济利润。图中,厂商的单位产品的利润为 EF,产量为 OQ_0,$EF \times OQ_0$=总利润量,相当于图中的阴影部分。

在图 6-5(b)中,厂商的需求曲线 D 相切于 SAC 曲线的最低点,是 SAC 曲线与 SMC 曲线的交点,该点又是 MR=SMC 的利润最大化的均衡点 E。在均衡产量 Q_0 上平均收益等于平均成本,均为 EQ_0,此时,厂商的经济利润为零,但实现了正常利润。由于在 E 点,厂商的经济利润为零,所以,该均衡点称为收支相抵点。

在图 6-5(c)中,厂商的平均收益小于平均成本(平均收益曲线 AR 低于平均成本曲线 SAC),厂商是亏损的,其亏损量相当于图中的阴影部分。但是,在产量 Q_0 的水平上,厂商的平均收益 AR 大于平均可变成本 AVC(平均收益曲线 AR 高于平均可变成本曲线 AVC),厂商虽然亏损,但继续生产却是有利的。因为即使厂商在短期不生产也要支付固定成本,如银行利息、厂房租金、专利税和长期管理人员的工资等。厂商成本的其他部分是可变成本,如原料、工人工资等。因此,只要收入减去可变成本后能弥补部分固定成本,继续生产是合适的,这是个出人意料的结论,尤其是拥有大量资本从而拥有较高固定成本的厂商,如航空业,这一结论是成立的。如果这类行业停止生产,损失会更大,继续生产虽然亏损,但可以弥补部分固定成本。

在图 6-5(d)中,厂商的需求曲线 D 相切于 AVC 曲线的最低点,该点是 AVC 曲线和 SMC 曲线的交点 E 点,也是 MR=SMC 的利润最大化的均衡点。在产量为 Q_0 的水平上,厂商是亏损的,其亏损相当于图中的阴影部分。此时,厂商的平均收益 AR 等于平均可变成本 AVC,或者说,其损失正好等于固定成本。在此条件下,如果厂商继续生产,其收益正

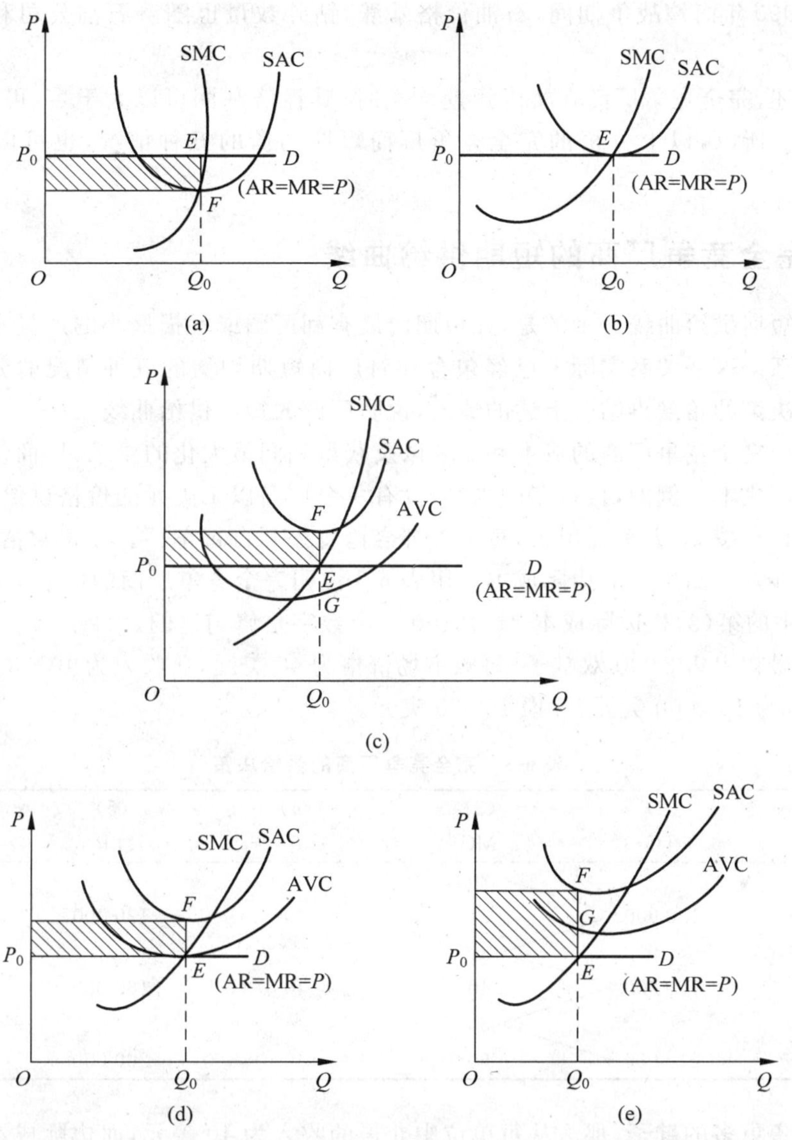

图 6-5　完全竞争厂商的短期均衡

好弥补全部的可变成本，固定成本得不到任何弥补；如果厂商停止生产，厂商虽然不必支付可变成本，但全部固定成本仍然存在。所以，厂商继续生产或停止生产其结果都是一样。该均衡点称作停止营业点。

在图 6-5(e)中，在 Q_0 的产量水平上，厂商的亏损相当于图中的阴影部分。厂商的平均收益 AR 小于平均可变成本 AVC。此时，厂商将停止生产。因为如果继续生产，其收益无法弥补可变成本，更不能弥补固定成本。所以，厂商只有停止生产以使其损失最小化。

厂商停止营业的一个典型案例是美国的石油行业。1985 年，当原油价格每桶为 27 美元时，美国的油井数量大约有 35 000 个。但在 1986 年，油井的数量减至不到 19 000 个。主要原因是石油价格狂跌至 14 美元，导致厂商严重亏损。因此，不少石油公司停止营业。

与此相反,1990 年海湾战争期间,石油价格暴涨,钻井数量也随着石油公司利润的增长而大大增加。

综上所述,完全竞争厂商在实现短期均衡时,其经济利润可以大于零,可以等于零,也可以小于零。所以,以上分析的完全竞争厂商短期均衡的五种情况,也可以看作是三种情况。

二、完全竞争厂商的短期供给曲线

厂商的短期供给曲线表示的是,在短期内最有利可图或亏损最小的产量水平与产品价格之间的关系。这一关系实际上已经包含在对厂商短期均衡的五种情况的分析中。这里从厂商供给决策的角度再结合上述的情况,说明厂商的短期供给曲线。

给定一个完全竞争厂商的成本和需求以及获得利润最大化的要求,厂商供给的产量必然取决于生产成本。例如,自行车的供给,没有一个厂商以 1 美元的价格供给 1 辆自行车;如果一辆自行车按 10 万美元出售,每个人都会抢着去开自行车厂。在正常情况下,厂商的产量决策还涉及产品生产的边际成本。用表 6-3 说明完全竞争厂商的供给决策。

表 6-3 中的第(3)栏边际成本 21、40、60 三个数字是修匀过的。

某鞋厂最初出售 3 000 双鞋子,每双市场价格为 40 美元,总收入为 40×3 000=120 000 美元,总成本为 130 000 美元,亏损 10 000 美元。

表 6-3　完全竞争厂商的供给决策　　美元

(1) Q	(2) TC	(3) MC	(4) P	(5) TR	(6) 利润 π
		20			
3 000	130 000	21	40	120 000	−10 000
		30			
4 000	160 000	40	40	160 000	0
		50			
5 000	210 000	60	40	200 000	−10 000

如果出售更多的鞋子,那么从每单位中获得的收入为 40 美元,而边际成本最低时仅为 21 美元。所增加的单位投入产生了高于成本的收入。所以,厂商可以将产量提高至 4 000 双。在这个产量水平上,总收入为 40×4 000=160 000 美元,总成本为 160 000 美元,净利润为零。

从 3 000 双提高至 4 000 双是利润不断增长的结果,致使厂商决定再提高产量至 5 000 双,总收入为 40×5 000=200 000 美元,总成本为 210 000 美元,亏损 10 000 美元。亏损的原因在于,在 5 000 双的产量水平上,MC=60 美元,高于 40 美元的价格,生产一双鞋子最多时亏损 20 美元(等于价格减去边际成本,共计亏损 10 000 美元)。

上述分析得出的重要结论是,最大利润发生在边际成本等于价格的产量水平上。这一结论的意义在于,只要最后一单位产出的价格高于边际成本,完全竞争厂商往往能够获得额外的利润。而当出售额外的产量再也不能获得任何额外的利润时,总利润达到其最高点——最大化。在最大利润点，生产最后一单位产品带来的收入额正好等于该单位的成本。增加的收入等于每单位的价格，所增加的成本等于边际成本。总之，利润最大化条件如下：

$$\mathrm{MR}=\mathrm{MC}，或\ P=\mathrm{MC}$$

在表 6-3 中，最大利润的产量在 $Q=4\ 000$，此时 $P=\mathrm{MC}$。因此，一般的原则是，一个利润最大化的厂商要将其产量确定在 $\mathrm{MC}=P$ 的水平上。用图形表示，这就意味着厂商的边际成本曲线也是它的供给曲线。如图 6-6 所示。

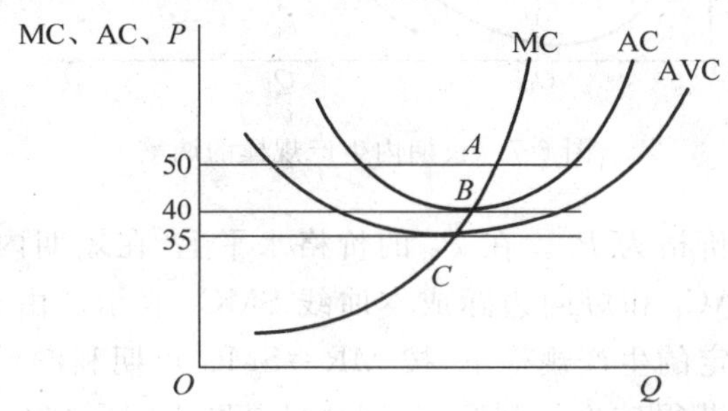

图 6-6　供给曲线是 MC 曲线上升的部分

B 点为零利润点即收支相抵点。在 B 点上，$P=\mathrm{AC}$，价格正好等于平均成本，收入正好弥补成本。如果市场价格为 50 美元，厂商会在 A 点生产。在 40 美元时，在 A 点生产厂商会受到损失。而在 C 点，就是停业条件。停止营业的价格水平在 $P=\mathrm{AVC}$ 的点上，C 点为停止营业点。因为在 C 点上单位产品的价格为 35 美元，价格小于平均成本 AC。因此，完全竞争厂商的短期供给曲线是边际成本曲线 MC 上升的部分，厂商只能在该点以上生产。

第四节　完全竞争厂商的长期均衡

在长期内，所有的要素可以充分调整，厂商能够根据生产的产量选择一种使产品平均成本最低的厂房、设备的规模。同时，行业内的厂商数量也不是固定的，能够进入或者退出该行业。当行业内的已有厂商获得超过正常利润的超额利润或经济利润时，新厂商会进入该行业，从而使该行业的厂商数量增加；反之，当已有厂商不能获得正常利润时，有的厂商就会退出，从而使该行业的厂商数量减少。

长期均衡是随着厂商对其生产规模的调整和新厂商的进入和退出，厂商的产量将达到使价格等于长期边际成本，也等于长期平均成本的那一点，在这一点上，经济利润为零，利润最大化。因此，这个点被称作长期均衡点。

一、原有厂商在长期内的调整

原有厂商在长期内的调整过程，如图 6-7 所示。

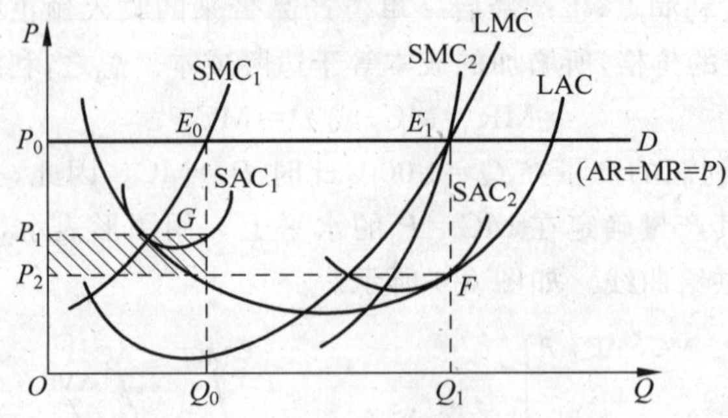

图 6-7　长期内生产规模的调整

假定完全竞争市场价格为 P_0。在 P_0 的价格水平上，在短期内，厂商现有的生产规模以短期平均成本曲线 SAC_1 和短期边际成本曲线 SMC_1 表示。由于短期内的生产规模是既定的，所以，厂商在既定的生产规模下，按 MR＝SMC 短期利润最大化的条件，将产量确定在 Q_0 的水平上，并且获得较少的利润，利润总量是图中阴影部分以上 $P_0P_1GE_0$ 的面积。而在长期内，根据 MR＝LMC 长期利润最大化的条件，厂商会选择与短期平均成本曲线 SAC_2 和短期边际成本曲线 SMC_2 相对应的生产规模，并将其产量确定在 Q_1，厂商会获得更多利润，所获得的利润总量是图中 $P_0P_2FE_1$ 的面积。

可见，厂商通过在长期内的调整，从而获得了比在短期内更大的利润。

二、厂商进入或退出一个行业

追求利润最大化的厂商，在长期内，总是将其生产要素在各个行业之间转移，从而进入或退出一个行业。用图 6-8 分析厂商在长期生产过程中进入或退出一个行业的经营决策对单个厂商利润的影响。

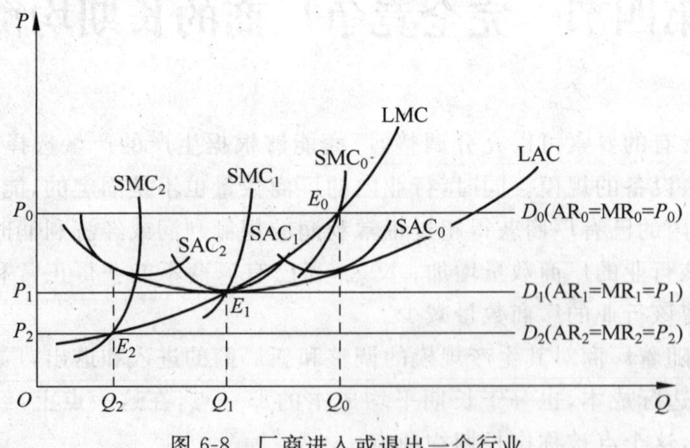

图 6-8　厂商进入或退出一个行业

假定初始的市场价格较高，为 P_0，根据 MR＝LMC 这一利润最大化原则，厂商确定的产量水平为 Q_0，相应的最优生产规模由短期平均成本曲线 SAC_0 和短期边际成本曲线 SMC_0 所代表。此时，厂商获得经济利润，这会吸引新的厂商进入该行业。随着行业内厂商数量的增加，产品的市场供给随之增加，市场价格逐步下降，单个厂商的经济利润就会逐步减少。只有当市场价格降至单个厂商的经济利润为零时，新厂商的进入才会停止。相反，如果市场价格较低，为 P_2，厂商确定的产量水平为 Q_2，相应的最优生产规模由 SAC_2 曲线和 SMC_2 曲线所代表。此时厂商是亏损的，这会促使一部分厂商退出该行业。随着行业内厂商数量的减少，产品的市场供给随之减少，市场价格逐步上升，单个厂商的亏损就会减少，直到亏损消失经济利润为零时，原有厂商的退出才会停止。

总之，这种厂商进入或退出一个行业的调整过程，一定会达到长期平均成本曲线 LAC 的最低点，此时，厂商的利润最大化，经济利润为零。厂商再没有进入或退出该行业的动力，从而行业内的每个厂商都实现了长期均衡。

在图 6-8 中，E_1 点是完全竞争厂商的长期均衡点。在 E_1 点，LAC 曲线达到最低，相应的 LMC 曲线与其相交于该点；厂商的需求曲线 D_1（即价格 P_1）与 LAC 曲线相切于该点；代表最优生产规模的 SAC_1 曲线与 LAC 曲线相切并且与 SMC_1 曲线相交于该点；产品的平均成本降至长期平均成本的最低点，产品的价格等于最低的长期平均成本，这样，完全竞争厂商的长期均衡条件为

$$\mathrm{MR}=\mathrm{LMC}=\mathrm{SMC}=\mathrm{LAC}=\mathrm{SAC}$$

完全竞争厂商的长期均衡条件还可以表示为

$$\mathrm{AR}(P)=\mathrm{LMC}=\mathrm{LAC}=\mathrm{SMC}=\mathrm{SAC}$$

将图 6-8 简化为图 6-9，表示完全竞争厂商的长期均衡。

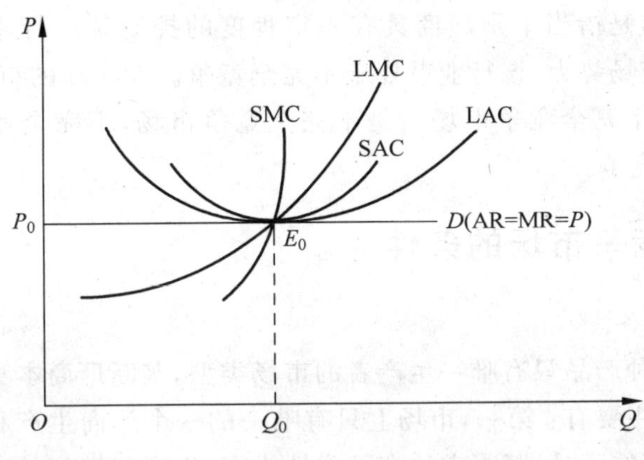

图 6-9　完全竞争厂商的长期均衡

在长期做了全面的调整以后，单个厂商既不存在亏损，又不存在经济利润。价格等于 P_0，需求曲线是水平的，边际收益曲线与需求曲线相同，均衡产量为 OQ_0，与其所用工厂相对应的短期平均成本和边际成本曲线用 SAC 和 SMC 表示。在这一生产规模和产量水平上，一方面，长期边际成本 LMC 和短期边际成本 SMC 与价格相等，$P=\mathrm{LMC}=\mathrm{SMC}$，这就保证了厂商利润最大化。另一方面，在同一产量水平上，这又使厂商的经济利润等于零。既然长期边际成本 LMC 必须等于长期平均成本 LAC，均衡点 E_0 就一定在长期平均成本曲线的最低点。

需要指出的是，完全竞争厂商的长期均衡是利润最大化、经济利润为零。这些结论似

乎是矛盾且不可理解的,但通俗一些的解释是,在长期内竞争消除了超额利润,也就是经济利润为零,管理人员得到了薪金,资本的所有者得到了资本的正常收益。

在现实世界中,虽然很少有完全竞争市场,但市场的竞争几乎无处不在。而市场的竞争是产品降低价格和改善质量的驱动力。例如,电子行业不断降低价格和减少利润的事实,充分说明了竞争的作用。1972—1983 年,小型掌上计算器的价格从 200 美元跌至10 美元。数字手表的价格从 1975 年的 2 000 美元跌至 1990 年的 7 美元以下。盒式磁带录像机 1979 年的价格为 2 000 美元,到 20 世纪 90 年代末价格不足 90 美元。手机、DVD 播放机等电子产品,在 10 年间,甚至几年间,其价格在大幅度下跌。

1976—1983 年间,美国有 250 多家厂商为追求高额利润进入计算机行业。在最初的几年中,计算机行业由取得巨大成功的几家公司(如苹果公司)控制着。但如此多厂商的竞争,导致计算机行业变得更具有竞争性。不断增强的竞争促使价格下降,产品质量和性能也不断提高。与此同时,当价格和利润减少时,大量的公司破产倒闭。可见,是竞争造就了一个更大的计算机市场,以及计算机质量的不断改进和价格的不断降低。

第五节　不完全竞争市场概述

所谓不完全竞争,是指当个别厂商具有一定程度的控制某一行业的产品价格的能力时,这种能力被称作市场势力,该行业就处于不完全竞争。在实际的市场类型中,极少存在完全竞争市场。相对于完全竞争市场的是不完全竞争市场,不完全竞争市场分为三种类型:垄断、寡头、垄断竞争。

一、不完全竞争市场的条件

1. 垄断市场的条件

垄断市场是指某种产品只有唯一生产者的市场类型,垄断厂商本身就构成一个行业。

垄断市场的条件主要有:第一,市场上只有唯一的一个厂商生产和销售某种商品。第二,该厂商生产和销售的商品,其需求的交叉弹性为零,生产和销售的商品没有相近的替代品。这一点是理解垄断市场条件的核心。因为如果存在相近替代品,意味着该厂商就要和其他厂商竞争,就不会有垄断市场。但是,究竟何为“相近的”替代品?如,钢铁对于铝是不是相近的替代品?如果是,那么只有一家铝生产者就是垄断者吗?关键在于厂商所具有的垄断力量的程度。大多数经济学家认为,地方的电力公司对用于照明的电力供给来说,具有很大的垄断力量(这种力量的使用要受政府的调节),尽管蜡烛也是电灯的替代品,但它们是很次的替代品。与此同时,用于加热的电力则有相近的替代品,如煤气、天然气、煤炭等。所以,为家庭供热的电力市场被认为是相对竞争性的。第三,垄断厂商是价格的制定者,而不是价格的接受者。所以,垄断厂商控制和操纵了市场价格,从而排除了竞争因素,使其他厂商不能进入该行业。

2. 寡头市场的条件

寡头市场是指少数几家厂商控制某种产品的生产和销售的一种市场类型。

寡头市场的条件包括：第一，厂商极少。市场上只有一个以上的少数几个厂商，而每个厂商在市场上对其产品价格都具有相当大的影响。第二，相互依存。这是寡头的重要性质。任何一个厂商进行决策时，都必须考虑对竞争对手的影响。因为他们既不是价格的接受者也不是价格的决定者，而是价格的寻求者，所以，寡头并不总是主动地进行竞争。第三，进入和退出比较困难。由于规模、资金、原料、市场占有、专利等多方面的原因，再加上原有厂商之间的相互依存关系，致使其他厂商难以进入，本行业的厂商也难以退出。

3. 垄断竞争市场的条件

垄断竞争市场是一种既有垄断又有竞争，既不是完全竞争又不是完全垄断的市场类型，是处于完全竞争和完全垄断之间的市场。

垄断竞争市场的条件主要有：第一，产品之间存在着差别。这是垄断竞争市场最重要的条件，同时，产品差别是垄断竞争理论中的一个重要概念，是指消费者或买者心目中同类产品之间存在的差异。差别来自两个方面：可能是现实的，也可能是幻想的。产品的品质、性能、设计、式样、包装，这是现实的。如相同质量、包装、商标的收音机，由于销售地点、经营方式、服务态度等不同而给消费者产生的差别，这是幻想的。产品差别又是导致垄断与竞争相结合或垄断竞争的一个重要根源。一方面，垄断竞争市场中每个厂商提供的产品和其他厂商的产品之间存在差别，因而每个厂商都具有一定的垄断力量。产品差别越大，垄断力量越强，反之，越小。另一方面，由于这一市场上的厂商数目很多，新厂商也比较容易进入，有差别的产品之间可以相互替代，因此，厂商之间还存在着较激烈的竞争。第二，市场上有较多的厂商，而且包含着大量的规模较小的厂商，彼此之间存在着激烈的竞争，由于他们各自的产品易于替代，所以，进入和退出垄断竞争行业比较容易。

与完全竞争相比，一般地说，在既定的技术水平等条件下，不完全竞争的价格较高，产量较低。但是，大厂商能够利用规模经济的优势与大部分技术的创新，有力地推动经济的发展和社会的进步。

二、不完全竞争市场形成的原因

1. 完全垄断市场形成的原因

某个厂商之所以能成为某种产品的唯一供给者，主要是由进入壁垒使其他厂商不能进入该市场并生产同种产品，这样，一个垄断厂商通过收取高于成本的价格而获得经济利润。这些进入壁垒归纳起来有以下几个方面。

(1) 规模经济

如果存在着规模经济，厂商就可以通过提高产量降低成本，以至于一个大厂商在整个产业的总产量中占据重要比例，同时，由一个大厂商供给全部市场时平均成本最低，那么，这一个大厂商就成为该行业的唯一生产者，这就是所谓自然垄断。例如，电话、电力、自来水以及天然气等公用事业都是自然垄断的产业，因为它们的固定成本都很高，但增加一单位产品(如增加一部电话等)的边际成本却相对很低。不过，随着科技进步，在一定程度上降低了进入这些行业的壁垒。可见,成本差异是决定垄断的最重要因素,规模经济是进入壁垒的普遍类型。

(2) 对要素的控制

如果一个厂商控制了用于生产某种产品的基本要素的全部供给,该厂商就可能成为垄断者,这是垄断产生的最简单的方法。例如,美国的制铝公司自19世纪末到20世纪40年代,一直是美国唯一生产铝的厂商,之所以能够长期维持其垄断地位,重要原因就是它控制了用于生产铝的铝矾土矿产资源。南非的钻石公司德比尔控制了世界钻石生产80%左右的市场份额,如此大的市场份额,会对世界钻石价格产生重大影响。没有钻石这种产品的相近替代品,是德比尔公司成为垄断者的关键因素。

(3) 专利

专利是政府限制某些产业竞争的一种法律制度,专利是政府创造垄断的典型例子。专利制度最初是由托马斯·杰斐逊提出的,其基本主张是,采用新技术的厂商应该获得更多的利润,从而鼓励技术进步,这是实行专利法在经济上的合理性。例如,制药行业对新的药物原创性研究成果授予专利,专利给予该公司在17年中排他性地生产销售这类新药的权力,因为研制新药物往往花费上亿美元。政府赋予专利,是为了鼓励发明新药。但是,专利也会成为政府制造或认可的垄断力量的一个来源。一个厂商可能由于唯一地具有生产某种产品所必需的技术或生产某种特殊物品的权利而成为垄断者。另外,版权法的本意是为了鼓励作家写出更好的作品,但版权法也会使作家成为其小说销售的垄断者。

信息经济学中存在的许多特殊的经济问题是值得我们认真研究的。信息是一种与一般物品有本质区别的商品,因为信息产品或信息含量高的产品的前期沉淀成本很大,但其边际成本几乎为零。例如,Windows98操作系统,开发的支出超过10亿美元,但用150美元左右就可以买到一张正版的软件,如果免费拷贝(有盗版嫌疑。微软公司已经提供免费的 Windows10)一份安装在一台计算机上时其成本几乎为零。

信息经济从经济效率方面看,价格应定在边际成本的水平,所有的信息无偿提供;而知识产权的零回报率,必将导致新的信息产品的减少或消除,因为如果价格等于边际成本,则厂商的收入为零,厂商就无法生存。由于信息产品的这些特征,使信息服务的有效定价陷入了两难困境,而寻找一种更有效的政策来保护知识产权,也显得越来越困难。

(4) 特许垄断权

特许垄断权是政府对某些产业实施的准入限制。厂商得到政府所给予的在一定地区生产某种商品或劳务的独占特权,这是一种对其他厂商来说排他性的权利。作为回报,该厂商同意限制自己的利润,并向所有的消费者提供服务,甚至对某些消费者提供不盈利的服务。例如,公用事业中的煤气和电力,通信和交通中的邮局和某些航空线路等。有的经济学家认为,在类似的行业中,由一个厂商垄断经营要比公开竞争更有利、更公平。

从以上的分析看出,尽管形成完全垄断市场的原因很多,但是,基本上可以归纳为两类:一类是技术的进入壁垒,如规模经济和对要素的控制等。另一类是法律的进入壁垒,如专利和特许垄断权等。

2. 寡头垄断市场形成的原因

寡头垄断简称"寡头",是不完全竞争的一种过渡形式。寡头垄断是既包含垄断又包含竞争，但更接近于完全垄断的一种市场类型，寡头垄断是以少数几家大厂商生产某种产品的全部或大部分产量为特征的。

美国许多重要行业如汽车、钢铁和电气设备等行业，都具有寡头垄断的特征，这些行业都被少数大厂商控制着。如美国的汽车行业主要由通用汽车公司、福特汽车公司和戴姆勒-克莱斯勒公司所控制；电器设备市场由通用电器公司和威斯汀豪斯公司控制着；罐头行业则由美洲罐头公司和大陆罐头公司控制着。按发货量衡量制造业的集中程度，1992年统计的行业内四家最大公司所占比例，家用电冰箱业为82%、电灯泡业为86%、汽车业为84%。而世界商用飞机市场主要被波音、空中客车两家大公司所支配。

但是，作为寡头垄断的厂商未必都是大厂商。比如，一个偏僻山区的两家杂货店也是寡头垄断者，并不因为是小厂商而改变其寡头垄断的地位。

寡头垄断市场形成的原因主要包括：(1)规模经济的作用。在某些行业中，如汽车业，除非少数厂商的产量占整个市场的较大份额，有相当大的生产规模，才会有较低的平均成本以及较好的经济效益，使少数厂商可以获利并生存下来，从而形成寡头垄断市场。(2)政府的扶持和支持等也造成其他厂商进入的壁垒，这也是寡头垄断市场形成的重要条件。

可见，寡头垄断市场和完全垄断市场的成因类似，只是前者较后者在垄断的程度上弱一些。

3. 垄断竞争市场形成的原因

垄断竞争是指在一个行业中许多卖者生产具有差别的产品，这也是垄断竞争市场的一个基本特征。

完全竞争市场和完全垄断市场是市场结构中的两种极端的市场类型。现在，大多数市场结构都处于这两种极端的市场类型之间。因此，垄断竞争市场的形成，与完全竞争和完全垄断市场形成的原因有一定的联系。具体地说，在垄断竞争市场中包含垄断的成分与完全垄断市场的形成原因有关，而在该市场中包含竞争的成分与完全竞争市场的形成原因有关。

垄断竞争理论是由美国经济学家爱德华·张伯伦和英国经济学家琼·罗宾逊在1933年同时但又是各自独立地创立的。前者的著作为《垄断竞争理论》，后者的著作是《不完全竞争经济学》。这两部著作的出版，被萨缪尔森称为垄断竞争的革命。这两部著作对微观经济学的发展产生了重要影响。

三、市场势力的衡量

1. 勒纳指数

1934年，经济学家阿巴·勒纳首先使用了勒纳指数测量垄断厂商市场势力的程度，勒纳指数又称勒纳的垄断势力度，其公式为

$$L=\frac{P-\mathrm{MC}}{P}$$

勒纳指数L的值总是在0～1之间。因为完全竞争厂商$P=\mathrm{MC}$，所以$L=0$。L的值越大，垄断势力度越大。

在应用勒纳指数时,有以下三个方面的问题:第一,由于难以测定边际成本,因此常用平均可变成本代替边际成本来计算勒纳指数;第二,如果垄断厂商的价格低于最大利润价格(很可能是为了避免法律监督),则其垄断势力的程度就无法通过该指数显示;第三,该指数忽略了学习曲线、需求的变动等定价的动态方面。

2. 四厂商集中率

一个行业中四家最大厂商的总产量或装运量在某行业中所占的百分比称为四厂商集中率。四厂商集中率是研究行业集中程度所采用的指标之一。在一个行业中四厂商集中率很高时,表明各厂商都有相当大的市场势力。同时,四厂商集中率这一衡量市场势力的标准,将厂商的规模与产品市场规模联系了起来。

表 6-4 显示 1997 年美国各个行业中四家最大厂商的总产量在行业中所占的百分比。

表 6-4 美国各个行业的竞争程度

行　业	四家最大厂商的市场份额(%)
卷烟	99
初级铜	95
汽车、轻型卡车和多功能汽车	88
早餐麦片	83
摩托车、自行车及配件	68
计算机	45
服装	13
制药	32
家具	11

四厂商集中率只适用于狭窄的行业范围,如大型计算机行业。但有时强有力的竞争能够来自于其他领域。例如,微型计算机的销售与大型计算机相竞争,但它们却处于不同的行业。因此,对于市场势力的数量指标的合适解释,需要注意这一点。

3. 赫芬达尔指数

自 1968 年起,美国有关企业合并的法规一直比较关注任何市场上最大厂商所占的份额。用四家最大厂商在市场上占有的份额作为标准评判拟议合并的做法,受到广泛的质疑。于是,1982 年 6 月,美国司法部提出新的议案,建议建立新的监督指标体系,该指标体系应该全面反映市场情况而不是只反映四家最大厂商的市场占有情况,这就是赫芬达尔指数。赫芬达尔指数适用于市场上所有(n)公司,公式为

$$\sum_{i=1}^{n}(\%\ 市场份额)^2$$

式中,用平方作权数主要是强调大厂商的市场份额。指数值越小,竞争越公平;反之,指数值越大,垄断程度越高。实际上,指数的最大值为 10 000 或 100^2,市场为完全垄断;指数的最小值为 0,市场是完全竞争的。例如,在某行业中共有 1 000 家厂商,每家占有 0.1%的市场份额,指数值为 $10[1\,000(0.1)^2]$。

赫芬达尔指数是为了监督企业合并并且帮助政府选择相应的政策,为此,司法部制定

了以下三个指数值域：(1)1 800～10 000 为"高集中"的值域，指任何两个厂商的市场份额超过 30%，它们通过合并可能会进一步扩大市场份额形成垄断，所以必须加以抑制。例如，1991 年 5 月，英国反垄断和反不正当合并委员会发表关于英国绝缘产品市场报告，报告涉及两家公司的合并问题。两家公司是总部设在英国的摩根坩埚公司、美国的曼威乐公司，两家公司均生产瓷器绝缘材料，用于钢铁、石油化工、铝制品业高温绝缘。英国的绝缘产品市场主要由卡本登公司(50%)、摩根坩埚公司(27%)、克兰公司(12%)、曼威乐公司(9%)和其他公司(2%)占有。根据赫芬达尔指数，该行业被认为是高集中行业，指数值为3 458[$50^2+27^2+12^2+9^2+2^2$]。摩根坩埚公司(27%)和曼威乐公司(9%)合并后的市场份额扩大到 36%，指数值达到 3 944[$50^2+36^2+12^2+2^2$]。指数值增加了 486 点，远远超过美国司法部所规定的应予以关注的 100 点标准。(2)中间值域 1 000～1 800 为适度集中的值域，需要对有关合并议案进行细致调查。(3)0～1 000 值域的合并事项不太可能受到调查。

不过，赫芬达尔指数不适用于纵向合并和横向合并，因为它只以某类厂商占该类产品的市场份额为标准。

4. 倒 U 理论

倒 U 理论描述了市场结构与技术进步之间的关系。如图 6-10 所示，横轴为四厂商集中率，纵轴为研究与开发支出占销售额的百分比。倒 U 形的曲线说明，在厂商集中率很低(完全竞争)和很高(完全垄断)的行业中，研究与开发活动是微弱的。研究与开发支出占销售额的比例首先随着行业集中率的上升而上升，在行业的四厂商集中率达到 50% 时达到最大值。此后，随着行业集中率的进一步上升，研究与开发支出占销售额的比例将下降。

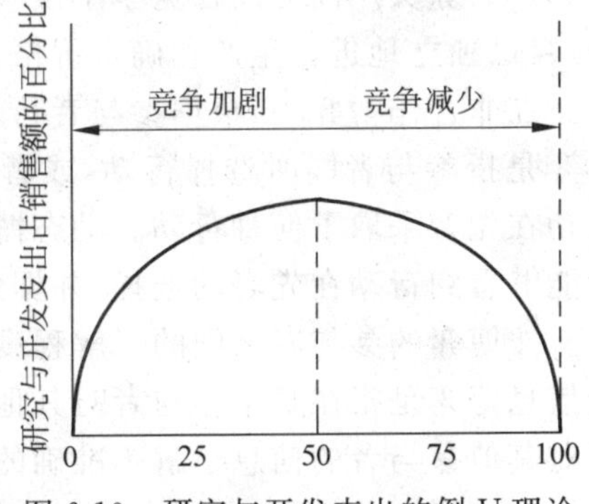

图 6-10　研究与开发支出的倒 U 理论

倒 U 曲线形成的具体原因是，在曲线的左侧，低集中率的行业内的厂商主要是竞争性的厂商，因为规模小，很难为研究与开发筹集资金，而且进入这些行业很容易，如果想维持那些未受专利保护的创新所获得的利润是很困难的。因此，这些行业内的厂商在研究与开发方面的投入相对其销售额就很低；在曲线的右侧，高集中率的厂商，因为主要依靠垄断所获得的利润已经很高，而且由于创新往往要求对规模很大的工厂进行全面的改造，所需的支出巨大，这就使得创新所能实现的利润进一步减少。上述两个因素导致垄断厂商研究与开发支出占销售额的比例很低。

第六节　博弈论基础

博弈论或称对策论诞生于 20 世纪 40 年代，主要是由匈牙利数学家约翰·冯·诺依曼(1903—1957)开创和发展的。在经济学中，博弈论用来分析两个寡头之间或垄断者们的相互影响、工会和管理层之间的讨价还价、国家的贸易政策、国际环境协议以及其他许多问题。博弈论还可以帮助我们研究政治、福利和日常生活。

冯·诺依曼和奥斯卡·摩根合著的《博弈论与经济行为》一书大大丰富了寡头垄断理论,他们的理论也是寡头垄断理论研究中最令人感兴趣的成果。

博弈论发展到今天,已经涉及经济学、厂商的生产经营活动以及社会生活的许多方面,甚至贯穿于国际间的政治经济活动之中。难怪经济学家感叹道:“博弈,博弈,无处不在……”

一、博弈和博弈论

1. 博弈

博弈是指这样一种竞争状态,其中有两个或两个以上的参与者(或经济主体)各自追求自身的利益,而任何一个参与者都不能单独决定其结果。例如,打桥牌、两个厂商进行的广告竞争等都是博弈。

按博弈的参与者之间能否达成有约束力的协议,可以将其分为合作博弈与非合作博弈。博弈的参与者之间能够达成有约束力的协议,就是合作博弈;反之,就是非合作博弈。例如,如果寡头厂商之间就限制某种产品的产量,制定垄断高价达成协议,这种博弈为合作博弈。而寡头厂商之间在竞争中没有达成上述协议,只是考虑到竞争的对方可能采取的行为,自己独立地进行生产和确定价格,这种博弈为非合作博弈。

在非合作博弈中,根据参与者行动的先后顺序,将其分为静态博弈和动态博弈。静态博弈是指参与者同时选择行动,或者虽然并不是同时选择行动,但该行动在后者并不知道行动在先者采取了何种行动。动态博弈是指参与者的行动有先后的顺序,并且该行动在后者能够看到行动在先者的选择,并据此做出相应的决策选择。

按博弈的参与者之间的了解程度,可以将其分为完全信息博弈与不完全信息博弈。完全信息博弈是指在某个参与者对其他参与者的信息都有准确了解的博弈。反之,某个参与者对其他参与者的信息了解不准确的博弈就是不完全信息博弈。

2. 博弈论

寡头垄断有时会引发价格战。例如,20 世纪 90 年代,美国大陆航空公司通过降低机票的价格从泛美航空公司和联合航空公司等大的航空公司那里争夺顾客,在这种情况下,泛美航空公司和联合航空公司在决定如何做出反应时,还要考虑大陆航空公司进一步的反应。当你要考虑他人如何对自己的行动做出反应时,就是博弈论的领域。

生活中充满了争论、讨价还价和策略选择,这就是博弈论分析的对象。或者说,博弈论分析两个或两个以上的参与者选择能够共同影响每一个参与者的行动或策略的方式。

二、博弈的策略选择

假设市场上只有两个厂商提供供给,就是双寡头垄断或双头垄断,而且两个厂商有相同的生产成本和需求结构。

1. 占优策略均衡

在选择策略时,最简单的一种选择是占优策略。占优策略是指在选择策略时,无论其他参与者选择什么策略，该博弈者的策略是唯一的和最好的。在两个或全部的博弈者都采用占优策略时，通常称其结果是占优策略均衡。

图 6-11 所示的是两个厂商在双寡头垄断价格博弈中的支付情况。在价格战的损益表中有行和列，每个厂商可以在自己的行和列中选择策略。例如，甲厂商可以在它的两列中选择，乙厂商可以在它的两行中选择。每个厂商有两种选择：是运用正常的价格，还是运用低价格进行价格战。将两个厂商所选择的两种决策组合起来，共有四种结果，将其放在 A、B、C、D 四个格子中，每个格子中的数字代表了两个厂商在四种结果中的获利情况。右上角的数字代表甲厂商的获利，左下角的数字代表乙厂商的获利。

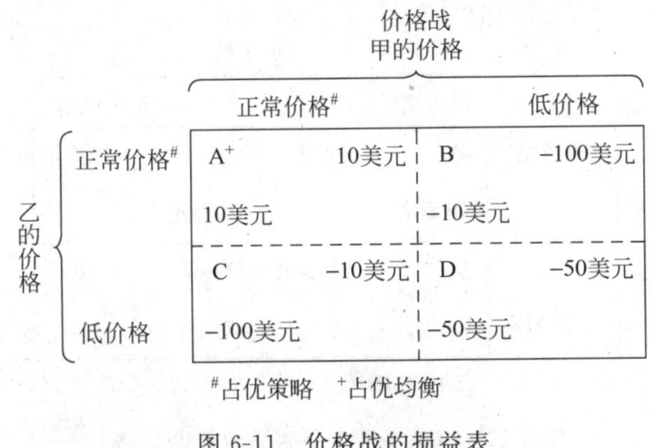

图 6-11 价格战的损益表

一个极端是 A 格，两个厂商都选择正常价格，双方有共同的最大利益，每个厂商获利 10 美元。另一个极端是 D 格，两个厂商都选择低价格，由于双方均采取低价格策略而遭受到了最大损失，各损失 50 美元。

在上述两种情况之间的选择是，只有一方选择价格战，而另一方采用正常价格。例如，C 格是甲厂商选择正常价格，乙厂商选择低价格。于是，乙厂商尽管拥有了市场，却遭受了损失 100 美元，因为它的售价低于生产成本。甲厂商一直以正常价格销售，而不是与乙厂商进行价格战，虽然有损失，但远比乙厂商的处境好得多，甲厂商仅损失 10 美元。B 格中甲厂商和乙厂商的选择与 C 格相反，结果也与 C 格的情况相反。

在以前的分析中，经济学的假设是消费者要追求其效用最大化，厂商的生产目标则是利润最大化。在博弈论中任何一方要通过竞争对手的目标和行动去考虑，并且在分析竞争对手的目标和行动以后做出决策。但同时，竞争对手也在始终分析你的策略。这个过程就形成了博弈论的基本指导思想：假设竞争对手在分析研究你的策略并且追求其最大利益行动时，你如何选择最有效的策略。

我们具体说明占优策略的选择。在图 6-11 所示的价格战博弈中，在甲厂商采取正常价格时，乙厂商如果选择按正常价格经营，将得到 10 美元的盈利；而如果乙厂商选择降低价格策略，将亏损 100 美元。如果甲厂商采用削价竞争，而乙厂商选择按正常价格经营，那么乙厂商只会损失 10 美元。但如果乙厂商也参与削价竞争，则会损失 50 美元。

总之，一个厂商无论选择什么策略，与之博弈的厂商的最佳策略是仍按正常价格经营。这就是说，正常价格在价格博弈中，对于两个厂商都是占优策略。在两个或全部博弈者都采取占优策略时,其结果是一种A格所显示的占优均衡。因为进行博弈的厂商都采取了占优策略,从而造成了这样一种均衡状态。

2. 纳什均衡

纳什均衡是以美国数学家约翰·纳什(1928—2015)命名的,纳什因其在博弈论方面的贡献获得诺贝尔经济学奖。纳什均衡与占优均衡相比更有实际意义,而且纳什均衡是一种普遍的现象。

用图6-12所示的双头垄断模型或对抗博弈,分析每个厂商决定是采用正常价格的均衡状态,还是提高价格以形成垄断并获得垄断利润。

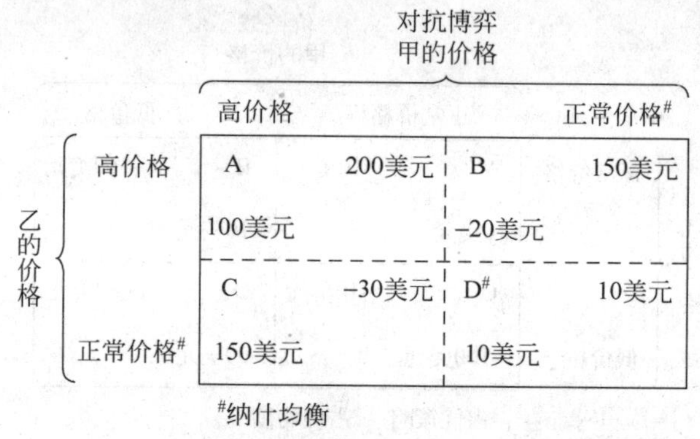

图6-12 双头垄断者是否采取垄断价格

对抗博弈的一个极端是,双头垄断者通过提高价格获得了垄断利润,这是与价格战的不同之处。两个厂商在A格中采用高价格策略,通过两个厂商合谋共获得300美元的利润。另一个极端是,如果两个厂商在D格中采用正常价格策略,每个厂商仅获得10美元的利润。

然而,由于每个厂商都想在欺骗对方的情况下获得最大利润,这就是无合谋下的纳什均衡。这样,在上述两个极端之外,有另外两种策略:一个厂商采用正常价格策略,而另一个厂商采用高价格策略。如在C格中,甲厂商采用高价格策略,乙厂商则采用正常价格策略。结果是乙厂商得到了更大的市场份额,从而获得了最大的收益150美元,此时甲厂商则亏损了30美元。在B格中,与C格中的情况相反,乙厂商采用高价格策略亏损了20美元,而甲厂商采用正常价格策略获利150美元。

在这一对抗博弈中,一方面,由于乙厂商选择了正常价格的占优策略,这样,无论甲厂商选择何种策略,乙厂商总是获利较多。另一方面,甲厂商没有选择占优策略。这是因为,如果乙厂商采取正常价格策略,甲厂商也会采取正常价格策略;如果乙厂商采取高价格策略,那么甲厂商也将采取高价格策略。

在上述情况下,甲厂商处在两难处境中:甲厂商是采取高价格策略,并希望乙厂商也采取同样的价格策略呢?还是为了安全而采取正常价格策略?从分析中看出,甲厂商应该采取正常价格策略。原因是,甲厂商会站在乙厂商的角度考虑。无论甲厂商采用何种价格策略,乙厂商都会采用正常价格策略。因为正常价格策略是乙厂商的占优策略。因此,甲厂商应该假定乙厂商势必将采用其占优策略方式,并据此选择自己的最优行动方式。这会立即促使甲厂商采取正常价格策略。这表明了博弈论的一条基本准则:把自己的策略选择建立在假定对方会按其最佳利益行动的基础上。

上述解决问题的方法称之为纳什均衡。纳什均衡是一个在其他博弈者的策略给定时，任何一方都不能改善自己的获利的状况。换言之，在甲厂商的策略给定时，乙厂商不可能做得更好。反之亦然。每一种策略都是针对其对手的最佳行动方式。在图6-12中，在对方不改变其策略时，甲厂商或乙厂商都不能从这种均衡(正常，正常)中获得更多的利润。如果乙厂商将策略改变为高价格策略，其利润将由10美元降为－20美元；而当甲厂商从正常价格策略改变为高价格策略时，其利润就将由10美元降为－30美元。

纳什均衡有时也称作非合作性均衡。因为每一厂商选择策略时都没有合谋，每个厂商只是选择认为对自己最有利的策略，而并不考虑社会福利和其他厂商的利益。

非合作性均衡对于博弈各方来说可能不是有效率的均衡。在图6-12的D格中的纳什均衡，给博弈双方带来的总收益小于其他策略下的总收益。在D格中，总收益为20美元，而在A、B、C格中，每一格的总收益都大于D格，其中，最佳的解在A格，每一厂商都制定高价，总收益为300美元。

为什么纳什均衡反而在博弈双方收益较少的时候存在？原因是厂商没有选择合谋从而使价格达到垄断价格的水平。如果选择合谋就是合作性均衡。所谓合作性均衡，是指参与博弈的各方结成联盟，如组成卡特尔，通过制定高价格，实行总利润最大化的策略，并在各厂商间平均分配利润。但是，要实现并保持合作性均衡将受到限制。首先，卡特尔(垄断厂商)以及限制贸易的合谋行为，在大多数市场经济条件下都是非法的。其次，参与博弈各方的利益是最大的约束。假设，合谋价格是图6-12中A格的情况(高，高)，乙厂商就会私自以低价销售更多的产品，其价格策略将从A格移至C格。当乙厂商的这种行为没有被甲厂商发现时，它的利润就会从100美元升至150美元。当甲厂商注意到自己的利润下降时，它可能认为卡特尔已经解体，于是重新确定其价格策略，将价格降至正常价格。如果合作性均衡(高，高)不再具有可操作性，厂商将转向D格(正常，正常)的非合作均衡或纳什均衡。

我们将上述推理应用于完全竞争市场中。一个完全竞争均衡是一个纳什均衡或非合作性均衡，每个厂商和消费者都是在考虑其他各方的价格策略后做出决策的。在这一均衡中，每个厂商都追求利润最大化，每个消费者都追求效用最大化，从而导致价格等于边际成本，以及经济利润等于零。可见，在完全竞争市场中，即使每个厂商和消费者的行动都是非合作的，其经济后果从社会角度看也是有效率的。亚当·斯密的“看不见的手”实现了完全竞争市场中资源的有效配置。

但是在有些场合，非合作性行为将会产生危害社会的后果。例如，竞争者的污染博弈、军备竞赛等。在厂商不受管制的环境中，每个追求利润最大化的厂商宁愿污染环境，而不安装昂贵的污染处理设备。如果有的厂商要治理污染，势必会增加生产成本，从而其产品价格上升，销售量下降，厂商因此而遭受损失甚至破产。

污染博弈是“看不见的手”这种竞争机制遭受到失败的典型例证。在这种情况下，纳什均衡或非合作性均衡是无效率的。军备竞赛是危险的非效率的非合作性均衡。一个超级敌对大国企图确保有足够的核武器以阻止另一个超级敌对大国的侵略，双方都在进行扩军备战，从而导致严重的军备竞赛。

3. 囚徒困境

在博弈中最为著名的是所谓囚徒困境或者囚徒博弈。如图 6-13 所示。

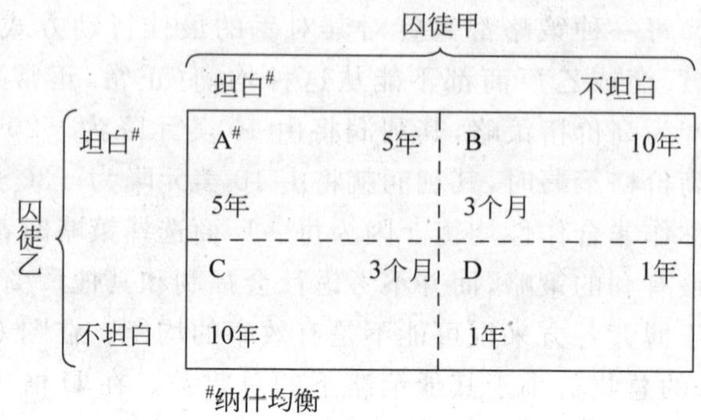

图 6-13　囚徒困境

甲、乙是同案犯,律师分别对两人说,只要你们中间有一个人坦白,则坦白者只被判 3 个月的徒刑,而你的同案犯却会被判 10 年。如果你们两人都坦白,则你们都会被判刑 5 年。

假设囚徒甲不坦白,并且不知道囚徒乙已经坦白,因此,囚徒甲将要被判刑 10 年,如 B 格所示。囚徒乙也处于同样的困境中,结果是囚徒乙将要被判刑 10 年,如 C 格所示。

囚徒困境的最后结果是,两个囚徒都选择了坦白,从而每人被判刑 5 年,如 A 格所示的纳什均衡。而只有当两个囚徒都选择了合作,也就是不坦白,或者都选择舍己利人或利他的策略时,两个人的刑期才能最短,在 D 格中表明了这种结果。

第七节　价格歧视

当不完全竞争厂商拥有市场势力或者市场力量(单个厂商或少数厂商控制某一产业的价格和生产决策的程度)时,它们可以通过价格歧视手段来提高其利润水平。所谓价格歧视是指同样的产品以不同的价格卖给不同的消费者。价格歧视在今天已经被广泛地采用,尤其是针对那些不易于从低价格市场转移到高价格市场的产品。

一、实行价格歧视的前提条件

不完全竞争厂商之所以能够对同一种产品收取高价格,是因为存在着实行价格歧视的两个前提条件。第一,不完全竞争厂商能够将市场有效地分割,并能阻止产品在不同市场的消费者之间倒卖。否则,可能出现有人通过在低价格市场购得产品,然后再卖给高价格市场的消费者,导致不同市场之间的价格差别难以维持。第二,被分割开的同一产品或者相似产品,在不同市场上价格的需求弹性不同。不完全竞争厂商根据不同的价格弹性对相同的产品收取不同的价格,从而获得比价格相同时更多的利润。一般地说,在需求的价格弹性较高的市场上收取低价格，而在需求的价格弹性较低的市场上收取高价格。

二、价格歧视

不完全竞争厂商通过价格歧视提高利润的情况，如图 6-14 所示。

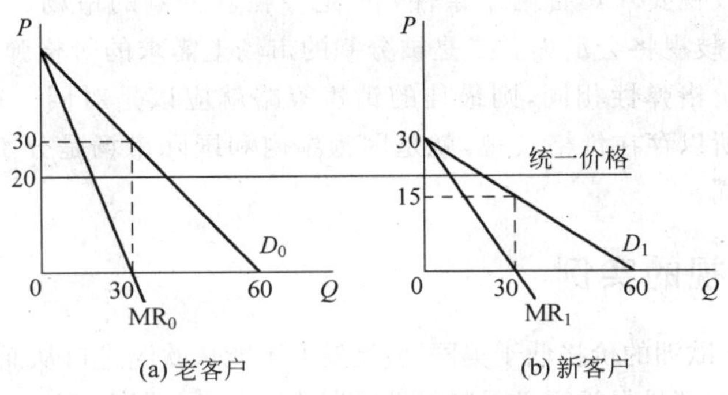

图 6-14　不完全竞争厂商通过价格歧视提高利润

图 6-14 中，某种产品老客户的需求价格弹性比新客户或潜在客户的小，而对有可能转向竞争对手的新客户必须支付转移成本(对新客户给予优惠)。如果厂商的优惠价格能发挥吸引新客户的作用，同时成功地分割了市场，则厂商的利润就会增加。例如，厂商设定某产品的统一价格为 20 美元，实现的最大利润为 1 200 美元(20×30＋20×30)。如果将市场分割为坚定的老客户和犹豫不决的新客户，则老客户的价格不变，仍为 30 美元，新客户的价格降为 15 美元，厂商的利润总额将增至 1 350 美元(30×30＋15×30)。

那么，价格歧视的经济效率何在？价格歧视会提高社会福利。其原因在于，不完全竞争厂商通过提高价格和降低销售量来增加利润，结果是赢得了急需其产品的客户，同时也失去了那些犹豫不决的客户。通过区分愿意支付高价格的客户和只愿意支付低价格的客户，分别制定不同的价格，不完全竞争厂商(尤其是完全垄断厂商)就可以同时提高利润和消费者的满意度。

根据歧视程度的不同，可以将价格歧视区分为以下三种形式。

1. 一级价格歧视

一级价格歧视是指垄断厂商根据每个消费者愿意为每单位产品支付的最高价格而为每单位商品制定不同销售价格。或者说，垄断厂商对每一单位产品都按消费者愿意支付的最高价格销售。

一般来说，一级价格歧视实际上很少存在。因为只有当垄断厂商的产品仅有少数买者，而垄断厂商又能够准确地估计出每个消费者愿意支付的最高价格，一级价格歧视才将发生。

2. 二级价格歧视

二级价格歧视又称作成批定价，是指垄断厂商根据不同的购买量或消费量确定不同的价格。例如，当消费者购买 9 单位产品时，垄断厂商确定的价格为 18 美元；而当该消费者再购买 5 单位产品时，价格降至 9 美元。

3. 三级价格歧视

三级价格歧视是指垄断厂商对同一产品在不同的市场上收取不同的价格，或者对不同的阶层或顾客收取不同的价格。例如，对城镇市场和农村市场收取不同的价格，对成年人和未成年人收取不同的价格等，都属于三级价格歧视。

实行三级价格歧视要求具备两个条件：一是存在着分割的市场。如果市场是不可分割的，市场上的价格歧视将会消失。二是被分割的市场上需求的价格弹性不同。如果被分割的市场上需求的价格弹性相同，则最佳的销售策略就应该是对同一产品收取相同的价格。国际贸易中之所以存在价格歧视，就是因为国内和国际市场是分割的，而且两个市场需求的价格弹性不同。

三、价格歧视的实例

同样的教科书在欧洲的价格低于美国，但批发商不能从欧洲进口从而压低美国国内教科书市场的价格，原因是贸易保护主义限制了批发商从欧洲向美国大量进口价格低的教科书。

航空业通过区分旅游高峰和非高峰时间的乘客、商务人员和赋闲旅游的乘客，机票价格对前者不给予打折而对后者给予打折，以分割市场使用价格歧视，航空公司从中获得更多利润。

地方公用事业使用“两部分定价”或非线性定价，以弥补高出的经营成本。例如，在电话服务中，有连接价格和每单位的价格。因为相对于每单位价格而言，连接缺乏价格弹性，电话公司可以通过降低每单位的价格，从而提高销售量，以增加利润总量。

如果某种产品的国外需求比国内需求更有弹性，则从事国际贸易的厂商将该产品的价格确定为国外价格低于国内价格，从中获得更多收益。但是，这种所谓“倾销”通常是被国际贸易协定所禁止的行为。

练习题

一、概念

将定义的序号填入概念的____中。

____市场	____市场结构	____垄断市场
____寡头市场	____垄断竞争市场	____价格接受者
____产品差别	____ MR＝MC	____收支相抵点
____停止营业点	____利润最大化	____经济剩余

1. 少数几家厂商控制某种产品的生产和销售的一种市场类型。

2. 由于完全竞争市场上存在着大量的买者和卖者，相对于市场上总需求量和总供给量而言，双方的任何一员都不会影响产品的价格，都只能是既定价格的接受者。

3. 市场的组织和构成或者组成方式。

4. 消费者心目中同类产品之间存在的差异。差别来自两方面：可能是现实的，也可能是幻想的。

5. 买卖双方从事商品交易的场所，是买卖双方汇集在一起，共同决定商品和劳务的价格和交易数量的机制。

6. 某种产品只有唯一生产者的市场类型，垄断厂商本身就构成一个行业。

7. 一个产业中有许多卖者生产具有差别的产品的市场类型。

8. 厂商的经济利润为零，但实现了正常利润的均衡点。

9. 消费者剩余和生产者剩余的总和。

10. 最大利润发生在边际成本等于价格的产量水平上，当厂商出售额外的产量再也不能获得任何额外的利润时，总利润达到其最高点。

11. 在某一均衡点上，当厂商的 AR＝AVC 时。如果厂商继续生产，其收益正好弥补全部的可变成本；如果停止生产，厂商的全部固定成本仍然存在。在该点，继续生产或停止生产其结果都是一样。

12. 完全竞争厂商利润最大化的均衡条件。

二、选择题

1. 下列不符合完全竞争市场条件的一项是(　　)。

A. 市场上厂商的数量众多　　B. 产品同质并完全可替代

C. 厂商能自由进入和退出一个行业　　D. 厂商之间存在着激烈的价格竞争

2. 垄断竞争市场的条件之一是(　)。

A. 产品之间存在着差别　　B. 产品之间不存在差别

C. 产品之间没有替代品　　D. 以上都不正确

3. 在完全竞争条件下，某厂商依据当前的产量，其产品的价格、边际成本和平均成本都是 1 美元，并且，边际成本将随着产量的增加而提高，该厂商的生产(　　)。

A. 正处在生产亏损点　　B. 正处在停止营业点

C. 正处在利润最大化的均衡点　　D. 不处在利润最大化的均衡点

4. 完全竞争厂商利润最大化的条件是 MC＝P，这意味着厂商将(　　)。

A. 扩大产量直至价格上升到等于边际成本

B. 扩大产量直至价格下降到等于边际成本

C. 扩大产量直至边际成本降低到等于价格

D. 扩大产量直至边际成本上升到等于价格

5. 某厂商的产品以 2.20 美元的价格卖出。该产品的部分成本参数：平均成本为 2.00 美元，边际成本为 1.80 美元。如果该厂商想要利润最大化，应该(　)。

A. 保持现有产量　　B. 扩大产量水平

C. 降低产量水平　　D. 扩大或降低产量

6. 完全竞争厂商短期均衡的停止营业点发生在(　)。

A. P(AR)＝AVC 的产量水平　　B. P(AR)＞AVC 的产量水平

C. P(AR)＜AVC 的产量水平　　D. P(AR)＝AFC 的产量水平

7. 完全竞争厂商的短期供给曲线是 MC 曲线上升的部分，更准确地说是(　　)。

A. P＞AVC＝MC 的点以上的部分　　B. P＞AVC＝MC 的点以下的部分

C. P＝AVC＝MC 的点以上的部分　　D. P＝AVC＝MC 的点以下的部分

8. 垄断市场或者不完全竞争市场形成的原因是(　　)。

A. 对生产要素的控制　　B. 规模经济和专利权

C. 政府对某些产业的准入限制　　D. 以上都是

9. 边际收益是指(　　)。

A. 最后1单位商品销售量的价格

B. 由两个相邻产量的总收益相减而来,即从出售 $Q+1$ 个单位而得到的总收益中减去出售 Q 单位而得到的总收益

C. 总收入减去最后1单位商品销售量的卖出价格

D. 总产出与总收入之间的比率关系

10. 边际收益为负数或负边际收益是指(　　)。

A. 厂商让消费者自由地取走商品

B. 为了获得更高收入,厂商必须将价格提高,导致其总收益下降

C. 为了出售更多产量,厂商必须将价格降低,导致其总收益下降

D. 以上都不是

11. 在博弈论模型中的占优策略存在于(　　)。

A. 为了实现利润最大化,博弈者将联合采取一致的行动

B. 无论其他博弈者采取什么策略,该博弈者的策略是最好的

C. 如果其他博弈者的行为已经确定,就不存在更好的策略

D. 博弈者相互之间在进行价格的竞争性博弈

12. 在囚徒困境中(　　)。

A. 囚徒双方都从自身利益出发而采取行动,产生最佳的选择

B. 囚徒双方都从自身利益出发而采取行动,产生最坏的选择

C. 每一个囚徒都必须考虑彼此的反应

D. 以上各项都不正确

三、计算题

1. 完全竞争行业中的某厂商,每天销售产品的总收入为5 000美元,这是该厂商利润最大化的产出。其产品的平均总成本为8美元,边际成本为10美元,平均可变成本为5美元。

(1) 每天的产量是多少?

(2) 平均固定成本是多少?

(3) 每天的利润是多少?

2. 对一个完全竞争厂商经营数据的分析,通过对比 P 与 MC 的关系($P>$MC、$P<$MC 和 $P=$MC),判断该厂商当前的经营状况,应做出怎样的经营决策。包括:经营良好、亏损、虽然亏损但继续生产是有利的、停产、继续增加产出、减少产出等。对其中的一项做出回答。

厂商具体的经营数据:TR=10 000元,TFC=2 000元,AC=4元,AVC=3元,MC=6元,如果产出增加MC将上升。

3. 假定某商品市场的年销售额为450亿美元,其中,销售额最大的四家厂商销售额分

别为150亿美元、105亿美元、85亿美元、70亿美元，计算该商品市场的四厂商集中率是多少。

四、分析题

1. 为什么在完全竞争的市场上，单个厂商的需求曲线是一条与横轴平行的直线，而行业的需求曲线是一条向右下方倾斜的曲线？

2. 在完全竞争的市场中，为什么有的厂商经济利润等于零，不盈利仍然继续生产？而有的厂商虽然亏损，却认为继续生产是有利的？

3. 如何评价不完全竞争和不完全竞争厂商对经济产生的影响？

4. 占优均衡和纳什均衡的区别是什么？为什么完全竞争均衡是纳什均衡？

第七章

要素价格决定理论

本章是生产要素价格决定理论。因为要素的价格就是要素所有者的收入，所以，要素价格理论也就是收入分配理论，是一个问题的两个方面。

如前所述，生产要素包括劳动、土地、资本和企业家才能。各种生产要素共同创造了国民产出，并且根据其在国民产出中所占份额分别得到相应的收入，即工资、地租、利息和利润。“工资”是工资、薪金以及其他形式的补偿的简称；“地租”是土地服务的价格；“利息”是使用资本的价格；“利润”则是指正常利润。

第一节　生产要素的需求

一、生产要素需求的性质

生产要素价格的决定与消费品价格的决定类似，也是由供求关系决定的。但对生产要素的需求和消费品的需求却是有区别的，主要包括引致需求和相互依存的需求。

1. 要素需求是引致需求

引致需求又称派生需求，是指厂商对某种要素的需求由其最终产品的需求间接地派生而来。

例如，对玉米地的需求是消费者对玉米的需求派生出来的，因为消费者并不存在对玉米地的需求。玉米的需求曲线移动，玉米地的需求曲线才会移动。如果商品的需求曲线变得没有弹性，要素的需求曲线也将变得没有弹性，如图 7-1 所示。

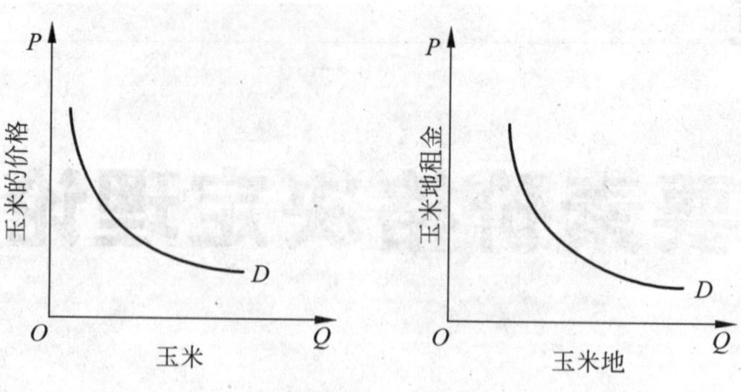

图 7-1　要素需求是引致需求

分析要素的引致需求,其意义是要准确地决定要素需求的种类和数量等,认识到消费者对产品的需求是最终的决定因素。

2. 要素需求的相互依存

在要素需求的相互依存关系中,有合作关系。即使是一个简单的工程,只有工具是没法完成的,而只有两手空空的工人也同样不行。但只要把工具交给工人就能很容易完成这个简单的工程。例如,将锯子与伐木工人结合起来,锯倒一棵树就不是一件很困难的事。这种合作关系就是生产某一产品时,两个或两个以上的要素同时使用。在要素需求相互依存关系中的替代关系,是指可以用较多的机器和较少的劳动,也可以相反。

正是由于要素需求相互依存的性质,才导致收入的分配成为一个复杂的问题。因为在生产的过程中,不会出现诸如劳动"独立"生产多少,土地又"独立"生产多少这类问题,如果是那样的话,收入的分配问题就变得非常简单了。

二、边际生产力

收入分配理论是一般价格理论的一种特例。生产要素的价格就像商品的价格主要是由供给和需求决定的一样。但供给和需求只是理解竞争性市场经济中收入分配问题的第一步,而收入的关键在于不同生产要素的边际产出。

生产要素价格决定的理论基础是边际生产力或边际生产率理论,厂商总是要根据要素的边际生产力来确定给予要素的报酬和对它的需求量。

1. 边际生产力以及生产要素价格的确定

边际生产力是指追加的最后一单位生产要素所增加的产量。德国经济学家约翰·海因里希冯·杜能(1783—1850)在其《独立国同农业和国民经济的关系》一书(1826 年)中首先涉及了"边际"一词,并将其应用于生产和分配理论。19 世纪末,美国经济学家约翰·贝茨·克拉克(1847—1938)在其最有代表性的著作《财富的分配》(1899 年)中论述了边际生产力理论,他指出,最后增加的一个劳动(或资本)单位是边际劳动(或边际资本),边际劳动(或边际资本)生产的产品量是边际劳动(或边际资本)生产力。边际劳动生产力总是最低的,边际劳动生产力不仅决定边际劳动的工资,并且决定所有与他同一熟练程度工人的工资。同理,边际资本生产力不仅决定边际资本的利息,并且决定其他部分资本的利息。

克拉克最重要的结论是，在静态经济（完全竞争、人口、资本、技术、组织、消费倾向等不发生变动）条件下，工资决定于劳动的边际生产力，利息决定于资本的边际生产力。克拉克在《财富的分配》中，对其“边际生产力”的图解，如图 7-2 所示。

假定一个不变的资本量，AD 为劳动的单位数，AB 为第 1 个劳动单位的生产量，$A_{\mathrm{I}}B_{\mathrm{I}}$ 为第 2 个劳动单位的生产量……DC 为最后 1 个劳动单位的生产量，即边际劳动单位所增加的生产量。DC 是这一系列有效生产的尺度，它决定着全部劳动的工资率。

克拉克用同样的图示表示利息的决定。假定一个不变的劳动量，而以投入的资本作为变量，DC 就成为一系列资本单位有效生产的尺度而决定全部资本的利息率。

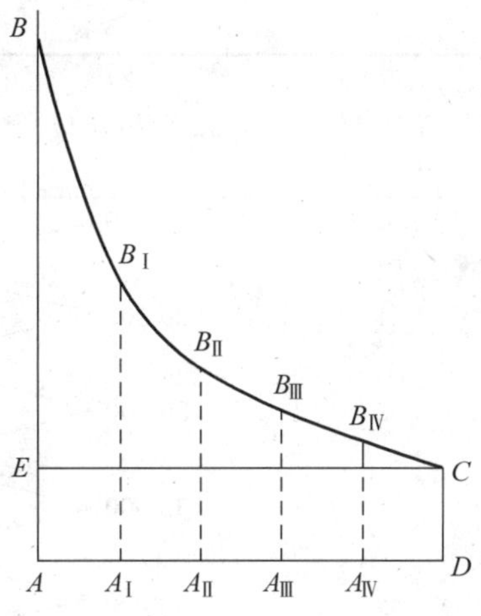

图 7-2　克拉克的边际生产力图解

简单地说，克拉克的要素价格或收入分配理论认为，在其他条件不变和边际生产力递减的前提下，一种生产要素的价格取决于其边际生产力。该理论可以应用于最终产品和要素产量在不确定的完全竞争市场中的分析。

克拉克的推导如下：工人 1 因可耕种的土地很多而获得较多的边际产品，工人 2 获得的边际产品较少。但两个工人的素质相同，应该获得相同的工资。但究竟是由工人 1 还是工人 2 的边际产品决定工资？还是二者的平均？答案是，在完全竞争的条件下，如果劳工市场上工人工资已经超过其边际产品，土地所有者就不再雇用工人。因此，工人获得的工资率与最后一个被雇用工人的边际产品相等。

每单位的要素按使用的最后一单位的边际产品支付，以前投入要素的边际产品中就有产出的剩余（如上述工人 1），这些剩余等于边际生产力定价下其他要素的收入。在上述推导中，工人 1 比工人 2 的边际产量高，高出工资额的剩余部分就成为土地所有者的收入或地租。

2. 生产要素需求量的确定

一个典型厂商，比如一个鞋子的生产者，是如何决定劳动需求量的？分析该问题时有两个假定，一是厂商面临的市场是完全竞争的，包括产品的销售市场和劳工市场。二是厂商追求利润最大化。因此，厂商总是希望多生产产品并且销售出去，支付工资之后，剩余的就是利润。用表 7-1 加以说明。

假设，追求利润最大化的厂商，可以用每年 20 000 美元价格雇到所需要的全部工人。厂商雇用第一个工人时，劳动的边际收益产品 MRP（边际收益产品，指追加一单位的投入所能增加的收益）为 60 000 美元，而工人的边际成本为 20 000 美元（用 20 000 美元价格雇用工人），所以，额外利润为 60 000－20 000＝40 000 美元。

雇用第二个工人，带来 30 000 美元的边际收益产品，厂商得到的额外利润为 30 000－20 000＝10 000 美元。

表 7-1　边际收益产品

(1) 劳动单位	(2) 总产品(单位)	(3) 劳动的边际产品 (单位/工人)	(4) 产品价格 (美元/单位)	(5) 劳动的边际收益产品 (美元/工人)
0	0			
		20 000	3	60 000
1	20 000			
		10 000	3	30 000
2	30 000			
		5 000	3	15 000
3	35 000			
		3 000	3	9 000
4	38 000			
		1 000	3	3 000
5	39 000			

雇用第三个工人，增加的产量只能带来 15 000 美元的边际收益产品，而成本为 20 000 美元，所以雇用第三个工人时厂商将无利可图。

从表 7-1 中可以看出，雇用两个工人能够获得的利润最大。这说明，只要一种要素的边际收益产品大于追加该要素的成本，厂商就能通过不断增加这种生产要素使利润最大化。这就是选择要素的最优组合规则。其基本内容是，为获得最大利润，只要一种要素的边际收益产品大于该种要素的边际成本或价格，就应追加该种要素。如果要素是劳动，雇用的工人数量要到劳动的边际收益产品等于劳动的价格或工资时为止。

在完全竞争的市场上，产品的价格 P 等于边际收益 MR(P＝MR)。又因为要素的边际收益产品 MRP 等于边际收益乘以要素的边际产品 MP(MRP＝MR×MP)。所以，MPR＝P×MP。可见，对要素的需求是从边际收益产品 MRP 推导出来的。

在完全竞争的市场上，当边际产品 MP 乘以产出价格 P 等于要素价格时，厂商就得到了利润最大化的要素组合。其公式表示如下：

劳动的边际产品×产出价格＝劳动的价格＝工资

土地的边际产品×产出价格＝土地的价格＝地租

资本、企业家才能等要素的情况依此类推。

假定一个完全竞争厂商的投入都按 1 美元计算，也就是投入 1 美元的劳动、1 美元的土地等等。厂商使用各 1 美元的各种投入进行生产，这些投入的最后 1 单位的收入也是 1 美元。增加的收入是要素的边际产品 MP 乘以产品价格 P。而当追加投入后 MP×P 恰好等于 1 美元时，这 1 美元追加的成本就与 1 美元的新增收入相等了。

由于完全竞争的厂商在产品市场上所面临的是一条水平的需求曲线，增加一单位产品的销售所带来的边际收益就等于产品的价格，所以，要素的边际收益产品 MRP 就等于要素的边际产品价值 VMP。

所谓要素的边际产品价值是指增加一单位某种要素所带来的边际产品 MP 乘以该产品的价格 P，即 VMP＝MP×P，表示完全竞争的厂商增加使用一单位要素所增加的收益。

为了与产品的边际收益 MR 概念相区别，通常把使用要素的“边际收益”称作边际产品价值 VMP。二者的区别是，产品的边际收益 MR 是对产量而言；边际产品价值 VMP 是对要素而言，是要素的边际产品价值。

从上述分析中得到的基本结论是，在完全竞争条件下，追求利润最大化的厂商要根据一种要素的边际产品价值与该要素价格相等的原则，确定该要素的需求量。

需要指出，实际上厂商对生产成本的兴趣是货币成本(总成本、平均成本等)而不是类似边际产品价值等概念。例如，面包的生产商所要知道的是维持面包的生产需要多少货币，而不需要明确边际产量、生产函数是什么。所以，厂商可能不必去研究边际产量，甚至不需要知道生产函数，他们只关注货币成本就足够了。不过，对于学习经济学而言，边际产量、生产函数仍然是不可或缺的重要内容。

我们用图 7-3 说明边际产品如何决定收入分配。横轴 L 为劳动的数量，纵轴 W 为边际产品和工资率，SS 为劳动的供给曲线，DD 为劳动的边际产品曲线。当劳动的实际供给为 OS 时，均衡工资或均衡工资率为 E 点所决定的 W_0，厂商付给劳工的全部工资为 $OSEW_0$。

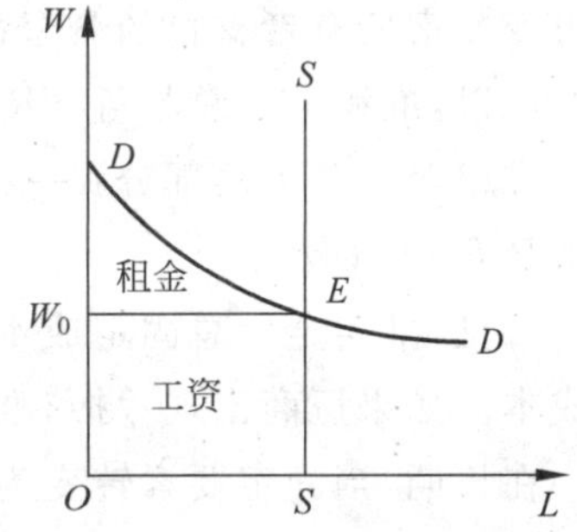

图 7-3　边际产品决定收入分配

用图 7-3 还可以计算土地的租金收入。图中的租金三角形 W_0DE 是没有作为工资支付的剩余产出，租金三角形的大小由追加劳动的边际产品的收益递减程度来决定。如果高质量的土地有限，追加的劳动收益递减就很显著，租金的份额就很大。如果有大量闲置的需要开发的土地，则追加的劳动收益递减的倾向就不显著，租金三角形面积就很小。同时，图 7-3 中显示工资大约是租金的 3 倍，这种 3∶1 的关系说明了劳动收入在国民收入中约占 3/4 的份额。

三、经济租金

在以边际生产力理论为基础的生产要素价格理论中，生产要素的价格决定是以其边际产品为基础的。而边际产品的存在又是以该要素投入量的可变为基本前提的。但从严格意义上说，固定要素因其投入量是固定不变的，因此是没有边际产品的。这样，固定要素价格的决定就与可变要素价格的决定有所不同，这就涉及所谓租金理论。

1. 租金

租金是使用固定供给的生产要素所支付的报酬。在 19 世纪，租金概念只与土地的使用有关，后来，这一概念扩大到所有生产要素。为在一定时期内使用土地而支付的价格称为土地的租金，有时称纯经济租金。租金的概念同样适用于任何一种固定供给的要素。如达·芬奇的画，要对其进行展览，就要为临时使用支付租金。某些人的天赋才能，像土地一样，其供给也是固定的，这种资源的服务价格同地租很相似。因此，地租无非是当所考察的资源为土地时的租金，而租金则是一般意义上的地租。

2. 准租金

租金与要素的供给固定不变相联系。但在现实中，有些要素在长期中可变，而在短期

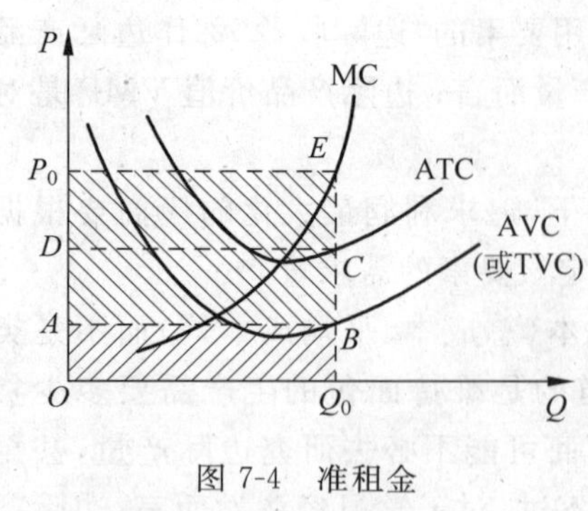

图 7-4 准租金

中是固定的,这就有准租金的概念。

准租金是指在短期内供给固定的要素的收益,或者是对短期固定要素的支付。因为在长期,当该要素成为可变要素时,这一租金就会消失,所以,马歇尔将其称之为准租金。如图 7-4 所示。

假定,在一个完全竞争市场中的厂商处在短期均衡状态。厂商获得最大利润的价格为 P_0,产量为 Q_0,总收益 TR 为 OP_0EQ_0。厂商对可变要素所有者支付的总可变成本为 $OABQ_0$。固定要素所有者获得的是对可变要素所有者支付的剩余部分,相当于 AP_0EB 面积的支付,这就是准租金。

所以,准租金=总收益 TR-总可变成本 TVC。

准租金又分为两部分:一是总固定成本 TFC,等于 $ADCB$ 的面积;二是经济利润,等于 DP_0EC 的面积。

可见,准租金=总固定成本+经济利润。当经济利润等于零的时候,准租金等于总固定成本。如果厂商出现亏损,准租金可能会小于总固定成本。

在长期,当固定要素转变为可变要素时,该要素的成本就被看作是可变要素被包括在平均可变成本 AVC 曲线以内。这时,该要素在短期被当作固定要素时的总固定成本 TFC 也就不复存在了。当固定要素全部转为可变要素后,厂商的平均总成本 ATC 曲线就与平均可变成本 AVC 曲线重合。当厂商处于长期均衡时,经济利润会与短期内的总固定成本 TFC 一起消失,致使准租金等于零,这时的厂商只能获得正常利润。

3. 经济租金

经济租金是指对某一种要素的支付额超过该要素维持目前用途需支付的最低报酬。或者说是超过吸引并保持该固定要素(或固定供给要素)被使用的费用以上的支付。固定要素的价格决定是建立在经济租金概念的基础上的,这就是分析经济租金的意义。

在一种要素的供给是完全固定的时候(固定供给),容易说明租金概念。借用地租理论说明一切供给不变的要素。如图 7-5 所示。

在长期,租金是由该要素生产的产品价格决定,而不是租金来决定产品价格。例如,生产谷物的土地租金由谷物的需求决定。当谷物价格上涨,对生产谷物的土地需求将从 D_1 提高至 D_2,会引起租金从 R_1 提高至 R_2。可见,租金上升完全是谷物价格上升的结果。但在短期,单个厂商要把所有租金计入其生产成本。

一般来说,固定要素的供给不受价格高低的影响。固定要素的需求增加,供给量并不会变化,只会影响其价格,价格上升的幅度正好等于需求增加的幅度。

如果固定要素只有一种用途,那么,为保持使用该要素而必须的所有支付就都是租金。如果要素的供给有一定的弹性,租金就只是该要素价格中的一个组成部分而不是全部。如图 7-6 所示。

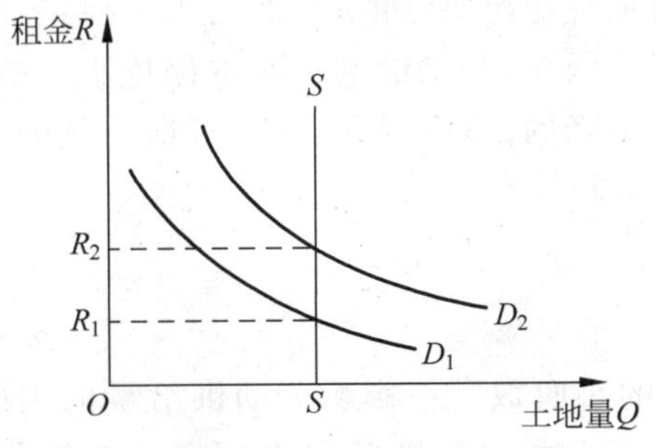

图 7-5 土地的报酬是经济租金

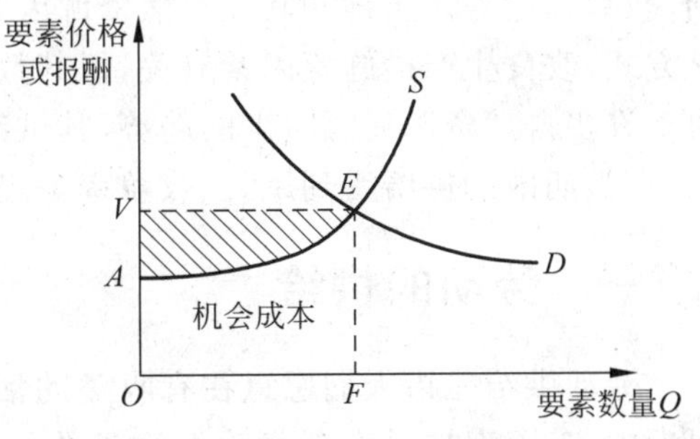

图 7-6 经济租金

假定某一种要素的供给是有弹性的，则该要素的均衡价格为 V，均衡数量为 F。支付给该要素使用量的总价格为：$V \cdot F = OFEV$ 的面积。

但是，这一支付分为两部分：一部分是为保持所使用 F 数量的该要素不被移做他用而必须支付的该要素的机会成本，如一块土地种谷物不被改种葡萄。另一部分才是租金。这时 S 曲线(供给曲线)虽仍然看作该要素的边际成本(供给曲线是 MC 的上升部分)，但却不一定是生产成本。如果该要素不是生产物(不是生产出来的，如矿产)，则供给曲线 S 就表示其边际机会成本(边际机会成本是指每增加一单位该要素的供给而损失的该要素用于其他用途的收入)。机会成本的总量由 $OAEF$ 的面积所示。对该要素总价格中的另一部分 AEV 的面积则是使用该要素而支付的经济租金。马歇尔将此租金称作生产者剩余，它是要素收入(价格)中超过其成本或机会成本的部分。假设种谷物收入 1 000 美元，如果改种葡萄可收入 800 美元，则两者的差额 200 美元就是经济租金。

经济租金的大小取决于要素供给曲线的形状。如果供给曲线是水平的，显示供给弹性无穷大，经济租金就不存在。如果供给曲线是垂直的，供给弹性为零，就是供给完全缺乏弹性，要素的全部报酬都是经济租金，这时经济租金恰好等于租金，这如同分析地租的情况一样，可以说地租是经济租金的特例。

总之，经济租金是要素报酬或价格的一部分。但是，这种供给固定要素的价格有其特点，那就是该部分并非为获得该要素于当前使用所必须的，其数量的减少不会引起要素供给量的减少，即使去掉也不会影响要素的供给量，它只是代表要素报酬中超过其在其他用途可能得到的收入的部分。简言之，经济租金等于要素报酬与其机会成本之差。

经济学家认为，由于多数固定要素都不止一种用途，所以，固定要素(如土地)的价格(指租金)在调节要素用于何种生产上起着重要的作用。

第二节 生产要素的供给

生产要素供给的一般原则，是因投入要素的不同而不同。例如，劳动供给的因素有经济的和非经济的，重要的经济的决定因素是工资率；非经济因素有人口特征，包括年龄、性别、教育程度等。土地和其他自然资源因其数量是由地理状况决定的,虽然与水土保持、开垦方式、改良生产措施等因素有关,但其数量变化不大,因此,其供给量是基本保持不变的。由于许多自然资源还有减少的趋势,其供给量甚至是下降的。资本的供给在短期内是固定的,在长期内的供给受到风险、收益率等经济因素的影响。

一、劳动的供给

劳动供给是指人们愿意在有收益的活动中工作的小时数。在影响劳动供给量的主要因素中,工资率被看作是劳动供给函数的内生变量,劳动的供给随工资率的变化而变化。其他因素包括劳动者对工作和闲暇选择的偏好、人口规模、受教育程度等被看作是外生变量,劳动的供给不随这些因素的变化而变化,这些外生变量只作为影响劳动供给曲线移动的因素。

假定,其他影响劳动供给的因素固定不变,只研究劳动供给量与工资率的关系以及图解劳动供给曲线。

1. 劳动供给曲线的推导

个人的劳动供给曲线可以通过个人对工作和闲暇效用最大化的抉择过程来推导。对于劳动者来说,劳动供给的决定其实质是时间分配问题,是把一定时间合理地分配到各项必要用途上,如工作、学习、休息等。

假定,劳动在技能上是同质的;岗位的吸引力相同;劳工市场是完全竞争的。在这些假定的基础上把时间分成两种用途:工作和闲暇。工作是有报酬的活动;而闲暇不是无事可做,是工作之外的活动,如看电视、旅游等。

经济学家将闲暇定义为,一个人可以按自己的意愿去支配的时间。闲暇是个人生活特色的源泉,每个人都会有闲暇的不同兴趣和偏好。闲暇的时间分配可以包括如上所说的看电视、旅游,还可以是为将来投资赚钱做的准备工作等,但现在假设闲暇是纯消费性质的。

将工作和闲暇这两种时间分配转化为进行两种"消费品"的消费,就是将工资收入购买商品用于消费和享受闲暇。更进一步是通过两种"消费品"的合理组合,以追求效用最大化。

享受闲暇是有代价的,放弃工资收入就是闲暇的代价或机会成本,可以用实际小时工资率度量。如闲暇一小时,就失去一小时收入,而这些收入就是实际购买力,购买商品用于消费。

用图 7-7 说明工作和闲暇的效用最大化的抉择。横轴 H 为每日闲暇时间,纵轴 W 为货币收入或商品消费。U_1、U_2、U_3 为无差异曲线。如图 7-7 所示,如果某劳动者一点都不工作,每天 24 小时闲暇,那么在横轴有一截距;相反,如果每天工作 24 小时,就有 $24\times W=24W$ 的工资收入购买消费品,在纵轴有一截距;连接两个点就是预算线,预算线的斜率$=-24W/24=-W$。

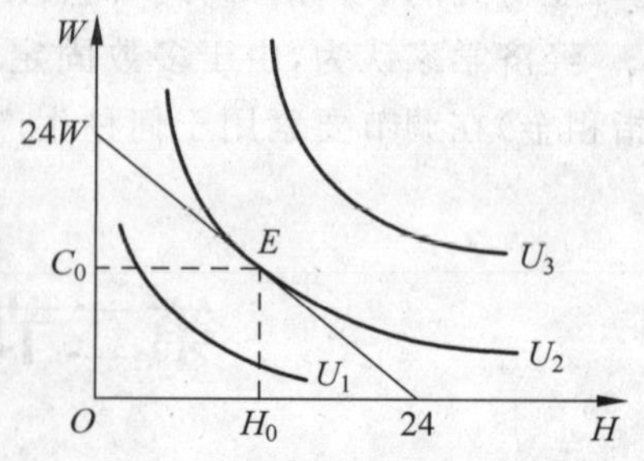

图 7-7　效用最大化的抉择

表明工资率 W 是闲暇的机会成本，就是多一小时的闲暇，必须放弃价值为 W 的商品消费。

时间的最优分配或称“时间预算”，比收入预算受到的限制严格得多，因为每天只有 24 小时的时间。时间的最优分配实现效用最大化的条件为

预算线的斜率＝无差异曲线的斜率

预算线和无差异曲线的切点 E 是最优组合点。此时，以闲暇替代商品消费的边际替代率 MRS 等于劳动者能挣得的工资率 W。

例如，闲暇替代商品消费的边际替代率 MRS＝2，表示放弃 2 单位的商品消费换取额外一小时闲暇。如果实际工资率为 4 美元，说明多工作一小时挣得 4 美元收入去购买 4 单位商品，工资率就是边际替代率 MRS 的两倍，这不符合效用最大化的要求。因为多工作一小时可多得到两个单位(4－2)的商品消费。在此情况下，闲暇变得昂贵了。因此，应该减少闲暇，直到工资率等于边际替代率为止。

在图 7-7 的基础上，用图 7-8 找出多个工作和闲暇的最优组合点，将这些点连接起来，就可以得到劳动供给曲线。

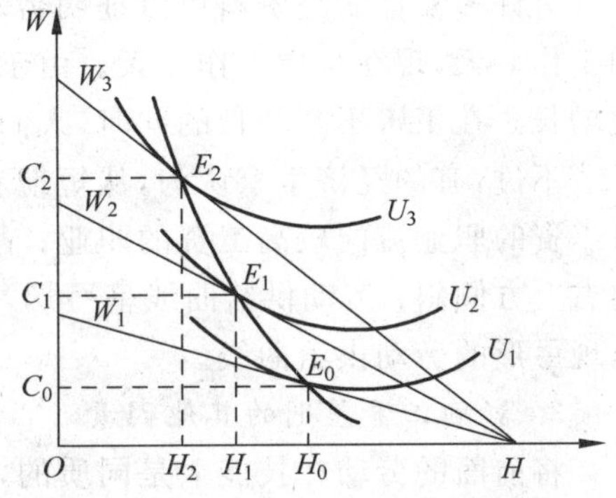

图 7-8　工资率与闲暇的关系

从横轴的 H 点向纵轴引三条斜线，其斜率为三种不同的工资率。当工资率为 W_1 时，劳动者在 E_0 点处于均衡状态，工作 H_0H 小时，获得 OC_0 的收入，余下的时间 OH_0 将是其闲暇时间。当工资率升至 W_2 时，劳动者的工作时间会增至 H_1H，从而获得更多的收入 OC_1，相应地其闲暇时间将减少为 OH_1。如果工资率继续升至 W_3，工作时间会进一步增至 H_2H，收入会增加至 OC_2，而闲暇时间则进一步减少至 OH_2。工作时间的变化随工资率的变化而变化。连接 E_0、E_1、E_2 三个劳动者工作与闲暇的最优组合点，就得到一条反映工资率变动与闲暇时间变动关系的曲线。这一曲线表明，工资率越高，闲暇时间就越少，从而工作时间就越长。

2. 劳动供给曲线

对于劳动供给曲线的分析，是用来说明劳动者对工资增加的反应。用横轴表示劳动时间，纵轴表示工资率，就会得到劳动供给曲线 S_L。如图 7-9 所示。

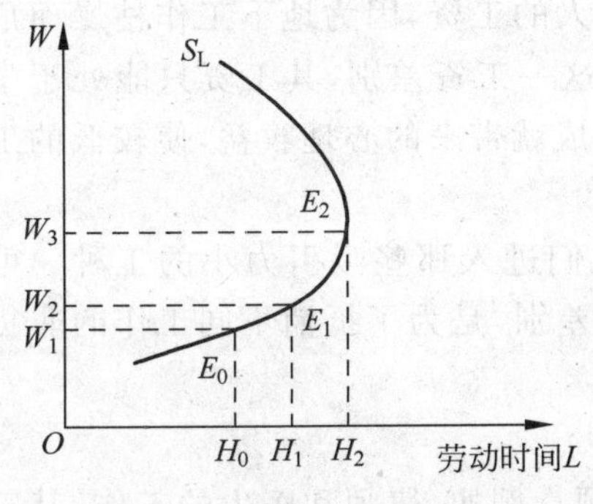

图 7-9　劳动供给曲线

劳动供给曲线是一条先向右上方倾斜，在达到一定点之后向左上方倾斜的曲线。它表示，随着工资率的上升，劳动的供给量将会增加。但是，如果工资率过高，劳动者工作较少的时间就可以得到较高的收入，他将会减少工作时间而增加闲暇时间，这就是工资变动的替代效应和收入效应。

当工资率上升时，闲暇的机会成本也会增大，从而必须放弃更多的工资收入，才能换取与原来同量的闲暇时间。工资率上升的替代效应便是减少闲暇时间，用工作来替代闲暇，因为闲暇变得昂贵了。与此同时，

工资率上升引起的收入效应又会增加闲暇时间。因为闲暇是一种正常品,工资率上升所增加的收入会增加人们对闲暇的需求,这又会相应减少工作时间。可见,工资率变动的替代效应和收入效应,对劳动供给起着相反的作用。

理解了闲暇是一种正常品,就不难理解为什么劳动者对更高工资的反应是减少工作,而在图形上劳动供给曲线会向左上方倾斜。

工资率的变动使闲暇时间增加还是减少,取决于替代效应和收入效应这两种力量的对比。工资率上升时,如果收入效应大于替代效应,工作时间会减少,闲暇时间会增加;反之,如果替代效应大于收入效应,工作时间会增加,闲暇时间会减少。至于替代效应和收入效应的大小,很大程度又取决于人们对闲暇或商品消费选择的偏好这种非经济因素。

一般认为,劳动供给曲线是呈弓形的。在图中的 E_2 点以下的工资水平上,劳动供给随工资率上升而增加,是替代效应大于收入效应;但从 E_2 点以上,随工资率上升劳动供给反而下降,收入效应大于替代效应。

有许多实证研究资料可以证明劳动供给曲线呈弓形的事实。例如,一个多世纪前,一周工作 6 天,现在每周工作 5 天。由于生产率的提高,虽然工作时间减少,但工资却在不断地增长。在工资不断增长的同时,人们选择更多的闲暇,去消费自己更多的工资收入。

不过,有的经济学家认为,从短期看,劳动供给曲线呈弓形。但从长期看,人们会从较低工资的职业流向较高工资的职业;青年人不断加入劳动者行列,劳工市场的供给曲线会向右上方倾斜;劳动供给曲线呈弓形,只适合于经济发达的国家,在低收入国家一般不会出现弓形的劳动供给曲线。

3. *影响工资差别的其他因素*

将前面的劳动在技能上是同质的,岗位的吸引力相同,劳工市场是完全竞争的假定取消之后,就是对工资差别因素的分析。这些因素包括工种之间的差别,劳动质量和技能的不同等。

(1) 工种之间的差别

由于各种工种的吸引力不同,有的工作轻松愉快,有的工作艰苦、枯燥等等。总之,我们可以将工作分为舒适与不舒适两类。舒适工作的吸引力比不舒适工作的吸引力大,因此,必须在两类工作之间有一个工资差别,以补偿那些从事不舒适工作的人们。例如,夜班工作要得到 10%的额外收入,以补偿他们不得不改变生活方式,即需要白天睡觉。地下采矿工人的工资要高于在地面工作、教育等条件相似的工人的工资,因为地下工作枯燥而危险。相反,类似海滨浴场的管理员和教师的工资便没有这一工资差别,其工资只能处于中等水平。因为他们在良好环境下愉快的工作或者由学术成就带来的心理收益,使较低的工资得到了补偿。

各种工种的吸引力不同,因此必须提高工资诱导人们进入那些吸引力小的工种。可见,补偿性工资差别是因工作舒适与不舒适形成的工资差别,是为了抵消不同工作的非货币因素而产生的工资差别。

(2) 劳动质量和技能的不同

在现实生活中,补偿性工资差别不能解释所有的问题。例如,律师和医生的工作,其工作条件良好并且收入远比清洁工的收入高得多,原因是影响工资差别的劳动质量和技能。

造成劳动质量和技能不同的因素有智力、体力以及教育、经验积累等。不过，最需要关注的是人力资本。人力资本是通过教育和培训积累起来的有价值的知识和技能。在美国，有大学学位的人的收入比高中毕业的人收入高65%，这种工资差别在许多国家得到证明，这些工资差别有一部分被认为是对人力资本投资的回报。经济学家的研究表明，20世纪80年代中期以来，“技能价格”不断上升，高技能工人与低技能工人的收入差距一直在扩大。

图7-10显示了美国2005年25岁以上具有大学学历的全职工人每周的收入要比其他的工人高，大约是高中辍学者的2.5倍多。形成这种收入差距的主要原因是，拥有大学学历的工人通常要比只有高中学历的工人具备更多的技能，生产效率更高。

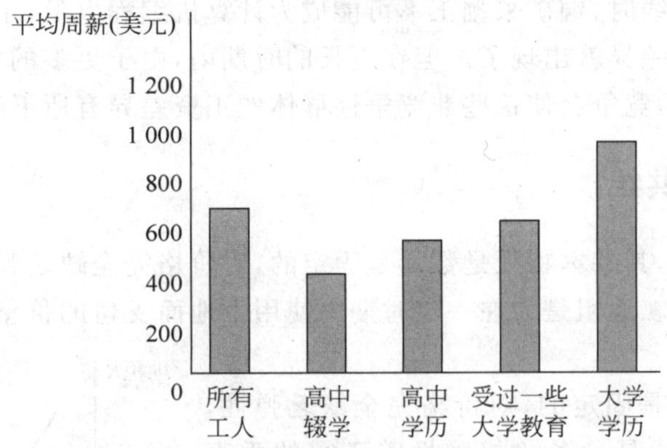

图7-10　不同受教育程度工人的收入情况

劳动的供给还包括企业家才能的供给，只不过由于企业家需要受到更高程度的教育和训练，其成本远远高于一般劳动者，所以，企业家才能的供给通常被看作是一种高级供给。同一般劳动者的供给相比，企业家才能的供给更依赖于其成本。同时，其成本越高时，企业家才能预期收入会更高，其供给曲线是更接近于向右上方倾斜的一般商品的供给曲线。

美籍奥地利经济学家熊彼特在其《经济发展理论》(1911年德文版，1912年英文版)一书中，将企业家定义为以完成生产手段的新结合为自己的使命，并担任完成新结合的能动性要素的经济主体。他认为，无论是谁，只要他处于“完成新结合”的场合下，都可以称为企业家。但如果他将一度由他创造的企业单纯维持现状经营下去，他将丧失了企业家的性格。因此，无论是谁，在数十年间即使他一直在努力，也是很难能够做到一直是一名合格的企业家的。

(3) 分割的市场和非竞争性群体

劳工市场被分割，形成了一些非竞争性群体，导致工资之间存在着很大的差距。

劳动并不是单一的生产要素，而是众多相互有别又密切相关的生产要素。例如，医生和经济学家是两个非竞争性群体，因为一种职业的成员进入另一种职业很困难，成本很高。对于专业性和技术性的行业来说，需要花费大量的金钱和时间才能成为熟练的劳动者。例如，由于受到环境的约束导致采煤业衰落，但那些采煤工人却难以在一夜之间就能从事讲授环境经济学的工作。

当人们专门从事某一特定职业的时候,他们就成为一个特定劳工亚市场的一部分。于是他们就处于该市场对这种技术的供求影响之下,他们的工资的升降依赖于本行业和本职业所发生的事情。由于这种市场分割,一种职业的工资会与其他职业的工资相差很大。可见,只要认识到劳工市场中存在许多亚市场,就能明白不同群体之间存在工资差距的原因。

非竞争性群体理论能够帮助我们理解劳工市场上的各种歧视。在本章的第三节中我们将分析,由于劳工被按性别、种族或其他个人因素分割成各种非竞争性群体,导致劳工市场上很多歧视的产生。

虽然非竞争性群体造成不同群体的工资之间有很大差距,但在长期内,劳动在各个市场之间的进入和退出会降低工资差异。例如,当计算机和光导纤维代替(电话机上的)拨号盘和(传输信号的)铜线时,铜矿采掘工不可能成为计算机编程人员,于是,采掘工和编程人员这两类群体的工资差异就出现了。但在更长的时期内,由于更多的年轻人学习计算机科学而不是在铜矿工作,竞争会使这些非竞争性群体的工资差异有所下降。

二、土地的供给

土地是自然资源,其基本特征是数量是固定的,对价格完全缺乏弹性,不能因地租的提高而供给更多的土地。地租是为在一定时期内使用土地而支付的价格。土地的供给曲线,如图 7-11 所示。

由于土地的数量是固定的,对价格完全缺乏弹性,所以,土地的供给曲线是一条价格弹性等于零的垂直线。E_0 点是土地的供给和需求的均衡点,R_0 是土地的均衡价格。

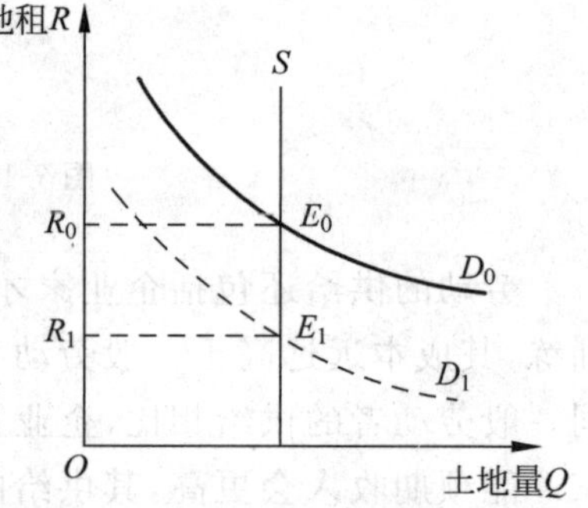

图 7-11　土地的供给曲线

如果地租高于均衡价格,所有厂商对土地的需求量就会少于土地现存的供给量,有的土地就不能被租出去,因此他们就会降低地租而出租自己的土地,于是地租水平就会下降。如果地租低于均衡价格,所有厂商对土地的需求量就会多于土地现存的供给量,地租就会上升至均衡水平。只有在土地的需求量等于土地的固定供给量时,市场才会处于均衡状态。这也说明,土地的供给量不随地租的提高而增加。

同时,还应该明确,地租完全是由土地提供的产品的价值引致或派生而来的,而不是相反。假定土地只生产玉米,如果对玉米的需求上升,玉米地的需求曲线就会向右移动,地租就会上升。

土地供给固定的特征引出了一个重要结论:对地租(土地租金)征税不会引起扭曲或经济的无效率。假设政府对所有的地租开始征收 50%的税,而对土地上的原有建筑和新增设施不征税,就不会影响建筑活动的规模。

政府对地租征税后,人们对土地的总需求没有改变。当价格(含税)为 R_0 时,人们仍然需求土地的全部固定供给。于是,由于土地供给是固定的,地租(含税)也就不会变动,仍在初始的均衡点 E_0。

土地所有者的租金会发生什么变化呢？由于土地的需求和供给的数量没有发生变化，所以，土地的市场价格（地租）不会受税收影响，于是税收完全从土地所有者的收入中扣除。如图 7-11 所示，当政府拿走 50%的租金时，土地所有者税后的均衡收入降为 R_1，新的均衡点在 E_1，土地所有者的收入只有税收前的一半，而且税收全部由供给完全固定的要素（土地）的所有者承担。

在完全竞争条件下，对地租征税不会引起扭曲或经济的无效率，也不会改变任何人的经济行为。其原因是，需求者没有受到影响，是因为他们的意愿价格或者征税前决定的地租价格没有改变；供给者的行为没有受到影响，是因为土地的供给是固定的，不会因为征税其数量有所变化，于是，征税后的经济和征税前的经济同样地运行，土地税没有带来扭曲或经济的无效率。

三、资本的供给

1. 资本的概念

资本是指为了未来更大收益而在目前进行的投资或暂时放弃的消费。资本分为资本品和货币资本，资本品是被用作投入要素以便进一步生产更多的商品和劳务的物品。资本是生产性的，放弃今天消费的目的，是社会和个人在未来能够获得更多的消费量。而货币资本是以金融资产形式存在的资本。

资本品分为三类：建筑、设备以及投入和产出的存货。资本品既是作为一种投入，又是一种产出。资本品的供给主要取决于其生产成本。由于货币资本不是产出品，其供给主要取决于借贷资本的数量，并且与储蓄量有关。在利率一定时，收入越高，储蓄越多。在收入一定时，利率越高，储蓄越多。储蓄越多，意味着货币资本的供给越多。利率越高，意味着持有货币的机会成本越高，要使用货币资本就要向货币的所有者支付更高的利息。资本的供给曲线，如图 7-12 所示。

资本的供给曲线是一条向右上方倾斜的曲线。资本品的价格越高，供给越多，厂商的收益越高；货币资本的价格或利率越高，货币资本所有者获得的收入越多。所不同的是，资本品有生产成本，而货币资本只有机会成本。

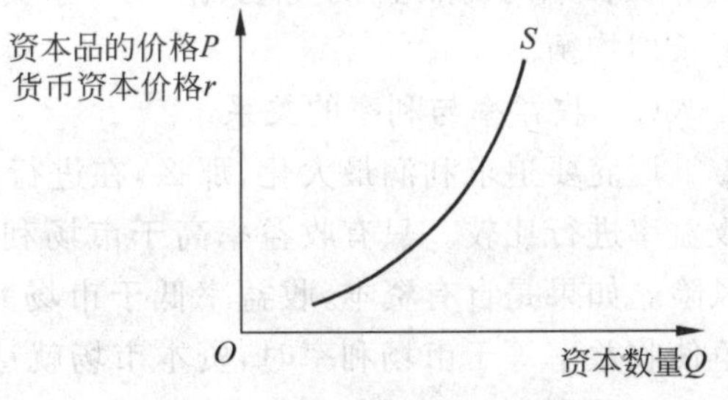

图 7-12　资本的供给曲线

研究资本供求有两个重要指标，资本存量和资本流量。资本存量是指某一时点上国民经济或厂商的资本总量。资本流量是指一定时期内资本服务量。如厂商的机器台数是存量，一定时期耗用的机时数就是资本服务量。资本存量代表变量的水平，可以比喻为湖中的水量；资本流量代表资本在每一时间上的变化，可以比喻为河中的流水。

与资本存量、流量相对应，资本的价格有两种表现形式：一是资本本身出售或购买价格；二是资本服务的价格。与资本的价格联系的是资本收益率、租金率和利息率等。

需要指出，在下面的分析中，不是单独分析资本品和货币资本，而常常是交叉在一起分析的。

2. 收益率的决定

(1) 资本收益率与均衡收益率

资本收益率是资本的年净收益与资本的货币价值之比,指的是每1美元资本投入在1年中能够获得的净美元收益。

例如,用10美元买了一些葡萄汁,一年之后酿成酒以11美元卖出,如果没有其他费用,投资收益率=1/10=10%。其中,1美元=11−10,1美元为净收益。

对于资产的收益问题,有些资产的收益是可以预测的,而有些资产则有许多不确定性,这就是投资的一个重要特点——"风险"。风险就意味着投资收益的可变性。例如,购买政府公债是无信用风险的(因其以国家的信用和财力做保证),但存在市场风险,而购买股票,由于信用风险(或违约风险)和市场风险的存在,它在一年中的价值变化就难以确定。

资本收益率中的均衡收益率是理想(无风险、完全竞争)的资本市场上由资本的供求共同作用而形成的收益率。用图7-13加以说明。

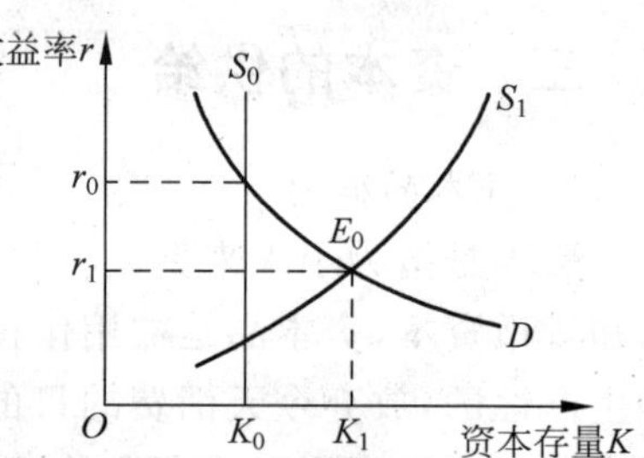

图7-13 均衡收益率

D为资本的需求曲线,反映了收益率与资本需求量的关系。当资本稀缺时,收益率高。随着资本存量的增大,在其他条件不变时(如不存在技术变革等),资本的边际收益是递减的。所以,资本需求曲线向右下方倾斜。S_0为短期内的资本供给曲线,因为短期内的存量(K_0)是固定的,所以,供给曲线是垂直的,r_0为短期的资本均衡收益率。而在长期,较高的收益率将吸引更多的投资,使资本存量增大为K_1,资本供给曲线向右上方倾斜,相应地均衡收益率降至r_1,均衡点为E_0。在长期均衡点上,净储蓄停止了,净资本积累为零,资本存量不再增加,资本存量达到了长期均衡。

(2) 收益率与利率的关系

厂商要追求利润最大化,那么,在进行投资决策时,就必须将筹资的成本(利率)与资本收益率进行比较。只有收益率高于市场利率时才会投资,否则就不会投资,因为投资具有风险。如果是自有资本,收益率低于市场利率时,或者储蓄或者借出取得利息收入。当竞争使收益率等于市场利率时,资本市场就达到了均衡状态。市场利率的作用有两个:一是将稀缺的资本分配到高收益的用途中去;二是引导人们放弃目前的消费以增加资本存量。

注意利率的概念以及实际利率和名义利率。利率是一定时期取得的利息收入与借出款数额的比例=利息/本金,以每年X%表示。实际利率和名义利率的区别在于是剔除了还是包含着物价因素。

例如,1995年在一种墨西哥债券上投资1 000比索,利率是70%,在年终得到1 700比索。但当1995年的物价上涨了65%以后,能购买的商品只比年初能购买的多3%(1.030=1.70/1.65),这等于说,如果在1995年初借出了1 000美元按市场价格计算的商品,那么,第二年只能获得1 030美元按市场价格计算的商品。在高通货膨胀时期,实际利率和名义利率差异尤为突出。

(3) 收益率与租金率的关系

作为资本品要素如机器,取得它可以租用,其所有者就是出租,这就涉及机器的租金和租金率问题。

供给方或出租资本要素的厂商面临两种成本：机器的折旧费和将资金滞留在机器上不能转作他用的机会成本。由此得出一台机器的年总成本公式,即

$$dP + rP = P(r + d)$$

式中,P 为机器出售的市场价格,d 为每年的折旧费占机器市场价格的固定比例(折旧率),dP 就是折旧费。r 为其他投资的市场收益率,rP 就是机器占用资金的机会成本。

需求方或租用资本要素的厂商,其租用数量的依据是,租用机器的边际产量价值 MVP (边际产量价值=边际产量×产品的市场价格)等于机器的市场租金率 r。换言之,在租用市场充分竞争的条件下,年租金总额 V 正好等于机器所有者的长期成本。用公式表示如下：

$$V = P(r + d)$$

该公式说明,当年租金总额等于机器所有者的总成本时,出租和租用才会实现。例如,其他投资收益率为 5%,机器折旧率每年为 4%,机器的市场价格 10 000 美元,求年租金总额,得

$$V = 10\,000 \times 5\% + 10\,000 \times 4\% = 900 \text{ 美元}$$

假设折旧费 $d=0$,$V=P(r+d)$可简化为

$$V/P = r(V/P \text{ 为年租金率})$$

这一公式说明,在均衡状态下,一台没有折旧的机器无限期被使用,就相当于是一张市场利率为 r 的永久债券。如果年租金率 $V/P>r$,厂商就投资购买机器出租,因为租金率 V/P 超过市场利率 r；如果 $V/P<r$,厂商就将资金存入银行或进行金融投资而不从事出租业务,因为租金率 V/P 低于市场利率 r。

3. 投资理论

厂商自己购买机器、厂房、设备等资本品而不是租用,这种购买行为称为投资,在宏观经济理论中称为投资需求。投资或投资需求理论有两种表现形式：一是租金率理论,侧重于对资本设备租用(或资本服务流量)的需求分析。二是贴现值或现值理论,侧重于资本设备购买(或资本存量)的需求分析。虽然分析的侧重点不同,但得出的结论是相同的。

(1) 贴现值及其计算

投资项目的最大特点是,初期大量投入资金,以后逐年收回。这就需要进行投资项目的成本—收益分析,而要进行投资项目的成本—收益分析,必须解决长期里成本或收益的加总问题("加总"是将生产某种产品的所有投入要素的成本加在一起,必然等于该产品的总价值量),才能做出合理的投资决策。

首先说明货币的时间价值理论。例如,假设有人卖给你一瓶酒,在一年后酒味变得纯正,那时你再以 11 美元卖出。假定市场利率是 10%,这一瓶酒的现值是多少？也就是现在你为这瓶酒付多少钱？答案是付 10 美元。因为在今天利率为 10%的情况下,投资 10 美元在一年后价值将是 11 美元。所以,明年 11 美元的酒在今天的价值是 10 美元。这就是资本品的贴现值或现值问题。贴现值是下一个时期收入流的现在的货币价值。

还有,今天1美元的价值大于明天收到的1美元的价值,原因是今天1美元的投资,明天不仅收回1美元,还可望获得一定的利息收入。反之,明天将收到1美元,今天则不值1美元。具体地说,今天1美元,明天会增值为$(1+r)$美元。反之,明天将收到1美元,今天的贴现值为$1/(1+r)$美元。如今年投资0.95美元,收益率为5%,明年可收到1美元;明年可以收到1美元,今年的贴现值只有0.95美元。将此道理推广到多个年份或时期,表现为:

一年后1美元的贴现值$=1/(1+r)$美元;

两年后1美元的贴现值$=1/(1+r)^2$美元;

……

n年后1美元的贴现值$=1/(1+r)^n$美元。

贴现值随利率增高而变小,利率越高(r值变大),所失去的利息的机会成本就越大,同样数量货币的贴现值就越小。如果利率是固定不变的,同样数量的货币在较远的将来的贴现值就小于近期的贴现值(因为较远的将来n值会变大)。

经济学家指出,关于贴现值的一个要点是:未来的支付没有现在的支付值钱,所以相对现在来说它们应当被折现。未来支付没有现在的支付值钱,就像远处的目标看起来比近处的要小一样,利率也造成了类似的收缩。

表7-2显示了按6.2%的利率计算的780万美元的贴现值。

表7-2 贴现值的计算

贴现期(年)	未来支付(百万美元)	贴现值(百万美元)
0	7.80	7.80
1	7.80	7.34
2	7.80	6.92
3	7.80	6.51
4	7.80	6.13
5	7.80	5.77
⋮	⋮	⋮
24	7.80	1.84
	195.00	103.90

贴现值问题说明,等待报酬的时间越长,未来报酬的现值越少。该问题也说明了利率与贴现值的关系,同时表明了利率对于投资的重要性。当利率上升时,较远的支付其价值的损失就越快。对于那些投资回报期长的项目来说,利率的意义非常重要。例如,建设大型水利设施、铁路等项目,往往几年后才产生收益,而在更长的未来才产生纯利润。虽然在经济发展比较正常时,利率一般不会大幅度地上升,但利率的变动却是必然的。

(2) 投资决策的贴现值规则

贴现值规则决定是否购买某种机器的投资问题。假设,一台机器可使用n年,每年向投资者提供一笔收入或边际产量价值,用R_i表示,现行市场利率为r,并预计在n年不变,这台机器对投资者的贴现值为

$$PDV=\frac{R_1}{1+r}+\frac{R_2}{(1+r)^2}+\cdots+\frac{R_n}{(1+r)^n}$$

计算出 n 年的该机器的贴现值 PDV 之后，就可以决策是否投资。如果该机器的贴现值 PDV 大于机器的购买价格，厂商应选择购买这部机器；如果 PDV 小于机器的购买价格，厂商应将这笔资金用在别处而获得正常收益率 r。在完全竞争的市场上，只有当资本品的价格等于其净收入的贴现值时，资本市场才会供求平衡。

例题：某厂商考虑是否购买一台机器，该机器在 3 年内每年可产生 4 000 美元的租金收入，3 年后的残值可卖 10 000 美元，如果市场利率为 10%，则这台机器的售价或厂商愿意支付的价格为

$$PDV=\frac{4\,000}{1+10\%}+\frac{4\,000}{(1+10\%)^2}+\frac{4\,000+10\,000}{(1+10\%)^3}=17\,468$$

因为这台机器未来收入随时间变化的贴现值 17 468 美元小于租金收入之和 22 000 美元(4 000×3 年+10 000)，所以，厂商不会按 22 000 美元的价值购买这台机器，而只能按 17 468 美元购买。

可见，租金率方法和贴现值方法得出同样的结论。不过，租金率理论和贴现值理论相比，贴现值方法用途更为广泛。

第三节　收入分配不公平问题

在生产要素价格决定理论中，还应包括收入分配的不公平问题。本节主要介绍衡量收入分配不公平程度的工具和收入分配不公平的根源。

一、洛伦茨曲线和基尼系数

1. 洛伦茨曲线

洛伦茨曲线是美国统计学家 M. O. 洛伦茨提出的，衡量的是收入分配的不公平程度。洛伦茨把一国社会总人口按收入高低排列成等级(例如五个)，然后考虑各等级人口的收入占社会总收入的百分比。如表 7-3 所示。

表 7-3　家庭货币收入分布情况

家庭收入档次	累计的家庭百分比/%	占家庭总收入的百分比/%
最低的 1/5	20	3.5
第二个 1/5	20	8.8
第三个 1/5	20	14.6
第四个 1/5	20	23.0
最高的 1/5	20	50.1

将得到的人口累计百分比和收入累计百分比的对应关系描绘在坐标图上,所形成的一条曲线就是洛伦茨曲线,如图 7-14 所示。

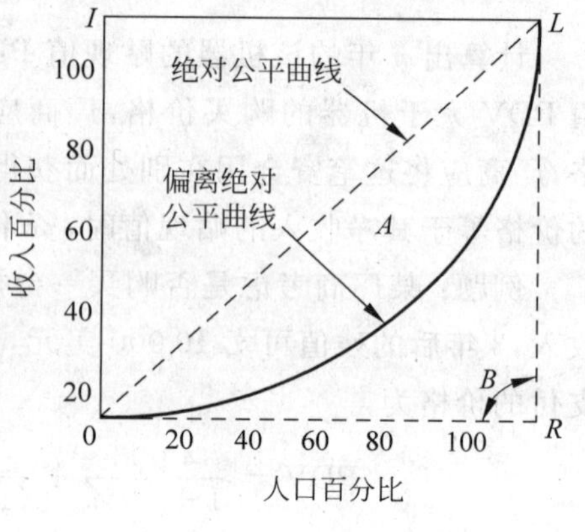

图 7-14　洛伦茨曲线

洛伦茨曲线有两个极端。一个极端是,如果收入绝对公平地加以分配,则收入最低的 20% 人口获得恰好 20% 的总收入,而收入最高的 20% 的人口也获得 20% 的总收入,两者没有差异,这也是绝对公平的含义。用洛伦茨曲线图 7-14 中的对角线(虚线)表示。实证研究表明,收入最低的 20% 的家庭只得到低于 4% 的总收入;收入最高的 5% 的家庭占有超过 20% 的总收入。可见,经济社会的现实并不存在收入绝对公平。另一个极端是假设的极端不公平的情况,是只有一个人得到社会的全部收入,即洛伦茨曲线图中右下方呈直角的虚线。

从图形上看,*OL* 为绝对公平曲线。如果任一人口的百分比等于其收入百分比,从而人口累计百分比等于收入累计百分比,收入分配是绝对公平的,洛伦茨曲线为通过原点的 45°线 *OL*。如果社会的所有收入被一人占有,则收入分配绝对不公平的洛伦茨曲线为折线 *ORL*。

实际上,一国的收入分配是处在两个极端之间的洛伦茨曲线上,这就是实际的洛伦茨曲线,以粗黑线表示。收入越接近 *OL* 曲线,表明社会收入分配越公平;收入越接近 *ORL* 曲线,表明社会收入分配越不公平。因此,洛伦茨曲线是弯曲的,其弯曲程度反映了收入分配的不公平程度。弯曲程度越大,收入分配越不公平;反之,弯曲程度越小,收入分配越公平。

巴西是世界上收入分配最不公平的国家之一,有资料称,20 世纪 80 年代初,巴西 3 万多富豪的收入几乎等于 1 000 万最贫困人口的收入。巴西的贫富差距是法国的 21 倍,在其 1.6 亿人口中,没有固定收入的人高达 50%。

下面,我们使用一组收入分配的数据来说明如何绘制洛伦茨曲线。见表 7-4。

表 7-4　收入分配不公平表

(1) 累计收入的百分比 家庭收入的序列	(2) 在 1982 年收入 中所占百分比	(3) 累计的人口 的百分比	(4) 绝对公平	(5) 绝对不公平	(6) 1982 年 的实际情况
最低的 20%	4.7	20	20	0	4.7
第二个 20%	11.2	40	40	0	15.9
第三个 20%	17.1	60	60	0	33.0
第四个 20%	24.3	80	80	0	57.3
最高的 20%	42.7	100	100	100	100.0

* 最高的 5% 得到全部收入的 16%。

表 7-4 中的第(1)栏和第(2)栏表示实际不公平的程度;第(4)栏描述了绝对公平的情况,当把该栏的数字画在洛伦茨曲线图形上时,就是绝对公平曲线;第(5)栏表示只有一个

人得到全部收入，洛伦茨曲线图形上的最低的曲线——成直角的虚线，就是这种绝对不公平的情况；第(6)栏的数字是1982年的实际收入分配情况，用这些数字可以画成实际的洛伦茨曲线。第(6)栏的数字是第(2)栏的数字向上累计得到的，例如，15.9=11.2+4.7，表示40%的人口占有15.9%的收入。

2. 基尼系数

衡量收入分配不公平程度的数量指标就是基尼系数。基尼系数是意大利统计学家基尼根据洛伦茨曲线提出来的。洛伦茨曲线与45°线之间的部分，用A表示，称为不平等面积；ORL与45°线OL之间的面积$A+B$称为绝对不公平面积。不公平面积与绝对不公平面积之比，称为基尼系数，用G代表基尼系数，则：

$$G=\frac{A}{A+B}$$

当A等于零时，基尼系数为零，收入分配处于绝对公平状态；当B等于零时，基尼系数为1，收入分配处于绝对不公平状态。但实际的基尼系数是在0与1之间，即$0\leqslant G\leqslant 1$。系数越小，表明收入分配越公平；反之，表明收入分配越不公平。

基尼系数是国际上用来综合考察一国或地区居民内部收入分配差异状况的一个重要分析指标。国际上把0.4作为收入分配贫富差距的警戒线，0.4～0.6为差距偏大，0.6以上为高度不平均。

二、收入分配不公平的根源

1. 收入和财富的分布

所谓财富是在一个时点上所拥有的有形资产和金融资产的货币价值，而且是净货币价值，即减去对银行和其他金融机构的欠款。财富的来源可能是多方面的，如继承、个人能力、运气等。

在市场经济中，一国财富分布的不公平大大超过收入分布的不公平。当今的美国，1%的家庭占有大约40%的社会财富。根据经济学家的研究发现，社会财富的分布趋势将变得越来越不公平。

用表7-5可以具体地说明美国在一个长时期内的收入分配状况。该表显示收入分配中每五分之一的家庭和收入最高的5%的家庭得到的税前收入在总收入中的百分比。

表7-5　美国1935—1994年收入分配

年　份	最低的1/5	第二个1/5	中间的1/5	第四个1/5	最高的1/5	最高5%
1994	4.2	10.0	15.7	23.3	46.9	20.1
1990	4.6	10.8	16.6	23.8	44.3	17.4
1980	5.2	11.5	17.5	24.3	41.5	15.3
1970	5.5	12.2	17.6	23.8	40.9	15.6
1960	4.8	12.2	17.8	24.0	41.3	15.9
1950	4.5	12.0	17.4	23.4	42.7	17.3
1935	4.1	9.2	14.1	20.9	51.7	26.5

有不少的经济学家认为,上述收入分配状况是市场经济的必然趋势。为此,有的经济学家和法学家建议政府在征收累进所得税的同时征收累进财产税。但经济学家较普遍的看法是,对财富和收入的过高征税将会降低储蓄,从而可能降低一国的资本积累水平;在开放经济条件下,如果税赋过高,还会导致财富流向税收较低的国家或地区。

上述种种争论引出收入分配问题的重大权衡:效率与公平。美国经济学家阿瑟·奥肯(1975 年)说,公平和效率是最需要加以慎重权衡的社会经济问题,它在很多的社会政策领域一直困扰着我们。我们无法按市场效率生产出馅饼之后又完全公平地进行分享。所谓公平是指经济收益的公道分配。

国家之间由于历史、经济结构等多方面的因素,造成收入分布的巨大差距。这种差距通过最贫困 1/5 人口的平均收入与收入最高的 1/5 人口平均的收入比例衡量。据统计,1993 年美国为 14%,英国为 11%,瑞典和日本分别是 22%、23%,巴西仅为 3%。

单从工业化的进程分析,工业化的进程初期,不公平的程度加剧;工业化的进程完成以后,不公平的程度下降;最极端的不公平表现为贫富差距悬殊,一般是在中等收入国家,如拉丁美洲的秘鲁、巴西等。

2. 收入分配的不公平

解释收入分配的不公平,可以将劳动收入中的不公平和财产收入的不公平分别考察。

(1) 劳动收入中的不公平

劳动收入中的不公平是导致收入不公平的重要根源之一,因为劳动报酬占全部要素报酬的 75%。即使财产收入分配是公平的,劳动收入中的不公平仍然存在。导致劳动收入不公平的因素,如人的能力大小、技能的高低、教育、不同的职业。关于这些方面,在本章第二节"影响工资差别的其他因素"中已经涉及。除了这些因素之外的一个重要方面,是某些职业存在着的歧视和排斥。歧视反映了某些人对某个社会群体存在的偏见,这种歧视和排斥对于诸如压低妇女等其他劳工群体的收入起着很大作用。如果收入的差距仅仅是由于种族、宗教、性别等与收入不相干的个人特征等原因,就称为歧视。例如,近年来美国黑人工人比白人工人的平均工资低 20%左右;女性工人比男性的平均工资低 30%左右。

此外,还有表现形式微妙的统计性歧视。当一个人被按其所属群体成员的一般行为或群体特征对待时,就出现统计性歧视。例如,在劳工市场上,雇主主要根据雇用对象曾经就读的大学作为考察依据。一般来说,从知名的大学毕业的学生平均劳动生产率较高;同时,由于各个大学学生的学习成绩标准不同,因此没有可比性,这成为雇主以雇用对象曾经就读的大学作为考察依据,而不是根据学习成绩的原因。实际上不太知名的大学也有许多优秀人才,而从知名的大学毕业的学生也并非人人优秀。

统计性歧视的危害是强化了人们的偏见,并能减少某些成员提高技能等的动力。例如,在不太知名的大学学习的学生,也许他们知道雇主根据学校的知名度评价,而不是依据其全面素质,致使有人会减少提高技能等的努力。

(2) 财产收入的不公平

财产收入的不公平比劳动收入中的不公平更为显著,主要原因是拥有财富的极大差别。据统计,高收入的人绝大部分金钱来自财产的收入;而穷人几乎没有财产,因而他们便不能从财产中获得收入。财富的来源是多方面的,包括储蓄、财产继承、企业家精神。

储蓄是消费之外的部分，其目的是对未来消费的等待。但研究表明，美国个人财富只有20%左右来自于储蓄，这说明个人财富的来源主要不是来自于储蓄。

财产继承在收入分配中的作用比储蓄的作用显著，美国最富有的1%的人口中有2/3的人其财富来自继承，从而得出财富通过继承集中于极少数人手中的结论。

将最富有的人送上财富巅峰的是企业家精神。在市场经济条件下，企业家精神通过运用适合于市场需要的新技术、新产品等的创新以及冒险精神，从而获得“熊彼特利润”。

在1983年，根据《福布斯》杂志的统计，100个美国人拥有至少3亿美元的净财富。大多数人通过企业家精神——经营购物中心、石油钻探、计算机公司，甚至糖果厂商——得到他们的财富。少数人成为过去的企业家精神的受益者（如洛克菲勒家族）。还有人是通过股票市场的投机或者发明的新产品得到财富的。表7-6显示了1983年美国100个最富有的人财富的来源。

表7-6　1983年美国最富有的100个人

财富的来源	人数	净财富的数量（10亿美元）	百分比（%）
继承	19	14.5	24
发明	2	2.6	4
金融天才	5	2.4	4
企业家精神	74	41.4	68
所经营的：			
石油	19	9.9	16
不动产	17	8.0	13
零售	8	7.3	12
电子业	5	4.3	7
糖果	1	1.0	2
其他	24	10.9	18
总计	100	60.9	100

根据《福布斯》杂志1999年和2003年的统计，美国最富有的100个人至少拥有30亿美元和20亿美元的净财富。其中的大多数仍然是通过生产经营获得财富的。如微软公司的比尔·盖茨以及沃尔玛的萨姆·沃尔顿等这些声名显赫的公司创始人。可见，“将最富有的人送上财富巅峰的是企业家精神”这一结论没有改变。

在本章结束讨论时，我们结合一个案例来说明要素价格决定理论，这就是所谓黑死病经济学。黑死病经济学被称为要素市场理论的自然试验。

14世纪的欧洲，鼠疫流行导致的黑死病夺去了大约1/3人口的生命，那么，这一事件对工资和地租有何影响呢？

解释这些问题的简单答案是，人口减少对劳动的边际产量和土地的边际产量的影响。在劳动供给减少时，劳动的边际产量增加了。因此，黑死病袭击欧洲后，工资水平大幅度上升，将近翻了一番。由于土地和劳动共同作用才能生产，在劳动供给减少时，增加一单位土地所生产的额外产量减少，或土地的边际产量减少。因此，黑死病降低了土地的租金，降幅高达50%以上。结论是黑死病给农民带来了经济的繁荣,却减少了土地所有者的收入。

练习题

一、概念

将定义的序号填入概念的____中。

____引致需求	____边际生产力	____边际收益产品
____边际产品价值	____最小成本法则	____要素替代法则
____租金	____准租金	____经济租金
____闲暇	____补偿性工资	____资本
____资本品	____货币资本	____存量和流量
____资本收益率	____利息率	____洛伦茨曲线
____基尼系数	____统计性歧视	

1. 追加的最后一单位生产要素所增加的产量。厂商总是根据要素的边际生产力来确定给予要素的报酬和对它的需求量。

2. 增加一单位某种要素所带来的边际产品MP乘以该产品的价格P,表示完全竞争厂商增加使用一单位要素所增加的收益。

3. 当一种要素的价格上升,而其他要素的价格不变时,厂商会更多地使用价格不变的其他要素以替代价格上升的该要素,厂商将会从中获利。

4. 厂商对某种要素的需求由消费者对其最终产品的需求间接地派生而来。

5. 对某一种要素的支付额超过该要素维持目前用途需支付的最低报酬。或者说是超过吸引并保持该固定要素或供给固定要素被使用的费用以上的支付。

6. 追加一单位的投入所能增加的收益。

7. 一个人可以按自己的意愿去支配的时间。

8. 为了未来更大收益而在目前进行的投资或暂时放弃的消费。

9. 当每一美元投入的边际产品都相等时,成本就达到最小。

10. 使用供给固定的生产要素所支付的报酬。

11. 某一时点上国民经济或厂商的资本总量和一定时期内的资本服务量。

12. 在短期内固定供给的要素的收益,或者是对短期固定要素的支付。

13. 被用作投入要素以便进一步生产更多的商品和劳务的物品。

14. 衡量收入分配不公平程度的曲线。

15. 当一个人被按其所属群体成员的一般行为或群体特征对待时出现的歧视。

16. 以金融资产形式存在的资本。

17. 因工作舒适与不舒适形成的工资差别,是为了抵消不同工作的非货币因素而产生的工资差别。

18. 衡量收入分配不公平程度的数量指标。

19. 一定时期内取得的利息收入与借出款数额的比例。

20. 资本的年净收益与资本的货币价值之比，指的是每1美元资本投入在1年中能够获得的净美元收益。

二、选择题

1. 大学教育的大众化，对教师的需求增加了。这描述的是（　　）。

A. 教师的派生供给　　B. 教师的派生需求

C. 教师供给曲线右移　　D. 教师需求曲线右移

2. 用于生产产品 A 的要素 X 的边际收益产品（MRP）是（　　）。

A. X 的边际产量乘以 X 的价格　　B. X 的平均产量乘以 X 的价格

C. X 的总产量乘以 X 的价格　　D. A 的价格乘以 X 的边际产品

3. 某厂商使用要素 X 和 Y 生产，该厂商选择要素的最优组合规则是（　　）。

A. $MP_X \times P_X = MP_Y \times P_Y$　　B. $MP_X / P_X = MP_Y / P_Y$

C. $MU_X \times P_X = MU_Y \times P_Y$　　D. $MRP = VMP$

表中描述的是完全竞争市场中，某厂商每天的雇用工人数和总产量之间的关系。用表中的数据回答4～5题。

劳动力人数	总产量
0	0
3	60
4	75
5	80

4. 如果厂商支付劳动的价格是150美元/天，产品的价格是10美元/单位。该厂商要追求利润最大化，需要雇用的人数是（　　）。

A. 0　　B. 3　　C. 4　　D. 5

5. 如果厂商支付劳动的价格降至50美元/天，产品的价格仍然是10美元/单位。该厂商要追求利润最大化，需要雇用的人数是（　　）。

A. 0　　B. 3　　C. 4　　D. 5

6. 经济学家将租金定义为（　　）。

A. 厂商对使用土地所支付的利息率

B. 对使用供给丰富的生产要素支付的报酬

C. 机器设备、厂房等用来生产产品的资本

D. 以上都不正确

7. 经济租金不是生产成本的理由是（　　）。

A. 它是生产要素的收入或价格超过其机会成本的部分

B. 它不是对产品有实际贡献的生产要素所支付的报酬

C. 它实际上是对建筑物或者土地的改善所支付的报酬

D. 它不是因为对土地、矿产等的使用所支付的报酬

8. 从收入效应的角度看，人们对闲暇需求的增加，说明（　　）。

A. 闲暇是一种高档品　　B. 闲暇是一种替代品

C. 闲暇是一种正常品　　　　　　　　D. 闲暇是一种劣等品

9. 在完全竞争条件下,政府对所有的地租征税,税收的承担者是(　　)。

A. 土地租用者　　　　　　　　　　　B. 土地所有者

C. 土地所有者和租用者分摊　　　　　D. 不能确定

10. 资本品是指(　　)。

A. 厂房、住房等建筑物　　　　　　　B. 各种类型的生产设备

C. 投入和产出的存货　　　　　　　　D. 以上都是

11. 如果市场利率提高,其他条件不变,资本品的贴现值将(　　)。

A. 下降。并且,资本品的预期收益率越高,贴现值下降得就越多

B. 下降。并且,资本品现在的收益率越高,贴现值下降得就越多

C. 提高。并且,资本品的预期收益率越高,贴现值提高得就越多

D. 提高。并且,资本品现在的收益率越高,贴现值提高得就越多

12. 假设市场利率为 9%,500 美元在 1 年间的贴现值是(　　)美元。

A. 545　　　B. 559　　　C. 459　　　D. 450。

13. 在洛伦茨曲线图上,表示收入绝对公平的是(　　)。

A. 45°对角线　　　B. 直角线　　　C. 弯曲的曲线　　　D. 以上都不是

三、计算题

1. 在选择题 4 中,为什么需要雇用的人数是 4?

2. 在完全竞争的市场上,工人的工资率 W 为 5,边际产品 MP 为 0.5,产品的价格 P 是多少?

3. 假设商品 X 是由 3 种要素 A、B、C 生产的,3 种要素的价格分别为 $A=8$ 美元、$B=4$ 美元、$C=10$ 美元;商品 X 的边际收益 MR=2 美元,并且在利润最大化的产量上运行。求 MP_A、MP_B、MP_C 的数值。

四、分析题

1. 简述边际生产力理论的基本观点。

2. 厂商选择要素的最优组合规则是什么?

第八章 一般均衡分析

在此之前的内容都属于局部均衡分析的范畴，是只考虑某一局部的均衡状态，不考虑该局部与其他局部之间的相互影响。假设单个市场是独立的，将经济的其他部分作为既定的，分析单个市场、厂商和消费者的行为。

一般均衡分析是将所有的产品市场、要素市场、消费者和厂商一并考虑，研究其相互影响、共同均衡状态。简言之，经济的一般均衡是将要素和产品的供求联系起来，分析追求利润最大化的厂商和追求效用最大化的消费者是如何联系和相互作用的。

本章主要说明一般均衡的条件和过程，以及竞争市场的效率。

第一节 一般均衡的条件

一般均衡理论是由在瑞士洛桑学院任教的法国经济学家里昂·瓦尔拉斯于19世纪70年代创立的，他把所有市场供求都相等的状态称作一般均衡。一般均衡理论与19世纪末马歇尔建立的以局部均衡分析为基础的价格理论，直到20世纪30年代，还一直被看作互不相干、各自独立的价格理论。

1939年英国的希克斯出版了《价值与资本》一书，用局部均衡分析方法去研究一般均衡问题，简化和丰富了一般均衡理论，从此将局部均衡分析与一般均衡分析联系起来。由于希克斯的方法简便易懂，所以，在经济学的教科书中多采用他的方法来说明一般均衡理论。

通过图形分析借以理解一般均衡的概念，如图8-1所示。图8-1(a)为西红柿市场，图8-1(b)为生产西红柿的劳工市场，图8-1(c)为与西红柿市场相关的黄瓜市场，图8-1(d)为生产黄瓜的劳工市场。

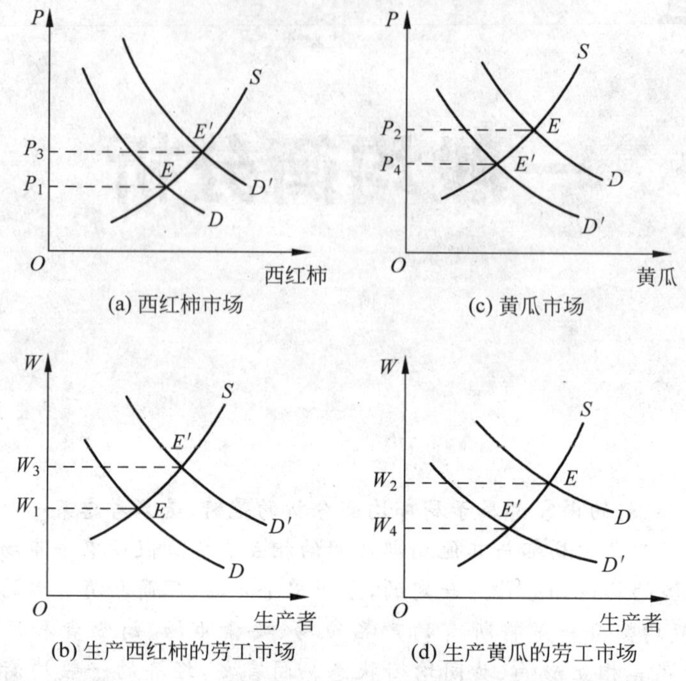

图 8-1 市场之间的相互影响与一般均衡

假定开始时四个市场实现了均衡或一般均衡。均衡点均为 E 点,西红柿的均衡价格为 P_1,生产西红柿的劳工市场价格为 W_1;黄瓜的均衡价格为 P_2,生产黄瓜的劳工市场价格为 W_2。

科学研究发现,西红柿有预防某些疾病的功能,于是,所有人决定多吃西红柿,西红柿需求曲线从 D 右移至 D',西红柿的价格上升,致使生产西红柿的劳动的边际收益随之提高,又会使生产西红柿的劳动需求增加,从 D 右移至 D',进一步使生产西红柿的劳工工资提高至 W_3。

在黄瓜市场,消费者增加对西红柿需求的同时,会减少对黄瓜的需求,需求曲线从 D 左移至 D',使黄瓜价格从 P_2 降至 P_4,而这又使生产黄瓜的劳动需求下降,从 D 左移至 D',使生产黄瓜的劳工工资从 W_2 降至 W_4。

可见,新的均衡产生了,均衡点均在 E' 点。西红柿的均衡价格升至 P_3,生产西红柿的劳工工资升至 W_3;黄瓜的价格降至 P_4,生产黄瓜的劳工工资降至 W_4。

由于经济生活内部的相互联系,因而关系是错综复杂的。例如,1979 年世界范围内的石油价格上升,降低了对汽车的需求,从而使数以千计的钢铁工人失去了工作。这一例子说明,经济的变化来自各国经济一般均衡的相互作用。

通过以上的分析,我们可以归纳一般均衡的基本内容为:如果经济处于完全竞争条件下,所有市场上的买者和卖者都是价格的接受者,当经济中出现一组价格(包括所有产品和要素的价格在内),能使所有消费者对商品的消费选择和厂商对投入—产出组合的选择都满足下列条件时,整个经济便达到一般均衡状态:

(1) 每一消费者都在其既定的收入下达到了效用最大化;消费者均衡的公式为 $MU_X/MU_Y=P_X/P_Y$,两种产品的边际效用之比等于其价格之比。

(2) 每一厂商都在其生产函数决定的投入—产出组合下达到了利润最大化；生产者均衡公式为 $MC_X/MC_Y=P_X/P_Y$，两种产品的边际成本之比等于其价格之比。

(3) 所有市场同时出清，各自的供求都相等。

(4) 每一厂商都只获得正常利润，其经济利润为零，每一厂商不再有扩大或减少其产量的动机和动力。

这四个条件既说明了整个经济的均衡状态，也回答了局部均衡和一般均衡分析的区别和联系，简单地说，单独分析是局部均衡，综合起来就是一般均衡。

一般均衡的实现有两个重要的假定前提：一是完全竞争，这至少在理论上保证了市场机制的充分作用，从而使一般均衡能够实现。二是资源具有稀缺性。这就把资源的分配和经济效率问题引入了经济活动之中，从而使一般均衡过程的研究具有了必要性。这两个假定前提就是一般均衡实现的可能性和必要性问题。

第二节　一般均衡的过程

一、艾奇沃斯盒状图

艾奇沃斯盒状图是艾奇沃斯于19世纪末建立的。艾奇沃斯盒状图表明，当可用于两种经济活动的商品或投入要素总量既定时，这两种经济活动之间的相互联系和影响。艾奇沃斯盒状图是分析消费问题和生产问题的重要工具。如图8-2所示。

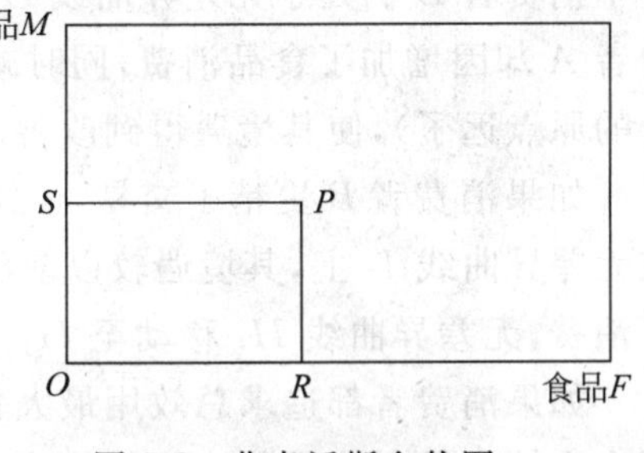

图8-2　艾奇沃斯盒状图

假定有两种商品，食品 F、药品 M；两个消费者 A 与 B。两人拥有食品总量 OF，药品总量 OM。盒中任一点表示，两种商品的总供给量在两个消费者之间的分配，A 与 B 各自拥有食品和药品的一个组合。如在 P 点，消费者 A 的食品消费量为 OR，药品的消费量为 OS。消费者 B 的食品消费量为 $OF-OR$，药品的消费量为 $OM-OS$。

用同样的方法可以分析生产问题，只是将两种消费品换成劳动 L 和资本 K 两种要素，将 A、B 两个消费者换成两个厂商或生产部门。

二、一般均衡的过程

1. 交换问题

用艾奇沃斯盒状图说明交换问题，分析消费和交换的均衡过程和条件。如图8-3所示。分别画出消费者 A 和消费者 B 的无差异曲线。I_1、I_2、I_3 为 A 的无差异曲线，I_1 效用最低，I_3 效用最高。H_1、H_2、H_3 为 B 的无差异曲线，H_1 的效用最低，H_3 效用最高。

盒状图的左下角是消费者 A 分配食品 F 和药品 M 的原点 AO；右上角为消费者 B 分

配药品M和食品F的原点BO。当靠近AO的一点向右上角移动时,消费者A的效用或满足程度会增强;当靠近BO的一点向左下角移动时,消费者B的效用会增强。

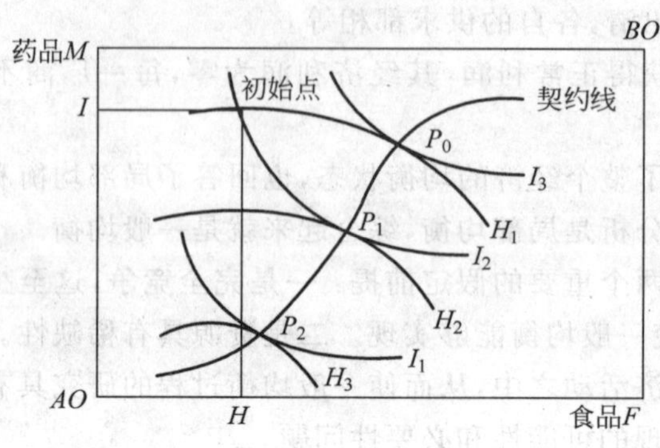

图 8-3 交换问题

在食品和药品初始分配状况下,消费者A处于无差异曲线I_2上,消费者B在H_1上。比较I_2和H_1在这一初始点上的斜率,I_2比H_1陡峭,在该点上,消费者A的食品对药品的边际替代率大大高于消费者B(消费者A的食品少,食品的边际效用高;药品多,药品的边际效用低。消费者B的食品多,食品的边际效用低;药品少,药品的边际效用高)。在消费者A的食品对药品的边际替代率MRS大大高于消费者B的情况下,他们之间如果存在自由交换,消费者A会以一些药品与消费者B的食品交换。

如果消费者A更精于交易,交换的结果,使消费者B处于P_0的分配状态。在P_0上,由于消费者B仍处于无差异曲线H_1上,消费者B的境遇较以前没有变化(但未变坏),消费者A却因增加了食品消费,同时减少药品消费,无差异曲线从I_2移动至I_3上(离消费者A的原点远了),使其境遇得到改善。

如果消费者B更精于交易,他使消费者A处于P_1的分配状态。在P_1上,消费者A仍在无差异曲线I_2上,其境遇较以前没有变化,消费者B却因增加了药品消费,同时减少食品消费,无差异曲线H_1移动至H_2上,使其境遇得到改善。

如果消费者都追求总效用最大化,使两个人的境遇尽可能的好。商品的分配需要处在两个人的食品对药品的边际替代率相等,也就是消费者A和消费者B的无差异曲线的斜率相等的点上,这样的点是使"两个人的境遇尽可能的好"的最优点。

通过图 8-3 可以看出,两套无差异曲线切点的轨迹形成一条曲线,称为契约线。契约线表示一系列的最优点,只要在契约线上分配产品就意味着消费者获得了最大效用,使其中一个人或两人同时有所得,而任何人无所失。效用最大化的产品数量分配公式如下:

$$\mathrm{MRS}_{\mathrm{XY}}^{\mathrm{A}} = \mathrm{MRS}_{\mathrm{XY}}^{\mathrm{B}}$$

再把两种商品的价格之比加入,消费和交换的均衡条件为

$$\mathrm{MRS}_{\mathrm{XY}}^{\mathrm{A}} = \mathrm{MRS}_{\mathrm{XY}}^{\mathrm{B}} = P_{\mathrm{X}}/P_{\mathrm{Y}}$$

2. 生产问题

这是分析在没有消费条件下的生产要素的最优配置点,或者资源的分配与生产的均衡。其方法与分析消费与交换问题是相同的。资源有效利用的条件是,两套等产量曲线的

斜率与边际技术替代率相等。其公式为

$$\mathrm{MRTS}_{\mathrm{LK}}^{\mathrm{X}}=\mathrm{MRTS}_{\mathrm{LK}}^{\mathrm{Y}}$$

3. 生产与消费的一般均衡

用生产可能性边界表示生产的均衡状态，用艾奇沃斯盒状图表示已经生产出来的产品在消费者之间的分配和交换，是消费和交换的均衡状态。因此，两个图示可以同时说明生产和消费的一般均衡状态。如图 8-4 所示。

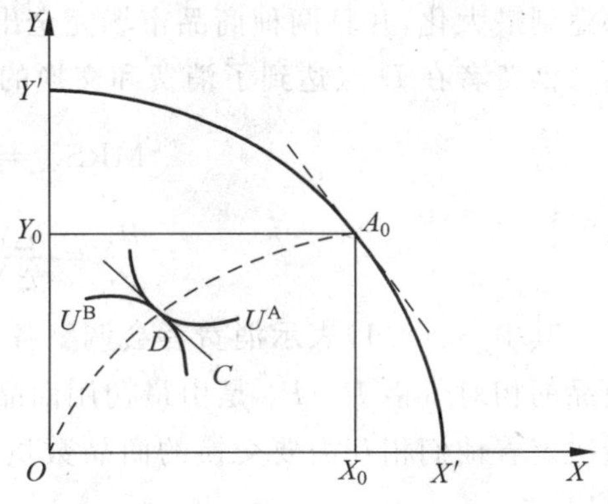

图 8-4　生产与消费的一般均衡

图 8-4 中，生产可能性边界上的任何一点，都表示资源有效利用和厂商利润最大化。假定生产的均衡结果是使产量按生产可能性边界上 A_0 点进行组合，生产 X_0 和 Y_0 的产量，资源被有效利用且利润最大化。

由于产量确定为 X_0 和 Y_0，所以，消费者只能在这一限量内分配和消费这些商品，并实现效用最大化。因此，$OY_0A_0X_0$ 围成的矩形，恰好是分析消费和交换的艾奇沃斯盒状图。左下角 O 假定为消费者 A 分配产品的原点，右上角 A_0 为消费者 B 分配产品的原点。U^A 为消费者 A 的无差异曲线，U^B 为消费者 B 的无差异曲线，D 点为消费者 A 和消费者 B 的分配点。

生产的均衡与消费和交换的均衡相互适应的过程就是一般均衡的过程。如图 8-5 所示。

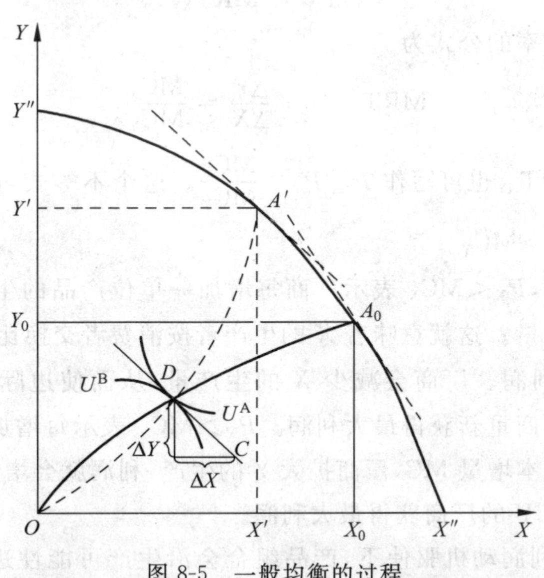

图 8-5　一般均衡的过程

假定，生产总是以消费为前提去适应消费。这样，一般均衡的过程就简化为生产过程的调整以适应消费均衡的过程。我们先从生产的均衡不适应消费的均衡这一状态开始。假定生产的均衡在 A_0 点，产量为 X_0 和 Y_0，由于 A_0 在生产的可能性边界上，因此，资源已经有效利用,厂商利润也达到最大化。

对于消费者A和B,假定最初都是按C点进行分配的,为了达到各自的效用最大化,消费者A要用ΔX去同消费者B的ΔY进行交换,以达到新的分配点D点。这时,消费者A、B双方的效用是由D点所决定的收入限制下的最高水平。直线CD为双方共同的预算线,其斜率为$\Delta Y/\Delta X$,恰好就是价格比P_X/P_Y。根据前面已有的分析,在D点,消费者的效用都达到最大化,并且两种商品市场完全出清。

消费者在D点达到了消费和交换的均衡状态,在D点有下式成立:

$$\mathrm{MRS}_{XY}^{A}=\mathrm{MRS}_{XY}^{B}=\frac{P_X}{P_Y} \tag{8-1}$$

$$\frac{P_X}{P_Y}=\frac{\Delta Y}{\Delta X}\text{或}\frac{P_X}{P_Y}\cdot\Delta X=\Delta Y \tag{8-2}$$

其中,式(8-1)表示消费者会调整各自消费的商品组合以适应市场价格;式(8-2)表明商品的相对价格P_X/P_Y是由最初用商品数量表示的收入决定的。因为用商品衡量的收入量决定着他们相互需要交换的商品数量的比例$\Delta Y/\Delta X$,交换比例的决定就是相对价格的决定。

从图8-5中看出,由消费者之间两种商品的交换比例决定的相对价格P_X/P_Y与生产可能性边界上A_0点的斜率或边际产品转换率(MRT是生产可能性曲线的斜率)MRT_{XY}是不相等的。消费者预算线CD的斜率小于生产可能性边界上A_0点的斜率,这意味着由交换比例决定的价格之比P_X/P_Y小于X对Y的边际产品转换率(MRT_{XY}),即:

$$P_X/P_Y<\mathrm{MRT}_{XY}$$

由于边际产品转换率的公式为

$$\mathrm{MRT}_{XY}=-\frac{\Delta Y}{\Delta X}=\frac{\mathrm{MC}_X}{\mathrm{MC}_Y}$$

因此,$P_X/P_Y<\mathrm{MRT}_{XY}$也可写作$P_X/P_Y<\frac{\mathrm{MC}_X}{\mathrm{MC}_Y}$。这个不等式可以分解为如下两个不等式:$P_X<\mathrm{MC}_X$和$P_Y>\mathrm{MC}_Y$。

在完全竞争条件下,$P_X<\mathrm{MC}_X$表示厂商每增加一单位产品的生产和销售带来的成本增量MC大于其收入增量。这就意味着X的生产者按消费者交换比例确定的市场价格P_X出售产品得不到最大利润。厂商会减少X的生产量,从而使边际成本MC_X下降,直至$P_X=\mathrm{MC}_X$,生产X的厂商重新获得最大利润。$P_Y>\mathrm{MC}_Y$表示每增加一单位Y的生产所带来的收入增量大于其成本增量MC,厂商扩大Y的生产,利润就会增加,直至Y的产量扩大达到$P_Y=\mathrm{MC}_Y$时,生产Y的厂商获得最大利润。

这样,在追求最大利润动机驱使下,产品组合会沿生产可能性边界调整到A'点,从而使X的产量达到X',Y的产量达到Y'的水平。这就意味着资源会从X的生产部门流向Y的生产部门。

由于A'点也处在生产可能性边界上,所以,调整后的生产均衡仍然是资源有效利用和最大利润的生产均衡状态。

第三节　竞争市场的效率

一、效用可能性边界

效用可能性边界或者效用可能性曲线，表示在给定一个消费者的效用水平或满足程度之后，另一个消费者可能达到的最大效用水平或满足程度。效用可能性边界如图 8-6 所示。

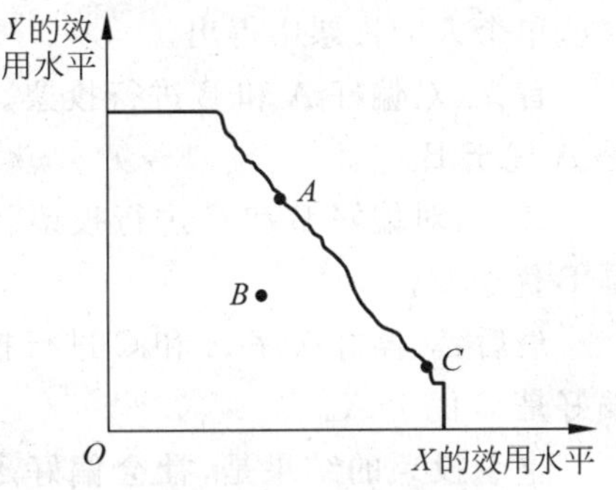

图 8-6　效用可能性边界

效用可能性边界与生产可能性边界相似，不同的是，效用可能性边界表示的是 X 和 Y 的效用水平，分别列在横轴和纵轴上。向右下倾斜的效用可能性边界，意味着在边界上，一个消费者的效用上升时，另一个消费者的效用必然下降。效用可能性边界的形状呈现波动起伏，表示衡量消费者的效用数值是随意的。

一个有效率的经济是位于其效用可能性边界上的经济。图中的 A 点就是一个有效率的点，因为没有一种经济重组方案可以使一个人的效用或福利增加而不使其他人或至少一个人的效用或福利减少。

如果从 A 点移动至 C 点，这种移动虽然使 X 的效用提高了，但是以 Y 的效用损失为代价的。当 X 增加的收益都是以 Y 的损失为代价时，经济就是处于效用可能性边界上的，经济的运行是有效率的。

在效用可能性边界内部的 B 点，经济的运行是无效率的，因为 X 或 Y 都可以在不损害其他人利益的基础上使自己的效用增加。

总之，当没有一个人的满足程度能够在不损害其他人的满足程度的情况下提高时，经济的运行是有效率的，而有效率的结果一定是位于效用可能性边界上。在理想的完全竞争条件下，经济会同时处在生产可能性边界和效用可能性边界之上。

完全竞争市场的效率特征是微观经济学的核心内容之一，然而，市场是有缺陷的，因此会出现市场失灵，对于这些问题的研究将在第九章进行。

二、阿罗不可能定理

有效率的配置表明，社会福利必须在效用可能性边界上实现，但却没有告诉我们究竟在效用可能性边界上的哪一点上实现。而要解决这一问题，就需要知道效用可能性边界上每一点所代表的社会福利的大小，或社会福利函数。如果能够找到一种社会福利函数，就可以从不同的个人偏好中合理地形成社会偏好，从而兼顾公平与效率。但是，美国的诺贝尔经济学奖获得者肯尼思·阿罗证明了这是不可能的，这就是所谓阿罗不可能定理。

阿罗在 1951 年发表的《社会选择与个人价值》一文中指出，试图找出一套规则或程序，从一定的社会状态的个人选择顺序中推导出符合某些理性条件的社会选择顺序,一般是做不到的。

假定在一个社会中有三个人,他们分别对三个备选方案A、B、C进行投票以排定对这三个方案的偏好次序。三个人的偏好次序分别为:

第1个人认为,A优于B,B优于C,从而A优于C。

第2个人认为,B优于C,C优于A,从而B优于A。

第3个人认为,C优于A,A优于B,从而C优于B。每个人的偏好都具有"传递性"。如果偏好A优于B,而B优于C,那么,A优于C;社会的偏好次序按照"大多数规则",并从这些单个人的投票中得出。

首先,对偏好A和B进行投票。因为第1人和第3人认为A优于B,所以社会的偏好是A优于B。

其次,对偏好B和C进行投票。因为第1人和第2人认为B优于C,所以社会的偏好是B优于C。

最后,对偏好次序A和C进行投票。因为第2人和第3人认为C优于A,所以社会的偏好是C优于A。

整个投票的结果是,社会偏好A优于B、B优于C、C优于A。显而易见,这种偏好次序违背了传递性的要求。如果偏好次序具有传递性,那么,当社会偏好A优于B,而B优于C时,就应该是A优于C。因此,在偏好具有传递性,并且按照大多数规则的假定条件下,就不可能得出合理的社会偏好次序。或者说,不可能得到一个一致的社会福利函数。

阿罗假定,如果有一个规则或程序可以从个人的选择顺序中推导出社会选择顺序,这个规则必须满足以下条件:

第一,其定义域不受限制,社会福利函数适用于所有可能的个人偏好类型。而在所有可能的被选方案中,至少有三个方案,这实际是对社会福利函数形式的一种限制。

第二,社会价值观与个人价值观呈正向联系,如果所有人都偏好A优于B,则社会偏好A优于B。

第三,社会福利函数不能是专制的。一个人的偏好不能由社会的偏好来决定,社会偏好也不能以一个人或少数人的偏好来决定。

第四,无关变化的独立性。这一条件的基本含义是,只要所有个人对A与B的偏好不变,那么,不管对例如A与C的偏好如何变化,社会对A与B的偏好不变。

阿罗通过使用强有力的数学工具,证明了不存在一个规则或程序能同时满足上述条件。

练习题

一、概念

将定义的序号填入概念的____中。

____一般均衡　　　　　　　　　____艾奇沃斯盒状图

____效用可能性边界　　　　　　____阿罗不可能定理

1. 分析消费和生产问题的一个重要工具，表示的是当可用于两种经济活动的商品消费或投入要素总量既定时，这两种经济活动之间的相互联系和影响。

2. 如果能够找到一种社会福利函数，就可以从不同的个人偏好中合理地形成社会偏好，从而兼顾公平与效率。但是，经济学家证明了这是不可能的。

3. 在给定一个消费者的效用水平或满足程度之后，另一个消费者可能达到的最大效用水平或满足程度。

4. 如果经济处于完全竞争条件下，当经济中出现一组价格，能使所有消费者在其收入下的效用最大化，所有厂商在其产业水平下的利润最大化，所有市场同时出清并且各自的供求都相等。

二、选择题

1. 20 世纪 30 年代之前，一般均衡理论与马歇尔建立的以局部均衡分析为基础的价格理论，一直被看作(　　)。

A. 相互联系的价格理论　　　　B. 部分联系的价格理论

C. 各自独立的价格理论　　　　D. 两者沟通的价格理论

2. 一般均衡实现的两个假定前提是(　　)。

A. 完全竞争　　　　B. 不完全竞争

C. 资源具有稀缺性　　　　D. A 和 C

3. “契约线”上的各点都表示(　　)。

A. 消费者 A 和 B 没有获得最大效用

B. 消费者 A 和 B 都获得了最大效用

C. 消费者 A 获得了最大效用

D. 消费者 B 获得了最大效用。

4. 阿罗不可能定理指出，不可能得到一个一致的社会福利函数。如果有一个规则可以从个人的选择顺序中推导出社会选择顺序，这个规则必须满足的条件是(　　)。

A. 社会福利函数不能是专制的

B. 其定义域不受限制，以及如果所有人都偏好 A 优于 B，则社会偏好 A 优于 B

C. 只要所有个人对 A 与 B 的偏好不变，不管对例如 A 与 C 的偏好如何变化，社会对 A 与 B 的偏好不变

D. 以上条件都是

三、计算题

利用表中的数据计算并回答：

(1) 消费者是否实现了效用最大化？

(2) 厂商是否达到了利润最大化？

(3) X、Y、Z 三种组合的边际替代率 MRS 和边际产品转换率 MRT。

(4) 经济是否实现了一般均衡？

	X	Y	Z
1. 产品的均衡数量	3 000	4 000	5 000
2. 产品的边际效用	100	50	200
3. 产品的均衡价格(元)	2	1	4
4. 产品的边际成本(元)	2	1	4

四、分析题

1. 局部均衡分析与一般均衡分析的区别是什么?

2. 满足一般均衡的条件有哪些?

第九章

微观经济政策

第八章论证了“看不见的手”的原理，在一系列假定前提下，完全竞争的市场经济导致经济的一般均衡，资源配置达到最优状态。

由于在实际经济生活中“看不见的手”的原理一般来说并不成立，所以资源配置的最优状态通常也不能实现，不能导致资源的有效配置，这就是“市场失灵”。市场失灵的情况包括垄断、外部性、公共品、不完全信息。而要解决市场失灵，就需要相应的微观经济政策。虽然市场机制是组织生产和配置资源的有效方式，但是，市场失灵将会导致不良的经济后果。这就要求政府介入市场，以弥补市场机制的缺陷。

在现代经济中，已经没有不为政府所影响的领域。政府对经济实施控制的主要政策工具包括税收、支出、管制或控制措施。政府的税收、支出政策，将在宏观经济学中阐述。在此，主要说明管制或控制措施。

市场经济客观上要求政府对特定行业实施管制，管制是限制市场力量的泛滥及过度竞争，以维护市场秩序和社会公平。管制分为经济管制和社会管制两类。20 世纪 70 年代之前，市场经济国家对公用事业(电力、管道运输)、通讯、交通(公路货运、铁路、航空)与金融(银行、保险、证券)的价格和进入控制称为经济管制或“老式的管制”。20 世纪 70 年代以来，对产品质量、工作场所安全和环境管制称为社会管制或“新潮的管制”。

美国的经济管制始于 1887 年成立的联邦州际商业委员会(ICC)，以管制跨州的铁路运输。20 世纪 30 年代，美国政府针对经济危机、不平等和贫困等，对许多行业实施经济管制。例如，对银行业的管制是吸取了大危机时期由于奉行自由经营原则导致银行危机的教训；航空业由于竞争过于激烈，航空公司为了价格竞争的需要甚至在削减飞机保养费用；电力业的竞争加剧促使一些核电厂削减在安全方面的投资。诸如此类，表明这些行业因为市场力量的泛滥而产生的过度竞争已经危及行业的健康发展，促使政府对其实施管制。

将政府的职能归纳为四个方面：提高经济效率、减少经济不公平、通过宏观经济政策稳定经济、执行国际经济政策。具体地说,提高经济效率是政府政策的微观方面,也是政府的核心经济目标,它集中在生产什么和如何生产两个方面。由于文化传统、政治哲学等的差异,造成了各国的微观经济政策各不相同。有的国家强调一种政府放手、自由放任的方式,大多数经济活动让市场去决定;有的国家则倾向于广泛的政府管制,生产的决策通过政府计划来实现。

市场经济虽然有很高的经济效率,但市场机制不具有人格性,它会带来收入分配的不公平问题。解决收入分配的不公平一般是通过税收和政府支出政策进行的,有时市场干预或者管制也会起一定的作用。政府通过市场干预来改变收入的分布,是改变由市场力量确定或将被确定的价格。例如,最低工资法是政府为提高特殊群体的收入而制定的法规。

经济存在着周期性特征,政府运用宏观经济政策努力熨平经济的周期波动,以防止经济衰退时出现大规模的失业,经济扩张时出现严重的通货膨胀。同时,政府还在不断寻找促进经济长期增长的政策措施。这些问题正是宏观经济学研究的重要课题。

在开放经济中,国与国之间的联系越来越紧密,政府在国际舞台上总是代表着国家的利益与其他国家就广泛的问题进行谈判和签署协定。政府执行国际经济政策的内容可以概括为以下几个方面:

第一,协调国际合作,减少贸易壁垒,以提高国际分工和生产的专业化水平。近年来,各国经过谈判,达成了一系列贸易协定,减少了贸易壁垒。

第二,协调宏观经济政策。一国的财政和货币政策,会影响他国的通货膨胀、失业和金融体系的稳定。国际间相互协调财政、货币和汇率政策,减少一国的通货膨胀或失业的外溢效应,从而有利于地区乃至世界经济的稳定。

第三,通过国际间的合作,以保护全球环境和资源。

本章首先介绍市场失灵的几种情况,然后说明相应的微观经济政策如何矫正市场失灵。

第一节 垄　断

一、垄断与低效率

经济学家称某个行业为垄断,一般界定为这个行业在其生产的商品产量中一个或一组相勾结的厂商的产量大于该行业总产量的 3/4,其结果就要导致低效率。我们用图形分析一垄断厂商,来说明垄断和低效率,如图 9-1 所示。

图 9-1 中,D 为厂商的需求曲线,MR 为边际收益曲线。假定平均成本 AC 与边际成本 MC 相等且固定不变,呈现的是一条水平线。垄断厂商的利润最大化原则是 MC=MR。因此,利润最大化时的产量为 Q_m,该产量水平上的垄断价格为 P_m,这一价格高于边际成本 MC。这说明垄断厂商的利润最大化状况并没有达到资源配置的最优状态。因为在利润最大化的产量 Q_m 上,价格 P_m 高于边际成本 MC。这使得消费者为增加额外一单位产量所愿

意支付的数量超过了或高于生产该单位产量所引起的成本。

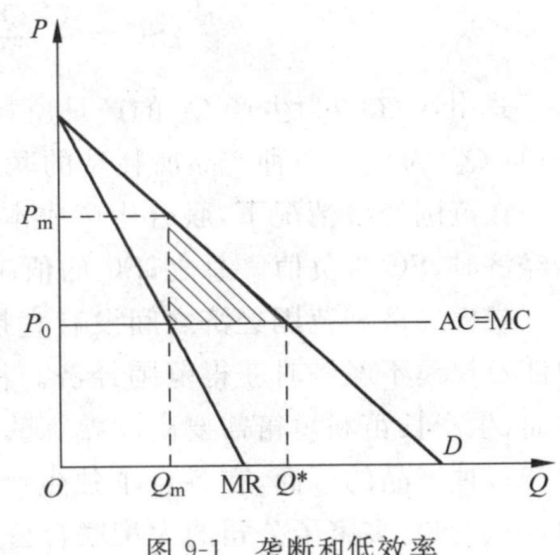

图 9-1　垄断和低效率

既然垄断产量 Q_m 和垄断价格 P_m 不满足资源配置的最优条件，那么，最优状态在什么地方达到？答案是在 Q^* 产量水平达到。因为在 Q^* 的产量水平上，需求曲线 D 与边际成本曲线 MC 相交，消费者为额外一单位产量愿意支付的数量等于生产该额外产量的成本。所以，如果实际均衡产量不发生在 Q^*，就是无效率的垄断情况。

当垄断价格高于边际成本时，一些潜在的消费者对商品的评价虽然高于边际成本，但仍然低于垄断价格。这些消费者就选择不购买这类商品。在需求曲线（反映消费者对商品的评价）和边际成本曲线（反映垄断厂商的成本）之间的三角形（图 9-1 中的阴影部分）称作“无谓损失”，无谓损失的大小可以衡量垄断无效率的程度。

传统经济理论认为，垄断导致的低效率以及由此造成的经济损失相对较小。然而，从 20 世纪 60 年代后期以来，一些经济学家认识到传统理论大大低估了垄断的经济损失。因为垄断厂商为了获得和维持垄断地位从而享受垄断的好处，常常需要付出一定的代价，它不用于生产，是一种非生产性的寻利活动，称之为寻租行为。这不过是利润最大化的一种方式，如向政府官员游说，谋求减免某些税收或争取补贴等。

寻租的典型例子是纽约市和其他一些城市的出租车司机组织的行为。要想在纽约市合法地成为一名出租车司机，首先需要获得一份执照，但纽约市严格控制着这种执照的发行数量。因为如果将出租车市场放开，竞争会造成出租车车费降至出租车运营的水平上。于是，出租车司机组成了一个强有力的说客团体，要求政府限制执照的发行量。这种限制措施将车费保持在了较高的水平上，从而维持住了司机的垄断利润。

二、对自然垄断性公共事业的管制

如前所述（第六章第五节），自然垄断是指在某行业由一个厂商供给某种产品全部市场时平均成本最低，该行业就是自然垄断。自然垄断最显著的特征是成本劣加性。公用事业（供水、绿化等）和通信业被认为是最有代表性的自然垄断行业。例如，在一个地区范围内，如果一个电话局和一个供电局就能提供令人满意的服务，就没有必要存在两个电话局和两个供电局。但政府特许的，如某些航空线路和邮政局的垄断经营，都不属于自然垄断。

自然垄断还源于范围经济。当一个厂商生产多种不同产品的成本低于多个厂商分别生产一种产品的成本之和时，就表明存在着范围经济。

我们可以通过研究厂商的成本来确定范围经济的程度。如果单个厂商使用一定的要素组合，生产出比两个各自独立生产的厂商更多的产品，那么单个厂商的成本就低于独立生产的厂商的成本。计量这种成本节约的范围经济程度（SC）为

$$SC=\frac{C(Q_1)+C(Q_2)-C(Q_1,Q_2)}{C(Q_1,Q_2)}$$

式中，$C(Q_1)$为生产 Q_1 的产量所耗费的成本，$C(Q_2)$为生产 Q_2 的产量所耗费的成本，$C(Q_1,Q_2)$为生产两种产品所耗费的联合生产成本。

在范围经济情况下，联合生产成本低于各自单独生产成本之和，因此，SC＞0。当范围不经济时，SC 为负值。总之，SC 的值越大，范围经济的程度就越高。

规模经济和范围经济之间没有直接联系。一家生产两种产品的厂商可以在生产过程中涉及规模不经济时获得范围经济。例如，联合生产长笛和短笛要比各自生产的成本低。然而，生产长笛和短笛需要高度熟练的劳动，并非以小规模生产最有效率。同样，一家联合生产多种产品的厂商，在各自单独生产其产品方面具有规模经济，但不具有范围经济。例如，一个拥有多家子公司的大型联合公司，可以大规模有效地组织生产，但它却不具有范围经济优势，因为这些子公司是单独管理的。

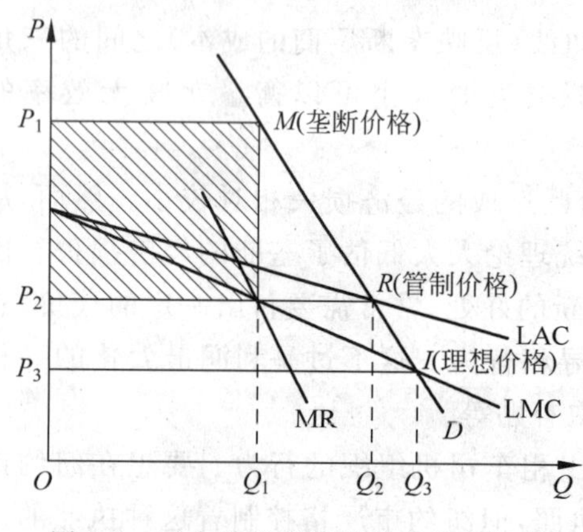

图 9-2　对自然垄断性公共事业的管制

对自然垄断性公共事业的管制是防止自然垄断者的垄断定价。我们结合图 9-2，分析垄断价格、管制价格和理想价格，从而认识政府如何管制自然垄断性公共事业。

(1) 垄断价格。无管制的自然垄断者的最大利润均衡点在 M 点，M 点处于 MR 和 LMC 交点的正上方，此时价格水平 P_1 在 LMC 之上。这就造成了高价格(P_1)、低产量(Q_1)、高利润(超额利润，阴影部分显示)。

(2) 管制价格。管制价格就是对受管制的厂商实施平均成本定价的方法，将产品的全部成本(固定成本＋可变成本)分摊到每单位产品上，然后按分摊成本收费。在 R 点，需求曲线 D 与长期平均成本曲线 LAC 相交。这就消除了超额利润，使价格下降，从而更接近于 LMC。此时，价格下降(P_2)，产量提高(Q_2)，利润减少(消除了超额利润)，效率比无管制条件下提高。

(3) 理想价格。如果迫使价格降至 P_3(I 点)的水平，此时，P＝MC。I 点是需求曲线 D 与 LMC 曲线的交点，从而使 P＝LMC，是最有效率的利用资源，这就是边际成本定价方法。但这种管制存在一个严重的现实障碍：如果一个厂商存在着不断下降的平均成本，它忠实地使其价格等于边际成本，就会出现长期亏损。原因是，如果 AC 处于下降中，则 MC＜AC，所以，按 P＝MC 定价就使得 P＜AC。当价格 P 低于平均成本 AC 时，厂商就会出现亏损。由于厂商不会长期在亏损下经营，而政府又不愿意对其补贴，所以，这种理想的管制方法很少使用。据此，双重收费的定价方法比平均成本定价方法所产生的价格更接近于理想价格。双重收费的定价方法是厂商收取一定数量的固定费用并用可变费用(如打一个电话付多少钱)来支付边际成本。还有一种方法是政府给予厂商补贴，这是由政府来承担边际成本定价产生的亏损的方法。

在市场经济中，政府能够用于控制垄断或者不完全竞争弊端的主要政策有六种，前三种构成了针对大公司的现代政策的核心，后三种在像美国这样的现代市场经济中曾经试用过，但现实中很少真正采用。

前三种包括：实施反托拉斯政策，这是反对市场力量的主要方法；尽可能地鼓励竞争，减少不同层次厂商的进入壁垒，将国际竞争引入国内市场；通过经济管制(产业的价格、产量以及市场准入)抑制垄断。

后三种包括：第一，垄断的政府所有制。这种政策在除美国以外的其他国家被广泛运用。理由是那些自然垄断的行业，如自来水、煤气和电力，在只存在一个厂商的情况下才能实现有效率的生产。但实施这一政策遇到的难题是，实施政府所有制还是政府管制。多数市场经济国家选择了政府管制的方法。并且，在近些年许多国家将这些产业私有化，如曾经属于政府所有制的电话公司。

第二，在战争时期曾经使用过对大多数物品和劳务实施价格管制的政策。使用这种政策用来抑制通货膨胀，但也损害了经济效率。经济学家批评这一政策时说，"为了制止几个垄断者而把整个经济置于价格管制之下，就像是为了消灭几个害虫而毁坏整个花园一样可笑。"现在，除了医疗保健部门以外，价格管制已经很少使用。

第三，通过对垄断者的征税，减少垄断利润，从而减轻某些社会所无法接受的垄断的影响。这种政策的问题是，虽然税收可能拿走垄断利润，但对产量却没有影响。如果税收提高了垄断者的边际成本，那么，它可能将垄断者进一步推向偏离有效率的产量水平，垄断者将会更大幅度地提高价格和降低产量。

自 20 世纪 70 年代以来，经济管制存在着弱化的趋势。许多经济学家认为，管制实际上是增强而不是遏制了垄断。如前面提到的寻租行为，就是利益集团与管制的关系，如果寻租成功，其垄断力量将会增强。此外，管制已经超过了自然垄断产业的范围。到 20 世纪 70 年代中期，许多产业，包括铁路、航空、公共汽车、广播电视、石油天然气、干果和牛奶、金融市场等都存在着管制。而在这些产业中，大部分产业更接近于完全竞争而不是自然垄断。研究表明，不合理的管制只能带来很少收益和很大的效率损失以及大量收入再分配。

根据以上的分析，自 1975 年以来美国联邦政府开始取消包括航空业、公路、货运、铁路、证券经纪、长途电话、天然气等的管制。因为这些产业更适应于竞争的市场结构特征。例如，美国对电力产业的严厉管制由来已久，这是一个典型的自然垄断产业。因为电力产业的发电环节存在着规模经济，而且电力传输成本很高，所以，整个电力产业被当作一种地方性的自然垄断产业。但这种传统的理论观点不断受到质疑，有些学者认为，只是在输电环节和小范围客户的配电环节中存在着自然垄断的一些要素。人们认为，既然发电环节技术复杂，工厂的最优规模就应充分减小，让发电厂家出现充分的竞争市场，因此，美国正在积极酝酿在发电环节上解除管制，许多国家也都在不同程度地解除电力管制。可见，经济管制作为政府防止垄断滥用的工具，近些年来有逐渐放松的趋势。

三、反托拉斯法

政府在防止垄断勾结和价格欺诈方面有不可替代的作用，同时，也是政府职能的重要体现。反托拉斯政策是政府干预经济最古老和最重要的形式。最早的反托拉斯法是《谢尔曼法》,美国国会在 1890 年通过了这个法案,以减少当时垄断力量很强的"托拉斯"的市场势力。《谢尔曼法》以及 1914 年的《克莱顿法》和《联邦贸易委员会法》构成了美国反托拉斯法的基础,现代反托拉斯条例几乎都是对这些法案的解释和补充。

我们可以用表 9-1 列示反托拉斯法的主要条文。经济学家感叹道,如此之少的法规竟能逐步衍生出那么多的条例,实在是令人惊讶的。

表 9-1　反托拉斯法的主要条文

《谢尔曼反托拉斯法》(1890 年修正案)

§1. 每一个限制各州之间和与外国的贸易和商业往来的契约,以托拉斯或其他形式出现的联合,都被宣布为非法。

§2. 每一个垄断、企图垄断,或与他人联合或勾结起来,以垄断任何环节的州际或国际的贸易或商业往来的人,都被认为犯有重罪。

《克莱顿反托拉斯法》(1914 年修正案)

§2. 对级别和质量相同的各种商品的不同购买者实行区别对待的价格……是非法的……这种区别对待的影响实际上是减少竞争或倾向于引起任何一种商业的垄断……其前提是,这里不包含有任何因素会限制只是由于成本不同引起的价格差异……

§3. 以租借者或购买者不使用或不经营一个竞争者的商品的合同、契约或协定为条件……若租借、出售或签订合同有此内容……对任何人都是非法的……其影响……实际上可能是在任何一个商业中减少竞争或形成垄断。

§7. 任何一家(公司)……不可以获得……另一家(公司)的全部或任何一部分……在这里……这种获得的影响可能实际上是减少竞争或引起垄断的情况下。

《联邦贸易委员会法》(1914 年修正案)

§5. 不公平的竞争方法……和不公平的或欺骗的行为或实践……被宣布为非法。

垄断会带来两个后果:一是损害资源配置的效率,致使在垄断条件下的产品生产所需的资源过少,产量过低。二是对收入分配有不利的影响,相对富有的所有者收入增加,相对贫穷的消费者受到损害。

第二节　外　部　性

一、外部性

市场失灵的一个日趋严重的方面是外部性问题,因而对外部性问题的研究是环境经济学的重要课题。来自生产和消费的外部性使环境问题日益严重,未受管制的市场经济制造了环境污染,而对环境的控制却很少。政府可以使用多种方式将外部性问题引发的无效率加以修正或进行内部化,但许多经济学家则认为,更多地使用市场手段能够提高管制系统的效率。

所谓外部性又称外部效果、外部影响,指对他人的福利产生有利或不利的影响,但不需要他人对此支付报酬或进行补偿的活动。当私人成本或收益不等于社会成本或收益时,就会产生外部性。外部性与市场交易活动不同,因为市场交易是买卖双方自愿的活动,如购买小麦的人得到了小麦,小麦的所有者得到了小麦的价值,而外部性是向市场之外的人"强加的"成本或利益。

外部性包括外部经济和外部不经济两种类型。外部经济又称正外部性,是生产和消费能给其他人带来收益而其他人却不必进行支付的情况。如厂商雇用保安,为居民提供外部的安全服务,使该厂商得到的收益小于厂商的这种活动所产生的社会收益。或者说,该厂商的经济活动无偿地使其他的经济单位受益。

外部不经济又称负外部性,是生产和消费给其他人造成损失而其他人却不能得到补偿的情况。如污染,如果受害者得不到补偿,那么,在此情况下,私人成本不能反映全部社会成本,私人成本小于社会成本。外部经济和外部不经济相比,政府通常更关注外部不经济。

在前几章分析资源最优配置时,有一个暗含的假设是,私人收益和社会收益、私人成本与社会成本没有差异。实际上它们之间存在着差异,这便会产生市场非效率或资源配置失当的外部性问题。

在下面的例子中,有外部经济也有外部不经济现象。

如政府在城市大量扩大绿化面积;交通部门加强了汽车噪音的管制;汽车排放废气,严重污染环境。

二、外部性造成的市场非效率

外部性有厂商之间的外部性(经济和不经济)、厂商与个人之间的外部性、个人之间的外部性几种情况。我们主要分析厂商之间的外部不经济导致的市场非效率。

假设,两个相邻的厂商分别生产眼镜、焦炭。生产焦炭的厂商处在上风位置,生产眼镜的厂商处在下风位置。由于空气的污染程度会影响眼镜精密磨轮的运行,而焦炭的产量决定污染程度。因此,眼镜的生产水平不仅被眼镜生产投入要素多少决定,还受焦炭产量多少的影响,焦炭产量增加,会使高质量的眼镜产量减少。而眼镜厂商不能控制这种效应,焦炭生产对眼镜生产具有外部不经济。

图 9-3 说明了焦炭生产的外部性所导致的对资源最优配置的偏离。假定焦炭厂商面临的是完全竞争市场,并且是价格的接受者,焦炭的需求曲线是位于现行市场价格 P 上的水平线,利润最大化的产量定在价格 P 或边际收益 MR 等于边际成本 MC 处,为 Q_1。E 点显示的是,在 Q_1 产量水平上的价格 P 等于生产焦炭的私人成本 MC。

但由于存在着焦炭生产对眼镜生产的外部不经济,所以,社会边际成本为高于 MC 的 MC_1。在 Q_1 上生产焦炭的社会边际成本超过了对应的这一产量的价格 P,资源配置在 B 点偏离了最优的配置状态。要实现最优配置,应使产量减少至 Q_0,从而使社会边际成本 MC_1 与 P 相等(从 B 降至 A)。

可见,焦炭生产的社会成本 MC_1 包括生产者的私人成本 MC 和受污染影响的眼镜生产者的污染成本 BE。要改善资源配置,应将焦炭的产量从 Q_1 减至 Q_0。

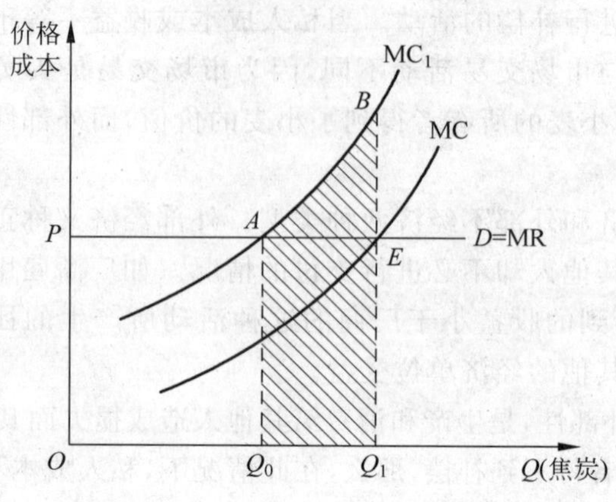

图 9-3 外部性导致的市场失灵

三、政府的公共政策和私人解决方法

针对外部性导致的市场失灵有两类矫正的方式,这就是政府的公共政策和私人解决方法。

1. 政府的公共政策

(1) 征税和补贴

征税是对外部不经济的厂商征收的一种附加税。这是 20 世纪 20 年代由经济学家阿瑟·庇古首先提出来的,因此,这种用于矫正外部不经济的税收又称作"庇古税"。征收的税额应该等于该厂商给社会其他成员造成的损失,使厂商的私人成本恰好等于社会成本。庇古还提出对外部经济的厂商给予补贴,使厂商的私人利益与社会利益相等。

(2) 避免政府征税的市场方法

关于避免政府征税的市场方法,是所谓可交易的污染排放许可证。假定有钢铁厂和造纸厂两个厂商,钢铁厂想增加排污量 100 吨,造纸厂同意钢铁厂支付给它 100 万美元,造纸厂就减少等量的污染 100 吨。这种交易的结果可以使两个厂商的状况变好,因为它们是自愿达成一致的。同时,污染总量不变,这种交易没有任何外部影响。因此,环境保护署允许造纸厂将自己的排污权卖给钢铁厂。

环境保护署允许排污权从一个厂商转移至另一个厂商的交易行为,实际上是政府创造了一种新的稀缺资源:污染排放许可证及其交易。其原理是,市场机制将有效地配置排污权。具体地说,只有以高成本才能减少污染的厂商(如钢铁厂)将愿意出最高价格购买它们需要的污染排放许可证,而那些以低成本或最容易就可以减少污染的厂商(如造纸厂)也愿意出卖它们得到的许可证。因而这种交易是有效率的,政府允许这种交易是一种好的政策。

1990 年,美国政府为控制二氧化硫污染环境,发放一定数量的许可证控制每年二氧化硫的排放量。这一方法的创新是,许可证可以自由交易。那些能以较低成本降低硫化物排放的厂商将自己得到的污染排放许可证卖出。而另一些厂商,或者需要更多的排放额度,或者没有减少排放的余地,但比起安装昂贵的控污设备来说,购买污染排放许可证更经济。

但是,这种方法并不适合所有污染的排放。

2. 私人解决方法

(1) 外部性内部化

外部性内部化的方法,一般来说不需要政府管制,因此,这种方法属于私人解决方法。

仍然用生产焦炭和眼镜的例子。如果由一个厂商同时生产焦炭和眼镜,该厂商会考虑两种生产带来的外部性。如图 9-3 所示,解决的方法是将两个厂商合并,合并以后,厂商会把 MC_1 作为其边际成本曲线,并使产量处于 Q_0 的水平上。在这一产量水平上,价格 P 等于社会边际成本 MC_1,这就满足了资源配置最优化的条件。用经济学的术语说,就实现了生产过程中的"外部性内部化"。

以上是外部性影响为负的外部性内部化,还有外部性影响为正的外部性内部化。例如,度假村常常兼营附近的一些服务业,通过内部化,可以利用度假村的设施来招揽顾客,而配套的服务业又可以改善度假村的环境,使之更吸引顾客。

(2) 科斯定理

征税和补贴、可交易的污染排放许可证两种方法都与政府有关。科斯定理是研究外部性的私人解决方法。美国芝加哥大学的罗纳德·科斯的研究表明,有关当事人相互协商和谈判,在某些场合也能导致有效率的结果。

我们先明确产权和交易成本两个概念。

第一个概念是产权。对产权概念并无权威的说法,一般认为,产权是对谁拥有一种物品,以及作为所有者被允许可以与他人作什么形式的交易所做出的法律规定。

第二个概念是交易成本。科斯在《企业的性质》一文中指出,建立企业有利可图的主要原因似乎是,利用价值机制是有成本的,这一成本包括发现相对价格的成本、谈判和签约的费用、契约的成本等等,企业的建立在于内部化这些成本。交易成本概念的引进促使人们对企业、市场等基本问题进行再思考。交易之所以有成本,在于交易本身是稀缺的。在一定的产权结构中,权利的界定与执行都是有成本的。这就是说,交易成本是协商的各方在协议和执行协议过程中发生的成本。

科斯定理表明,在交易成本为零的条件下,相互间存在外部性的双方总会认识到,与对方做某种交易是有利的,于是双方在"看不见的手"的引导下,会自动将产量调整到能够实现资源最优配置的产量水平,而且与所有权最初分配状态是无关的。简言之,如果私人各方可以无成本地就资源配置进行协商,那么,他们就可以自己解决外部性问题。

例如,假设我在你的鱼塘上游倾倒化学物,毒死了你的鱼。然后,你向我索取鱼的赔偿。按照科斯定理,这两个人都会有足够的动力坐在一起,就有效率的倾倒量水平达成一致意见,这种激励都势必存在,而无须政府的任何控污计划。

需要强调的是,只要产权是明确的,并且交易成本为零或很小,则无论在开始时将产权归谁(其含义是,我倾倒化学物的权利,还是你向我索赔的权利。这些对达成有效率的结果都无关紧要),市场均衡的最终结果都是有效率的。

如果交易成本较高就不会产生有效率的结果,在此情况下,资源配置状态将受产权分配状态的影响。例如,都市中的噪音有损居民的健康,但将受外部性影响的受害者组织起来形成一个有效的交易实体非常困难,致使交易成本太高。同时,受害者的损失也很难用货币量化。由于这些因素导致交易成本将会超过成功的交易可能给有关方面带来的好处。所以,科斯的分析只适用于产权清晰以及有关的当事人不多的私人谈判,以减轻外部性,这是科斯定理的适用条件。

第三节 公 共 品

公共品导致市场失灵是说明,为什么单靠市场机制的调节,由私人部门生产公共品会使其产量低于合理水平,以至于不能实现资源的最优配置。在现代社会中,许多公共品是由政府提供的,但政府生产公共品也不能保证资源最优配置。

一、公共品和私人品

1. 公共品

公共品可以看作是正外部性的极端。公共品是指那些不论个人是否愿意购买,都能使整个社会每一成员获益的物品,而不管是否愿意接受或为之支付。如,国防作为一种公共品,一旦有人提供,就会对所有人产生平等的影响,你都会像其他居民一样获得军队提供的安全保护。

公共品应与政府提供的物品相区分,公共品是一种不具备消费的竞争性的商品。而政府提供的其他物品和服务,如养老金、失业救济、邮政服务以及某些与私人厂商生产的完全相同的东西等,这些物品或服务在消费上是竞争性的。

总之,公共品是既无排他性又无竞争性的物品。这其中要解释的概念有两个:排他性和竞争性。排他性包括排他性和非排他性,排他性是指能够阻止一个人使用一种物品时该物品的特性。非排他性是说一个人使用并不能排除他人使用该物品。竞争性包括竞争性和非竞争性,竞争性是指一个人使用一种物品会减少他人使用该物品的特性。非竞争性是说一个人使用一种物品并不减少他人对它的使用。

既无排他性又无竞争性的物品是纯公共品,但许多政府提供的公共品不是在这种意义上的纯公共品。例如,消防很像一种私人品:拒绝向消防部门做贡献的人在发生火灾时,消防部门可以完全不提供帮助。但就其覆盖额外一个人的边际成本很低而言,消防又很像一种公共品。

在公共品的问题上,最棘手的市场失灵是全球公共品。全球公共品是指其影响不可分割的蔓延到整个地球的一种外部性。减缓全球变暖、防止臭氧的消耗等都是典型的全球公共品。

那么,全球公共品与其他物品有什么不同呢?如果农作物因自然灾害而减产,市场将通过价格的调整以建立新的供求平衡;如果要实现公路系统的现代化,选民可能去游说政府开发有效率的运输系统。但如果全球公共品的问题出现,则市场参与者和单个国家都没有适当的积极性去选择有效率的方法,以解决这一问题。更具体地说,全球公共品之所以特别难以处理，是因为缺乏有效率的市场或政治机制进行有效配置，从而造成市场失灵。这种市场失灵是因为个人没有适当的积极性去生产，而各国政府又不能独享对全球公共品的投资所获得的收益。

从各国政府对待全球公共品的态度来说，全球公共品的最大问题是各国都想搭别人的便车，正是由于搭便车倾向和解决全球公共品高昂的成本，致使旨在解决全球变暖问题的《京都协定》在许多国家迟迟没有获得批准。

2. 私人品

私人品是指那些可以分割，可以供不同人消费，并且对他人没有外部收益或成本的物品。例如，10 块面包可以按人头分成许多份，而且我吃过的面包别人就不可能再吃了。

总之，私人品是既有排他性又有竞争性的物品。

曾经有过关于灯塔是不是公共品的争论。很多年来，灯塔列为典型的公共品。它拯救生命和船只，但不向过往船只收费，灯塔只有在完全免费时才能达到效用最大化。这是因为，为 100 艘船提供服务的成本并不比对一艘船提供服务时更多。罗纳德·科斯在其《经济学中的灯塔》(1974 年)一书中回顾英格兰和威尔士的灯塔史，并认为它们是私人经营的。他发现，英格兰的灯塔得到政府授权，因提供“灯光服务”而收费并能够盈利。在这个结论之后，有人认为灯塔不是公共品。但灯塔具备作为公共品的特征，即增加一个人消费服务追加的成本为零，不排除他人享用。

二、公共品导致的市场失灵

单纯靠市场机制的调节，由私人部门生产公共品通常不能使其产量达到合理水平，其原因在于公共品既无排他性又无竞争性的特性，这一特性将使任何购买公共品的人都不可能占用该物品所能带来的全部效用或收益，并且不能阻止其他人无偿地享用该物品。

私人部门提供公共品导致市场失灵，从公共品的非排他性特性来看，是非排他性的公共品存在搭便车问题。所谓搭便车是指得到一种物品的消费或收益而并不为此支付。例如，私人部门提供一场节日烟火，因为观看烟火没有排他性，一般认为，即使不买门票也能够观看。这样，私人部门提供公共品虽然给搭便车者带来外在收益(如，不买门票的观看者)，但私人部门却无利可图。于是，私人部门会取消这一场节日烟火，这从社会来看是无效率的结果。解决的方法是，如果社会总收益大于成本，政府可以提供公共品，并运用税收来支付，这样就能够增加社会福利。

从公共品的非竞争性特性来看，由私人部门提供的非竞争性的公共品会导致资源配置缺乏效率，其产量达不到合理水平。例如，私人部门拥有的桥梁，通过收费收回成本，这就是运用市场机制，但资源配置的效率可能很低，市场机制不能促进资源的最优配置。同时，禁止不付费者通行，将会减少他们的满足感，但却不能使其他任何人的满足感增加。因此，许多公共品都是由政府提供的。

三、导致政府干预失败的因素

政府生产公共品，要确定某种公共品是否值得生产以及应该生产多少。经济学家提出的方法是成本—收益分析。成本—收益分析看似简单,实则十分困难,有些收益又是无法直接计算的。例如,一个水坝的修建产生的间接影响,有些成本和收益是无形的。包括水坝对自然环境破坏带来的损失、对生态平衡的影响等。这说明有效率地提供公共品比有效率地提供私人品更困难。因为私人品可以通过市场价格反映消费者的评价,而政府提供的公共品,其成本—收益分析没有提供市场价格信息。除了以上的原因之外,还存在着政府干预失效的其他因素,如政府官员制度的低效率、压力集团的寻租活动等。

在结束对本节问题的讨论时,我们用表 9-2 概括政府的微观经济政策,从中了解政府在提高效率、促进公平方面的重要职能。

表 9-2 政府如何弥补市场失灵

市场失灵的表现	政府干预	政府政策的现行事例
缺乏效率		
垄断	鼓励竞争	反托拉斯法、放松管制
外部性	干预市场	反污染法令
公共品	鼓励有益的活动	建造灯塔、提供公共教育
不公平		
严重的收入与财富的不公平	收入再分配	收入和财富的累进税制 转移支付

关于政府在管理经济方面的成就和政府失败的争论,关键是合理划分市场和政府的界限。在探讨市场机制和政府干预之间的黄金分割线问题上,历史和现实都证明,一个有效率并且公平的社会,需要市场与政府同时存在的混合经济体制。而在研究市场与政府的关系时,经济学仍然是不可或缺的工具。

第四节 不完全信息

到目前为止,我们已经叙述了三种市场失灵:垄断、外部性和公共品。这三种市场失灵都是假设投资者和消费者能够准确地获得信息,对自己面临的风险非常了解,市场是有效率的运行。然而,由于信息不完全或信息不对称也会出现市场失灵。信息不完全是指某些参与人拥有另一些参与人不拥有的信息,或者某些参与人拥有的信息少于另一些参与人拥有的信息。

乔治·阿克洛夫、迈克尔·斯宾塞、约瑟夫·斯蒂格利茨,由于“他们对不对称信息市场的分析”获得了 2001 年诺贝尔经济学奖。阿克洛夫对信息经济学的贡献是他在 1970 年发表的一篇论文《“柠檬”市场:质量的不确定性和市场机制》。他的论文解释了信息不对称会产生市场的逆向选择,开创了逆向选择理论的先河。

信息不完全导致的市场失灵,是因市场交易的双方所拥有的信息不完全,导致买卖双方所掌握的商品和服务的价格、质量等信息不相同，从而造成了在这些市场上稀缺资源可能得不到充分利用，这意味着政府要为市场参与者提供相关的信息。在极少数情况下，政府还可能决定提供那些由于信息问题而无法有效生产的产品。

由于信息不完全而出现的市场失灵，存在着两个关键后果：道德风险和逆向选择。道德风险和逆向选择的存在，导致市场会给出错误的信号，从而破坏激励机制，甚至会瓦解整个市场机制。

一、道德风险

道德风险是指签订合同以后，其中一方有改变自己行为的倾向，这将可能牺牲合同另一方利益的风险。我们以保险市场为例说明道德风险问题。例如，一家企业一旦为其仓库购买了火灾保险，企业因此可能会减少对火灾的防范意识。然而，保险公司可以采取措施以减少道德风险。保险公司可以要求企业购买了保险之后在仓库安装火灾报警器，或者要求定期去仓库检查以预防火灾的发生。保险公司还可以使用减扣和合付的方式来减少道德风险。

减扣是要求投保人对自己的索赔承担一定数额的赔付，合付是保险公司仅为索赔承担一定的比例。例如，投保人购买了一项医疗保险，其中有200美元的减扣和20%的合付。当投保人的医疗费用账单为1 000美元时，投保者就必须支付200美元的减扣，以及剩余的800美元的20%。减扣和合付可以使投保人有避免向保险公司过度索赔的激励。

可见，当保险减小了个人规避和防止风险的动力时，就会发生道德风险问题。或者说，由于针对某种投保风险的保险机制的存在，反而使风险事故发生的可能性增加。

需要指出，“道德风险”这个术语具有一个不太恰当的道德内涵，实际上，它与正常意义上的道德或者风险没有密切关系。

二、逆向选择

经济学家对信息不完全的研究是从对二手车市场的分析开始的。在二手车市场上，旧车车主对其汽车的真实情况的了解总是多于潜在的购买者。如果二手车潜在的购买者知道难以将好的二手车和差的二手车（称为“柠檬”）区分开来，那么，他们在出价时就会考虑这一问题。例如，在将要出售的二手2003款大众高尔夫轿车中，有一半是精心保养的好的二手车，另一半是缺乏保养的“柠檬”。购买者愿意为好的二手车支付10 000美元，但只愿意为“柠檬”支付5 000美元。因为车主知道自己是如何保养汽车的，但购买者并不知道这些信息，所以，购买者无法区分这些二手车的好坏。

在这种情况下，购买者一般会出一个介于他们愿意为好的二手车和“柠檬”支付价格的中间价格7 500美元。就这一情况而言，买到好的二手车和“柠檬”的概率相等。其结果是，对于二手车的购买者而言，既然不知道待售出的二手车是好的二手车还是“柠檬”，出价7 500美元似乎是合理的。对于好的二手车的卖主来说，他知道将要出售的汽车是好的二手车，因此，7 500美元的出价比汽车的真实价值少2 500美元，卖主将不愿意出售。但对“柠檬”的卖主而言,7 500 美元的出价高出汽车的真实价值 2 500 美元,卖主必然愿意出售。因为“柠檬”的卖主比购买者更了解所卖二手车的信息,所以,大多数待售的二手车是“柠檬”。

逆向选择行为将使质量低的产品把质量高的产品驱逐出市场。逆向选择减少了市场上二手车的交易量,二手车市场的例子说明了信息不完全降低了市场的效率。

可见,逆向选择指的是交易的一方利用了比另一方掌握更多信息的优势造成市场资源配置扭曲的现象。或者说,逆向选择是指就某种产品而言,买方和卖方掌握的信息不同造成市场资源配置扭曲的现象。

三、防止和减少道德风险和逆向选择

当市场失灵严重,致使私人保险不能提供足够的保险项目时,需要由政府提供的强制性社会保险来发挥作用。社会保险的重要方面是失业保险,失业保险对于私人保险市场是无效的,因为失业保险存在着严重的道德风险,也就是说,如果从失业保险中获利丰厚,人们可能选择失业。同时,还存在着严重的逆向选择,那些经常失业的人更愿意购买失业保险。政府有责任介入和提供失业保险,是为社会提供一张安全网。虽然政府不能防止道德风险,但却能够借助全面覆盖的保险范围防止逆向选择。

政府介入的另一个领域是老年人医疗保险。在保险业中,逆向选择表现为那些遭遇风险机会多的人,最容易购买保险。例如,慷慨购买健康保险的人,往往是身体状况最差的人。据此,政府介入老年人医疗保险能够防止逆向选择。因为生命中最后一年的医疗费用可能要占人生总医疗费用的 20%,所以,逆向选择对于老年人来说更为严重。政府对老年人提供全面的保险计划,其医疗费用依靠参保人的保险费和全部在职人员所缴纳的税金来支付。

政府在解决二手车市场“劣等品驱逐优等品”的问题上发挥着一定的作用。例如,美国的许多州颁布“柠檬法”,规定首次购得的新车从购买之日起的一两年内发现需要多次大修的,可以将汽车退给汽车制造商并索回全部购车款;汽车制造商必须说明他们提供的二手车是否是从原始车主那里回购的“柠檬”。有些州还要求卖主提供旧车保修或声明“无保修”,用以提醒购买者该车可能存在的质量问题。

在金融市场上同样存在着道德风险和逆向选择。由于金融市场的信息不完全,投资者难以区分经营良好的企业和经营不佳的企业。原因是投资分析师在研究报告中对企业的财务信息陈述自己的观点,成为大众投资者可以获得的信息。越是大企业,投资分析师跟踪得就越细致,因此,只有大企业才能通过发行股票和债券筹集资金。然而,这些大企业却频频曝出财务丑闻。例如,2002 年美国安然公司、世界通信公司财务丑闻成为美国历史上最大的公司欺诈事件。如果投资者认为不能依赖公司的财务报表来评价公司的真实财务状况,投资者将不愿意投资于这家公司。

为了防范类似事件的发生,美国联邦政府颁布了《萨班斯—奥克斯利法案》,于 2002 年生效。该法案要求公司董事会必须包括一定比例的财务信息专家,同时规定公司首席执行官个人对财务报表的准确性负责。要求财务分析师和审计师必须公开他们与公司可能存在的任何形式的利益关系,以免在对公司评价时其独立性受到限制。另外,欧洲委员会于 2003 年公布了加强公司治理的计划。总之,确保公司向投资者提供准确的财务数据是一个全世界都要面对的问题。

一、概念

将定义的序号填入概念的____中。

____市场失灵　　____寻租　　____外部性

____外部经济　　____外部不经济　　____庇古税

____科斯定理　　____产权　　____交易成本

____公共品　　____私人品　　____全球公共品

____排他性和非排他性　　____竞争性和非竞争性　　____搭便车

____道德风险　　____逆向选择

1. 对他人的福利产生有利或不利的影响，但不需要他人对此支付报酬或进行补偿的活动。

2. 生产和消费给其他人造成损失而其他人却不能得到补偿的情况。在此情况下，私人成本小于社会成本。

3. 垄断厂商为了获得和维持垄断地位从而享受垄断的好处，常常需要付出一定的代价，它不用于生产，是一种非生产性的寻利活动。

4. 对谁拥有一种物品以及作为所有者被允许可以与他人作什么形式的交易所做出的法律规定。

5. 生产和消费能给其他人带来收益而其他人却不必进行支付的情况。使该厂商得到的收益小于厂商的这种活动所产生的社会收益。

6. 由于在实际经济生活中"看不见的手"的原理一般来说并不成立，不能形成资源的有效配置。

7. 协商的各方在协议和执行协议过程中发生的成本。

8. 其影响不可分割地蔓延到整个地球的一种外部性。

9. 一个人使用一种物品时能够阻止其他人使用该物品；一个人使用并不能排除他人使用的物品。

10. 在交易成本为零的条件下，相互间存在外部性的双方总会认识到，与对方做某种交易是有利的，于是双方在"看不见的手"的引导下，会自动将产量调整到能够实现资源最优配置的产量水平，而且与所有权最初分配状态是无关的。

11. 交易的一方利用了比另一方掌握更多信息的优势造成市场资源配置扭曲的现象。或者，就某种产品而言，买方和卖方掌握的信息不同造成市场资源配置扭曲的现象。

12. 那些可以分割、可以供不同人消费，并且对他人没有外部收益或成本的物品。

13. 一个人使用一种物品会减少他人使用该物品的特性；一个人使用一种物品并不减少他人对它的使用。

14. 那些不论个人是否愿意购买，都能使整个社会每一成员获益的物品，而不管是否愿意接受或为之支付。

15. 是对外部不经济的厂商征收的一种附加税,征收的税额应该等于该厂商给社会其他成员造成的损失。

16. 签订合同以后,其中一方有改变自己行为的倾向,这将可能牺牲合同另一方利益的风险。

17. 得到一种物品的消费或收益而并不为此支付。

二、选择题

1. 垄断导致资源配置的低效率,是由于垄断厂商的产品价格(　　)。

A. 高于边际成本　　B. 低于边际成本
C. 与边际成本相等　　D. 边际成本等于边际收益

2. 自然垄断最显著的特征是(　　)。

A. 范围经济　　B. 管制价格　　C. 成本递增　　D. 成本劣加性

3. 下列属于经济管制的是(　　)。

A. 政府颁布的确保生产安全的法规　　B. 对电话、电力等公共设施的管制
C. 政府制定法规以确保药品的安全　　D. 以上各项都是

4. 下列属于社会管制的是(　　)。

A. 规定银行、保险公司的业务范围　　B. 制定保险法规提高保费的公正性
C. 净化空气、净化水源等环境问题　　D. 制定产品质量标准以保护消费者

5.《谢尔曼反托拉斯法案》(　　)。

A. 规定限制贸易的契约、联合是非法的
B. 规定各种形式的价格歧视是非法的
C. 鼓励厂商之间的兼并、重组
D. 鼓励厂商充分利用规模经济

6. 不是由成本差异造成的价格歧视非法,出自(　　)。

A.《谢尔曼反托拉斯法案》　　B.《联邦贸易委员会法案》
C.《格莱姆—鲁得曼法案》　　D.《克莱顿反托拉斯法案》

7. 如果一项经济活动是外部不经济的,那么,该经济活动的(　　)。

A. 私人成本大于社会成本　　B. 私人成本小于社会成本
C. 私人成本等于社会成本　　D. 两种成本问题难以确定

8. 在下列各项中存在搭便车问题的是(　　)。

A. 收费的高速公路　　B. 收学费的学校
C. 公路上的路灯　　D. 购物的商场

9. 下列不属于公共品的一项是(　　)。

A. 面包房的面包　　B. 防洪大堤
C. 麻疹疫苗　　D. 国防

10. 某厂商每单位产品的边际成本为 100 美元,同时,生产过程排污造成每单位产品的危害为 5 美元。在充分效率的经济中,该厂商的产品市场价格应该是(　　)美元。

A. 100　　B. 105　　C. 95　　D. 5

11. 科斯定理表明的是(　　)。

A. 不需要政府的参与,通过交易就可以解决外部性问题

B. 当外部性问题严重存在时,交易必须由政府直接干预

C. 如果交易成本不大并且产权明确,通过交易产生有效的结果

D. 如果交易成本不大并且产权明确,通过交易能够减少外部性

三、计算题

某饲养场排放污水污染了河流,造成的外部不经济为100美元/头。牛的市场供给与需求表如下。

需　　求		供　　给	
价格(美元)	数量(头)	价格(美元)	数量(头)
200	350	200	1 100
180	500	180	1 000
160	650	160	900
140	800	140	800
120	950	120	700
100	1 100	100	600
80	1 300	80	500

(1) 找出市场的均衡数量和均衡价格。

(2) 计算社会边际成本从而得出符合资源最优配置的牛的数量。

(3) 比较市场的均衡数量和资源最优配置的数量。

四、分析题

1. 范围经济与规模经济有什么不同?

2. 科斯定理的基本内容是什么?

第十章

宏观经济学基础

从本章开始阐述宏观经济学的基本理论。宏观经济学是对整个经济运行的研究，包括分析产出、就业和价格水平的短期波动，货币的供求以及财政和货币政策、失业和通货膨胀、经济增长、国际贸易和国际金融等。归纳起来，宏观经济学以两大核心命题为主要线索：产出、就业和价格水平的短期波动，产出和生活水平的长期变动趋势。前者研究的是经济周期问题，后者研究的是经济增长问题。

本章主要说明宏观经济学的主要宏观经济变量，以及决定这些经济变量的总需求和总供给。

第一节　宏观经济变量

国民产出、就业、价格水平是宏观经济最主要的经济变量。经济学家通常采用这些经济变量来判断和估计宏观经济形势；宏观经济学的基本内容也是围绕着对这些经济变量变动的研究而逐步展开的。本节主要叙述上述三个经济变量的含义、变动及其相互关系。

一、国民产出

经济活动的最终目标和结果就是提供人们所需要的各种商品和劳务。国民产出就是一个国家在一定时期内生产的商品和劳务的总和。商品和劳务构成国民产出的总量，它反映了一个国家的生产力水平。

国民产出与广义的国民收入是同义词。所不同的是，广义的国民收入被定义为是一个国家在一定时期内生产的商品和劳务价值的总和。而商品和劳务的附加价值构成价值的总和。其中，所谓“附加价值”指的是厂商的销售额同从其他厂商购买的原料和劳务的价值之间的差额。

衡量国民产出或者国民收入的指标涉及五个相关的概念,即国内生产总值(GDP)、国内生产净值(NDP)、狭义的国民收入(NI)、个人收入(PI)、个人可支配收入(DI)。

1. 国内生产总值

国内生产总值GDP,是衡量一国总产出最常用最全面的指标。GDP是指一个国家一定时期(一年或一个季度)内生产的全部最终产品(商品和劳务)的市场价值总额。

国内生产总值以及后面分析的国内生产净值等都是最终产品意义上的。“最终产品”是对应“中间产品”而言的。当汽车公司生产汽车时,钢铁等为中间产品,而汽车则是最终产品。“市场价值”一词是表示商品和劳务的市场价格。“生产的”说明GDP只包括现期生产的物品和劳务,并不包括过去生产的商品和劳务(比如二手汽车)的交易。

衡量GDP的方法有两种:名义GDP和实际GDP。名义GDP用实际市场价格衡量,包含着价格变化,反映了产量和价格的变动。实际GDP是剔除了价格变化,按固定价格或不变价格(如1992年的价格)来计算,因此只反映产量的变动。国民产出的水平和增长速度是用实际GDP来衡量的。实际GDP的各种变动被广泛地用来衡量产出水平和增长以及用来监测一国的经济脉搏。

用名义GDP除以实际GDP,就是GDP紧缩指数,用以衡量总体价格水平;用名义GDP除以GDP紧缩指数[(名义GDP/实际GDP)×100],可以得到实际GDP,借以说明由于价格水平变化所造成的统计标准的变动。

GDP有现实GDP和潜在GDP的区别。现实GDP是指实际发生的GDP。潜在GDP是阿瑟·奥肯首先提出的概念,又称潜在产出,指一个经济所能持续地生产的最大的产出水平。其公式为

$$Y^* = f(N^*, K, A)$$

式中,Y^*为潜在产出或潜在GDP,N^*为充分就业量,K、A分别为资本和技术。Y^*是每个愿意工作的人都能找到工作时能够生产的产出水平,因而,Y^*又被称做充分就业的产出。

潜在产出是由一国的生产力决定的。因为生产力水平是缓慢而稳定增长的,所以,潜在产出反映了国民产出长期增长的趋势。潜在GDP也称充分就业时的GDP。就是说,经济如果在潜在产出水平运行,会有较低的失业率和较高的生产水平。这表明充分就业不等于没有失业,充分就业时存在的失业率称为自然失业率,是劳工市场和商品市场的自发供求力量造成的失业率,即使在长期这种失业也不会自行消失。

奥肯提出潜在产出概念以后,随后发现了产出变动与失业变动之间存在着的数量相关关系,这就是奥肯法则。奥肯法则指出,GDP相对潜在GDP每下降2%,失业率就上升1%。这就意味着如果初期GDP是潜在GDP的100%,那么GDP下降到潜在GDP的98%,失业率就会上升1%。奥肯法则揭示了产品市场和劳工市场之间极为重要的联系,描述了实际GDP的短期变动与失业率变动的关系。防止失业率的上升,实际GDP必须保持与潜在GDP的同步增长,即GDP必须不断增长才能保证原有的失业率水平不变;要使失业率下降,实际GDP的增长必须快于潜在GDP的增长。这就是奥肯法则的重要结论。

例如，美国在1979—1982年经济停滞时期，实际GDP没有增长，而潜在GDP在这一时期每年增长3%，三年共增长了9%。奥肯法则认为，实际GDP相对潜在GDP每下降2%，失业率会上升1%。因此，GDP相对潜在GDP下降了9%，失业率会上升4.5%，1979年实际失业率为5.8%。奥肯法则预言1982年的失业率为10.3%，最终官方统计显示，1982年实际失业率为9.7%。这说明奥肯法则可以用来预测经济周期中的失业率。

可以用以下公式描述奥肯法则

$$失业率变动=-1/2\times(实际GDP变动的百分比-3\%)$$

根据公式，当实际GDP平均增长率为3%时，失业率保持不变。当GDP增长快于3%时，失业率下降的幅度等于产出增长率的一半。例如，如果实际GDP至第二季度增长5%，高于正常水平2%，奥肯法则预期失业率下降1%。而当实际GDP下降，或增长不到3%时，失业率则上升。又如，如果实际GDP至第二季度下降1%，奥肯法则预期失业率上升2%。

这一法则只是对美国实际GDP与失业率的简单描述。经济学家用其分析其他国家的数据时，得到的结论与奥肯法则略有不同。不过，这一法则表明了GDP变动与失业率变动之间的相关性。

另外，我们要区别开GDP和GNP这两个概念。GDP是一个“领土”或“地域”概念，是指在一国范围内所有生产者在一定时期内生产的商品和劳务的市场价值。GNP是一个“国民”概念，是指某国国民在一定时期生产的商品和劳务的市场价值。可见，GDP关注在何处生产，而GNP关注资源的所有权。

现实GDP有时会大于潜在GDP，有时会小于潜在GDP，两者的差额称为国内生产总值缺口，用Y表示实际GDP，用Y^*表示潜在GDP。

$$GDP缺口=Y^*-Y$$

当$Y<Y^*$时，GDP缺口称通货紧缩缺口，这时需求不足，导致价格水平下降。如果有效需求紧缩到充分就业所必需的水平以下，伴随着物价的降低，生产也将减少，这就是通货紧缩现象。

当$Y>Y^*$时，GDP缺口称为通货膨胀缺口，表现为需求过多，价格水平上涨。之所以产生实际GDP大于潜在GDP的情况，是因为，工人可以加班加点，机器设备能超负荷运转，超过正常强度的使用。

经济学家认为，经济持续下降的时间超过两个季度就是衰退。潜在产出与实际产出之间的缺口并不大时，经济的下降称为衰退；当产出持续下降，实际产出与潜在产出之间的缺口很大时，经济的下降称为萧条。

2. 国内生产净值

国内生产净值NDP，是指一国生产的物品和劳务扣除了在生产过程中的资本消耗即折旧以后的价值。国内生产总值中的“总”字包含着折旧，而国内生产净值中的“净”字扣除了折旧，这就是二者之间的显著区别。

3. 狭义的国民收入

狭义的国民收入NI，是指为生产最终产品和劳务向生产要素所有者支付的全部收入的总和，即工资、地租、利息和利润的总和。根据产品耗尽原理，当要素价格等于要素的边际产品价值时,全部要素的收入恰好耗尽全部产品价值。或者说,产品价值会被全部要素的收入所耗尽,产品价值总量等于全部生产要素所获得的收入总和。因此,当年投入的全部生产要素所获得的收入总和就必然等于当年最终产品的价值总额,即 GDP＝NI。这表明:有 1 美元的收入就必然有 1 美元的最终产品,有 1 美元的最终产品就必然有 1 美元的收入。

4. 个人收入

个人收入 PI,是指所有家庭得到的收入总额,包括薪金收入、租金、股息和利息收入、来自政府的转移支付等。

因为生产要素报酬意义上的国民收入不是全部归个人所有,所以,要从国内生产净值中减去间接税,这是国民产出的市场价值中交给政府的部分。还要减去公司未分配的利润,减去公司所得税、社会保险税。政府的转移支付,如救济金、政府公债利息等,虽然不包括在国内生产净值中,但已成为家庭收入的一部分,因此也是个人收入的一部分。

5. 个人可支配收入

个人可支配收入 DI,是指个人收入扣除向政府缴纳的个人所得税。个人收入并不是全部属于个人可以自由支配的收入,还需缴纳个人所得税。个人可支配收入可以用于消费,也可以用于储蓄,个人可支配收入用于消费以后的余额就是储蓄。

将上述衡量国民产出指标涉及的五个相关概念之间的关系概括如下:

GDP－折旧＝NDP

NDP－间接税＝NI

NI－社会保险税、公司所得税、公司未分配的利润＋政府转移支付＝PI

PI－个人所得税＝DI

二、就业与失业

就业与失业是宏观经济学的关键变量。经济衰退最显著的表现,就是人们失去工作成为失业者,而经济繁荣时期,会有更多的就业机会。

宏观经济学研究的一个重要问题是,为什么经济不能为所有的劳动力提供就业机会,即使在经济繁荣时期,仍然存在着失业者。不过,经济学家提供了一种被称为"搜寻理论"的最佳求职策略。

搜寻理论的假设是,不同工作的工资和工作条件不同;求职者的行为在经济上是理性的。搜寻理论指出,最佳求职策略是不能接受第一个工作——可能是在附近的快餐店的工作。求职者应当进行权衡或比较,是现在就得到工作还是等待以后得到更好的工作,并且减去等待成本。例如,如果求职者马上可以得到一个每周 350 美元的工作,但是等待 6 周之后他或许可能得到每周 400 美元的另外一份工作,工资比第一份工作高 14%。同时,假定每份工作都是从现在起工作一年。

做较低工资的工作,一年的总收入为 350 美元×52(周)＝18 200 美元;而失业后等待 6 周得到更好的工作,总收入为 400 美元×46(周)＝18 400 美元。可见,从计算得出的总收入来看,等待更好的工作是有利的。

但是，有许多因素决定着搜寻理论描述的最佳求职策略能否实现。第一，求职的成功率依赖于可以提供的工作岗位。如果求职者很多而新工作很少，那么求职者发现并得到新工作的概率就很小。第二，求职的成功率依赖于等待更好工作的成本。如果等待更好工作的成本很高，则求职者一般希望接受第一份工作。

就业人数指全日工作的成年人的数量，因病、因假或因罢工而缺勤者也算就业。各国对成年人的规定年龄有着不同的规定，一般为 16 岁以上。

失业人数指没有工作但在最近的四周里积极寻找工作的成年人的数量。对失业人数的统计通常指城镇失业者，不包括农村失业者。

$$失业率=(失业人数/劳动力人数)\times 100\%$$

在以上公式中，劳动力人数包括就业者和失业者。

一般来说，就业和失业与经济周期波动有关。经济繁荣时，就业率上升，失业率下降；经济萧条时，就业率下降，失业率上升。例如，美国在 1933 年大萧条时期有 25％的失业率。

三、一般价格水平

一般价格水平指各种商品价格的平均数，常用有重要影响的大类商品价格的指数来衡量。这些价格指数包括消费者价格指数、生产者价格指数和国内生产总值紧缩指数。

价格水平本身与价格水平的变动相比，价格水平的变动更为重要。因为影响人们生活水平的是价格水平的变动，价格水平发生变动会引起经济的通货膨胀或通货紧缩。例如，美国在 20 世纪七八十年代的通货膨胀使产出损失高达 1 万亿美元，对国民的生活水平带来很大影响。

价格水平变动的程度称为通货膨胀率。通货膨胀率是总体价格指数从一年期到下一年增长的百分比变动。其公式为

$$通胀率=\frac{P_t-P_{t-1}}{P_{t-1}}\times 100\%$$

式中，P_t 为今年的价格指数，P_{t-1} 是去年的价格指数。

例如，今年的价格指数为 150，去年的价格指数为 132，则通胀率为：[(150－132)/132]×100％＝13.6％。

第二节　总供给和总需求

国民产出、就业和一般价格水平，这些主要宏观经济变量是如何被决定的？是什么因素导致其发生变化？答案是，总供给和总需求决定主要宏观经济变量及其变动。

一、宏观经济各变量之间的关系

图 10-1 显示了宏观经济各变量之间的关系。左侧是决定总供给和总需求的主要变

量:财政政策和货币政策等政策变量,厂商为生产而获得的价格水平、生产能力或潜在产出水平,资本和劳动的数量以及管理效率和技术效率。

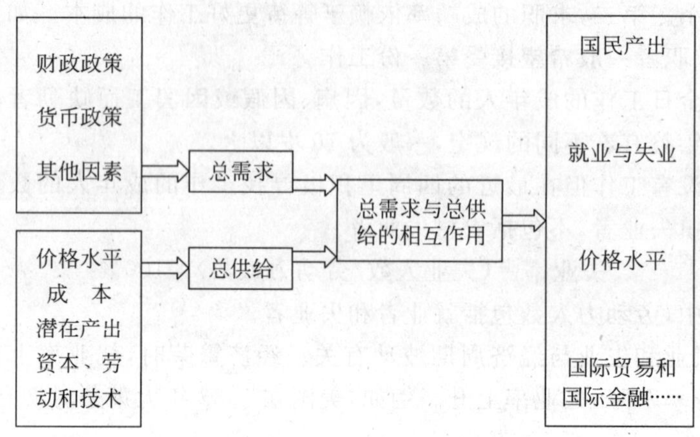

图 10-1 总供给和总需求决定主要宏观经济变量

中间部分表示当总需求水平与可供利用的资源相联系时,总供给和总需求就会相互作用。

右侧是经济活动的主要结果:国民产出或实际 GDP、就业与失业、价格水平与通货膨胀、国际贸易和国际金融等。

二、总需求与总供给

总需求 AD 是指给定价格、收入和其他经济变量,消费者、厂商和政府想要支出的总额。简言之,总需求是消费者、厂商和政府支出的总和。影响总需求的因素取决于价格水平、货币政策、财政政策和其他因素。总需求 AD 一方面指对总产品的需求量,是一个物量指标;另一方面指用货币表示的总需求或总支出 AE,是一个价值指标。

总供给 AS 是指给定价格、生产能力和成本,所有厂商想要生产并出售的产品总量。总供给取决于价格水平、经济的生产能力和成本水平。总供给 AS 一方面是指最终产品市场上供给的产品数量 Y,是一个物量概念;另一方面是指最终产品市场上供给的产品的价值,是名义国民收入或名义国内生产总值,是一个价值概念。

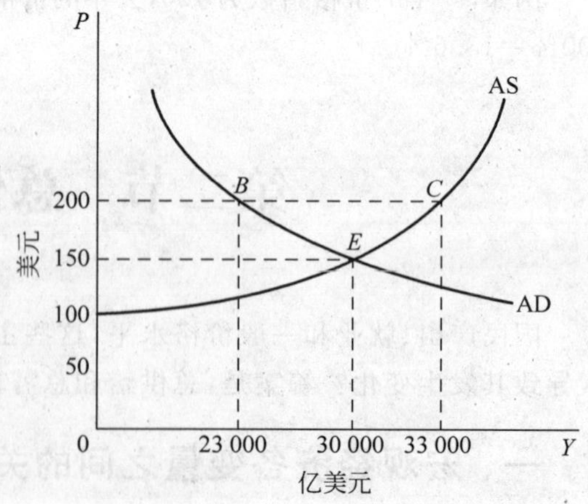

图 10-2 总需求曲线与总供给曲线

三、总需求曲线和总供给曲线

用图 10-2 说明总需求 AD 曲线和总供给 AS 曲线。AD 曲线表示对各种产品的需求总量和对应的价格水平之间的关系。假如,价格水平 P 为 150 美元时,总支出(用货币表示的总需求）为每年 30 000 亿美元。如果价格水平升至 200 美元，总支出将降至 23 000 亿美元。

AS 曲线表示所有厂商想要生产的产出总量与对应的价格水平之间的关系。当 P 为 150 美元时，产出总量为 30 000 亿美元。如果价格水平升至 200 美元，则厂商所希望出售或供给的产出总量为 33 000 亿美元。

第三节　国民产出的核算

一、两种统计方法和宏观经济行为的环行流动图

国民产出是通过国民收入核算进行定义和计算的。国民收入核算可以用产品流量法和收入流量法两种完全独立的方法进行统计。

假设一个极其简化的经济社会：家庭和企业的两部门经济，不存在政府和国外部门，这一经济没有投资，暂时只生产消费品。GDP 的统计方法以及两部门的关系，用图 10-3 来说明。

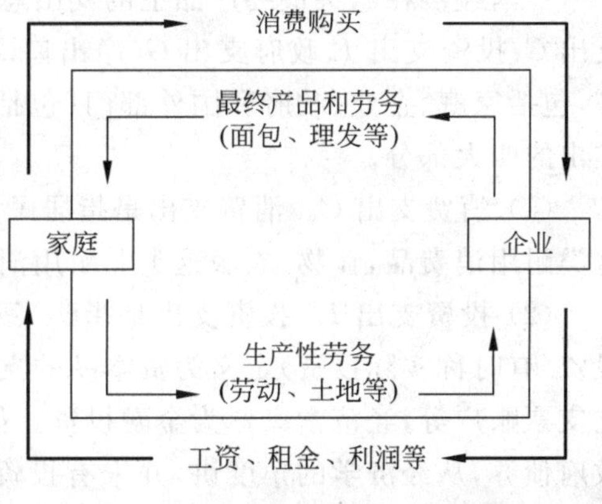

图 10-3　两部门经济的环形流动图

环形图的上半部分为产品市场，家庭用货币购买企业生产的产品。例如，面包、汽车等商品，医疗、理发等服务。国民收入只计算最终产品，即最终可供消费者购买并使用的东西而不是中间产品以及用于生产其他产品的产品。家庭在消费品上的货币价值加总，即总支出 AE，代表着产品的总流量。这就可以统计出国民收入或国民产值：（面包的价格×面包的数量）+（理发的价格×理发的数量）+……计入所有的最终产品。

环形图的下半部分为要素市场，家庭向企业提供劳动、资本、土地、企业家才能等要素，并从企业取得工资、利息、地租、利润等要素的报酬。家庭获得的要素报酬的总和代表着收入的总流量。同时，这也是企业经营活动付出的各种成本。

从以上两种方法的分析中，可以得出：在经济中每生产 1 美元的产品，就会有 1 美元的收入。或者说，一定时期内生产的全部产品的价值是国内生产总值，而在生产这些产品中产生的总收入就是国民收入。前者是经济的产出量，后者是生产中产生的收入量或成本量。这两种方法的结果必然相等，即：

$$GDP=NI$$

我们可以借用一个小餐馆来理解这一点。假定经营者除了支付自己的劳动之外没有别的开支。如果他提供 10 份早餐，每份收费 3 美元，那么这个经济的 GDP 就为 30 美元。

但经营者的工资和利润也正好为30美元。

如果家庭部门将其收入全部用于消费支出，产品市场上的总供给就会等于总需求，最终产品市场将全部出清。所以，在两部门条件下消费支出就是最终产品市场上的总支出。因此，最终产品市场出清的基本条件就是国民收入等于总支出。即：

$$NI=GDP=AE$$

二、GDP的核算方法

核算GDP常用的方法主要有两种：产品流量法和收入流量法。

1. *产品流量法*

产品流量法或支出法是根据购买最终产品的支出来计算GDP的方法，是计算全部最终产品的价值的方法。假定棉花为中间产品，棉纱为最终产品。棉花的价值为1 000万美元，棉纱的价值为2 000万美元，两种产品价值为1 000万美元+2 000万美元=3 000万美元。在这种计算中出现了所谓“重复计算”问题，是中间产品棉花的价值被重复计算了。为避免重复计算，要减去中间产品的价值，才构成用支出法计算的GDP。这样，作为最终产品的棉纱的价值应当是3 000万美元−1 000万美元=2 000万美元。

一国经济在购买最终产品上的支出总额叫作总支出AE。总支出包括四大部分：消费支出C、投资支出I、政府支出G、净出口$X-M$。与总支出四大部分相联系的是四部门经济，包括家庭、企业、政府和国外部门(包括外国的消费者、厂商和政府)。下面分别说明总支出的四大部分。

(1) 消费支出C。消费支出是指居民用于消费品的支出。消费品包括小汽车、电视机这类耐用消费品，食物、衣服这类非耐用消费品，医疗、理发这类劳务。

(2) 投资支出I。投资支出是指购买不用于本期消费的最终产品的支出。经济学家将投资(有时称实际投资)定义为资本品的支出、购买新住宅的支出。而购买公司的股票或开立支票账户等，经济学家称为金融投资。如果从保险柜里取出1 000美元存入银行，或购买政府债券，从经济学的角度讲，并未有投资发生。只是将一种金融资产形式转为另一种金融资产形式。因此，只有当有形的资本品发生时，经济学家才认为形成了投资。

一定时期投资总额叫总投资，总投资包括重置投资和净投资。重置投资用于资本消耗的补偿，净投资等于总投资减去折旧。作为总支出或GDP一部分的是总投资而不是净投资。因为所有的投资品不论是属于净投资还是重置投资都是国民产出的一部分。

(3) 政府支出G。政府支出是指政府购买物品和劳务的支出。对政府支出要明确以下几点：第一，不能从最终产品的角度判断政府的某些支出是否应计算。政府提供的某些劳务起着中间产品的作用，如环保人员对环境污染的防治，然而，这些劳务如果看成独立的劳务形式，又具有最终产品的性质。但政府的绝大多数服务并不在市场上出售。西方国家把本国雇员的薪金开支和向私人厂商购买物品均计入“政府消费性开支及总投资”，它等于中央及地方政府对GDP的贡献。

第二，政府支出是根据成本，而不是根据市场价值来计算的。因为政府提供的许多公共品不能用市场价值来估算，如政府提供的治安工作等。

第三，政府支出不包括在转移支付上的支出。转移支付是指政府对个人的一种支付，包括失业保险金、退休金、抚恤金等福利性支出，以及国债的利息支出等。因为转移支付是无回报性的，不是为了购买当前的物品和劳务，不能直接导致产出的增加，目的是满足某种社会需要，因而不计入政府支出，也就不能计入GDP。

需要指出的是，国债或公债是为了支付过去的战争或者政府项目费用的需要发行的，国债的利息支付也并不是由于政府购买当前的物品和劳务的支出，是政府为了偿还过去借债的一种行为。

另外，我们还要注意分清政府购买和转移支付。例如，当政府向一位军官支付薪水时，是政府购买行为。而当政府向一位退休工人支付退休金时，就是政府的转移支付。其中的区别是，是否交换现在生产的物品和劳务。

(4) 净出口 $X-M$。X 为出口，M 为进口。一般地说，一国的经济都是一个从事物品和劳务进口和出口的开放经济。在进出口含义中，不仅包括物品的进出口，还包括劳务和资本的输出和输入。

出口总额包括一定时期内本国生产并卖给外国的物品的价值，加上本国向外国提供的劳务的收入，再加上本国在国外投资和贷款获得的股息和利息等收入，得到的是出口总额。

进口总额包括一定时期内本国购买的外国生产的物品的价值，加上本国支付给外国提供的劳务报酬和外国在本国投资的股息和利息等支出，得到的是进口总额。

净出口＝出口总额－进口总额

将净出口与国内对新资本品的投资合在一起是国民投资净额。这是因为，当一国的出口大于进口时，它是将贸易盈余或净出口投资于海外，这个部分叫作“对外净投资”。这种对外投资应该与国内资本形式加总，以便获得一个国家留给未来的资本总量，这些资本总量就是国民投资净额。这样，按支出法计算的国内生产总值为

$$\text{GDP}=C+I+G+(X-M)$$

表10-1为用产品流量法或支出法计算的1995年美国GDP的构成情况。表10-1中，显示的最终销售等于GDP减去存货投资(表中的细目由于四舍五入，故相加之后有可能不等于总额)。

表10-1　1995年美国的国内生产总值(支出法)　　10亿美元

国内生产总值	7 247.7
消费	4 923.4
耐用品	606.5
非耐用品	1 485.2
服务	2 831.7
投资	1 067.5
固定资产投资	1 029.3
非住宅	739.9
住宅	289.4
存货投资	38.1
政府购买	1 358.5

续表

净出口	−101.7
出口	804.5
进口	906.2
最终销售	7 209.6

2. 收入流量法

收入流量法或成本法是从生产过程中产生的收入流量的角度核算GDP的，是计算全部收入总和的方法。在这一核算方法中，也会出现“重复计算”，为避免重复计算，要计入各生产环节为生产要素所支付的成本，同时扣除从其他厂商购进的原材料和劳务的价值，只将附加价值计入GDP。这样，所有厂商增加值(对原材料和半成品加工后增加的价值)的总和必然等于全部收入(工资、租金、利息、利润)的总和，因为厂商的增加值是以工资、租金、利息、利润等形式支付给要素提供者的。

在上例中，在棉花增加值(假定棉花的生产成本是零)1 000万美元中，400万美元作为工资支付给劳动者，同时向资本和土地所有者各支付300万美元的利息和租金。假定棉纱的增加值为1 000万美元，在棉纱的增加值1 000万美元中，工资、利息、租金各占400万美元、300万美元、300万美元。

将各项相加：[(400+400)万美元工资+(300+300)万美元利润+(300+300)万美元租金]=2 000万美元，2000万美元就是最终产品棉纱的价值。可见，以上两种方法的计算结果，至少在理论上是完全相同的，其公式如下：

最终产品价值=产品增加值总和=全部收入总和

表10-2显示1995年美国的国内生产总值与国民收入的关系，是从收入方面衡量GDP的。表中，厂商转移支付是指厂商馈赠礼物等，要从国民收入中扣除。而政府对厂商的补贴要加入国民收入。

表10-2　1995年美国的国内生产总值(收入法)　　10亿美元

国内生产总值	7 247.7
加：净要素支付	−10.2
等于：国民生产总值	7 237.5
减：折旧	825.8
等于：国民生产净值	6 411.7
减：销售税和国内货物税	595.9
减：厂商转移支付	30.5
减：统计误差	4.2
加：政府对厂商的净补贴	18.1
等于：国民收入	5 799.2

从表10-1和表10-2中可以看出，用产品流量法和收入流量法计算的1995年美国的国内生产总值是相同的。我们再用表10-3对两种方法进行一下对比(表中的细目由于四舍五入，故相加之后有可能不等于总额)。

表 10-3　2000 年美国国内生产总值的两种计算方法　　10 亿美元

支出法		收入法	
最终产品		收入	
消费	6 757.3	雇员报酬	5 638.2
投资	1 832.7	利润、租金、利息等	2 368.1
政府支出	1 742.7	间接税	1 257.1
净出口	−370.7	折旧	699.6
总计	9 963.1	总计	9 963.1

经济学家使用 GDP 测量经济的总产出，但 GDP 作为总产出的测量方式存在着不足。主要是没有包括家庭产出和地下经济产出。例如，一个木工制作的书架仅供自己使用，便没有计入 GDP。个人或厂商为了避免税收，或者其产品和劳务本身就是非法的，而将产品和劳务的销售及其购买隐匿于政府的视线之外，这就是所谓地下经济。美国的地下经济规模估计是 GDP 的 10%，或者 10 000 亿美元。而在津巴布韦、秘鲁等不发达国家，地下经济的规模更大，可能超过 GDP 的一半。

GDP 主要用于测量一国的总产出，但有时也作为测量福利的指标。例如，人均 GDP 的高低，意味着生活水平的高低。但 GDP 作为衡量福利的指标并不完美。主要原因，一是 GDP 没有包括闲暇的价值。例如，1890 年，美国人每周工作 60 小时，而现在每周工作少于 40 小时。如果仍然工作 60 小时，虽然 GDP 增加了，但人们的福利却降低了，因为闲暇时间减少了。二是 GDP 没有对有些社会问题的变化做出调整。例如，如果社会的犯罪增加，而为解决犯罪增加需要增加警察等，这意味着增加政府支出和增加 GDP，但犯罪的增加却会减少社会福利。三是 GDP 没有对环境污染等问题做出调整。例如，GDP 指标无法反映酸雨、温室效应等环境退化问题带来的损失。因此，各国试图建立新的账户，解决这一问题。1994 年，美国商务部公布了扩充的国民收入账户，其中就包括了环境账户或绿色账户，用以统计自然资源和环境资源对国民收入的贡献。

第四节　GDP 核算的恒等式

在国民产出核算方法的基础上，可以推导出 GDP 核算的恒等式，进而得到分析宏观经济时所需要的投资与储蓄的恒等式。

一、GDP 的恒等式

从产品流量和收入流量核算的 GDP 必然相等，GDP 的恒等式为

$$C+I+G+(X-M)=C+S+T$$

在等式的左边，是 GDP 在最终产品上的总支出，构成产品流量。在等式的右边，是生产过程中的收入总和，构成收入流量。C 是可支配收入中用于个人消费的部分；S 为个人

和厂商总储蓄之和,为私人储蓄,其中,个人储蓄＝DI－C,厂商总储蓄＝厂商净储蓄＋折旧,而净储蓄是厂商利润扣除交给政府的所得税和付给个人的股息后的存留部分;T 为政府的净税收,净税收为总税收减去转移支付。

二、投资与储蓄的恒等式

投资与储蓄是国民收入账户中最重要的一对范畴,是建立宏观经济模型的基础。

1. 两部门经济模型

假定是封闭经济,并且略去政府的经济活动,只有家庭和企业两个部门。根据国民产出流量的分析,一定时期的总支出必然等于总收入,或者总供给等于总需求。因此,可以从总供求的相互关系考察国民产出的决定,而总供求相等时的国民产出称为均衡国民产出。

从支出或需求方面看,一国的国民产出是一定时期的用于消费支出和投资支出的总和。所以,国民产出或国民收入等于消费加上投资,即:

$$Y = C + I$$

从收入或供给方面看,一国的国民产出是一定时期的各种生产要素供给的总和,等于各种生产要素获得的收入总和。这些收入除了用于消费的,其余的就是用于储蓄。所以,国民产出或国民收入等于消费加上储蓄,即:

$$Y = C + S$$

由于 $C+I=Y=C+S$,总供求均衡公式 NI＝AE 可写成

$$C + I = C + S$$

这个公式表明,在产品流量方面,生产的全部最终产品,除了用于消费之外,剩余的部分用于投资。在收入流量方面,收入没有用于消费的部分就是储蓄。等式的两边同时消去 C,可得

$$I = S$$

这一模型表示,只要储蓄等于投资,在两部门条件下,最终产品市场上的总供求就必然相等。这一关系说明,国民收入的漏出量和注入量相等,是总供求均衡的基本条件。

2. 三部门经济模型

在两部门的基础上加上政府,就构成三部门经济。政府的经济活动表现在两个方面:一方面有政府收入,主要是税收。另一方面有政府支出,包括购买物品和劳务的支出以及转移支付。

这样,从支出方面看,国民产出等于消费、投资和政府支出的总和,用公式表示为

$$Y = C + I + G$$

从收入方面看,国民产出是生产要素所有者获得的收入总和,总收入除了用于消费和储蓄以外,还要向政府纳税。对于居民,一方面要向政府纳税,另一方面又得到政府的转移支付。这样,国民产出等于消费、私人储蓄和政府的净税收(总税收减去转移支付)的总和,用公式表示为

$$Y = C + S + T$$

由于 $C+I+G=Y=C+S+T$,三部门经济的恒等式为

$$C+I+G=C+S+T$$

等式两边消去 C，同时将 G 移至等式右边，得到

$$I=S+(T-G)$$

等式的左边是投资，右边是私人储蓄 S 和政府储蓄 $(T-G)$ 之和。

3. 四部门经济模型

三部门经济加上国外部门，就成为四部门经济。国民产出的构成从支出角度分析，等于消费、投资、政府支出和净出口，其公式为

$$Y=C+I+G+(X-M)$$

从收入角度分析，国民产出等于消费、私人储蓄和政府净税收，其公式为

$$Y=C+S+T$$

由于 $C+I+G+(X-M)=Y=C+S+T$，四部门经济的恒等式为

$$C+I+G+(X-M)=C+S+T$$

将等式两边的 C 消去，并将政府支出 G 移至等式右边，得到

$$I+(X-M)=S+(T-G)$$

等式左边为投资总额，包括国内投资和对外净投资；右边为储蓄总额，包括私人储蓄和政府储蓄。

一、概念

将定义的序号填入概念的____中。

____国民产出	____GDP	____潜在产出
____奥肯法则	____NDP	____个人收入
____可支配收入	____通货膨胀率	____总需求
____总供给	____支出法	____金融投资
____转移支付	____收入法	____$I=S$

1. 一个经济所能持续地生产的最大的产出水平。

2. 一国生产的物品和劳务扣除了在生产过程中的资本消耗(折旧)后的价值。

3. 所有家庭得到的收入总额，包括工资和薪金收入、租金、股息和利息收入、来自政府的转移支付等。

4. 价格水平变动的程度，是价格水平从一年到下一年(或从一个月到下一个月)的升降率。

5. 衡量一国总产出最常用最全面的指标。是一个国家一定时期内生产的全部最终产品的市场价值总额。

6. 表明产出变动与失业变动之间存在的相关关系。

7. 一个国家在一定时期内生产的物品和劳务的总和。物品和劳务构成国民产出的总量，它反映了该国的生产力水平。

8. 个人收入扣除向政府缴纳的个人所得税。

9. 给定价格、收入和其他经济变量,消费者、厂商和政府想要支出的总额。

10. 根据购买最终产品的支出来计算 GDP 的方法,即计算全部最终产品的价值的方法。

11. 政府对个人的一种支付,包括失业保险金、退休金、抚恤金等福利性支出,以及国债的利息支出等。

12. 给定价格、生产能力和成本,所有厂商想要生产并出售的产品总量。

13. 购买公司的股票或开立支票账户。

14. 从生产过程中产生的收入流量的角度核算 GDP,计算全部收入的总和。

15. 只要储蓄等于投资,在两部门条件下,最终产品市场上的总供求就必然相等,这一关系是总供求均衡的基本条件。

二、选择题

1. 名义 GDP 和实际 GDP 的主要区别是(　　)。

A. 实际 GDP 按价格变化做了调整,而名义 GDP 则没有调整
B. 名义 GDP 按价格变化做了调整,而实际 GDP 则没有调整
C. 实际 GDP 在通货膨胀时增长得更多
D. 名义 GDP 在通货紧缩时增长得更多

2. 如果一国的 GNP 小于其 GDP,说明该国国民从国外取得的收入(　　)外国国民从该国取得的收入。

A. 大于　　B. 小于　　C. 等于　　D. 不能确定

3. 如果潜在 GDP>现实 GDP,那么(　　)。

A. 出口一定大于进口　　B. 出现通货膨胀缺口
C. 将导致高失业率　　D. 将保持低失业率

4. 经济衰退和经济萧条的区别是(　　)。

A. 经济萧条一般先于经济衰退发生
B. 萧条时期失业率高且持续时间长
C. 都与经济政策调控不力有关
D. 都是经济周期波动的反映

5. 假设要从国民生产净值 NDP 中计算个人收入,就不需要(　　)。

A. 扣除折旧　　B. 扣除转移支付
C. 扣除间接税　　D. 扣除公司未分配的利润

6. 假设名义 GDP 为 4 240 美元,GDP 紧缩指数为 106,实际 GDP 是(　　)。

A. 40.0 美元　　B. 42.4 美元　　C. 4 240 美元　　D. 4 000 美元

7. 在下列项目中,不属于政府购买的一项是(　　)。

A. 地方政府投资建设学校
B. 政府发放的一笔住房补贴
C. 政府采购一批军事装备
D. 政府给公务员增加工资

8. 下列不列入 GDP 核算的一项是(　　)。

A. 厂商出口到德国的一批货物的收入

B. 政府给贫困家庭发放的一笔救济金

C. 经纪人为一套旧房买卖收取的佣金

D. 保险公司收取的家庭财产保险费

9. 在四部门经济中,GDP 是(　　)的总和。

A. 消费、总投资、政府购买和净出口

B. 消费、净投资、政府购买和净出口

C. 消费、总投资、政府购买和总出口

D. 工资、地租、利息、利润和折旧费

10. 核算 GDP 的支出法和收入法(　　)。

A. 是用以衡量 GDP 彼此没有关联的不同方面

B. 是衡量 GDP 的不同方法并且计算结果相同

C. 与宏观经济行为的环形流动图没有任何关系

D. 以上答案都不正确

11. GDP 核算中的所谓“重复计算”是指(　　)。

A. 既包括中间产品又包括最终产品

B. 核算 GDP 两种方法的结果相同

C. 当价格翻番以后名义 GDP 翻番

D. 以上答案都正确

三、计算题

1. 假设总需求函数为 AD=4 500－1 500P,总供给函数为 AS=1 500＋500P。求:均衡价格水平和均衡产出水平。

2. 某厂商支付 8 万美元工资给矿工开采了 50 千克银,以 12 万美元的价格卖给了银器制造商;银器制造商支付 6 万美元工资给工人加工了一批银装饰品出售,销售收入为 32 万美元。

(1)用产品流量法(支出法)核算 GDP。

(2)用收入流量法(成本法)核算 GDP。

四、分析题

GDP 作为衡量福利的指标有哪些缺陷?

第十一章 简单国民产出决定理论

国民产出是宏观经济学的核心，国民产出决定是宏观经济学的基础理论。国民产出决定过程是包括产品、要素、金融三大市场和家庭、企业、政府、国外四大部门在内的全部经济过程。一国的国民产出水平如何，取决于消费者、厂商、政府和国外部门在该国最终产品市场、要素市场、金融市场上的活动状况。只有分别研究了国民产出与三大市场的关系以及三大市场之间相互关联的传导机制，才能认识到国民产出决定的全貌。

在三大市场的宏观经济结构中，产品市场居于中心地位。因为，不但凯恩斯是以产品市场为中心建立其宏观经济模型的，而且新古典学派以及其追随者对宏观经济的研究也都是以产品市场为中心的。人们通常把以产品市场为中心建立的宏观经济模型称之为简单的国民产出决定理论。

以产品市场为中心建立的国民产出决定模型有两个，一个是对马歇尔均衡价格稍加改进而建立的总供求模型或AS-AD模型。另一个是由凯恩斯建立的总收入—总支出模型或NI-AE模型。AS-AD模型重点是说明价格水平的变动；NI-AE模型则主要突出总支出AE与国民收入NI之间的乘数关系。

第一节 国民产出决定的AS-AD模型

AS-AD模型用来说明总供给、总需求和一般均衡价格水平之间的关系。它是将总供给和总需求看作是一般价格水平的函数，用来说明包括价格水平和总产量在内的国民产出决定，是用以解释经济活动围绕着长期趋势在短期内波动的模型。但这一模型不是用来说明价格水平的决定机制。在 AS-AD 模型中,总供给 AS 和总需求 AD 是指对产品的总供求量,是一个物量指标。

一、国民产出决定的 AS-AD 模型

经济中的国民产出、就业和一般价格水平是由总需求和总供给共同决定的。凯恩斯强调指出,决定就业量的主要因素是产品的总需求和总供给。

国民产出决定的 AS-AD 模型,如图 11-1 所示。这一模型是将 AD 和 AS 放在一起,分析价格和产量的均衡值是如何形成的。图中,长期供给水平等于潜在国民产出 Y^*,均衡点为 E,决定了实际国民产出和价格水平的均衡值。如果价格水平高于 P_0,AS>AD,过多的供给会迫使价格水平下降。如果价格水平低于 P_0,AD>AS,过多的需求会使价格水平上升。所以,只有在 E 点,买卖双方才同时得到满足,供求数量正好相等。

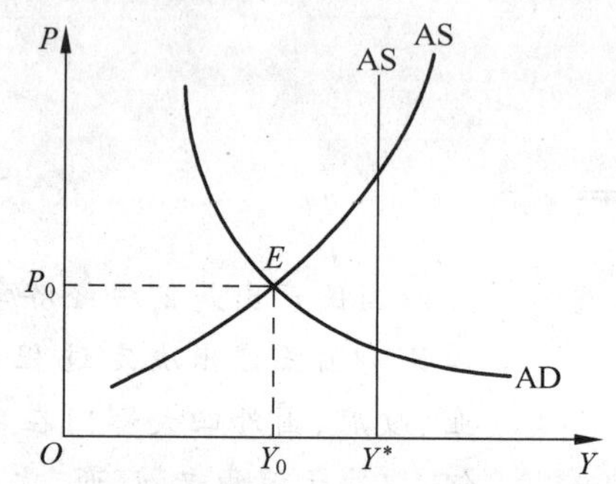

图 11-1 国民产出决定的 AS-AD 模型

图 11-1 说明了凯恩斯主义和古典学派(1776 年亚当·斯密开创)的区别,凯恩斯认为,总供给曲线是向右上方倾斜的,通过总需求曲线的向右移动,产出水平就会增加。古典学派则认为,总供给曲线是垂直的,价格是灵活变动的。因此,总需求曲线的移动,只会改变价格水平,而不会改变产出水平。

凯恩斯与古典学派的观点一样,认为市场可以使总供给和总需求达到均衡状态。不同的是,后者认为总供求会在充分就业的国民产出水平上自动实现均衡,市场存在自我矫正机制。凯恩斯则认为市场虽然能够均衡,却不一定在充分就业的国民产出水平上达到均衡,经济不存在自我矫正机制。当经济处于未充分就业状态时,政府通过提高社会总需求,使总需求曲线 AD 右移,实现充分就业的均衡。这种政府干预行为,不是政府干预市场调节机制,是利用市场自动调节机制。

图 11-1 展示了凯恩斯思想的精髓。第一,现代市场经济可能会陷入非充分就业的均衡,即总供求达到均衡时,而产出水平远远低于潜在产出水平,并且相当大的一部分劳动力处于非自愿失业状态。由于市场不存在自我矫正机制,经济可能在较长的时间内处于低产出和高失业的境遇之中。在图形上是因为均衡点在垂直的 AS 曲线左侧。第二,鉴于前者的原因,政府能够通过货币政策和财政政策扩大总需求刺激经济,出现较高的产出水平与就业水平,在图形上是 AD 曲线的右移。

二、总供求曲线的移动

产出、价格水平、就业的短期波动构成了经济周期,经济周期是所有市场经济的共同特征。经济周期的持续时间通常为 2~10 年,它以大多数经济部门的扩张或收缩为特征。

我们通过 AS-AD 模型的应用,进一步说明国民产出决定的 AS-AD 模型解释经济活动短期波动的作用。

1. 通货膨胀缺口图解

$Y_1 > Y^*$ 时，GDP 缺口称通货膨胀缺口，如图 11-2 所示。

假设由于政府的减税、增加国防开支等最终增加了总需求，将 AD_0 曲线向右移动至 AD_1，均衡点从 E_0 移动至 E_1，产出和就业水平迅速上升，而当产出水平超过潜在产出时，物价水平将上涨至 P_1。

美国在 1974—1975 年期间经济衰退。1975 年的减税法案导致 1975 年第二季度向消费者支付了 80 亿美元的退税额。这个退税额以及其他的税收削减带来消费支出的增加，政府的减税政策对经济复苏起到了很大的作用。

2. 通货紧缩缺口图解

当 $Y_1 < Y^*$ 时，GDP 缺口称通货紧缩缺口，如图 11-3 所示。

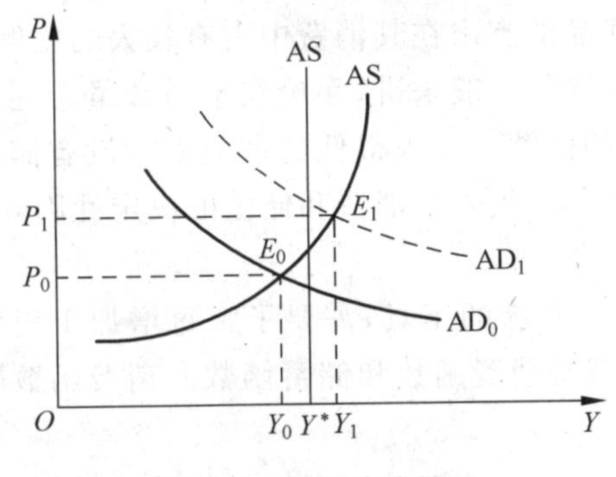

图 11-2　通货膨胀缺口

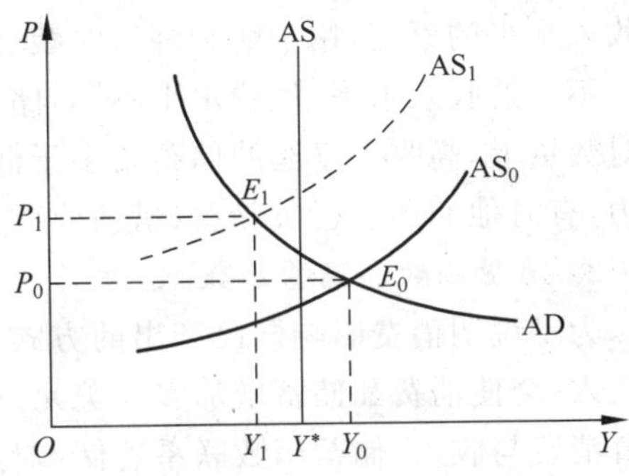

图 11-3　通货紧缩缺口

如果较高的价格水平 P_1，使 AS 曲线从 AS_0 左移至 AS_1，均衡点从 E_0 移动至 E_1。在价格水平从 P_0 上升至 P_1 的同时，产出水平从 Y_0 降至 Y_1，经济出现了低产出和高价格的所谓"滞胀"后果。

当 AS 曲线不变(仍在 AS_0)，AD 曲线向左下方移动，可以说明降低总需求导致的经济衰退。

美国在 20 世纪 70 年代，由于石油涨价和劳动成本的迅速提高，使厂商的经营成本急剧增加。原料和燃料的价格在 1972—1973 年一年中的上涨幅度，超过第二次世界大战之后至 1972 年的涨幅。1979 年石油价格再度暴涨，从 1978 年的每桶 14 美元涨至 1979 年的每桶 34 美元，导致通货膨胀率在 1978—1980 年平均每年上升 12%。

美联储为减缓通货膨胀实施了紧缩的货币政策，由此导致私人投资、净出口急剧下降。到 1982 年底，产出水平降至低于潜在产出 10%的程度，失业率从 1979 年的低于 6%升至 1982 年底的 10%以上，出现了严重的通货紧缩。

第二节　消费、储蓄与国民产出

第十章关于国民产出的核算，还不能说明不同时期的国民产出为什么会有不同。解释国民产出的变动需要进一步说明影响国民产出的主要经济变量及其相互关系。具体地说，收入与就业理论是建立在消费、储蓄与投资之间相互关系基础上的。通过说明消费、储蓄、投资这些变量与国民产出的关系,进而理解收入和就业理论。

一、消费和储蓄

消费是居民在购买物品和劳务上的支出。因此,储蓄是收入中没有用于消费的部分。本节分析问题的假定是,消费者所有的可支配收入用于消费和储蓄。

1. 消费、收入和储蓄的关系

收入、消费和储蓄紧密相连。经济研究表明,居民家庭消费构成具有一定的规律性:低收入家庭把他们的大部分收入用于购买食品、住房等生活必需品。随着收入的增加,人们将消费得多一些和好一些。但在食品上增加的支出因食品缺乏弹性而是有限的。对于高收入水平的家庭,用于购买高级时装、汽车等奢侈品的支出在其消费中占有较大的比例。

不同的收入水平,消费水平不同,储蓄水平也不同。一般来讲,无论在绝对数量上还是相对数量上,高收入家庭的储蓄要多于低收入家庭的储蓄。收入很低的家庭根本没有储蓄能力,有时他们还进行负储蓄(借债或减少财富)。可见,收入是消费和储蓄的决定性因素。

2. 消费函数和储蓄函数

为了说明消费影响国民产出的方式,需要引入一些新的工具,需要了解每增加 1 美元的收入,会使消费和储蓄增加多少美元。这个关系就是消费函数和储蓄函数。消费函数联系着消费与收入,储蓄函数联系着储蓄与收入。

(1) 消费函数

消费函数是宏观经济学最重要的范畴之一,消费理论研究的重点就是消费函数,它表示消费与收入之间的关系,并且假定消费和收入之间存在着稳定的关系。用公式表示为:

$$C = f(\mathrm{DI})$$

如图 11-4 所示,C 为消费曲线,表示消费与收入关系的曲线。消费和收入每一组合用圆点表示,将各点连接起来就是消费曲线(线性、非线性)。消费函数是递增函数,说明随着收入的增加,消费也相应地增加。因此,消费曲线是一条向上倾斜的曲线。

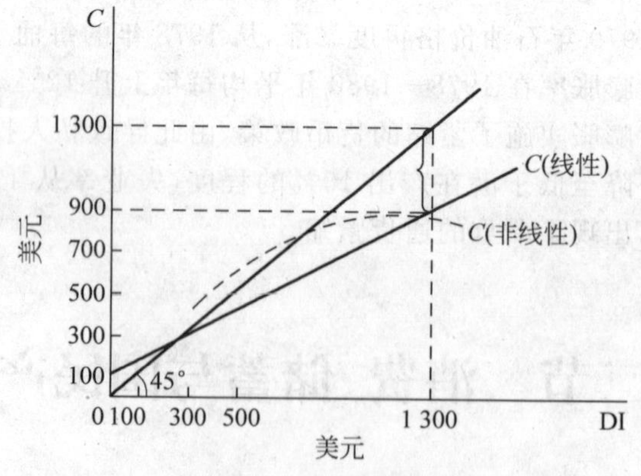

图 11-4 消费曲线

我们将图 11-4 称为凯恩斯 45°线图，或凯恩斯相交图，由此可见，从原点向右上方引出的 45°线具有独特的性质。45°线上任一点向横轴和纵轴的距离都相等。因此，从 45°线会看出消费支出是等于、大于、小于收入水平。消费曲线与 45°线相交点是收支相抵点；当消费曲线在 45°线之上时，$C>\mathrm{DI}$，靠借债弥补超支；图中的超支数额为 100 美元。当消费曲线在 45°线以下时，$C<\mathrm{DI}$，剩余部分是储蓄，两条线之间的垂直距离就是储蓄额。

消费函数的具体形式，取决于不同的消费函数理论。采用凯恩斯的绝对收入理论为基础假设的消费函数是线性消费函数。凯恩斯的绝对收入理论的最基本观点是，家庭消费在收入中所占比例取决于其收入的绝对水平。凯恩斯在其《就业、利息和货币通论》(1936 年，以下简称《通论》)中指出，适用于社会消费的基本心理法则是，随着收入的增加，消费也会增加，但是消费的增加不及收入的增加多，消费和收入的这种关系称做消费函数或消费倾向。公式为

$$C = a + b\mathrm{DI}$$

式中，a，b 是常数，$a>0$，$0<b<1$。a 表示不随收入变化而变化维持生活的最低支出，即使 DI=0 时，这部分消费也是必需的，叫作自发性消费。在表 11-1 的第一行中，可支配收入=0 时，消费仍有 100 美元，此时超支 100 美元。

由于净税收在两部门经济模型中等于零，所以，个人可支配收入 DI 就等于国民产出 y，或者等于国内生产总值 GDP。这样，消费函数又可以写为

$$C = a + by$$

b 表示在可支配收入的增量中消费增量所占的比例，称为边际消费倾向 MPC。

利用表中的数据[$a=100$，或 DI=0 时的消费；$b=(180-100)/100=80/100=0.8$]计算出的消费函数为

$$C = 100 + 0.8\mathrm{DI}$$

表 11-1　家庭的收入、消费和储蓄　　美元

可支配收入	消　费	储　蓄
—	100	−100
100	180	−80
300	340	−40
500	500	0
700	660	+40
900	820	+80
1 100	980	+120
1 300	1 140	+160
1 500	1 300	+200

许多经济学家对凯恩斯的消费取决于绝对收入的观点提出了质疑。他们认为，个人在做出消费决策时，既要看自己的现期收入，也要看他们未来可以得到的收入。

除了凯恩斯消费函数理论之外，还有弗里德曼的持久收入理论(PIH)、莫迪里安尼的生命周期理论(LCH)、杜森贝利的相对收入理论(RIH)等消费函数理论。

持久收入理论和生命周期理论，都不是以消费者现期得到的收入为出发点，而是根据消费者长期的或终生的收入期望值为出发点。

持久收入是指家庭的正常的或平均的收入。持久收入理论说明,消费主要取决于持久收入。该理论暗示,消费者对其收入变动的反应是不同的。如果收入是持久的,比如被聘到一个安全、收入更高的岗位,人们可能消费所增加的大部分收入。如果收入是暂时的,比如获得一次性奖金,那么人们可能会将其暂时增加的收入的大部分储蓄起来。

一个人的实际收入或计量收入在任何时期都是由持久性收入 Y_p 和暂时性收入 Y_t 两部分组成的。于是,实际收入或计量收入为

$$Y = Y_p + Y_t$$

按照持久收入理论最简单的形式,消费是持久性收入的一个固定的部分,即:

$$C = kY_p$$

式中,$k=F(i,w,x)$。比例系数 k 是由许多因素确定的,这些因素包括利率 i、非人力财产(如货币和股票)对人力财产(如未来期望的劳动收入)的比率 w、年龄和情趣为主要内容的其他影响变量 x。如果利率提高,则消费者对其持有财产的未来回报感到比较安全,因而系数 k 随之升高;如果在总资产中,非人力财产对人力财产的比率 w 提高,由于非人力财产比人力财产更为可靠,因此将增加消费者的安全感。

生命周期理论的基本观点是,一个人在少年阶段的消费大于收入;壮年时期的收入大于消费,其剩余部分偿还少年阶段的债务或储蓄起来以备老年时使用;老年时期,消费又大于收入,其差额用壮年时期的储蓄弥补。生命周期理论强调消费者的年龄因素,这是因为消费者在收入变动剧烈的一生中将努力平衡消费,而储蓄的目的是为了熨平生命过程中的消费波动。

相对收入理论不同于持久收入理论和生命周期理论。相对收入理论假定,消费是受消费者的相对收入影响的。相对收入既指现时收入相对于前期收入,又包括现实收入相对于其他人的收入。相对收入理论的独到之处,在于杜森贝利假定消费者从给定消费中获得的效用,在一定程度上取决于消费者周围其他人当时在消费什么。可见,消费者的消费偏好是相互作用的,每个人的消费受其他人消费的示范效应的影响。

相对收入理论指出,人们的消费习惯是,容易增加消费而不宜减少消费。从长期看,消费与收入有一个固定的比例,但随着经济周期的波动,经济高涨时收入增长较快,经济衰退时收入逐渐降低。当经济高涨时随着收入的增加会使消费增加,而当经济衰退时随着收入的降低却不能使消费降低,这一特点称为易上难下的"棘轮效应"。因此,从短期看,消费与收入随着经济的周期波动呈现出不成比例的变动。这是相对收入理论的短期消费函数与长期消费函数的不同之处。用图 11-5 解释相对收入理论的短期消费函数。

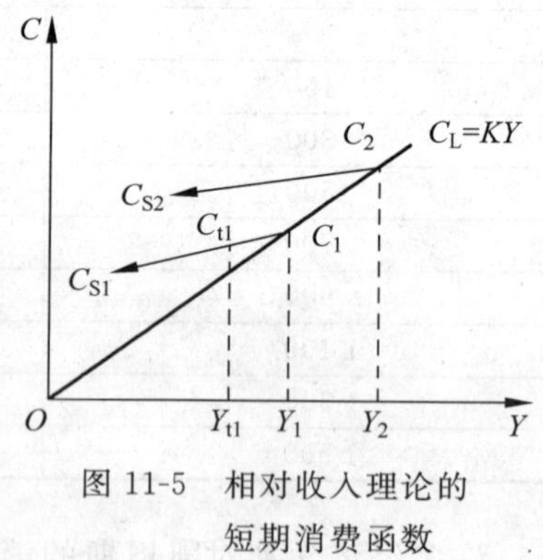

图 11-5 相对收入理论的短期消费函数

当经济增长时,消费为收入的固定比例,长期消费函数为 $C_L = KY$。当经济波动影响收入时,则消费函数有 C_S 的形式。例如,初始收入为 Y_1 时,消费为 C_1;当收入从 Y_1 向 Y_{t1} 减少时,消费也减少,但此时平均消费倾向逐渐增大,消费不沿 C_L 线变动,而沿 C_{S1} 线下降,如降至 C_{t1} 点,这时$\frac{C_{t1}}{Y_{t1}} > \frac{C_1}{Y_1}$,说明经济衰退时的消费倾向大于经济增长时的消费倾向。与

此相反，当收入由 Y_{t1} 逐渐增加时，平均消费倾向随之逐渐变小，消费沿着 C_{S1} 斜线上升，直至升至初始的最高水平 Y_1 为止。当收入由 Y_1 增长时，平均消费倾向不变，消费和收入成固定的比例，消费函数仍为 C_L。然而，如果收入又从 Y_2 下降，又将使平均消费倾向提高，短期消费函数为 C_{S2}。

(2) 储蓄函数

储蓄函数表示储蓄与收入之间的关系。公式为

$$S = f(\mathrm{DI})$$

这一函数表明储蓄取决于收入。收入越高，储蓄则越多，储蓄函数是递增函数。如图 11-6 所示，S 曲线为储蓄曲线，S 曲线处于横轴之下时，$C>\mathrm{DI}$，储蓄为负值；处于横轴以上时，$C<\mathrm{DI}$，储蓄为正值；当 S 曲线与横轴相交时，$C=\mathrm{DI}$，在此条件下，储蓄为零，交点称为“收支相抵点”。

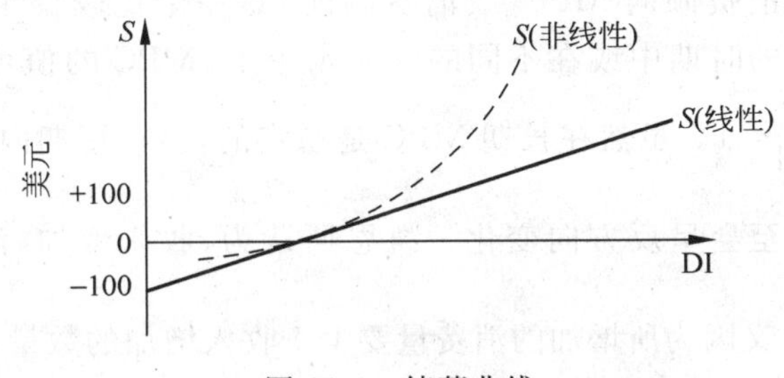

图 11-6　储蓄曲线

根据前面的假设，可支配收入是消费与储蓄之和，储蓄函数可从消费函数中导出。消费函数如果是线性函数，对应的储蓄函数也是线性函数。公式为

$$S = -a + (1-b)\mathrm{DI}$$

利用表 11-1 的数据计算的储蓄函数为：$S=-100+0.2\mathrm{DI}$。其中，“-100”是在没有收入时负债度日的部分。或者说，$\mathrm{DI}=0$ 时，自发性消费 $a=100$ 美元时，必须借债 100 美元才能实现自发性消费 100 美元的目标。

3. 消费倾向

消费倾向是指收入中用于消费部分的比例，或者愿意消费的水平，包括平均消费倾向和边际消费倾向。

(1) 平均消费倾向

平均消费倾向 APC 指的是在一定的收入中平均消费所占的比例，或者消费占可支配收入的比例。公式为

$$\mathrm{APC} = \frac{C}{\mathrm{DI}}$$

根据凯恩斯的绝对收入理论，APC 随收入的变化而变化。当收入水平提高时，APC 趋于下降(用于消费的比例↓)；当收入水平降低时，APC 趋于上升(用于消费的比例↑)，因为人总是要消费的，所以，APC 一定大于 0。当消费大于收入时，平均消费倾向大于 1；在收支相抵点上，APC=1；当消费小于收入时，平均消费倾向小于 1。

平均消费倾向可以运用消费函数进行计算。对于线性消费函数，平均消费倾向可以表

示为

$$APC = C/DI = a/DI + b$$

上式中的$(a/DI)+b$,是将$C=a+b DI$代入式中得到的。

利用表11-1中的数据可以计算出:当收入等于100美元时,APC＝100/100＋0.8＝1.8;当收入等于500美元时,APC＝100/500＋0.8＝1;当收入等于900美元时,APC＝100/900＋0.8＝0.9。计算结果与上述凯恩斯的绝对收入理论的结论是一致的。

(2) 边际消费倾向

边际消费倾向MPC是指在收入增量中消费增量所占的比例,或者表示每增加1美元收入所引起的额外增加的消费量。公式为

$$MPC = \frac{\Delta C}{\Delta DI}$$

凯恩斯强调,边际消费倾向MPC(或消费倾向)是一个比较稳定的函数。当然,MPC并非固定不变,在不同的时期中或在不同的收入水平上,MPC的值可能不同,其取值区间是从0到1,即$0<\frac{\Delta C}{\Delta DI}<1$。虽然在长期MPC是稳定的,但在短期内消费和收入之间的关系有时是不规则的,甚至会呈反方向变化。凯恩斯认为,收入增加,消费也增加,故$\frac{\Delta C}{\Delta DI}$总是大于零的一个正数;又因为所增加的消费量要少于收入增加的数量,故$\frac{\Delta C}{\Delta DI}$又必然小于1。边际消费倾向这种变化呈现为规律性,由此可知,边际消费倾向递减规律,可以简单表述为,边际消费倾向的数值大于零而小于1。

边际消费倾向递减规律是凯恩斯的第一个基本心理定律,凯恩斯认为,边际消费倾向会随着人们的可支配收入的增加而递减,收入越是增加,在收入增量中用于消费的部分所占的比重则越来越小,而用于储蓄的部分所占的比重越来越大。这意味着消费曲线是一条逐渐向右下弯曲的曲线,如图11-4所示。

边际消费倾向递减规律的意义是,如果边际消费倾向不是小于1而是等于1,就意味着人们增加的收入全部用于消费,无论生产规模扩大到何种程度,增加的产量总会被增加的收入全部吸收,因而不会出现因为需求不足而引起的一部分生产资源闲置的现象,但这种现象几乎是不存在的。重要的是我们应当看到,如果边际消费倾向小于1,一部分增加的收入就被储蓄起来,这意味着当生产和收入增加后,人们增加的消费量小于生产和收入的增加量。这样,如果储蓄没有全部转化为投资,增加的产量则会有一部分无法销售,并在以后的时期里引起生产的缩减,使总需求和总供给之间产生差异,不能实现充分就业。据此,凯恩斯认为,边际消费倾向递减是造成有效需求不足的原因之一。凯恩斯的所谓有效需求,是使社会全部产品被买走的购买力,而这一购买力又是由生产这些产品而实现的。或者,有效需求是总供给和总需求达到均衡状态时的总需求。

(3) 决定国民消费的主要因素

从考察个人和家庭的消费行为,转向国民消费行为的分析。一国所有家庭消费的加总构成国民消费。研究国民消费之所以重要,是因为国民消费行为对于理解短期经济波动和长期经济增长都十分关键。在本节中,我们只讨论什么因素决定国民消费支出的数量等。

决定国民消费的主要因素，首先是可支配收入水平。可支配收入水平是决定国民消费最重要的前提。据统计，美国在 1920—1996 年的 70 多年间，绝大部分时间里消费支出与可支配收入水平紧密相连。只是在第二次世界大战期间，由于物品的缺乏和实行配给制，才要求国民增加储蓄以支援战争。其次是财富的影响。假定有两个消费者，每年的收入都是 2 万美元。其中一个有 10 万美元的银行存款，另一个则没有任何储蓄。有存款的消费者可能会消费其部分财富，而没有储蓄的另一个人则没有财富可以利用。较多的财富会导致较多的消费就是财富效应。每年财富的变动一般不太大，因此，财富效应不会引起消费的急剧波动。其例外是股票市场的下跌，财富大幅度缩水，或者恶劣的气候导致农民收入的减少。

4. 储蓄倾向

储蓄倾向指在收入中用于储蓄的比例。包括平均储蓄倾向 APS 和边际储蓄倾向 MPS。

(1) 平均储蓄倾向

平均储蓄倾向 APS 是指在一定收入总额中储蓄所占的比例，或者平均每单位收入中储蓄所占的比例。公式为

$$\mathrm{APS}=\frac{S}{\mathrm{DI}}$$

平均储蓄倾向与平均消费倾向并存。由于收入分为消费和储蓄两部分，所以，平均消费倾向与平均储蓄倾向之和必然等于 1。即：

$$\mathrm{APC}+\mathrm{APS}=1$$

APC 与 APS 之间呈反方向变化。当收入水平提高时，APS 随之增大，而 APC 随之减小。当收入水平下降时，APS 随之减小，而 APC 随之增大。根据收入与消费的关系，APS 可能小于 0 或大于 0。当 $C>\mathrm{DI}$ 时，S 为负值，APS 也是负值。在收支相抵点，$S=0$，APS 也是 0。当 $C<\mathrm{DI}$ 时，S 为正值，APS 也是正值。

APS 可用储蓄函数计算。表 11-1 中数据估计的储蓄函数是 $S=-100+0.2\mathrm{DI}$，则可支配收入的 APS 是：$\mathrm{APS}=S/\mathrm{DI}=-100/\mathrm{DI}+0.2$。

例如，当 DI＝100 时，APS＝－0.8，即－100/DI＋0.2＝－0.8。

(2) 边际储蓄倾向

边际储蓄倾向 MPS 指的是在收入增量中储蓄增量所占的比例，也可以是，在所增加的每 1 美元可支配收入中被用来增加储蓄的部分。公式为

$$\mathrm{MPS}=\frac{\Delta S}{\Delta \mathrm{DI}}$$

边际储蓄倾向与边际消费倾向相对应，两者具有镜像关系。这是由于增加的每 1 美元的收入都必须分摊为增加的消费和增加的储蓄，因此，如果 MPC＝0.8，那么，MPS 一定等于 0.2，MPC 与 MPS 之和必然等于 1。因此，MPC＋MPS＝1，或 MPS＝1－MPC，或 MPC＝1－MPS。

第三节 投资与国民产出

在GDP的总量中,投资数量少于消费,但其波动性比消费的波动性大得多。这种易波动性对总需求会产生重大影响,又会进一步在短期内影响产出和就业水平。投资导致资本积累,资本存量的增加能够提高一国的潜在生产能力,从而增加国民产出,促进长期的经济增长。

可见,投资有双重作用,既通过总需求的作用影响短期产出水平,又通过对资本的形成作用影响潜在生产能力和总供给,最终左右长期产出水平的增长趋势。

一、决定投资的主要因素

私人国内投资分为三类:第一类是生产性固定资产投资。在投资总额中它所占比例最大,但却是最稳定的。如在美国平均占到总投资的70%。生产性固定资产投资的周期波动与GDP的周期波动几乎一致。经济高涨时,固定资产投资增加;反之,会下降。第二类是住房投资。在美国,住房投资约占总投资的25%,这类投资对利率变动最敏感,购买住房的利率是抵押贷款利率,利率的提高会导致这一投资减少。在多数情况下,经济处于衰退时,住房投资先于生产性固定资产投资开始下降,其原因是,衰退往往伴随抵押贷款利率的上升而开始。由于经济衰退时贷款风险增加,作为抵押品的实物和金融资产的价值缩水等原因,金融机构会提高抵押贷款利率。第三类是存货投资。存货投资占总投资的5%以上。存货投资在投资总额中所占的比例虽小,但具有特别的易变性,其变动直接反映了生产条件和需求条件的变动以及经济的周期波动。

宏观经济学从三个方面研究投资总额是如何决定的,包括投资需求,厂商打算支出的投资总额;投资供给,生产投资品的厂商供给总额;储蓄供给,消费者决定的储蓄总额。

现在要分析的问题是,厂商为什么要投资?基本结论是,厂商只有在预计到购买资本品会给其带来利润时才会进行投资。这个论断包含着理解投资的三个基本因素:收益、成本和预期。

1. 投资收益

厂商的投资决策,首先要考虑投资可能带来的收入。收入与其销售量有关,当一项投资能够使厂商出售更多的产品时,这项投资才会增加厂商的收入。这说明决定投资的一个重要因素是新投资所生产的产品的市场需求状况。当原有工厂处于闲置状态时,厂商对新建工厂的投资需求较小。所以,投资需求对经济周期的反应非常敏感。如美国在1979—1982年经济下降时期,产量对投资产生了巨大影响,这一时期产量大幅下降,而同期的投资也下降了22%。

2. 投资成本

由于投资品往往持续使用多年,因此对投资成本的计算,比起对别的商品如煤炭等的成本计算要复杂得多。投资的成本不仅包括资本品的价格，而且包括借款的利息和厂商为其收入所缴纳的税金。

投资者经常通过借款来为购买资本品筹措资金。例如，在债券市场出售债券，家庭购买住房要通过抵押贷款等，厂商或家庭支付的贷款利息就是投资的利息成本。如果厂商投资使用的是自有资金，投资形成的固定资产占用资金的利息同样是投资的利息成本。

政府的税收不仅会影响投资的成本，而且政府可以运用财政政策影响特定领域的投资，既可以通过提高所得税，抑制厂商投资，也可以通过税收减免措施鼓励厂商投资。例如，为了刺激投资，美国政府对厂商实行投资税收抵免，投资税收抵免实际上是对投资一定比例的补贴。投资税收抵免自 1962 年至 1986 年的应用，仅对设备投资进行了补贴。持久的投资税收抵免为持久的较高的投资创造了激励机制，刺激了净投资的迅速增长。相反，1986 年的税收改革法案(1986 年 1 月 1 日生效)，投资税收抵免被取消、折旧津贴降低，从而导致投资的下降。又如，日本在第二次世界大战后的 1955—1973 年间，实行"倾斜生产方式"，以重点扶持重化工业，提供低利率贷款的同时又给予优惠的减税措施。

3. 投资预期

投资之前要有投资决策，而投资决策是建立在对未来预期之上的，但对未来的预测同时是包含风险的。因为投资首先是对未来的一种赌博，其中的赌注是对投资所能获得的收益将会超过投资的成本。所以，投资水平取决于厂商对未来时期的经济状况、政治环境和投资前景的预期。如果厂商认为未来经济不景气，就不情愿去投资；相反，如果认为经济近期迅速恢复或投资前景良好，就会决定投资。因此，厂商要分析投资的可行性，减少投资的不确定性。

预期在决定投资中的作用十分突出。如在经济萧条时期，低利率对投资的刺激作用不大；而在经济繁荣时期，高利率也不能迅速有效地抑制投资。例如，日本在第二次世界大战以后长期的低利率政策刺激了大规模的设备投资，促进了经济的发展，但 20 世纪 90 年代以来经济不景气，更低的利率并未引起投资的扩大。

二、资本边际效率的定义

将以上所述的收益、成本和预期等影响投资需求的因素结合起来，经济学家提出了用于投资决策的准则。其中，在宏观经济学中常用的是凯恩斯提出的资本边际效率准则。

1. 资本边际效率的定义

资本边际效率是凯恩斯的一个概念。他说，资本边际效率等于一贴现率，用此贴现率将该资本资产之未来收益折合为现值，则该现值恰好等于该资本资产的供给价格。资本品，凯恩斯称为资本资产。资本边际效率就是使用该资本资产的预期利润率或预期收益率，而资本的预期利润率是增加一笔投资预期得到的利润率。可见，贴现率、预期利润率不过是解释同一问题的不同说法。

需要指出的是，凯恩斯所说的资本资产的供给价格不是实际在市场上购买该资本资产所付出的市场价格，而是厂商增加该资产一新单位所需花费的价格，称为重置成本。

2. 资本边际效率的公式

设 $R_1, R_2, \cdots, R_n$ 为投资形成的资本资产在未来 n 年的年预期净收入流量； R_0 为本年资本资产的供给价格,由于 R_0 表示投资支出或本金,它可以看成是本年的负收入流量;i 为把未来 n 年的收入流量折现成现值的贴现率。这样,未来 n 年收入流量的现值之和为

$$\frac{R_1}{(1+i)}+\frac{R_2}{(1+i)^2}+\cdots+\frac{R_n}{(1+i)^n}$$

而投资项目或者投资形成的资本资产的净现值NPV是

$$\mathrm{NPV}=-R_0+\frac{R_1}{(1+i)}+\frac{R_2}{(1+i)^2}+\cdots+\frac{R_n}{(1+i)^n}$$

上式中的贴现率 i 称作投资项目或者资本资产的预期收益率。如果净现值NPV等于零,则投资项目既不盈利也不亏本,那么,由公式

$$R_0=\frac{R_1}{(1+i)}+\frac{R_2}{(1+i)^2}+\cdots+\frac{R_n}{(1+i)^n}$$

解出的 i 值就是资本边际效率。因此,资本边际效率实际上就是使资本资产的供给价格等于它的预期收入流量的现值时的预期收益率。投资需求取决于资本边际效率和利率之间的关系,只有当资本边际效率高于或等于利率时,投资才有利可图。

3. 资本边际效率递减

资本边际效率递减是凯恩斯的第二个基本心理定律,其基本内容包括三个方面:第一,随着投资的增加,对资本品的需求扩大,在资本品的供给不变的条件下,资本品的供给价格会上升,从而使增添的资本设备的成本提高,投资的预期利润率会下降。第二,随着新投资的不断增加,资本存量增加,产品的未来供给会增加,在总需求不变的条件下,产品的未来价格会下降,资本的边际效率也会下降。第三,厂商对资本品投资时,不仅考虑当前的资本品的价格和数量,更多的会考虑将来的需求、竞争、技术和政治等情况。由于对未来的预测持悲观态度,厂商预期的资本边际效率常常是较低而不稳定的。

凯恩斯认为,资本边际效率递减是造成有效需求不足的又一个重要原因。

例题:某厂商投资30 000美元购买一台机器,使用期3年,并且没有残值(如果有残值,被看作是收益),同时扣除利息和机器成本以外的所有成本(包括原材料、劳动等),各年的预期收益为11 000美元、12 100美元、13 310美元,三年合计为36 410美元。如果贴现率为10%,那么,3年内全部预期收益36 410美元的现值正好是30 000美元,即:

$$\begin{aligned}R_0&=\frac{11\,000}{(1+10\%)}+\frac{12\,100}{(1+10\%)^2}+\frac{13\,310}{(1+10\%)^3}\\&=10\,000+10\,000+10\,000\\&=30\,000(\text{美元})\end{aligned}$$

这一贴现率(10%)使未来3年的预期收益(36 410美元)的现值(30 000美元)正好等于这一台机器的供给价格(30 000美元),因此,这一贴现率就是资本边际效率。

三、投资需求曲线

1. 投资需求图表

在分析投资的决定因素时,利率与投资之间的关系特别重要。因为政府(通过中央银行)主要通过利率来影响投资。经济学家用投资需求图表来说明利率与投资的关系。见

表 11-2。

表 11-2 投资和利率

(1)	(2)	(3)	(4)	(5)	(6)	(7)
项目	项目总投资(百万美元)	每 1 000 美元投资年收益(美元)	在不同利率下每 1 000 美元投资成本		在不同利率下每 1 000 美元投资的年净利润率	
			10%	5%	10% (6)=(3)-(4)	5% (7) =(3)-(5)
1	1	1 500	100	50	1 400	1 450
2	4	220	100	50	120	170
3	10	160	100	50	60	110
4	10	130	100	50	30	80
5	5	110	100	50	10	60
6	15	90	100	50	-10	40
7	10	60	100	50	-40	10
8	20	40	100	50	-60	-10

假设一个简化的经济,有 8 个不同的投资项目,不同的投资数额,其投资完全来自借款,所有投资项目(如某种建筑物)寿命都很长,以致忽略资本更新或设备重置的需要。此外,每个项目每年都产生一个固定的净收益,并且不存在通货膨胀问题。

经济中的 8 个投资项目,按收益高低顺序排列。第(2)栏为每个项目所需要的投资。第(3)栏为每 1 000 美元投资的年收益。第(4)、第(5)栏为不同利率下每 1 000 美元投资成本。第(6)、第(7)栏为每 1 000 美元项目投资在不同利率下每年获得的净利润。如果净利润为正值,那么寻求利润最大化的厂商将进行投资;如果是负值,便放弃投资。

从表 11-2 中看出,不同投资项目的年收益差别很大。投资项目 1 收益很高,每 1 000 美元的投资每年可以获得 1 500 美元的收益(达到每年 150%的收益率)。投资项目 8,虽然需要投资额很大,但投资每 1 000 美元每年却只获得 40 美元的收益(只有 4%的收益率)。

第(4)、第(5)栏是投资成本。在年利率为 10%时,借款 1 000 美元的成本是每年 100 美元;在年利率为 5%时,每 1 000 美元成本是每年 50 美元。

第(6)、第(7)栏是每项投资所能获得的年净利润。当利率为 5%时,投资项目 1~7 都盈利,投资总额达 5 500 万美元,投资需求为 5 500 万美元。当利率为 10%时,只有投资项目 1~5 是盈利的,投资总额为 3 000 万美元,投资需求为 3 000 万美元。

通过以上的分析,投资需求与利率之间存在着负相关关系。利率提高会导致投资需求的减少;反之,利率降低会促使投资需求的增加。因为利率决定着投资成本。利率的上升使投资成本提高,处在边际上的投资项目会由盈利变为亏损。利率的下降使投资成本降低,亏损的投资项目可能转向盈利。

2. 投资需求曲线

投资需求 I 与利率 r 的负相关关系可以用投资需求曲线来表示。图 11-7 显示的就是 8 个项目的投资需求曲线。

根据表 11-2 中的数据,可以粗略画出一条向右下方倾斜的阶梯形曲线,每一个阶梯表示处在边际上投资项目的收益率等于利率时的投资需求总量。如果市场利率为 5%时,理想的投资水平在 M 点,其投资总额为 5 500 万美元。如果利率升至 10%,投资需求将处在 M'点,这时投资总额为 3 000 万美元。

当把考察的不同收益率的所有投资项目(不止 8 个)用图形表示出来,就有一条平滑的投资需求曲线,如图 11-8 所示。

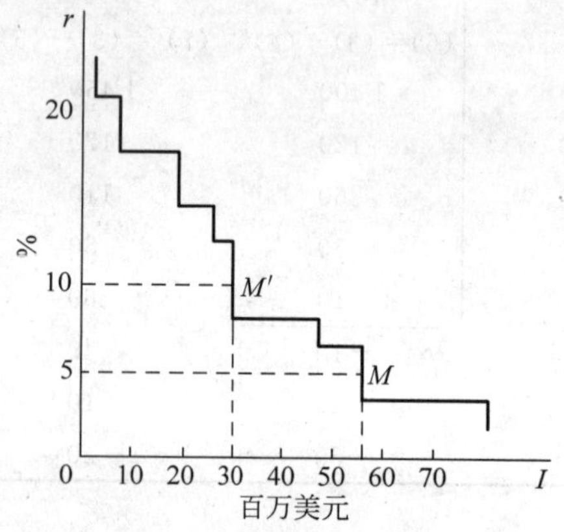

图 11-7　8 个项目的投资需求曲线

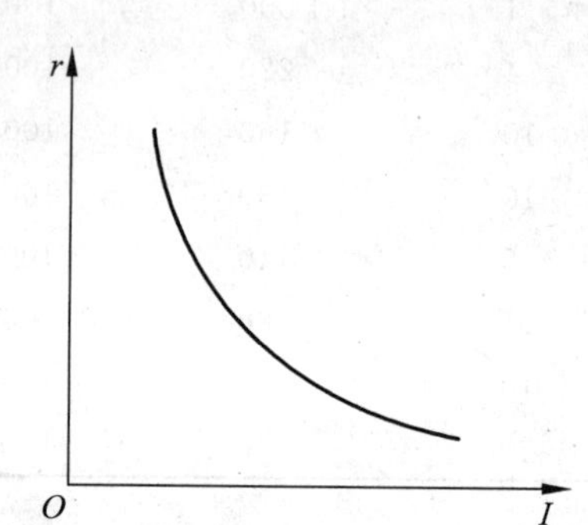

图 11-8　全部投资项目的投资需求曲线

投资需求的代数关系式称为投资函数,表示为

$$I = e - dr$$

式中,投资 I 的单位为10 亿美元; r 为实际利率,e 和 d 为常数。其中,e 为自发性投资或自主投资,d 衡量当利率上升 1 个百分点时投资将下降多少。

假设 $e=1\,000$,$d=2\,000$,$r=5\%$,代入投资函数得

$$I=1\,000-2\,000\times 0.05=900(10\text{ 亿美元})$$

当 $r=6\%$时,$I=1\,000-2\,000\times 0.06=880$(10 亿美元)。

可见,利率每提高 1%,投资需求就会减少 20(10 亿美元)。

3. *投资需求曲线的移动*

从上面的分析中,我们已经看到利率是如何影响投资水平的。从图形上看,当利率发生变动时,投资需求会沿着曲线移动。投资还受其他因素的影响,当其他影响因素发生变动时,会导致投资需求曲线的移动。

例如,国民经济的总产出水平提高,会使投资需求曲线向右移动。在同一利率水平上,投资需求增加。政府的税收增加将会对投资起抑制作用。较高的税收会减少厂商收益,在利息成本不变的条件下,净利润就会下降,从而投资需求就会减少,使投资需求曲线向左移动。厂商对经济的未来预期也十分重要。如果投资者变得悲观或认为收益将会增加一倍,投资需求曲线将分别向左或向右移动。

在理解了影响投资的因素之后,能够更清楚地理解投资是总需求或总支出中最易波动的部分。事实证明,在每个经济周期中,投资的波动是经济繁荣或衰退的驱动力。

第四节　国民产出决定的 NI-AE 模型

一、简单的 NI-AE 模型

NI-AE 模型与 AS-AD 模型相同，都是研究最终产品市场总供求的均衡状态。不同的是 NI-AE 模型的总供求不是物量概念，而是用货币表示的价值概念。NI 为国民收入或总收入，AE 是最终产品市场上的总支出或用货币表示的总需求。因此，NI-AE 模型被读作总收入—总支出模型。

如果 NI＝AE，就是用货币计算的总供给等于用货币计算的总需求，最终产品市场达到均衡状态。NI-AE 模型研究的是最终产品市场达到均衡状态的调节机制，包括市场的自动均衡和导致均衡状态变化的调节机制。

凯恩斯主义认为，国民产出的决定主要取决于总支出 AE 的水平。因此，在这一模型中，AE 的构成及其水平如何，对国民产出在什么水平上起着决定性的作用。我们从总支出 AE 的角度研究它的两个重要组成部分：消费和投资。

简单的 NI-AE 模型，是两部门的总收入—总支出模型，用以说明国民产出决定的最基本原理。现假定：一个两部门经济；没有折旧；没有未分配利润。这样，可支配收入等于国内生产总值：DI＝GDP。

1. 储蓄和投资决定国民产出：储蓄—投资法

在两部门经济中，假定将收入分为消费和储蓄两部分。经济达到均衡的必要条件是由储蓄吸收的那部分收入全部转化为投资，使总需求等于总产出。

但是，家庭的计划储蓄和厂商的计划投资取决于不同的因素：储蓄主要由收入决定；投资则取决于利率、税收政策、预期产出水平、厂商的信心等非收入因素。这些不同的因素会使储蓄和投资往往出现不相等的情况。

如图 11-9 所示，为了简化分析，假设投资是一个外生变量，是一个常数，是在短期内不依赖于国民产出水平的一个经济变量。这样，投资曲线是一条平行于横轴的水平线。曲线 S 为家庭计划储蓄曲线，与横轴的交点 B 为收支相抵点，B 点的左边为负储蓄，右边为正储蓄。曲线 I 为计划投资曲线。储蓄曲线 S 和投资曲线 I 相交于 E 点，为国民产出所趋向的均衡点。

在 E 点上，家庭计划储蓄等于厂商计划投资，均衡国民产出水平为 Y_1。此时，总需求等于总产出。这样，厂商既不会有积压的存货而减产，也不会有过度需求而增产。

当实际产出水平$<Y_1$ 时(在 E 点左边)，如 $Y_2<Y_1$，分析偏离均衡点的情况：厂商计划投资大于家庭计划储蓄，使总需求大于总产出，产品供不应求，因此，厂商将扩大生产，国民产出水平趋于上升。

当实际产出水平$>Y_1$ 时(在 E 点右边)，如 $Y_3>Y_1$，家庭计划储蓄大于厂商计划投资，使总需求小于总产出，产品供过于求，产品积压。因此，厂商将减少生产，国民产出水平趋

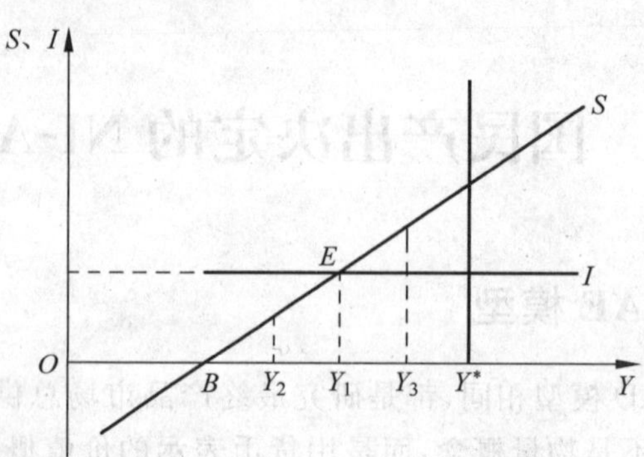

图 11-9　储蓄和投资决定国民产出

于下降。以上的分析方法称为储蓄—投资法。

需要指出的是,均衡国民产出水平并非理想的产出水平。图 11-9 中,均衡产出水平 Y_1 低于潜在国民产出水平 Y^*,这时会存在失业和其他资源未被充分利用的状况。凯恩斯认为,市场机制可以使总收入与总支出自动达到均衡,但却不能保证均衡的国民产出恰好处于充分就业水平。均衡可以在充分就业水平以下,也可以在充分就业水平以上。当这些情况出现时,可以通过调整总需求也就是总支出 AE 来调整均衡点,使国民经济恰好处于没有通货膨胀的充分就业水平。

2. 消费和投资决定国民产出:消费—投资法

在两部门经济中,总支出 AE 等于消费支出加上投资支出。消费和投资在国民产出中的决定作用,可以借助于总支出水平和总产出水平的关系来说明。这种从总支出角度分析国民产出决定的方法称作消费—投资法。与储蓄—投资法一起,得出相同的结论,共同构成简单的 NI-AE 模型的主要内容。

如图 11-10 所示,C 为消费曲线,表示在不同的收入水平上居民想要用于消费的支出。投资仍然是假设为一个常数,投资支出在各个产出水平上保持不变,总支出曲线 AE 平行于消费曲线 C。由于 45°线上的任一点与横轴的垂直距离等于其与纵轴的垂直距离。因此,45°线上的任一点,纵轴表示的总支出水平正好等于横轴表示的总产出水平或总收入水平(或总支出)。45°线与总支出曲线 AE($C+I$)相交于 E 点。E 点便是均衡点。在均衡点上,家庭计划储蓄加上厂商计划投资等于国民产出,总需求等于总产出。均衡国民产出水平为 Y_1,在均衡国民产出水平上,总供给 AS 等于总需求 AD。

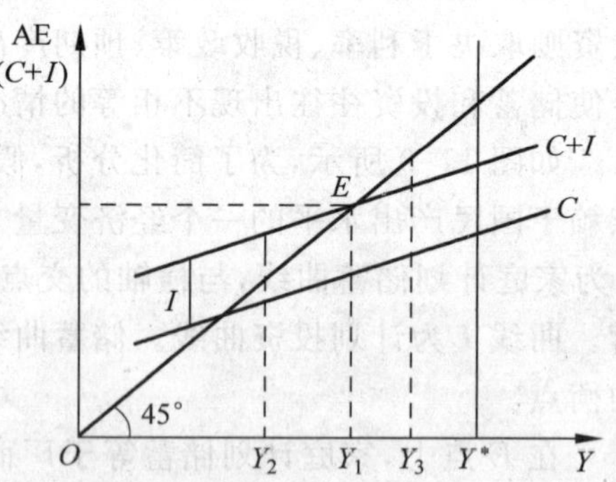

图 11-10　消费和投资决定国民产出

我们来分析一下经济偏离均衡点 E 时的情况。当实际产出水平小于 Y_1 时(E 点的左边),如 $Y_2 < Y_1$,由于 $C+I$ 曲线位于 45°线之上,表明计划的总支出 AE 大于计划的总产出(总需求大于总产出),存货下降致使产品供不应求,厂商将扩大生产,产出水平趋于上升,

直到均衡国民产出水平 Y_1 为止。

当实际产出水平大于 Y_1 时(E 点的右边)，如 $Y_3>Y_1$，$C+I$ 曲线位于 45°线之下，总支出小于总产出，产品积压导致市场上供过于求，厂商将减少生产和解雇工人，产出水平趋于下降，直到均衡国民产出水平 Y_1 为止。

在用两种方法分析了对国民产出的决定之后，我们应当注意上述分析中提及的计划储蓄、计划投资的“计划”一词。“计划”与“实际”两者的区别是，由消费曲线、储蓄曲线或投资曲线所决定的是计划的消费、储蓄或投资数量，而实际消费和投资的数量是事后衡量的。简言之，“计划”是“事前”的，“实际”是“事后”的。这一区别的意义是，只有当厂商和消费者都处于计划的或意愿的支出曲线和投资曲线上时，国民产出才有可能达到均衡水平。但是，当实际的销售额不等于计划的销售额时，实际的投资额就偏离了计划的投资额。只有当产出水平处于计划支出($C+I$)等于计划产出的时候，产出、收入或支出才处在均衡状态。

从 NI-AE 模型中可以得到经济的调节机制。假设经济处在均衡点的右边，家庭计划储蓄大于厂商计划投资，厂商生产的面包和汽车将有一部分不能被买走(如图 11-9 所表示的)。或者，家庭计划的总支出小于厂商的计划总产出，厂商生产的面包和汽车同样出现了积压(如图 11-10 所表示的)。在上述情况下，厂商会减少生产，产出水平逐渐下降。只有达到均衡点，经济的调节才会停止。经济处在均衡点左边的调节过程，正好相反。

3. 国民产出决定的数据分析

假设，边际消费倾向 MPC 为一个常数，其数值为 2/3，则边际储蓄倾向 MPS 为 1/3。再假设投资是外生变量，投资支出总量是 200 亿美元，就是说，不论 GDP 如何变化，厂商所计划购买的投资品都将是 200 亿美元。

在表 11-3 的栏目中，第(5)栏和第(6)栏是关键。第(5)栏为 GDP 总量，是第(1)栏的复制。第(6)栏 $C+I$ 为厂商每年实际可销售量，等于计划消费量和计划投资量之和。

表 11-3 国民产出的决定 亿美元

(1) GDP	(2) 计划消费	(3) 计划储蓄 (3)=(1)−(2)	(4) 计划投资	(5) GDP (5)=(1)	(6) $C+I$ (6)=(2)+(4)	(7) 产出水平变动趋势
2 700	2 800	−100	200	2 700	<3 000	扩张
3 000	3 000	0	200	3 000	<3 200	扩张
3 300	3 200	100	200	3 300	<3 400	扩张
3 600	3 400	200	200	3 600	=3 600	均衡
3 900	3 600	300	200	3 900	>3 800	收缩
4 200	3 800	400	200	4 200	>4 000	收缩

当产出水平小于总支出水平时，存货将逐渐耗尽，厂商会扩大生产从而增加总产出。相反，一旦厂商生产的 GDP 大于计划的总支出量，存货就会累积起来，厂商会缩减生产，GDP 就会下降。只有当第(5)栏的产出水平 3 600 亿美元正好等于第(6)栏的计划支出量 3 600 亿美元时，厂商处于均衡状态。这时，销售量正好能维持总产出的现有水平，GDP 既不扩大也不缩小。

上述结果可以通过代数分析得出。在两部门经济中，Y 表示 GDP，$C+I$ 表示总支出，

国内生产总值等于总支出,用定义方程表示为

$$Y = C + I$$

消费函数是:$C=a+by$(为推导公式,将 DI 改为 y)。

将两个方程联立起来,就构成了描述两部门经济系统的一个简单的宏观经济模型:

$$Y = C + I$$

$$C = a + by$$

把消费函数代入定义方程,得到

$$Y = \frac{a+I}{1-b}$$

这个方程式表达了总支出与国民产出之间的均衡关系,用其计算的国民产出水平就是国民产出的均衡水平。

二、简单的乘数模型

乘数原理是英国的卡恩于 1931 年 6 月在《经济学杂志》发表的《国内投资与失业的关系》一文中最先提出的,他提到就业乘数。他试图说明,政府用于公共工程的支出,本身能增加就业(第一级就业),它又可以引起其他事业的发展,从而迅速增加就业量(第二级就业),总就业量的增加是第一级就业量的若干倍(乘数)。凯恩斯将卡恩的乘数原理作为他的收入决定理论和就业理论的一个重要组成部分,提出了投资乘数概念。我们用凯恩斯的乘数模型,解释总需求变动如何影响国民产出。

1. 乘数的概念与原理

乘数是一个用来解释短期产出水平如何被决定的概念。乘数的名称来自这样的事实:某些支出(如投资)的每 1 美元,会引起 GDP 的 1 美元以上的或多倍的变化。这表明乘数说明的是国民产出变动的数量关系。这样,乘数定义为支出的自发变化所引起的国民产出变化的倍数。由于通常用 GDP 衡量国民产出,所以,乘数可用公式表示为

$$\text{支出乘数} = \frac{\text{GDP 的变化}}{\text{支出的变化}}$$

例如,假设投资增加 1 000 亿美元,若导致产出增加 3 000 亿美元,则乘数就是 3。下面用轮数分析方法说明乘数过程。

假设增加 10 万美元的投资,这 10 万美元投资增量对国民产出会产生什么影响?第一轮,10 万美元的投资直接引起 GDP 增加 10 万美元,但事情并未到此为止。GDP 的增加使居民的可支配收入增加,在两部门经济中,可支配收入也增加 10 万美元。如果他们的边际消费倾向 MPC 均为 0.8,则将有 8 万美元用于支出购买消费品。

第二轮,上述 8 万美元增加的消费支出又会使 GDP 和可支配收入增加 8 万美元。

第三轮,在第二轮增加的 8 万美元收入中,将使消费增加 6.4 万美元(8 万美元×0.8),从而使 GDP 和可支配收入增加 6.4 万美元。

……

如此进行下去,每一轮新支出都是上轮收入的 0.8(或 4/5)。由于边际消费倾向 MPC 小于 1,所以,GDP 的增量和消费的增量一轮比一轮减少,最终趋于 0,GDP 增量的总和收

敛于一个常数。表 11-4 说明了这一过程。

表 11-4 投资变动的乘数过程 万美元

反应的轮数	投资数量	国内生产总值增量	增量的计算
1	10	10	1×10=10
2		8	0.8×10=8
3		6.4	0.64×10=6.4
4		5.12	0.512×10=5.12
5		4.096	0.409 6×10=4.096
6		3.276 8	0.327 68×10=3.276 8
⋮		⋮	⋮
合计		50	$\frac{1}{1-0.8}\times 10$

如果 MPC=3/4,演算得出乘数是 4。因为 $1+3/4+(3/4)^2+(3/4)^3+\cdots$ 的总和为 4。

$$乘数 = 1+\text{MPC}+(\text{MPC})^2+\cdots=\frac{1}{1-\text{MPC}}=\frac{1}{\text{MPS}}$$

根据上述的分析,乘数的大小取决于 MPC 的大小。MPC 越大,在每一轮增加的收入中,用于消费的比例越大,乘数的值就越大。也可以用 MPC 相对应的概念 MPS 来说明。由于 1-MPC=MPS,投资乘数可以表示为 MPS 的倒数,MPS 的值越大,投资乘数的值则越小。例如,如果 MPS 等于 1/4,则 MPC 为 3/4,而乘数为 4。如果 MPS 为 1/3,则 MPC 为 2/3,而乘数为 3。

简单的投资乘数公式是

$$\frac{\Delta Y}{\Delta I}=\frac{1}{1-b}$$

式中,ΔY 为 GDP 的增量,ΔI 为投资的增量,b 为边际消费倾向。

推导上述简单的投资乘数公式。由于乘数效应决定于投资增量 ΔI 所产生的反应的轮次效应,而反应的轮次效应从第二轮开始又决定于边际消费倾向 MPC,因此乘数可以从下面表明乘数效应的等式中通过边际消费倾向 MPC 推导出来。

根据 $Y=C+I$,则 $\Delta Y=\Delta C+\Delta I$。

设边际消费倾向 MPC 的数值(或者边际消费倾向)为 b,$b=\frac{\Delta C}{\Delta Y}$,则 $\Delta C=b\Delta Y$ 代入上式得

$$\Delta Y=b\Delta Y+\Delta I$$

移项得

$$\Delta Y-b\Delta Y=\Delta I$$

$$\Delta Y(1-b)=\Delta I$$

$$\Delta Y=\Delta I\cdot\frac{1}{1-b}$$

$$\frac{\Delta Y}{\Delta I}=\frac{1}{1-b}$$

上式中的 $\frac{\Delta Y}{\Delta I}$ 为收入增量和投资增量的比率,也就是乘数。

在宏观经济学中,支出乘数主要有投资乘数和政府支出乘数两种。支出乘数,泛指由于消费支出增加、投资支出增加、政府购买支出增加、净出口增加而引起的国民产出增加的倍数。由于凯恩斯的理论特别强调投资的作用,所以在分析国民产出变化时,总是用投资乘数来说明问题。

2. 价格水平变化对乘数的影响

这一问题要说明的是乘数模型一般适用于有闲置资源存在的情况,在经济繁荣和充分就业时期就不适用了。如图 11-11 所示。

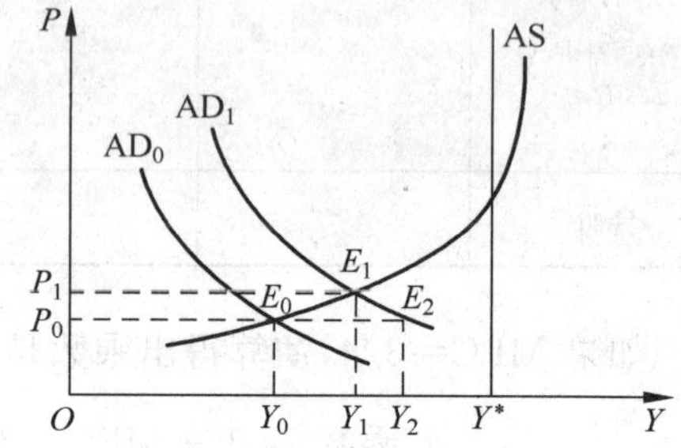

图 11-11　价格水平的变化对乘数的影响

假设,投资的增加使总需求曲线从 AD_0 右移至 AD_1,与总供给曲线 AS 相交于 E_1 点。在新的均衡点,价格水平为 P_1,国民产出水平为 Y_1。

如果价格水平保持在 P_0 上,投资的增加将使国民产出水平从 Y_1 增至 Y_2,其增量为 $\Delta Y_2=OY_2-OY_0$,简单的支出乘数等于 $\Delta Y_2/\Delta I$。但是,由于价格水平提高到 P_1,投资增加使国民产出水平从 Y_0 增至 Y_1,其增量为 $\Delta Y=OY_1-OY_0$,支出乘数等于 $\Delta Y/\Delta I$。显然,$\Delta Y<\Delta Y_2$。因此,支出乘数($\Delta Y/\Delta I$)<($\Delta Y_2/\Delta I$)。这说明,价格水平的提高会削弱支出变化的乘数作用,支出乘数因价格水平的提高而缩小。

价格水平的变化对乘数影响的程度取决于短期总供给曲线的斜率。总供给曲线斜率越大,总需求曲线向右移动引起的价格水平上升的幅度就越大,支出乘数的值则越小。当产出水平接近和超过潜在国民产出时,总供给曲线趋于垂直。这时,由于资源已经充分利用,即使总需求增加,产出水平也不再增加,而只能是价格水平上升。

以上所述的价格水平变化对乘数的影响,更通俗地讲,在经济中存在着过剩的生产能力和失业时增加投资或其他支出,所增加的这些支出最终会更多地导致实际国民产出的增长,而较少地导致价格水平的上涨。因为当有闲置资源存在,实际产出小于潜在产出时,总需求增加才能引起产出的增长。然而,当经济达到并超过潜在产出时,产出随总需求扩张而扩张的空间就会很小,以至于在现有价格水平上想要引出更多的产出是不可能的。因此,在充分就业条件下,总需求或总支出的增加,就不能引致产出的增加而只会引起价格的上升。

可见,凯恩斯理论包括凯恩斯的乘数模型是解释萧条时期经济状况的宏观经济理论。乘数模型对描述萧条和衰退是有用的方法,却不能应用于充分就业时期,这是乘数模型的一个重要特点。

一、概念

将定义的序号填入概念的____中。

____消费函数　　　　　____储蓄函数　　　　　____平均消费倾向

____边际消费倾向　____平均储蓄倾向　____边际储蓄倾向

____资本边际效率　____投资乘数

1. 每增加一美元的收入，会使储蓄增加多少美元。

2. 在收入增量中消费增量所占的比例，或者，每增加一美元收入所引起的额外增加的消费量。

3. 在一定的收入中平均消费所占的比例，或者消费占可支配收入的比例。

4. 收入增量中储蓄增量所占的比例，或者，在所增加的每一美元可支配收入中被用来增加储蓄的部分。

5. 表示每增加一美元的收入，会使消费增加多少美元。

6. 用一贴现率将某一资本资产之未来收益折合为现值，则该现值恰好等于该资本资产的供给价格。

7. 在一定收入总额中储蓄所占的比例，或者平均每单位收入中储蓄所占的比例。

8. $\Delta Y/\Delta I=1/1-b$。

二、选择题

1. 如果在消费曲线图形上，消费曲线向上平行移动，意味着消费者(　　)。

A. 由于减少收入而减少了储蓄　　B. 由于增加收入而增加了储蓄

C. 在已知的收入水平，多储蓄少消费　　D. 在已知的收入水平，多消费少储蓄

2. 某家庭收入为 0 时，其消费为 2 000 美元。当家庭收入为 4 000 美元时，消费支出为 4 000 美元。假设消费函数是线性的，该家庭的边际消费倾向是(　　)。

A. 1/2　　B. 1/3　　C. 1/4　　D. 1

3. 消费函数 $C=a+b$ DI，并且 $a,b>0$，那么，平均消费倾向(　　)。

A. 大于边际消费倾向　　B. 小于边际消费倾向

C. 等于边际消费倾向　　D. 以上情况都有可能

4. 经济学家不视为投资的一项是(　　)。

A. 购买新住房　　B. 购买公司债券

C. 购买新的工厂　　D. 以上都是投资

5. 最准确地描述投资和利率之间关系的一项是(　　)。

A. 有直接联系　　B. 无直接联系

C. 负相关关系　　D. 正相关关系

6. 沿着投资需求曲线移动的原因是(　　)。

A. 公司利润税增加　　B. 政府减免投资税

C. 厂商的未来预期　　D. 利率发生了变化

7. 按照"储蓄—投资法"的分析，在两部门经济中经济达到均衡的必要条件是(　　)。

A. 实际储蓄等于实际投资　　B. 计划储蓄等于计划投资

C. $C+I=Y$　　D. 总支出等于厂商的收入

8. 如果边际消费倾向为 0.8，乘数就是(　　)。

A. 1.6　　B. 2.5　　C. 5　　D. 4

9. 支出乘数的大小(　　)。

A. 与总支出曲线的斜率正相关　　　　B. 与总支出曲线的斜率负相关

C. 与总支出曲线的斜率不相关　　　　D. 仅与边际消费倾向正相关

三、计算题

1. 如果边际储蓄倾向为 0.2,投资支出增加 40 亿美元,国民产出将增加多少?

2. 在两部门经济中,假设自发性的消费为 1 亿美元,投资支出为 100 亿美元,边际消费倾向为 0.8。求:均衡国民产出。

四、分析题

1. 为什么"储蓄—投资"恒等式并不能保证家庭计划储蓄和厂商计划投资相等?

2. 简述凯恩斯乘数模型的重要特点。

第十二章

总供给的基础

第十一章分析的是总需求或总支出对国民产出的决定问题，并没有说明总供给对国民产出的作用。第十章曾经表明，国民产出、就业和价格水平取决于总供给和总需求的相互作用，虽然其中的重点是总需求及其决定因素，但是，总供给在国民产出的作用也是不能忽略的。总供给描述的是在既定价格下的物品和劳务的供给量。在短期（一年以内），通货膨胀的性质和政府解决经济周期政策的有效性都与总供给有关，在长期（一年以上），经济增长和生活水平的提高也都与总供给的增长紧密相连。

在国民产出的决定问题上，凯恩斯理论的特色是需求决定论。总供给与国民产出决定问题是现代西方经济学家不同于凯恩斯理论之处。分析总供给与国民产出决定有助于我们对国民产出决定理论的全面认识。

本章首先分析短期总供给和长期总供给对国民产出的作用，最后再介绍供给学派经济学。

第一节　总供给的决定因素

一、潜在产出

潜在产出是总供给的基本决定因素，因为潜在产出是经济的生产能力，是经济在不存在急剧通货膨胀条件下所能生产的最大产量。或者说，是在劳动、资本、土地数量以及其他资源既定的条件下，在其最高利用和最低利用之间，经济所能提供的最大可持续产出水平。

简言之,潜在产出是最高可持续的国民产出。

从长期看,总供给主要来自于潜在产出。因此,长期总供给是由影响经济长期增长的那些因素决定的,包括劳动力的数量和质量、机器设备的数量和质量、技术水平的高低,等等。

潜在产出与实际产出的差额反映了经济周期波动。在经济衰退时期,实际产出低于潜在产出,失业率增加,厂商缩减生产规模并且利润下降。在经济高涨时期,实际产出在短期内高于潜在产出。当实际产出高于潜在产出时,失业率随之下降,通货膨胀率上升,劳动和机器设备的使用强度提高,工资和利润增加。

二、生产成本

总供给不仅受潜在产出的影响,还要受生产成本变动的影响。当生产成本上升时,厂商的利润会降低。为了不使利润降低,只有提高价格水平,厂商才愿意供给相应数量的产出。假如投入品成本的上升使生产成本正好增加了一倍,则厂商愿意提供相同数量产品情况下的价格水平也将提高一倍。

在影响总供给的成本因素中,有工资、进口产品价格、其他投入品成本。这些成本因素对总供给的影响也不同,如较低的工资水平在其他条件不变时,导致较低的生产成本,意味着在每一个价格水平上,供给的数量会增加;反之,供给的数量会减少。进口产品价格的降低或汇率的下降,会引起生产成本的下降和总供给的增加;反之,会引起生产成本的上升和总供给的减少。其他投资品成本的降低会直接导致生产成本的降低,从而提高总供给;反之,会导致生产成本的上升,从而降低总供给。

上述成本因素对总供给的影响程度不同,主要是取决于成本因素在供给的物品中所占比重的大小,哪一种成本因素所占比重大,决定总供给的作用就相对较大。像美国这样的工业国,工资在全部生产成本中约占四分之三。而对比荷兰和中国香港这样的小型开放经济,与工资相比,进口产品成本在决定总供给的因素中作用更显著。

第二节　总供给与国民产出

一、古典经济模型和凯恩斯经济模型

总需求的变动对国民产出和就业水平有没有影响,以及影响的程度和持续的时间等,这些问题构成了现代宏观经济学的重要议题。关于总供给的决定,争论的焦点是总供给曲线的形状,或者总供给如何随总需求的变化而变化。

1. 古典经济模型

古典学派经济学家认为,市场经济以及价格机制具有很强的自我矫正和自动调节的力量。他们强调经济中自我矫正力量,不需要政府干预,自动实现长期充分就业均衡的学说称为古典理论。上述自我矫正和调节过程,都是在自由竞争的市场体系具有完全效率的假

定下实现的。同时，古典理论是不包含时间因素的，是一种长期的理论。

古典宏观经济思想发端于亚当·斯密(1776年)、J. B. 萨伊(1803年)和约翰·斯图亚特·穆勒(1848年)的著作。古典学派认为，工资和价格具有完全的灵活性，当总需求发生变化之后，所有的价格和成本都会迅速得到调整，价格的变化将保证总供给等于总需求，价格水平的变化不会影响产出水平。因此，总供给曲线是垂直的。用图形中总供给和总需求曲线之间的关系来说明。如图12-1所示。

古典理论认为，国民产出水平完全由总供给决定。这一古典理论的内核体现在萨伊定律中，萨伊定律的基本命题是"供给会创造对它自身的需求"。因此，在一个完全自由的市场经济中，社会的总需求始终等于总供给。由于市场经济的自我调节作用，不可能产生普遍性的生产过剩，而只能在国民经济的个别部门出现暂时的供求失衡。

这样，总需求的变动只体现在价格水平的变化上。当总需求增加时，价格水平上升；当总需求减少时，价格水平下降。如图12-1所示，A点为最初的均衡点，均衡价格水平为P_0，国民产出等于潜在产出Y^*。由于货币紧缩或其他外部力量使总需求从AD_0降至AD_1，这时会存在一个很短时间的产出下降(古典学派认为，经济仅仅会在短期内暂时地脱离充分就业和生产能力的充分利用，而不可能存在长期而持久的衰退或萧条)。此时，在P_0的价格水平上，存在着过多的供给，超额供给的数量为AB的部分。但是，总需求变动以后，价格和工资是完全灵活的，随即产生的调整是价格和工资在供给过剩的压力下迅速下降。致使价格水平从P_0降至P_1，使总供给与总需求又在潜在产出水平上达到新的均衡，新的均衡点为C。

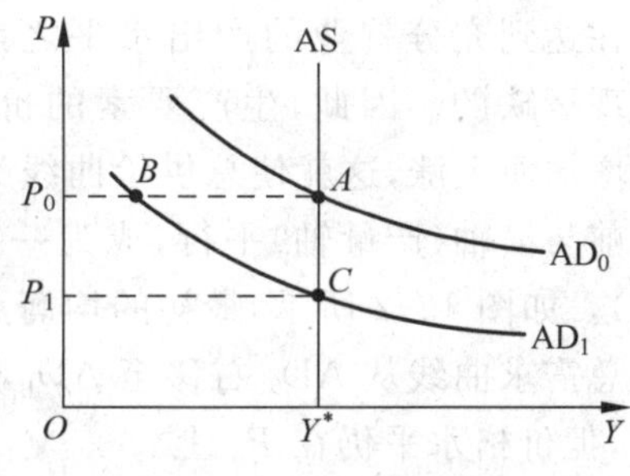

图12-1　古典经济模型

在古典理论看来，非自愿失业或经济周期造成的资源浪费是微不足道的或者根本不存在的，需求管理的政策对产出和就业也是无效的。在微观市场上，自由竞争的力量使各种产品和生产要素的价格随着市场供求的变化自由涨落，从而使一切资源都会得到充分的利用。而这种价格体系的自动调节作用体现在宏观上，则是价格水平随总需求的变化迅速做出调整，使总供给与总需求在潜在产出水平上达到均衡。

古典学派理论最重要的结论是，经济总是在充分就业或潜在产出水平上运行。

2. 凯恩斯经济模型

凯恩斯主义认为，在短期内，价格和工资不是完全灵活的，而是具有粘性的，或者说是无弹性、刚性的，产生粘性价格和工资的原因有多种。

首先，最典型的是工资。当经济状况发生变化时，工资的调整很迟缓。以参加工会的工人为例，他们的工资通常是根据长期劳资合同支付，合同一般要持续3年甚至更长，在合同有效期内，工人的货币工资就是合同中规定的工资，劳资双方面对的以货币数量表示的工资率在很大程度上是固定的。对非工会成员的工人来说，一年之内工资上升多于一次以及厂商面临破产使工人工资被削减，这两类情况均极少发生。

其次，许多产品的价格是由政府控制的。例如，水、电和地方电话服务等公用产品和服务的价格，是由政府确定的。只有当这些产品的成本发生较大变化时，其价格才会得到调整,不过,其调整过程通常包括价格听证等复杂程序,需要几个月甚至更长时间才能完成。

最后,由大公司或组织规定的价格在很大程度上也增加了价格的粘性。例如,通用汽车公司必须召集大型的会议,通过程序的执行才能决定重要价格的调整。而石油输出国组织要改变石油价格更须召集各成员国进行协商。此外,类似厂商租借房子所依据的租借合同,通常要持续一年或一年以上,而租金通常也是在租借合同中确定下来的。

综上所述,将以上的种种因素合在一起,就会明白短期内价格和工资的粘性是怎样形成的。而价格和工资的粘性是理解凯恩斯理论中宏观经济运行的关键。

图 12-2 描述了国民产出决定的凯恩斯经济模型。在凯恩斯主义的理论中,短期内的国民产出水平是由总需求决定的,总供给曲线 AS 是相对平坦的。其原因在于,在短期内价格和工资是固定不变的,同时,在低于充分就业水平上又存在着未充分利用的资源。只要是在达到充分就业的产出水平之前,生产要素是不会出现短缺的。因此,生产要素的价格也不会因需求量的增加而上涨,这就使总供给曲线 AS 在达到潜在产出之前与横轴(产量轴)平行,成为一条水平线(或相对平坦)。如图 12-2 所示,最初的均衡点在 E_0,总需求增加使总需求曲线从 AD_0 右移至 AD_1,国民产出从 Y_0 增至 Y_1,但价格水平仍在 P_0 上。

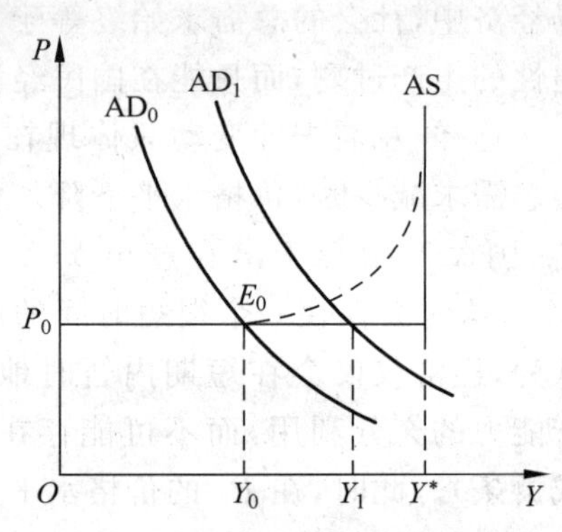

图 12-2 凯恩斯经济模型

在达到潜在产出水平 Y^*,即生产力极限以后,所有的资源都被充分利用,厂商如果要扩大生产,就只有用高价从其他厂商手中争夺资源,厂商之间竞相出高价的竞争只能使生产要素的价格水平上升,而不会使生产要素的总量增加,致使产品的价格水平在达到充分就业点 Y^* 以后直线上升,呈现出垂直的形状。将短期和长期总供给曲线合在一起,就形成了直角形的 AS 曲线。

为什么短期 AS 曲线和长期 AS 曲线不同?解释短期 AS 曲线和长期 AS 曲线这一"令人迷惑的现象"关键是现代市场经济中价格和工资的决定方式。具体地说,短期内成本要素的价格、工资存在粘性,厂商能够在总需求上升时增加产量是有利可图的,在长期成本上升的幅度赶上价格上涨的幅度以后,厂商就不再能够从总需求的上升中获利。

在长期,粘性的或无弹性的成本要素,最终会变成有弹性的。如劳资协议固定的工资率会有变化,工会发现价格上升时,要求增加补偿性工资等。最终的结果是所有成本都将随较高的产出而调高。在价格水平因需求增加而上升 $X\%$ 之后,工资、租金、受管制的价格以及其他成本也会做出上浮 $X\%$ 的反应。

大多数经济学家认为,在短期内,AS 曲线既不是垂直的,也不是水平的,曲线具有正的斜率,其形状是向上倾斜的。而且,AS 曲线的斜率会随产出水平的提高逐渐加大,其形状随产出水平的提高,变得越来越陡峭。

二、短期总供给曲线与总需求

如前所述，在凯恩斯经济模型中，短期总供给曲线是水平的。因此，当总需求增加时，产出水平会随之增加，总需求的变动只会作用于产出水平，而不会影响价格水平。但即使在短期内，随着产出的增加，生产要素也会出现短缺，AS 曲线将变得越来越陡峭。当短期 AS 曲线是向上倾斜时，总需求的增加会引起产出水平的增加，同时还会引起价格水平的上升。

可见，总需求变化的作用及其大小，是受短期 AS 曲线的形状所影响的。或者说，总需求变化主要作用于产出水平还是价格水平，是被短期总供给曲线的斜率大小所决定的。我们按大多数经济学家的短期总供给曲线的形状，分析短期 AS 曲线与总需求变化的作用，如图 12-3 所示。

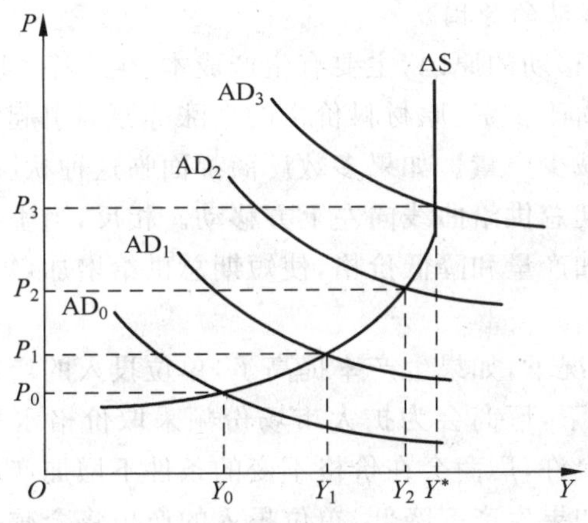

图 12-3　短期总供给曲线与总需求

当产出水平较低时，短期 AS 曲线具有正的斜率但较为平坦。此时，总需求从 AD_0 右移至 AD_1，产出水平将从 Y_0 增至 Y_1，同时，价格水平从 P_0 升至 P_1。但是，在总需求增加的过程中，产出水平有较大提高，而价格水平只有较小幅度的上升。可见，总需求的增加主要作用于产出水平。

随着产出水平的提高，并且越来越接近于潜在产出水平 Y^*，短期 AS 曲线的斜率逐渐加大。总需求等量增加，从 AD_1 右移至 AD_2，产出水平从 Y_1 增至 Y_2，同时，价格水平从 P_1 升至 P_2。与产出水平较低时相比，产出水平 $Y_2-Y_1<Y_1-Y_0$，价格水平 $P_2-P_1>P_1-P_0$。可见，产出水平增加的幅度明显小于价格水平上升的幅度，总需求增加对价格水平的作用增大。

当产出水平继续提高，达到甚至超过潜在产出水平 Y^* 时，短期 AS 曲线将趋于垂直线。当总需求进一步增加，从 AD_2 右移至 AD_3，产出水平从 Y_2 增至 Y^*，同时，价格水平从 P_2 升至 P_3。此时，产出水平 $Y^*-Y_2<Y_2-Y_1$，价格水平 $P_3-P_2>P_2-P_1$。但是，产出水平增加的幅度较前明显变小，而价格水平上升的幅度较前明显加大。可见，此时总需求增加的作用主要是使价格水平上升。

如果产出水平再增加，短期 AS 曲线最终成为垂直线。由于资源已经被充分利用，所以,生产力水平已经达到极限。此时,总需求的增加对产出水平不起任何作用,只对价格水平产生影响。

总之,产出水平越是小于潜在产出,并且短期总供给曲线越是相对平坦,总需求的增加对产出水平的作用越大,对价格水平的影响越小。产出水平越是接近、达到或超过潜在产出水平,短期总供给曲线将会越来越陡峭,甚至变成垂直线,总需求的增加对产出水平的作用越小,对价格水平的影响越大。

三、短期总供给曲线移动的效应

前面分析的短期总供给曲线的形状决定总需求变化产生的作用和影响,实际上是总需求曲线的移动对产出水平和价格水平的作用和影响。这一分析是假定短期总供给曲线并没有移动,那么,当短期总供给曲线移动时,如何影响国民产出水平和价格水平?

1. 短期总供给曲线移动的原因

引起短期总供给曲线移动的原因,主要有生产成本、生产率、生产要素供给的变化。在其他条件不变的情况下,由于工资、原材料价格的上涨等原因引起生产成本提高时,就会降低厂商的利润率,从而会减少产量。如果多数厂商都面临这种状况,社会总供给会减少,价格水平会升高,这会使短期总供给曲线向左上方移动。相反,当生产成本降低时,会提高厂商的利润率,促使厂商增加产量和降低价格,使短期总供给增加,短期总供给曲线向右下方移动。

在其他条件不变的情况下,如果生产率提高了,单位投入的产出将会增加,单位产出的成本则会下降。在此情况下,厂商会为扩大市场份额采取价格水平下降的价格竞争策略。或者,如果市场需求状况允许,厂商会在价格不变的条件下增加产出,从而使短期总供给曲线向右下方移动。相反,如果生产率降低,单位投入的产出将会减少,单位产出的成本会上升,从而减少短期总供给,这将使短期总供给曲线向左上方移动。

如果生产要素供给增加,包括在生产要素价格不变的情况下生产要素供给量的增加,以及在生产要素供给量不变的情况下生产要素价格的降低。这两种情况都会使厂商在产品和劳务价格不变时提供更多的产出,或者在产出不变时降低产品和劳务的价格,从而使短期总供给曲线向右下方移动。相反,如果生产要素供给减少,意味着在生产要素价格不变的情况下生产要素供给量的减少,或在生产要素供给量不变的情况下生产要素价格的提高,这都将使厂商在产品和劳务价格不变时减少产出,或者在产出不变时提高产品和劳务的价格,从而使短期总供给曲线向左上方移动。

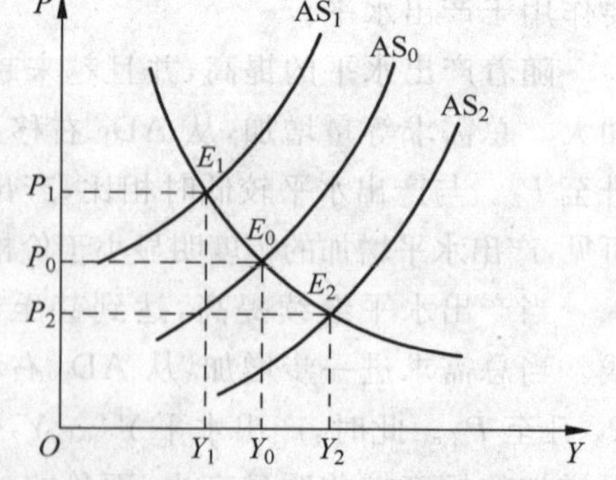

图 12-4 短期总供给曲线移动的效应

2. 短期总供给曲线移动的效应

假定总需求曲线 AD 不变,当生产成本上升、生产率下降、生产要素供给下降时,这些原因共同作用或只有一种原因的作用,都会引起短期总供给曲线向左上方移动,从而表现为产出水平下降，价格水平上升。如图 12-4 所示。

总需求曲线 AD 和短期总供给曲线 AS_0 相交于最初的均衡点 E_0，产出水平为 Y_0，价格水平为 P_0。由于上述的生产成本上升等原因使短期总供给曲线 AS_0 向左上方移动至 AS_1，则新的均衡点为 E_1，由 E_1 决定的产出水平降至 Y_1，价格水平升至 P_1。

相反，当生产成本下降等原因使短期总供给曲线 AS_0 向右下方移动至 AS_2 时，由均衡点 E_2 决定的产出水平增至 Y_2，价格水平降至 P_2。

四、长期总供给与国民产出

1. 长期总供给曲线

长期总供给曲线表示的是产出水平与价格水平的关系，表明了总供给对不同价格水平的长期古典反应。长期 AS 曲线是垂直的，其原因在于，在长期，工资和价格变得有弹性了，总供给或产出水平是趋向于充分就业产出水平的。价格水平上升对产出的作用最终会被生产成本的提高所抵消；价格水平下降对产出的作用又最终会被生产成本的下降所抵消。在长期中的产出水平和就业水平并不随价格水平的变动而变动。因此，在长期，总供给曲线是一条位于充分就业的产出水平或潜在产出水平上的垂直线。

垂直的总供给曲线之所以被称作古典的总供给曲线，是因为在凯恩斯之前的古典理论中，经济总是能够维持充分就业的，并且是在工资、价格的灵活调整下维持的。因此，无论价格水平如何变化，产出水平总是与充分就业下的产出水平相对应，总供给曲线呈现垂直的形状。

2. 长期总供给与国民产出决定

在明确了长期总供给曲线是垂直的原因以及在垂直的条件下，总需求的变化只会影响价格水平，而不会影响产出水平的结果之后，就可以讨论长期总供给与国民产出决定问题。

由于长期总供给曲线是垂直的，在长期中的国民产出水平就仅仅由长期总供给决定。因此，在长期中要提高产出水平，只有通过增加总供给，以增加充分就业时的产出水平。

当充分就业的产出水平增加时，如果总需求不变，则既会使产出水平增加，又会使价格水平下降；而在增加产出时，要保持原有的价格水平不变，就必须增加总需求。如图 12-5 所示。

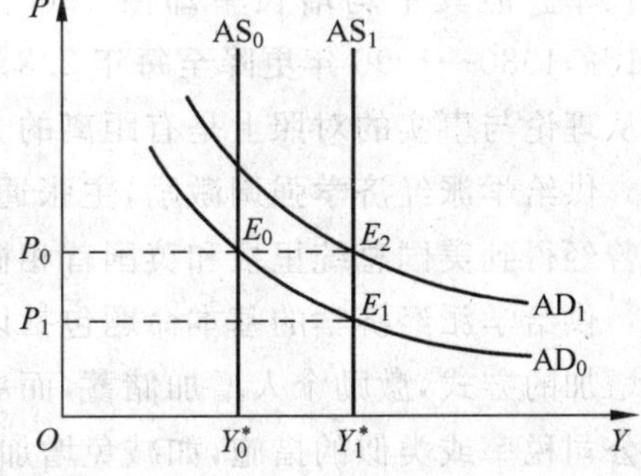

图 12-5　长期总供给曲线的移动

假设，原有的长期总供给曲线 AS_0 与总需求曲线 AD_0 相交于 E_0 点，此时的潜在产出水平为 Y_0^*，价格水平为 P_0。

当 Y_0^* 增至 Y_1^*，则长期总供给曲线从 AS_0 右移至 AS_1。如果此时总需求曲线仍在 AD_0 上，价格水平将从 P_0 降至 P_1（AD_0 与 AS_1 相交于 E_1 点决定的价格水平 P_1）。但如果要保持原有的价格水平 P_0，就必须使总需求曲线上移至 AD_1 的位置，并且与 AS_1 相交于 E_2 点。

第三节 供给学派经济学

一、供给学派经济学概况

在凯恩斯革命之后,宏观经济学主要集中在需求方面的研究,政府的宏观经济政策也偏重于对总需求管理,这种需求管理政策对第二次世界大战后西方国家的经济发展确实起了积极有效的作用,曾经使许多国家的经济从萧条走向繁荣。

然而,西方发达国家在经济方面出现了一些新的问题,凯恩斯主义不能提供有力的解释。尤其是进入20世纪70年代以后,最突出的是1973年,西方国家的经济出现了被称为"七灾之年"的现象。有农作物歉收,海洋环境转变,世界商品市场大规模投机,外汇市场剧烈波动,中东战争引起的原油价格猛涨等。这些来自供给方面的冲击,使西方国家经济增长率和生产率提高的速度放慢,同时出现了经济的"滞胀"现象。在这些情况下,一些经济学家将研究的重点从需求方面转向供给方面,这就是20世纪70年代后期崛起的供给学派,宏观经济政策的扩展最重要的方面也是供给学派经济政策的出现,被美国经济学家称为是引起美国历史上财政政策最有戏剧性转变的分界。

在20世纪80年代,虽然供给学派经济学占据了主导地位并影响了里根政府(1981—1989年)以及80年代经济政策的走向,但从经济的事实来看,许多数据与供给学派的预言是不完全符合的。如20世纪80年代税率的下降并未因刺激经济使收入大幅增加,反而导致美国联邦财政赤字增加,一直持续到20世纪90年代;供给学派主张通过对储蓄和投资的鼓励并降低税率,能够提高国民储蓄。实际是20世纪80年代国民储蓄率急剧下降,在1987年降至第二次世界大战以来的最低水平;供给学派政策的基本目标是提高潜在产出增长率。但其平均增长率却由1960—1970年的每年3.6%降至1970—1980年的每年3.1%,1980—1996年更降至每年2.3%。这些事实的原因虽然有待进一步分析研究,但至少从理论与事实的对照上是有距离的。

供给学派经济学强调激励,主张通过大幅度削减税收,促进经济增长。供给学派经济学曾经得到美国总统里根和英国首相撒切尔夫人(任职于1979—1990年)的热烈拥护。

供给学派经济学的基本命题包括以下几个方面:(1)税率的降低以个人持有资产报酬率增加的方式,激励个人增加储蓄,而更高的储蓄会引起更低的利率和更高的投资。(2)削减公司税率或类似的措施,如减免增加的投资税、放宽对折旧减免税的限制,都会增加平均税后报酬率,促进投资。较高的投资会促进生产率的增长。(3)资源从公共部门转移到私人部门会提高劳动生产率。因为生产率在公共部门增加很小,或者根本不增加。(4)较低的税率会节制增加工资的要求。因为减税是实际收入的增加。(5)较低的税率会使工作努力,使工作质量和数量提高,从而进一步增加生产能力,减缓通货膨胀的速度。较低的通货膨胀率又会使净出口增加,出口增加又导致本币升值,进口商品价格下降,使通货膨胀进一步降低。

二、税收对劳动投入的影响

减税对于总供给的作用主要是通过劳动和资本投入去影响总供给。供给学派经济学的大部分讨论是围绕减税对劳动和资本投入的作用展开的。

供给学派经济学尤其重视减税对劳动投入的影响。供给学派经济学家认为，人们愿意提供的劳动量取决于其工资水平，并且提供的劳动量与工资水平正相关，当工资水平提高时，劳动供给就会增加；在工资水平不变时，对工资收入征税就会减少劳动者的实际工资收入。因此，增税会减少劳动供给。反之，减税则会增加劳动者的实际工资收入，从而可以增加劳动供给。

供给学派经济学家，如阿瑟·拉弗等还指出，税收还会影响厂商对劳动的需求。提高税率特别是提高工薪税（或社会保险税，是雇主为雇员支付的工资缴纳的税，雇员也缴纳同一比例），会提高厂商雇用工人的成本，从而使厂商对劳动的需求减少。反之，降低税率特别是降低工薪税会降低雇用工人的成本，从而使厂商对劳动的需求增加。

以上分析的税收对劳动投入的影响，可用税收楔子模型来说明。如图 12-6 所示。在图中，横轴为劳动量 L，纵轴为工资水平 W，S 为劳动供给曲线，D 为劳动需求曲线。

在税收等于零时，厂商雇用工人的成本与工人实际得到的工资相等，劳动供给曲线 S 和劳动需求曲线 D 相交于 E 点，由此决定的劳动投入量或就业量为 L_0，工资水平为 W_0。在税收大于零时，一方面由于对工人的工资收入征税，如个人所得税、工薪税等，会减少工人的实际工资水平；另一方面由于对厂商征税，特别是工薪税，会增加厂商雇用工人的成本。其结果是使工人实际工资收入与厂商雇用工人的成本之间产生一个差额，这个差额称做“税收楔子”。图 12-6 中阴影部分就表示税收楔子。

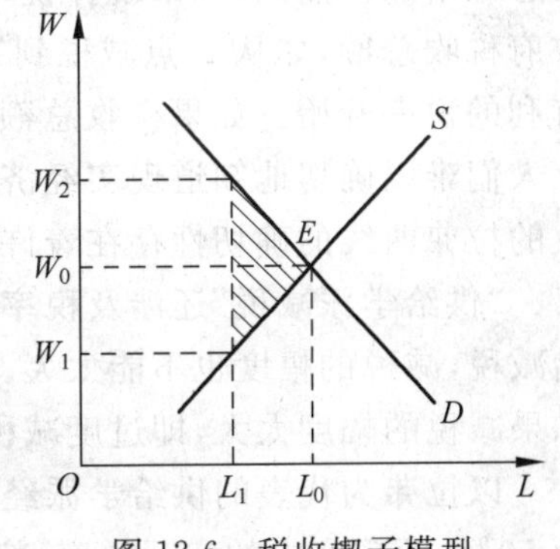

图 12-6　税收楔子模型

厂商雇用工人除支付给工人工资 W_0 之外，还需缴纳 W_2-W_0 的工薪税等，使厂商的这一部分成本从 W_0 升至 W_2。同时，工人将从工资收入 W_0 中缴纳 W_0-W_1 的个人所得税等，使工人的实际工资从 W_0 降至 W_1。由于税收楔子的存在，劳动供给和劳动需求也相应从 L_0 降至 L_1 的水平。

税收楔子的大小取决于税收政策，税收增加会使楔子增大，会减少劳动投入或就业量，从而减少总供给。反之，税收减少会使楔子缩小，会增加劳动投入或就业量，从而增加总供给。税收对资本投入的作用，与对劳动投入的作用类似。

三、拉弗曲线

与供给学派经济学相联系的一个概念，是关于税率与政府税收总额之间关系的“拉弗效应”。这是美国的供给学派经济学家拉弗分析税率和税收关系的结果，分析这一关系的工具就是著名的“拉弗曲线”。

有些经济学家指出,减税在增加私人储蓄和投资的同时,也会减少政府的财政收入。如果政府财政收入下降,政府为避免财政赤字就要相应地减少财政支出,从而减少由政府进行的公共储蓄和投资。在此情况下,就只有当减税增加的私人储蓄和投资大于由减税减少的政府财政收入时,减税才能从供给方面使整个经济中的储蓄和投资增加。以拉弗为代表的供给学派经济学家则认为,减税不但不会减少政府财政收入,甚至会增加政府财政收入。拉弗曲线如图 12-7 所示,横轴 t 为税率,纵轴 T 为税收总额,图中的曲线就是拉弗曲线。

当税率 $t=0$ 时,人们不缴纳任何税,政府税收总额 $T=0$。拉弗认为,当税率从 $t=0$ 逐渐提高时,政府税收总额也随之提高。但是,由于税率的提高会使劳动投入减少,储蓄和投资减少,或者促使劳动和资本等生产要素转入不纳税的地下经济活动,从而会使征税的税基减少。因此,随着税率的提高,政府税收总额增加的速度越来越缓慢。当税率达到某一水平时,政府税收总额就达到最大值 T^* 点。如果税率继续提高,征税的税基将迅速减小,税收总额也随之下降。当 $t=100\%$时,人们没有工作动力,就不去进行纳税的经济活动,政府税收总额 $T=0$。

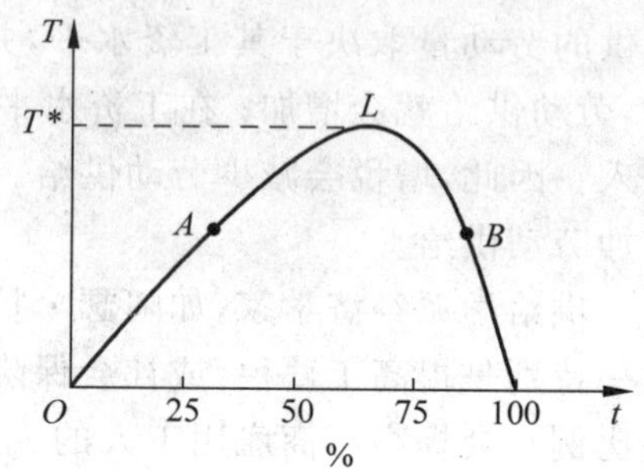

图 12-7　拉弗曲线

可见,拉弗曲线有两种极端情况:零税率和 100%税率。而在拉弗曲线两种极端之外的某一点上,有一个使税收收入最大的税率或者最佳税率,即图 12-7 中的 L 点。拉弗曲线说明,要使减税能在税收收入上有正效应,最初的税率必须高于使税收收入最大的最佳税率。具体地说,它必须在拉弗曲线顶端的右侧,比如在 B 点。这样,削减税率才能使政府税收总额增加。然而,如果现存税率是处在最佳税率 L 点,或低于 L 点,削减税率就会减少政府税收总额,如从 L 点减税到 A 点,结果只会减少税收总额。所以,减税不能从一个最有利的税率开始。如果税收总额要达到最大,就要使税率保持在最佳税率上。但是,实际上人们难以确切地知道现实经济中最佳税率处在拉弗曲线的哪个位置上。因此,对不同税收的拉弗曲线的确切性存在着许多争议。

"供给学派减税"还涉及税率减少幅度的大小问题。就是说即使从一个有利的位置开始减税,减税的幅度也不能太大。例如,现存税率在 B 点,减税到 L 点,税收总额会增加。如果减税的幅度太大,即过度减税,例如,从 B 点降至 A 点,税收总额也会下降。

以拉弗为代表的供给学派经济学家认为,能使政府税收总额最大的税率比较低,大约为 50%,而现实中的实际税率,特别是个人边际税率(在累进税制度中,对超过一定纳税等级的那部分收入所规定的税率,是增加 1 美元收入支付的额外税收)已经超过了这一分界点。因此,减税不但不会减少政府财政收入,还可以由于征税和税基的扩大而增加政府财政收入。所以,他们主张大幅度减税,包括削减个人边际税率。而大多数主流派经济学家则认为,能使政府税收总额最大的税率比较高,现实中的实际税率仍然低于这一分界点的位置。因此,他们认为,减税将会减少政府财政收入,如果不相应地减少财政支出则会使政府财政赤字产生或者加大。

对降低税率会增加税收收入的拉弗曲线假说,主流经济学家甚至一些供给学派经济学家都对此加以嘲讽。尤其是1998年，当一系列税收的增加使美国联邦政府的收入水平提高并且产生预算盈余的时候，供给学派的政策主张终于成了近乎反面的教材。

当然，也有证实拉弗曲线假说正确性的资料。例如，在20世纪80年代，美国最富裕的阶层税率很高，当他们的税率降低后(80年代中期之前税率在60%以上，1986年降至28%)，从这一阶层中得到的税收收入增加了。20世纪80年代初，瑞典一般工人的边际税率约为80%。高税率确实严重影响了他们的工作积极性，研究表明，瑞典如果降低税率就可以增加税收收入。

练习题

一、概念

将定义的序号填入概念的____中。

____古典理论　　____价格灵活性　　____供给学派

____税收楔子　　____拉弗曲线

1. 供给学派经济学家分析税率和税收关系的一个工具。

2. 20世纪70年代后期崛起的从供给方面研究经济问题的经济学流派。

3. 古典学派认为，当总需求发生变化之后，所有的价格和成本都会迅速得到调整，价格的变化将保证总供给等于总需求。

4. 工人实际工资收入与厂商雇用工人的成本之间产生一个差额。

5. 强调经济中自我矫正力量的学说。

二、选择题

1. 影响总供给的决定因素主要有(　　)。

A. 粘性价格和粘性工资　　B. 财政政策和货币政策

C. 潜在产出和生产成本　　D. 不能确定是哪种因素

2. 在古典经济模型中，扩张的财政政策对(　　)。

A. 产出和价格水平都没有影响

B. 产出没有影响，对价格水平有积极的影响

C. 产出和价格水平都有影响

D. 产出有积极的影响，对价格水平没有影响

3. 在凯恩斯模型中，短期总供给曲线是一条水平线。因此，在这一区域任何刺激总需求的经济政策对(　　)。

A. 产出有积极的影响，对价格水平没有影响

B. 产出没有影响，对价格水平有积极的影响

C. 产出和价格水平都有积极的影响

D. 产出和价格水平都没有影响

4. 下列属于古典学派的经济学家是(　　)。

A. 约翰·穆勒　　B. 亚当·斯密　　C. J.B.萨伊　　D. 以上都是

5. 古典学派认为经济会迅速恢复到长期均衡状态的理由是(　　)。

A. 财政政策能够有效地影响总需求

B. 货币政策能够有效地影响总需求

C. 价格和工资是灵活变动的

D. 短期的经济失衡没有意义

6. 凯恩斯认为(　　)。

A. 需求创造自己的供给

B. 供给创造自己的需求

C. 在长期,经济趋向于潜在产出

D. 在萧条期间,总供给曲线左移

7. 凯恩斯主义经济学认为(　　)。

A. 总供给曲线始终是水平或向右上倾斜的

B. 总供给曲线的形状并不重要,对经济发生作用的只有总需求

C. 当实际产出低于潜在产出时,总供给曲线是水平或向右上倾斜的

D. 当实际产出低于潜在产出时,总供给曲线是水平或向右下倾斜的

8. 供给学派最重要的政策主张是(　　)。

A. 强调激励　　B. 扩大产出　　C. 努力工作　　D. 削减税收

三、分析题

1. 凯恩斯主义和古典学派在对待总供给曲线问题上有哪些不同观点?

2. 供给学派经济学政策主张的主要内容。

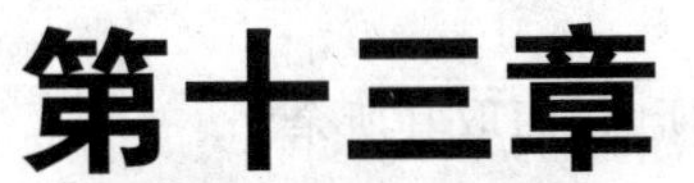

第十三章 货币与银行理论

货币问题在宏观经济学中占有十分重要的地位，然而，货币是什么？货币是能够被普遍接受的充当交易媒介的任何一种东西或资产。关于货币的作用，古典学派的货币理论是两分法和货币中性。凯恩斯主义认为，货币数量的变动直接影响利率，而利率的变动对经济社会发展则产生一系列影响。货币主义认为，货币数量的变动，可以直接影响总支出，从而影响名义国民产出。

与货币有紧密联系的是银行，银行是货币流通的主要渠道。要认识货币和货币政策的相关知识，就要先认识银行与银行体系。

本章主要考察货币与银行的基本知识，为今后分析中央银行及其货币政策做准备。

第一节 货　币

一、货币的历史演变

作为生活在现代社会的人，几乎离不开货币的使用。但今天我们十分熟悉的货币，是经过长期的发展才形成了现在的货币形式。下面简要说明货币的历史演变过程。

1. 物物交换

在货币出现之前，是以物易物的交换方式。这种交换方式的优点是简单，而缺点是交换往往不能成功，经常出现的情况是，难以实现“需求的双重巧合”。例如，难以出现的交换现象是：一个人希望交换的物品和劳务，又是另一个人所需要的；而后者用以交换给前者的物品和劳务又是对方所需要的。双方往往需要分别去与其他人进行交换，才有可能成功。他除非能找到一个“集两种巧合于一身”的人,他可以供其所需,而取其所余。

2. 商品货币

在长期的交换过程中,人们用一种公众都乐意接受的商品作为交换媒介,如牛羊、石斧、烟草、金银等。这些商品在交换中各有优缺点。牛羊易于被人们接受但不能分割成小单位,如果储藏可能由于繁殖而增加。烟草可以分割,但不易储藏更长时间。金银由于其内在价值高、易分割和储藏等优点兼备,便从众多的交换媒介中分离出来,成为商品货币。金银作为货币形式最突出的优点是货币有内在价值,政府也没有必要去保证其价值,货币的数量是由市场上的金银供求来确定的。当然,金银货币的缺点也是存在的,如从地下开采非常困难及其稀缺性,或者由于偶然发现矿藏会使金银数量突然增加。

3. 现代货币

商品货币的发展已经让位于现代货币——纸币时代。纸币本身没有内在价值,只是一种媒介物。纸币是政府用法律形式保证并且强制执行的一种价值符号,这就是法定货币。

纸币之所以得以广泛应用,除了政府的作用之外,还有许多方便之处:纸币易携带和储藏;私人不能合法制造从而保证了其稀缺性等。随着信用制度的发展,银行货币得以产生和发展。而银行货币是以银行存款为具体形态,通过银行间划拨而完成交易的支付手段。当前,90%的交易变成了用银行货币支付的形式。同时,货币形式还在不断变革之中,例如,一些金融机构将支票账户和存折账户以及同储蓄账户、甚至同某一股票债券账户相联结,允许消费者按其股票的价值开出支票;使用信用卡,在电子阅读机上可以非常便捷地完成支付。

二、货币供给的构成

货币供给量是货币供给的数量指标,任何货币政策的变动,最终都要反映到货币供给量的变动上。中央银行正是通过货币供给总量和构成的调节,实现其调控宏观经济职能的。经济中货币的数量称为货币供给,可分为狭义和广义的货币供给。

1. 狭义货币供给 M1

狭义货币供给 M1,包括各种实际用于交易的货币,所以又称交易货币。这是一个最重要的货币概念,并且是人们密切关注的货币指标。M1 是在银行体系以外流通的硬币和纸币之和,再加上支票账户存款(又称活期存款)。即:

$$M1=现金+支票账户存款$$

现金包括硬币和纸币。硬币是在小额交易过程中使用的金属辅币,M1 中的硬币是所有未被银行持有的。纸币是更重要的货币,现实流通中的通货主要是指纸币。在金本位条件下,纸币由黄金和白银来担保。在信用货币流通条件下,纸币和硬币是由国家的法律为保证的,是不能兑换黄金的法定货币,所有公共的和私人的债务都必须接受它作为清偿手段。

为了统一货币发行与流通和稳定货币币值,在信用货币流通条件下,几乎所有的国家都是中央银行凭借国家授权,以国家信用为基础垄断纸币和硬币的发行权。现金是流通中的硬币和纸币的总和,叫作通货,约占 M1 总额的 1/2。有少数国家,其硬币的铸造、发行,不是归中央银行而是由财政部负责。总之，硬币的发行归财政部门，然后由中央银行投入流通。

支票账户存款是指不用事先通知就可随时提取的银行存款。银行存款有以支票账户形式存在的活期存款和以存折方式存在的储蓄存款。M1 中的活期存款是指存于银行或其他金融机构的能够开出支票的款项。用专业术语来说，它们被称为“活期存款及其他支票存款”，又称银行货币。

支票账户存款之所以被直接看作货币，是因为人们可以根据银行的支票账户开出支票以代替现金进行支付，购买商品和劳务，支票账户是见票即付的。这是任何储蓄存款所做不到的，因为储蓄存款不能直接作为商品交换的媒介。

从数量上看，活期存款是 M1 中最主要的部分，大部分交易是用支票偿付的。支票还有其方便之处：可以邮寄；付款后的支票可以作为收据使用；可以挂失等。

2. 广义货币供给 M2

就支付手段而言，M1 是衡量货币的最佳指标。除 M1 之外，还有广义货币供给 M2，其中的储蓄存款和定期存款有时被称作资产货币或准货币。M2 包括 M1 再加上一切种类的储蓄存款和定期存款，即：

M2＝M1＋储蓄存款＋定期存款

其中，储蓄存款是指居民不用支票账户而用存折存入银行的活期储蓄，定期存款是小额零星存入的短期定期储蓄。它们虽然不能直接执行货币的价值标准或记账单位职能，但却很容易兑换成现金，因而具有较高的流动性（一种资产可以兑换成交易媒介或现金的容易程度）。虽然定期存款的流动性比储蓄存款差一些，但由于可以通过提前支取和其他形式变换为现金，所以，其流动性也较高。表 13-1 说明了 M1、M2 各组成部分的情况。

表 13-1　货币供给的构成　　10 亿美元

货币的种类	1959 年	1973 年	1997 年
通货（金融机构之外的）	28.8	61.7	403.7
活期存款（政府存款和某些外国存款除外）	110.8	209.7	403.6
其他支票存款	0.4	0	257.9
总的交易货币（M1）	140.0	271.4	1 065.2
储蓄账户、小额定期存款和其他	158.8	300.2	2 838.9
总的广义货币（M2）	298.8	571.6	3 904.1

货币还有其他技术性定义，例如，有更广义的货币定义 M3，即：

M3＝M2＋长期大额定期存单＋其他流动性较差的金融资产

在多种货币形式中，各国对 M1 的定义大致相同。因此，M1 是经济学家和政府经常使用的货币计量形式。在经济学中使用的货币定义主要是 M1 和 M2。

3. 货币定义的历史演变

货币定义是随着银行业的发展以及经济社会对金融服务的要求而不断演化的。在 19 世纪中叶的英国，因为商业银行的业务仍处于初创阶段，活期存款的使用仅限于大企业和富人。所以，作为通货的不完全替代品，活期存款是否应当作为货币供给的一部分，曾经是经济学家和银行家共同面对的问题。随着商业银行的发展和活期存款的普遍使用,在20世纪40年代末的英国、美国和加拿大等国,"现金+活期存款"的M1就成为公认的货币定义。

20世纪50年代,活期存款开始支付利息,而储蓄存款的利率仍然有上限的限制。这样,储蓄存款就越来越近似于活期存款。因此出现了储蓄存款是否应当包括在货币定义中的争论。尤其是20世纪50年代中期以后,商业银行和非银行金融机构的储蓄存款迅速增长,这些金融机构的负债虽然不是直接的交易媒介,但却是活期存款的相近替代品。因此,"M1+储蓄存款"的M2作为货币定义就逐渐被接受。到了20世纪60年代初,绝大多数经济学家开始使用M2来测定货币供给。

20世纪70年代以来,以工业化国家为先导的放松管制和金融创新,使银行业出现了许多前所未有的变化。包括存款服务技术的改进,如自动柜员机、在家中通过电脑办理银行业务等;电子转账的出现,使根据取款额收取的手续费变得微乎其微了,每次交易的边际手续费趋于零,而通货的持有量则越来越少;信用卡、借记卡等"智能卡"的使用。这一类智能卡与通货相比,既不存在"找零"问题,又比持有通货安全。因此,智能卡被广泛使用,而智能卡的广泛使用,会不断降低对通货的需求。

20世纪80年代的金融自由化,由于金融部门的技术创新和产品创新,许多新的活期存款和储蓄存款的变体被创造出来,如可转让大额存单CD、货币市场共同基金等。活期存款和储蓄存款之间的流动性差异变得越来越小,甚至几乎完全消失,从而使M2甚至M3、M4等更宽的货币定义逐渐被采用。

20世纪90年代许多国家的金融业从分业经营转变为混业经营。这不仅增加了金融部门之间的竞争,也改变了活期存款、储蓄存款和其他金融工具之间的替代程度,尤其是出现了越来越多的共同基金,通过发行基金单位,集中投资者的资金,从事股票、债务、外汇等多种投资,以获取投资收益。

三、货币的价格:利率

利息是对货币的使用所支付的报酬,而利率是在单位时间内所支付的利息数量占所借本金的百分比。

1. 长期利率和短期利率

按信用行为期限的长短,将利率分为长期利率和短期利率。期限1年以上的利率为长期利率,而1年以下的利率为短期利率。

1982年9月,美国推出了与91天市场利率连动的7~31天定期存款(最低存款额2万美元),最短期限仅为7天。贷款有不同的期限,短期证券的期限最长为1年。期限最短的贷款是隔夜拆借,其利率是隔夜拆借利率。

一般地说,较长期的利率高于较短期的利率。因为贷款者只有在获得较多的收益时,才愿意较长期限地放款。但在不同种类的信用行为之间,由于各自不同的信用条件,不能简单地用期限的长短来确定利率的高低。只是在同一类的利率条件下,较长期的利率才高于较短期的利率。

2. 固定利率和浮动利率

按在借贷期限内对利率是否调整来分，可以将利率分为固定利率和浮动利率。

固定利率是指在借贷期限内不调整的利率。实行固定利率，对借贷双方的成本和收益的计算简便、准确。但是，当借贷期间出现通货膨胀时，对债权人将带来损失，而有利于债务人；当借贷期间出现严重的通货紧缩时，情况正好相反。如果不存在通货膨胀，在利率自由化的初期，一般是由于利率水平的提高，长期借款人只有一部分或暂时没有损失；如果长期借款人同意利率随短期利率浮动，则将可能遭受损失。同时，以上两种情况，对于借贷中介机构都将有损失。

浮动利率是指在借贷期限内可以定期调整的利率。根据借贷双方的协定，在规定的时间依据市场利率进行利率的调整，一般调整期为半年。浮动利率由于其可调整的性质，可以减少债权人的损失。但是，因为其手续和计算比较复杂，所以多用于 3 年期以上的借贷关系。

3. 安全利率和高风险利率

按是否存在风险来分，可以将利率分为安全利率或无风险利率和高风险利率。

风险是金融机构潜在的货币损失，但有的投资实际上没有风险。因此，安全利率就是在不存在信用风险(或违约风险)和市场风险条件下的利率。政府债券被认为具有很高的安全性，就是因为政府债券是以政府信誉、政府信贷和征税的权力做担保的。政府债券支付的利率被称为安全利率或无风险利率，安全利率最好的例子是 3 个月期的国库券利率。美国的政府债券被公认是世界上安全性最高的资产，其政府债券尤其是国库券，不仅是美国人，而且是外国政府、银行和居民的重要投资工具。

有的投资存在着包括投机在内的多种风险。例如，投资于濒临破产的公司、税基萎缩的地区或城市、政局不稳定和存在巨额债务的国家等，都是高风险的投资。对风险大的债券所支付的利率则被称为高风险利率，高风险利率比安全利率通常高出 1%～5%，这个溢价是对投资者的投资在遇到风险遭受损失时的补偿。

典型的高风险利率出现在 20 世纪 80 年代的美国。当时美国出现了公司收购和兼并的热潮，而这场公司收购和兼并是以债券发行方式融资的。当时，为一些资本规模实力不足的企业收购其他企业筹资而设计了“垃圾债券”(信用评级在标准普尔公司 BBB 级或穆迪公司 Baa 级以下的债券)，通常是以收购的企业及以其未来收益做抵押从商业银行取得贷款，这就是所谓杠杆收购。

4. 市场利率和法定利率

按利率是否能够自由变动来分，可以将利率分为市场利率和法定利率。

市场利率在一般意义上是指在货币市场上由货币的供求关系决定的利率。

中央银行通过调整基准利率(也称作基础利率、标准利率)影响市场利率。利率体系中起决定作用的基准利率是各种利率中最低的一种利率，改变这一利率将会导致利率系统的全面提高或降低。

对于基准利率，有的国家以中央银行的贴现率为代表，如日本银行。贴现率就是日本银行对各主要银行贷款时所实施的利率。欧洲中央银行的基准利率称为主导利率，通过调整主导利率影响欧元区的市场利率水平。还有的国家以商业银行之间的拆借利率为代表，如美国的联邦基金利率。美联储在设定的贴现率基础上,通过公开市场业务去影响联邦基金利率,最终实现其货币政策目标。

联邦基金的“联邦”一词指交易的基金来自于整个联邦。联邦基金市场是一个银行同业拆借市场,20 世纪 20 年代由私人金融中介机构建立并管理,是不受联邦政府和美联储监督的金融市场。联邦基金市场的基本特征:联邦基金主要是商业银行在联邦储备银行的存款准备金余额,是一种低成本、迅速得到的极短期的流动性资产。商业银行通过联邦基金市场的交易管理它们的储备头寸,为其资产证券组合融资,使其成为银行同业拆借市场。

联邦基金本质上不是货币工具,因为是一天内的贷款,并且不在二级市场上交易。但是因其期限极短(隔夜拆借),周转率极高,与那些在二级市场上交易的证券相似,联邦基金因此也归于货币市场工具。

将储备贷给准备金不足的金融机构,此时机构间的贷款为联邦基金贷款,贷款通常是隔夜贷款,次日早晨归还。联邦基金贷款称为销售,基金交易和通知联储转账则通过电话等进行,最小交易单位为 100 万美元,并且是在大机构之间、无担保、低价进行的。

联邦基金利率被称作金融市场晴雨表,是竞争性的市场利率,其利率水平由联邦基金的供给和需求状况决定。但该利率受美联储公开市场操作的影响,也会反映出其货币政策的意向。美联储影响联邦基金利率是通过公开市场业务的方式进行的,当美联储紧缩银根(指金融市场上的资金供给)时就买入国库券,那么国库券的利率将提高,于是投资于国库券比出售联邦基金的投资获利更高,从而导致银行在联邦基金市场上的投资转向财政部证券市场的投资,此时联邦基金的供给就将下降。在竞争的市场上,联邦基金的供给下降,联邦基金的均衡利率则将上升。当美联储放松银根时,情况相反。事实证明,美联储在通过上述方式影响联邦基金利率方面是成功的,实际的联邦基金利率偏离美联储的货币政策目标水平每月平均仅相差 6 个基本点。

美联储总是选择与其货币政策最密切的变量作为目标变量,其中,联邦基金利率在数年内均担当着目标变量的地位。1979 年 10 月之前,公开市场委员会为联邦基金利率确定了很小的波动区间。当联邦基金利率离目标区 5 个基本点时,美联储将迅速采取干预措施,利用回购协议调整银行的准备金。在这一时期,美联储对联邦基金利率波动的调整政策因处于利率管制时期,造成了联邦基金利率不能迅速并准确地提供准备金和货币供给变动的市场信息。此后的 1985—1994 年 2 月期间、1994 年 2 月以后,联邦基金利率都成为美联储的货币政策目标变量之一。与 1979 年 10 月之前不同的是,联邦基金利率是与其他变量结合在一起使用的。

法定利率是指由中央银行或货币当局确定的利率。法定利率是在宏观经济政策出现以后,作为实现政府宏观调控目标的政策工具。

5. 实际利率和名义利率

实际利率是指物价不变,从而货币的购买力不变的利率。名义利率是包含着补偿信用风险和通货膨胀风险的利率。

实际利率实际并不能观察到,看到的只是名义利率。实际利率是根据已知的名义利率和通货膨胀率计算的,是名义利率减去通货膨胀率。通用的计算实际利率的公式为

$$r_0=\frac{1+r}{1+\pi}-1$$

式中，r_0 为实际利率，r 为名义利率，π 为借贷期间的通货膨胀率。

第二节　银　　行

一、银行与银行体系

为了了解货币供给或者货币创造，有必要先了解银行与银行体系，特别是银行体系中商业银行的情况。

银行是经济和信用发展的产物，是专门经营货币信用业务，充当信用中介和支付中介的金融机构。随着经济和金融业的发展，银行体系得以形成。银行体系主要由中央银行、商业银行、专业银行等构成。

中央银行是代表政府管理金融、制定和执行金融政策的机构。随着经济、金融的发展，现代中央银行成为全社会货币、信用的调节者和货币政策的制定、执行者，以及监督管理金融业的特殊机构。中央银行具有特殊的地位和承担着重要的社会责任，与整个社会和经济的运行与发展紧密联系在一起，演变成为中央银行制度。

商业银行在银行体系中居主体地位，是最大的一类金融中介，主要从居民户、厂商那里接受储蓄存款，然后再将这些资金贷给其他居民户和厂商使用，并从中获取各种形式的收入，以达到获取利润的目的。商业银行提供的是支票账户，它是银行货币的主要来源。商业银行的最重要特征是，具有创造货币的机能。因此，商业银行又有"存款货币银行"之称。

专业银行是指有专门经营范围和提供专门性金融服务的银行。其业务活动方式有别于或部分有别于商业银行的存、贷、汇业务活动。在西方国家中，专业银行按其服务对象和存贷资金的性质划分，有开发银行、投资银行、储蓄银行、不动产抵押银行等。

二、银行存款的创造过程

大多数国家是由中央银行发行货币，由商业银行通过支票账户存款创造货币的。但是，这个银行存款的创造过程，单个银行是不能实现的。因为单个银行只能依靠其存款来发放贷款，当贷款等于存款时，银行就不可能再创造出货币。是整个银行体系把其贷款与投资(是银行所持有的债券或其他金融资产，而不同于经济学家所说的"投资"的含义，也就是资本形成)扩大为原来存款的许多倍，实现了银行存款的创造。这个过程实际上有两个步骤：一是中央银行决定整个银行体系的准备金数量；二是整个银行体系将这些准备金当作一种投入品，并将其转变成更大数量的支票账户存款。这两个步骤构成了银行存款的创造过程。下面具体分析存款是怎样创造出来的。

1. 储蓄与准备金

银行可贷资金的来源主要是银行储蓄、公司储蓄和居民储蓄。在正常情况下,储户每天取走的数额只占全部储蓄的一个很小比例,而且每天有取也有存。因此,每天取走和存入的数额一般小于全部储蓄额的10%,而存和取的净额每天最多不超过3%。这样,银行只要将现金保持在其储蓄额的10%左右就足以应付所有的提款需求。

准备金是银行库存的现金和放在中央银行的存款,银行准备金占全部存款的比例称为准备金率。

银行准备金包括两部分:法定准备金和超额准备金。法定准备金又称必要准备金或必要储备,是中央银行按照法律规定要求商业银行等存款货币机构上缴给中央银行的存款数额。法定准备金一般是无息的,而无息的准备金存款相当于对商业银行征收的一种赋税。法定准备金率一般为10%左右。例如,每100美元储备就必须有10美元作为准备金不能贷出。近十几年来为刺激经济,许多国家的法定准备金率都降至10%以下。然而,在较高的通货膨胀时,法定准备金往往高于10%。

法定准备金=储蓄×法定准备金率

超额准备金习惯上称备付金,是银行准备金超过法定准备金的部分,又称过度储备。

超额准备金=银行准备金-法定准备金

商业银行保有超额准备金的目的,一是用于银行间票据差额的清算;二是应付不可预测的现金提取;三是等待有利的贷款或投资机会。但是,因为持有超额准备金是不生息的,持有数额的多少,会影响银行的经营成本。

2. 存款创造过程

假定中央银行增加1 000美元的准备金(可以通过购买消费者A的1 000美元政府债券形式实现),我们注意此后的一系列活动。

消费者A获得1 000美元,将其存入他在甲银行的支票账户之中。假定法定准备金率为10%,甲银行留下100美元作为准备金,将900美元贷给业主B,并为其开了一张900美元的支票,业主B将900美元存入乙银行。

这里需要注意的是,除了在甲银行1 000美元的存款之外,在乙银行(在得到900美元的B的支票账户中)又出现了900美元的活期存款。因此,现在的货币供给总量是1 900美元,银行的活动已经“无中生有”的创造了900美元新货币(第一级银行的活动)。

这个过程还未结束,乙银行(第二级银行)将得到的900美元留下90美元作为准备金,将810美元贷出。至此,最初的1 000美元创造出了2 710美元(1 000+900+810),而且这个过程还在继续,直到存贷款的金额小到不值得存贷时为止,整个银行系统实现了最终均衡。

我们还可以使用银行资产负债表更直观地分析存款的创造过程。

假设,中央银行购买了消费者A持有的1 000美元政府债券,并且A将所得到的1 000美元存入他在银行1的支票账户中。

银行1资产负债表的变化如表13-2(a)所示。当A将所得到的1 000美元存入银行时,1 000美元的银行货币或支票存款就被创造出来。

表 13-2(a)　初始状态的银行 1　　美元

资产		负债	
准备金	+1 000	存款	+1 000
总计	+1 000	总计	+1 000

如果假定法定准备金率为 10%，银行 1 从 1 000 美元中留下 100 美元作为准备金，其余的 900 美元贷出或者进行投资(银行家的“投资”是指他们所持有的债券或其他金融资产)。当银行 1 发放了这一笔贷款以后，借款人 B 得到 900 美元(现金或支票)，并将它存入 B 在另一家银行(银行 2 或称第二级银行)的账户。银行 1 在完成了 900 美元贷款或者投资之后的资产负债表如表 13-2(b)所示。

表 13-2(b)　最终状态的银行 1　　美元

资产		负债	
准备金	+ 100	存款	+1 000
贷款和投资	+ 900		
总计	+1 000	总计	+1 000

需要注意：除了表 13-2(b)右方所示的 1 000 美元存款以外，在 B 的账户中又出现了 900 美元的活期存款。因此，现在的货币供给总量为 1 900 美元。银行 1 的活动已经创造了 900 美元的新货币。初始状态的银行 2 的资产负债表如表 13-2(c)所示。

表 13-2(c)　初始状态的银行 2　　美元

资产		负债	
准备金	+900	存款	+900
总计	+900	总计	+900

当银行 1 创造的 900 美元被存入银行 2 以后，一个扩张的连锁反应过程就开始了，更多的银行货币将会被创造出来。

对于 900 美元存款，银行 2 将 90 美元作为法定准备金，将其余的 810 美元用于贷款或投资，银行 2 的资产负债表如表 13-2(d)所示。

表 13-2(d)　最终状态的银行 2　　美元

资产		负债	
准备金	+ 90	存款	+900
贷款和投资	+810		
总计	+900	总计	+900

至此，最初的 1 000 美元，创造出了 2 710 美元(1 900+810)的货币。货币供给量增加了，而且这个过程还在继续。

银行 2 为贷款和投资支出的 810 美元将会进入银行 3(或称第三级银行)。银行 3 也会贷出其多余的准备金，从而创造出 729 美元的新货币。如此等等。现在我们用表 13-3 显示货币创造链条的全部结果。

表 13-3　全部银行创造了 10 倍于新准备金的存款　　美元

相关银行	新的存款	新贷款和投资	新准备金
初始银行	1 000.00	900.00	100.00
银行 2	900.00	810.00	90.00
银行 3	810.00	729.00	81.00
银行 4	729.00	656.10	72.90
银行 5	656.10	590.49	65.61
银行 6	590.49	531.44	59.05
银行 7	531.44	478.30	53.14
银行 8	478.30	430.47	47.83
银行 9	430.47	387.42	43.05
银行 10	387.42	348.68	38.74
前 10 级银行总和	6 513.22	5 861.90	651.32
⋮	⋮	⋮	⋮
其他级银行总和	3 486.78	3 138.10	348.68
整个银行体系总和	10 000.00	9 000.00	1 000.00

将银行的连锁反应引起的货币创造加总起来，各银行的存款总和是：

$$
\begin{aligned}
&1\,000+900+810+\cdots\\
&=1\,000\times\left[1+\frac{9}{10}+\left(\frac{9}{10}\right)^2+\cdots\right]\\
&=1\,000\times\left[\frac{1}{1-\frac{9}{10}}\right]\\
&=1\,000\times\frac{1}{0.1}\\
&=10\,000(\text{美元})
\end{aligned}
$$

上式表示，银行体系内各银行的法定准备金比率都等于 10%，并且没有准备金漏出银行体系之外的情况。只有当 1 000 美元的新准备金全部用作新存款的法定准备金时，也就是当新存款的 10% 等于 1 000 美元的时候，银行体系才达到最终的均衡状态，此时，存款总和为 10 000 美元。

3. 货币乘数

在分析货币创造的过程中发现，在法定准备金率为 10% 的条件下，向银行系统每追加 1 美元的准备金，银行最终会创造 10 美元的存款或银行货币，新创造的银行存款是最初准备金的 10 倍。新创造的银行存款与初始准备金之间的比率叫作货币乘数。货币乘数的定义如下：

$$\text{货币乘数}=\frac{\text{货币的变化量}}{\text{准备金的变化量}}=10=\frac{1}{0.1}=\frac{1}{\text{法定准备金率}}$$

用 r 表示法定准备金率，货币乘数是法定准备金率的倒数：

$$货币乘数=\frac{1}{r}$$

货币乘数表明了银行体系创造货币的原理，而整个银行体系能够将最初增加的准备金变成多倍的新存款或银行货币。货币乘数和支出乘数的计算相似，但货币乘数是准备金存量的扩张，而投资或消费支出所诱发的是产出的增量。

当准备金的流失使银行货币减少的时候，存款的创造过程也可以从相反方向起作用。假定最初存入 1 000 美元的消费者 A 取走了他的存款，并以现金形式持有，而不存入银行，致使甲银行的总储备就减少了 1 000 美元。甲银行对业主 B 的 900 美元的贷款也不存在，还将会引发随后一系列减少贷款的活动，加上最初减少的 1 000 美元存款，货币的总供给量会减少 10 000 美元。这一过程就是储蓄紧缩或货币紧缩的过程。

三、存款创造的限制条件

将在上面分析中得到的货币乘数用于实际货币乘数的计算是不准确的。如在美国，当平均法定准备金率在 12%左右时，其货币乘数应在 8.3 左右，但实际货币乘数一般在 2.5～2.6 之间。原因是上面的分析有两个假定前提：一是一切新货币均存留于银行体系之内，公众不以现金形式持有，也就没有现金漏损；二是除了向中央银行缴存的法定准备金这一漏出量之外，银行不保留超额准备金，所有商业银行贷款都贷到极限。所以，要得到一个比较完全的货币乘数，准确地把握存款创造过程，还必须考虑两个限制条件：现金漏损和超额准备金。

1. 现金漏损

现金漏损是指银行存款的一部分转化为现金，漏出银行体系而注入日常现金流通的现象。在存款创造的某一环节，收到支票的某个人有可能不将该款项存入银行支票账户，或者从中提取一部分现金以获得更灵活的流通手段。这种漏出量与存款总额之间的比例为现金漏损率。当 1 000 美元留在银行体系中时，10 000 美元的新存款就被创造出来。假设有 10%的现金漏损率，结果在原始存款中就有 10%的现金漏出，并且今后每一级银行新增加的存款都将以 10%的幅度减少，那么所创造出的新的活期存款就是 9 000 美元[(1 000－100)×10]，现金漏损降低了商业银行的存款创造能力。

这样，由于现金漏损的存在，货币乘数就为法定准备金率 r 和现金漏损率 h 之和的倒数：

$$货币乘数=\frac{1}{r+h}$$

2. 超额准备金

实际上商业银行为了保证日常业务的进行，在存款总额中，除了上缴中央银行的法定准备金之外，一般都保持一定数额的超额准备金。这样，商业银行的存款创造能力进一步降低。例如，超额准备金率为 5%，新创造的存款总和为

$$1\,000\times\frac{1}{法定准备金率+现金漏损率+超额准备金率}$$

$$=1\,000\times\frac{1}{10\%+10\%+5\%}$$

$$=4\,000(美元)$$

在加入超额准备金之后,就可得到比较完全的货币乘数公式,用 r 表示法定准备金率,h 表示现金漏损率,e 表示超额准备金率,BM 表示货币乘数。公式为

$$\mathrm{BM}=\frac{1}{r+h+e}$$

练习题

一、概念

将定义的序号填入概念的____中。

____货币　　____ M1　　____ M2

____利率　　____基准利率　　____法定准备金

____超额准备金　　____货币乘数　　____现金漏损

1. M1+储蓄存款+定期存款。
2. 在单位时间内所支付的利息数量占所借本金的百分比。
3. 用于交易的货币,所以又称交易货币。是在银行体系以外流通的硬币和纸币之和,再加上支票账户存款。
4. 银行准备金超过法定准备金的部分。
5. 中央银行按法律规定要求商业银行等存款货币机构上缴给中央银行的存款数额。
6. 能够被普遍接受的充当交易媒介的任何一种东西或资产。
7. 利率体系中起决定作用的各种利率中最低的一种利率,改变这一利率会导致利率系统的全面提高或降低。
8. 银行存款的一部分转化为现金,漏出银行体系而注入日常现金流通的现象。
9. 新创造的银行存款与初始准备金之间的比率。

二、选择题

1. 物物交换让位于商品货币的原因是(　　)。

A. 物物交换是一种无效率的交易机制　　B. 物物交换在交易中经常"缺乏巧合"

C. 社会无法克服物物交换的缺陷　　D. 以上答案都正确

2. 现代货币的本质特征在于(　　)。

A. 作为支付手段被普遍接受　　B. 作为价值储藏手段

C. 作为商品计价单位　　D. 作为延期支付手段

3. 通货是指(　　)。

A. 硬币和纸币　　B. 储蓄存款　　C. 活期存款　　D. 定期存款

4. 货币与准货币之间的根本区别是(　　)。

A. 货币的流动性高于准货币的流动性

B. 货币可以直接支付，准货币不能直接支付

C. 准货币包括所有银行账户中的存款，而货币并不全部包括

D. 以上答案都正确

5. 在商业银行等金融机构存入货币时，判断该存款是否属于 M1 的是（　　）。

A. 该机构拥有允许其存款被确定为货币的特许权

B. 该机构对这项存款提供百分之百的支持

C. 是否能够根据此账户开出支票

D. 这一存款有中央银行的支持

6. 中央银行通过调整下列哪一种利率，将会导致市场利率的改变？（　　）

A. 基准利率　　B. 法定利率　　C. 实际利率　　D. 名义利率

7. 商业银行的超额准备金由下列哪一项组成？（　　）

A. 银行持有超过其活期存款 100%的货币

B. 银行必须随时保留的那一部分现金

C. 银行持有超过法律规定的那一部分存款

D. 银行的货币资产与活期存款之间的差额

8. 货币乘数的大小与（　　）有关。

A. 法定准备金率　　B. 超额准备金率　　C. 现金漏损率　　D. 以上都是

9. 货币乘数是法定准备金率的倒数，成立的条件是（　　）。

A. 以下的答案都正确　　B. 银行不持有超额准备金

C. 货币没有注入流通的情况　　D. 没有货币流入外国市场

三、计算题

1. 当法定准备金率为 25%，商业银行最初吸收的存款为 10 000 亿美元时，这笔存款至少使贷款增加多少？最多使贷款增加多少？

2. 某商业银行持有 8 000 美元的准备金，根据 20%的法定准备金率上缴中央银行法定准备金以后全部贷出。填写该商业银行的资产负债表。

美元

资　产		负　债	
准备金	________	支票账户存款	________
贷款	________		

四、分析题

1. 美联储如何通过公开市场业务影响联邦基金利率？

2. 简述银行存款的创造原理。

第十四章

产品和货币市场的双重均衡

第十一章论述简单国民产出决定理论，说明了国民产出的决定与最终产品市场的均衡相联系。但要弄清国民产出决定的全部机制，还必须理解货币市场的均衡过程及其调节机制，进而研究产品市场和货币市场的双重均衡。这些问题构成了本章与第十一章的内在联系。

第一节　货币市场的均衡

一、货币需求

研究货币需求问题主要是解释人们为什么要持有货币。这就涉及货币的职能、持有货币的机会成本和持有货币的动机。

1. 货币的职能

货币的职能主要有三个：交易媒介、记账单位、储藏手段。

交易媒介是货币的最主要职能，是指人们可以用货币购买各种物品和劳务。如果没有货币，人们就要到处寻找"易货交易"的对象。马歇尔在讲述国际汇兑时指出："货币和集市使想出让一匹马而要一条船的原始人能卖出马和买进船，而不必等待双重的巧合，即找到一个要买马而想出让船的人。"

货币的记账单位职能，又称核算单位或价值标准，是指用货币来计量物品和劳务的价值或价格。如同用尺子衡量长度，用公斤表示重量一样。用某种通用的货币衡量价值，使经济生活得以简化。

货币的储藏手段，是指货币作为财富的代表被储藏或保持。与股票、房地产等有风险的资产相比，货币没有信用风险和市场风险（没有风险是相对某些金融资产和不动产而言的)。早期人们持有现金被认为是储藏财富的安全形式。现在,支票账户和货币市场的共同基金(向公众出售股份,并用收入去购买股票和债券资产组合的金融中介机构)在储藏财富方面更安全。除了以货币形式储藏财富之外,大部分财富是以存折账户、股票、债券和房地产等形式储藏。

2. 持有货币的机会成本

货币的三种职能极其重要,以至于人们要付出代价去保留现金或收益不高的支票账户。那么,持有货币的机会成本是什么呢?这种机会成本是因持有股票、债券等金融资产或投资所能获得的利息和利润。例如,1996 年年初按利率 5%将 1 000 美元存入存折账户,1996 年年末得到 1 050 美元。如果同期将这 1 000 美元以现金形式持有而没有存入银行,那么在这种情况下,持有货币的机会成本就是 50 美元。如果以利率 2%的支票账户形式持有 1 000 美元的货币,其机会成本为 30 美元(支票账户形式持有货币的机会成本等于安全的短期资产,如国库券的收益减去货币的利率。上面的例子计算 5%的短期资产收益减 2%的货币的利率=3%,3%×1 000=30 美元)。

3. 持有货币的三种动机

货币的职能是货币向人们提供的"服务",而持有货币又存在着机会成本。那么,如何权衡这两者之间的关系呢?这就需要分析持有货币的动机或需求。凯恩斯认为,人们持有货币有三种动机:交易动机、预防动机、投机动机。这是凯恩斯《通论》一书对货币需求理论的贡献。庇古在论述货币余额需求的基本原因时指出,其"目的"是提供便利性和安全性。凯恩斯则把持有货币余额的"目的"改称为"动机",并将它们划分为三类。其中,交易动机对应于庇古的提供便利"目的",而预防动机对应于庇古的提供安全"目的"。凯恩斯的投机动机更具有创新性,他对货币需求的分析也就源于这一动机。

(1) 交易动机

货币的交易动机是指为了便于交换而持有货币。家庭购买消费品,厂商购买原料、雇用劳动都需要货币。而保存货币量的多少直接与货币收支规律有关。一个人收入和支出的时间一般不是同步进行的。如果某人在某一时刻收入的数量和他在同一时刻支出的数额完全相等,就不需要为交易目的而持有货币,实际上这种极端情况几乎很少存在。

每个人(或厂商)收入和支出在时间上是有差距的,人们保留一定数额的货币就是为了弥补收入和支出在时间上的差距。

没有任何两个人的支付时间的类型是相同的,也很少有在任何月份其总支出是绝对平均分配的。有的支付高于平均数,有的低于平均数。不过,为分析问题的简便,可以假定一个月内的分配是平均的。这样,我们发现,一个人在一个月的第一天收到该月份的全部收入与在当月多次收到该月的同等数额的全部收入相比,前一种收入次数的方式应保留的平均货币余额比后一种收入次数的方式应保留的平均货币余额要大。一般的规律是,当收入的次数增加时,一个人或厂商在某段时间内为交易而保留的平均货币余额就会减少;反之,就会增加。

举例说明上述的收支情况。假定某人每月收入 1 000 美元,而每月收进 1 000 美元收入有不同的时间类型。第一种类型是在每个月的第一天收入 1 000 美元,每月恰好 4 周,每周的开支率相同。那么,他持有的货币余额,在第 1 周的第一天是 1 000 美元,第 2 周的第一天是 750 美元,第 3 周的第一天是 500 美元,第 4 周的第一天为 250 美元,在第 4 周的最后一天为零,如图 14-1 所示。

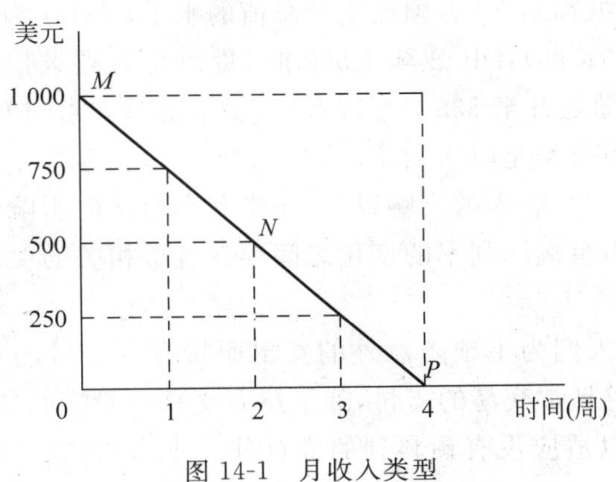

图 14-1　月收入类型

图形说明,第 1 周第一天是 1 000 美元,第 3 周第一天是 500 美元,第 4 周的最后一天为零,这由 *MNP* 线说明。平均来说,这个人持有的货币余额是：1 000 美元×1/2＝500 美元。

第二种类型是这个人的月收入 1 000 美元是每周领取一次,每周的第一天领取 250 美元。在这种情况下,他每周应持有的平均货币余额为 250/2＝125 美元,为其周收入的一半,如图 14-2 所示。

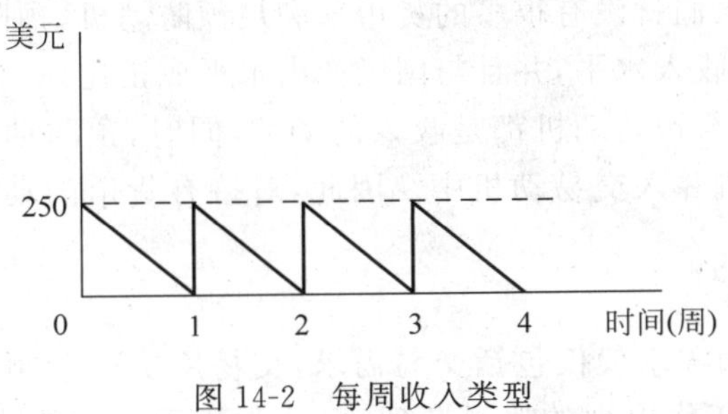

图 14-2　每周收入类型

比较两种收支类型：从每月开始时收进全部月收入变为每月 4 周的开始时收进同一月收入的 1/4(用 4×250 美元取代 1×1 000 美元)。这一变动意味着每月收入次数增加到原来的四倍,而持有的货币余额降低到原来按月计算时的 1/4(以 250 美元取代 1 000 美元)。

以上的比较说明了两个普遍规律,这两个规律可以看作货币交易需求的机制。第一,个人和厂商为了交易而持有的平均货币余额随着收入次数的增加而减少。第二,个人和厂商所必须持有的作为交易的平均货币余额随着交易额的增长而按比例增加。例如,假定其他条件不变,在同一时期月总收入和总支出增加两倍,那么,在收支次数不变的情况下,为解决增大的交易额问题,持有的平均货币余额也将增加两倍。如果所有价格和收入都增加一倍,对货币交易需求量也就增加一倍。如果名义 GDP 增加一倍,而实际 GDP 或其他实际变量保持不变,那么,对于货币交易需求也会增加一倍,如图 14-3 所示。

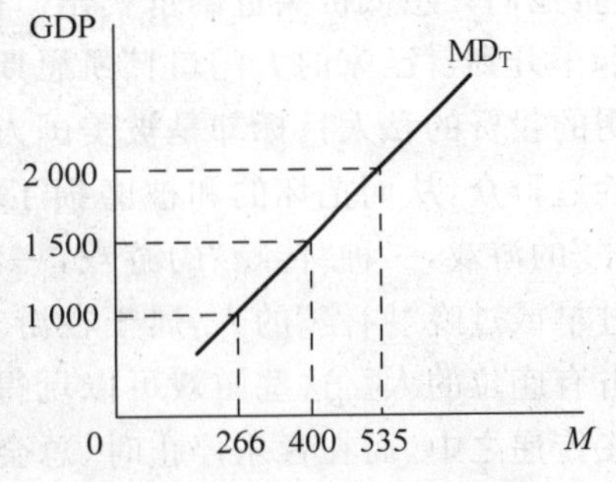

图 14-3　货币交易需求曲线

横轴 M 为货币量,纵轴 GDP 为国内生产总值的水平, MD_T 为货币交易需求曲线。当 GDP=1 000 时,M=266;当 GDP 升至 1 500 时,货币交易需求量增至 400;GDP 再升至 2 000,货币交易需求量随之升至 535。可以看出,货币交易需求与 GDP 水平之间存在着正相关的关系,交易用货币余额是收入的正函数。

交易用货币余额除了受收入的影响以外,还受利率变化的影响。这种影响与受收入影响不同的是,交易用货币余额同利率的变化之间存在着负相关的关系,它是利率的反函数。

(2) 预防动机

货币预防动机是指人们为了预防意外的支出而持有一定量的货币的动机或愿望。凯恩斯认为,人们为了应付日常交易的支付,除了持有交易所必需的货币量之外,还必须持有一定数量的货币金额,以适应没有预料到的或意外的支出,持有这笔额外的货币便是一种慎重的预防性措施,所以,预防动机又称谨慎动机。

货币预防动机与交易动机有一定的联系。货币交易动机的产生主要是因为在收入和支出之间有时间差距,同时也是为了购买产品和劳务;而货币预防动机的产生主要是由于未来收入和支出的不确定性,是为意外的购买而准备的。但不管是预料之内的交易,还是预料之外的交易,都需要持有货币余额。这样,预防动机实质上也属于交易动机。

当人们的收入水平提高时,为了预防的目的而持有的货币余额就会增加;相反,如果人们的收入水平降低,人们就没有很多的货币来满足预防动机,预防动机也就较少。可见,货币预防动机也取决于收入水平,并且与国民产出水平成正比。

由于货币交易动机与预防动机都是收入的函数,同时,预防动机实质上也属于交易动机,于是将货币预防动机并入交易动机中。因此,对持有货币的动机可以归纳为交易动机和投机动机。

(3) 投机动机

古典学派认为,货币需求仅仅包括交易需求,交易用货币余额不过是执行交易媒介职能的货币。20 世纪 30 年代出现的凯恩斯理论,认为货币的职能不只限于交换媒介,虽然持有货币不能赚得收入,但没有违约风险(股票持有,但公司付不出股息、公司倒闭等)和市场风险(股价下跌等)。因此,货币可以作为一项资产,以备投机之用。

投机是指从市场价格的波动中获利的行为。投机者现在买入一种商品,是为了在这种商品价格上涨时卖出,以获得利润;而投机者卖出某种商品,是因为认为该商品价格不可能再高了。投机者买卖的商品可以是谷物、货币和股票。但他们对这些商品本身并不感兴趣,他们只想低价买进高价卖出。萨缪尔森说:“投机者最不愿意看到的就是满载鸡蛋的卡车开到自己家的大门口!”凯恩斯在其《通论》中对投机交易做了精彩的描述:今天最高明的投资的私人目标却是被美国人表达得很恰当的“起跑在枪响之前”,以便在斗智斗勇中胜过群众,从而把坏的和被磨损了的钱币脱手给别人。凯恩斯又说,斗争好像是一种“叫停”的游戏,一种“传物”的游戏,一种“占位”的游戏——一种消遣;在其中,胜利者属于不过早或过晚“叫停”的人,属于在游戏结束前能把东西传给邻近者的人,或在音乐停之前能占有座位的人。这些游戏可以玩得很有乐趣,虽然参与者都知道,有一个大家不要的东西在传递之中,而在音乐停止时,总会有一个没有座位的人。

人们的财富可以不同形式的存在,除了货币以外,还有其他资产形式。比较合理的方法是使拥有的资产多样化。这样，预期哪种资产要贬值，人们就会在其价格下降之前卖出，并且可能在其价格降低之后买回。在卖出一笔资产和买回另一笔资产之前的这段时间内，货币将作为财富储藏手段保持在手中。这种持有货币的动机称做资产的货币需求，而这种资产的货币需求往往与投机相关。所以，凯恩斯把这种货币需求称为投机性货币需求。

凯恩斯认为，这种货币的投机动机来自于人们对未来利率变动的预期不确定性，从而不能准确地估价债券的市场价格。正是这种对未来预期的不确定性，使人们产生了对货币的投机动机。当人们预期利率的变动会使持有债券遭受损失时，人们将持有货币。

凯恩斯在分析货币数量与利率之间的关系时，假定所有的金融资产划分为两类：货币资产和非货币资产。货币资产的数量可以是现有的货币存量，包括现金和活期存款。非货币资产，用债券来代表，债券可以理解为除货币资产以外的所有金融资产，包括政府和公司债券及其他长期金融资产（主要是股票）。将金融资产区分为货币与债券的一个重要依据在于，持有货币不能为所有者带来利息收入，而持有债券可以为所有者带来直接收益。

为了便于讨论，假定只有一种债券，这种债券是持久性的，每年固定收益为利息，它只能在债券市场上流通，而不存在到期还本的问题。在以上假定和分析的条件下，我们要考察利率和债券市场价格、预期和市场利率的关系，从而认识货币的投机动机。

首先，利率和债券市场价格的关系。考察一种具有固定利息的持久性债券，比如政府发行的公债，每年按5%支付利息，如果债券的票面额为100美元，每年将固定支付给债券持有者5美元的利息（债券票面上的利率称为息票率，息票率乘以票面额等于债券发行者每年支付给债券持有者的金额）。由于假定债券是持久性的，从而不考虑债券的还本问题，它只能按债券的市场价格在债券市场上流通。那么，利率又是怎样影响债券的市场价格的呢？

假设，当市场利率（实际上就是资产的收益率）为5%时，这种按固定利息支付的债券市场价格与其票面值相等为100美元。因为对于资产所有者来说，在这一利率条件下，任何100美元资产所能获得的收入都是5美元。

当市场利率升至10%时，100美元的资产将获得每年10美元的收益，而面值100美元的债券收益仍然只有5美元。这必将会使该债券的市场价格下跌，而它只能按照给买者提供10%的利息的较低价格出售。因为债券的价值只能按它能给资产所有者提供的收益来计算，而获得收益的标准是现行的市场利率。

当市场利率降至4%时，100美元的资产将获得每年只有4美元的收益，而面值100美元的债券收益虽然为5美元，但比其他资产的收益要高。这又将会使该债券的市场价格上涨。

这样，我们就得到债券市场价格的计算公式：

$$\mathrm{BP}=\frac{R}{r}$$

式中，BP为债券的市场价格，R为债券按固定利率支付的收益，r为市场利率。用这一公式比较以上的分析：当利率为5%时，每年收益为5美元的债券的市场价格为100美元

(=5 美元/5%);当利率为 10%时,债券的市场价格为 50 美元(=5 美元/10%);当利率为 4%时,债券的市场价格为 125 美元(=5 美元/4%)。

可见,债券的市场价格和利率存在着反方向的关系:市场利率越高,债券的市场价格越低;市场利率越低,债券的市场价格越高。同时也表明债券存在的市场利率变动的市场风险。这一特征还表明,尽管政府公债实际上没有不履行还本付息义务的信用风险,但市场风险是存在的。政府公债在利率上升时,其价格也会下降。

其次,预期与市场利率的关系。债券的持有者,都会在某种程度上预期利率在未来的变动。由于这种变动会给债券的持有者带来财务上的损益,所以人们会在持有货币或债券之间进行选择。

当人们预期利率将要上升时,比如预期利率会从 5%升至 10%,人们与其购买债券获取 5 美元的收益,不如将货币闲置在手中更为有利。因为,如果将 100 美元的货币购买债券,虽然能获得 5 美元的收益,但当利率升至 10%时,面值 100 美元的债券的市场价格只有 50 美元,这将会给债券购买者带来资产净损失 55 美元(=100 美元-50 美元+5 美元)。反之,当人们预期利率将要下降时,持有债券更为有利。因为面值 100 美元的债券在市场利率降至 4%时,其市场价格将升至 125 美元。

可见,当人们预期利率上升时,将持有货币而放弃能够生息的债券。反之,当人们预期利率下降时,将抛出货币而持有债券。简言之,预期利率上升时,从债券转向货币;预期利率下降时,从货币转向债券。

我们进一步用图形说明利率和货币投机需求的关系,如图 14-4 所示。图中,横轴 M 为货币数量,纵轴 r 为利率水平。货币投机需求曲线 MD_A 是一条向右下方倾斜的曲线,表示货币需求量和利率呈反方向变化。利率越高,出于投机动机而保留的货币余额就越少;反之,就会越多。

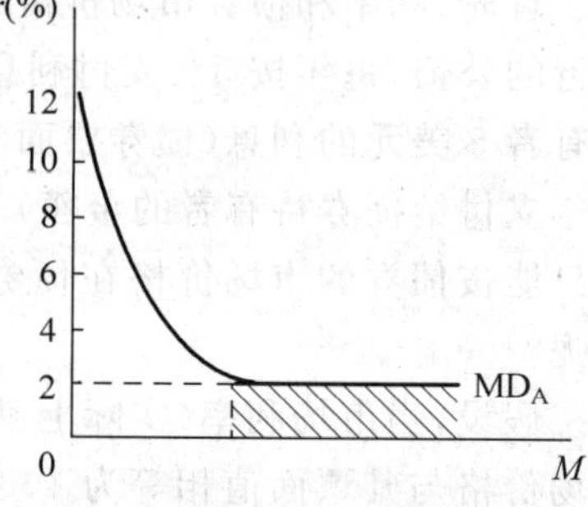

图 14-4　利率和货币投机需求

值得研究的是两种极端的情况:第一种情况是,当利率达到图中的 12%(用这一利率水平代表较高)时,货币投机需求曲线与纵轴利率相交,货币投机需求等于零。这说明,当利率达到 12%以后,所有的财富持有者都相信,在这样高利率水平上,一方面,人们持有货币的机会成本极大;另一方面,人们认为债券市场价格低到了只会上涨而不会下跌的程度。因此,持有债券非常有利,没有人会把货币作为资产或者继续等待投机的机会而持有货币。

第二种情况是,当利率降低到一定程度之后,人们对货币的投机需求会变得无限大。当利息降至 2%(用这一利率水平代表很低),财富的持有者会认为利率已经过低了,这时人们持有货币的机会成本是极小的。如果购买债券,因为在利率极低时债券的市场价格极高,同时,如此高的债券市场价格只会下跌而不会上涨,因此,人们与其持有债券获得微薄的收入,不如持有货币保持高度的灵活性。这就是凯恩斯所说的人们对货币的灵活偏好。这时,利率不会再下降,同时利率也不再调节货币需求,这就是所谓"灵活偏好陷阱"或"流动性陷阱",即当利率下降到一定程度时,人们对货币的投机需求变得无限大,所有的人都会预期利率不会再下降而会上升,从而抛出债券而持有货币,无论货币增加多少都会被吸收，因而货币政策便失去了调节作用，表明货币政策效力的有限性。

凯恩斯在《通论》中解释灵活偏好时指出，贮钱这个概念可以看作是灵活偏好这个概念的第一接近值。凯恩斯又指出，存在灵活偏好的理由起因于货币需求的三种动机。

灵活偏好是凯恩斯的第三个心理定律。凯恩斯认为，灵活偏好同样会导致有效需求不足。就是说，即使投资具有利率弹性，但由于存在灵活偏好陷阱的情况，人们对于货币的投机需求变得无限大，使投资和商品需求低于充分就业水平，从而导致非充分就业的均衡。

4. 货币的总需求函数

前面对货币需求的三种动机进行了分析，把这三个方面加在一起就获得了对货币的总需求函数：

$$MD = MD_T + MD_A = MD(Q) + MD(r)$$

式中，MD 为货币的总需求，MD_T 为货币交易需求，MD_A 为货币投机需求。

该式表明，货币总需求是总产量水平 Q 和利率 r 的函数。其中，货币交易需求是总产量水平 Q 的递增函数，货币投机需求是利率 r 的递减函数。

二、货币对国民产出的影响

在论述了货币需求及其决定因素以后，还要分析货币是如何影响国民产出的。

1. 货币市场的均衡

货币市场均衡是指货币需求等于货币供给的稳定状态。货币的需求主要取决于商品交易数量和利率的水平，货币的供给则取决于中央银行的货币政策，而中央银行主要是通过银行体系控制着货币的总供给量。这样，货币供给量不会随利率和商品交易数量的变动而自动发生变化。因此，假定货币供给量是完全无弹性的。

货币市场供求均衡的条件是存在一个均衡利率，在这个利率水平上，货币的需求恰好等于货币的供给。利率的变动会引起货币总需求的变动，这是因为利率的变动会引起债券市场价格的变动，而债券市场价格的变动会导致人们重新安排所持有货币的数量，从而是货币资产需求或投机需求的变动，最终使货币的总需求发生变动。可见，利率调节着货币市场的总需求，但货币的供给却不受利率的影响。如图 14-5 所示。

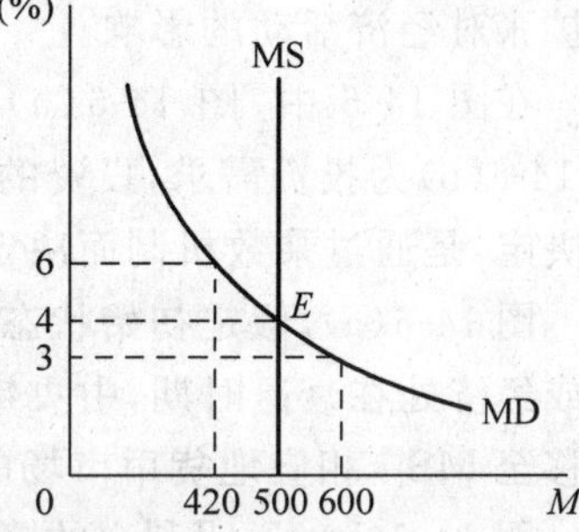

图 14-5 货币市场的均衡

横轴为货币数量 M，纵轴为利率水平 r，货币的供给曲线 MS 是一条垂直线，表示货币供给量不受利率变动的影响。MD 为货币需求曲线，由于货币持有量随利率的上升而下降，货币需求曲线则表示为一条向右下方倾斜的曲线。MS 曲线和 MD 曲线相交于 E 点，在 E 点，货币需求等于货币供给，MD＝MS＝500 亿美元，实现了货币市场的均衡。此时，均衡利率为 4%，这就是货币市场的均衡状态。

货币市场的均衡状态是自动实现的,只要出现货币供求不相等的状况,利率就会发生变化,从而导致货币供求重新相等。如图,假定利率 $r=6\%$,货币需求 MD=420,货币供给 MS=500,在现行的产出水平和利率水平上,货币供给大于货币需求。人们会发现手中持有的货币量超过了其期望的交易动机和投机动机的货币量,因为持有闲置货币带来机会成本的增加,人们会以多余的货币购买债券。而债券需求的增加将促使债券市场价格趋于上升,收益率降低。由于债券的市场价格与现期利率负相关(或者说,购买债券是金融投资,属于储蓄,储蓄是贷款的供给,实际投资才是贷款的需求。因此,债券需求量的增加,意味着货币市场上提供贷款的数量就会大于对贷款的需求量,利率会下降,而利率下降又会导致货币投机需求增加,从而使货币需求接近货币供给),所以,当债券市场价格上升时,利率会下降。利率的下降会引起货币投机需求的上升,从而总的货币需求上升,直到利率由 6%降至 4%,货币的供求重新相等在 500 亿美元的水平上为止,实现货币市场的均衡。

相反,在低于均衡利率的现期利率水平上,假定利率 $r=3\%$,货币需求 MD=600,货币供给 MS=500,货币需求大于货币供给。这意味着人们手中持有的货币量少于人们为交易和投机需求而希望持有的货币量,于是就会抛出手中的债券以换取货币。而债券供给的增加将促使债券市场价格下降,收益率增加。当债券市场价格下降时则会推动利率上升。利率的上升又会导致货币投机需求的下降,直到利率由 3%升至 4%,货币的供求重新相等在 500 亿美元的水平上为止,方能进而实现货币市场的均衡。

通过以上分析得出的结论是,如果货币供给大于货币需求,利率就会下降,但通过利率的调节,超额的货币供给就会消失,从而自动实现货币市场的均衡。如果货币需求大于货币供给,利率的变动与上述情况正好相反。总之,只要货币需求不等于货币供给,利率就必然会发生变化,但通过利率的变化,货币市场会自动调节到均衡状态。

2. 货币供给变动对国民产出的影响

在分析货币市场自动均衡机制时,是假定货币供给不变的。当中央银行的货币政策改变货币供给量的时候,原有的均衡状态将会发生什么变化?特别是货币市场均衡如何影响经济?概括地说,中央银行改变货币供给,将会改变利率和投资,从而影响国民产出。

用图形解释货币供给量的变化对国民产出的影响过程,图 14-6 为货币政策图解,是货币扩张对经济活动的影响。

在图 14-6 中,图 14-6(a)为货币市场,货币供求曲线表明货币与利率之间的关系;图 14-6(b)为投资需求,投资的边际收益曲线表明利率与投资支出的关系;图 14-6(c)为产出决定,是通过乘数机制而决定的总需求和 GDP。

图 14-6(a),假定初始状态的货币供给曲线为 MS_0,利率水平为 r_0。为防止经济出现衰退或经济处在衰退时期,中央银行通过货币政策增加货币供给量,从而使 MS 曲线从 MS_0 平移至 MS_1,相应地货币市场的均衡点从 E_0 移至 E_1,利率从 r_0 降至 r_1。

图 14-6(b),说明利率的降低如何增加总需求中利率敏感型投资的支出。首先,利率的降低将诱使厂商增加在厂房、设备和存货上的支出;利率的降低意味着住房抵押贷款每月支出的减少,因而居民会增加购买住房的投入。其次,消费支出将会增加。这一方面,是因为利率下降一般会使财富的价值增加,表现为股票、债券和住房价格趋于上升;另一方面,

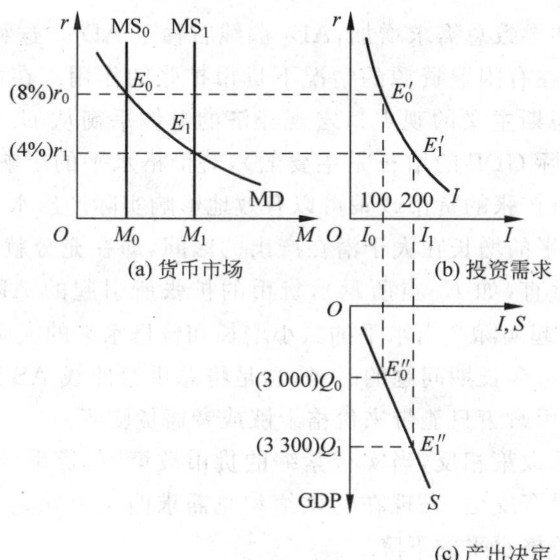

图 14-6　货币政策图解

当利率降低且贷款较易获得时，消费者在汽车等高档耐用品上的支出增加。最后，利率的降低将会降低美元等本币的汇率(一国的利率下降，外币会流入利率更高的国家，使本币供给增加，汇率下降)，因而能够增加净出口的数量。

上述的种种影响，导致投资从 I_0 增加到 I_1。这里所说的"投资"是广义上的，不仅包括厂商投资，也包括消费者对耐用品和住房的投资，以及净出口形式的对外净投资。所以，货币供给量的变动对经济的影响，不是仅仅影响狭义上的投资，其中利率和资产价格的变动就会影响许多不同的支出要素。

图 14-6(c)，用乘数原理说明了投资变化的影响。在简单的乘数模型中，均衡产出水平出现于计划储蓄与计划投资相等的那一点。图 14-6(c)的 S 曲线代表计划储蓄水平(横轴)，它是 GDP 的函数(纵轴)。当来自图(b)I_1 曲线代表的投资需求等于 S 曲线代表的计划储蓄时，GDP 就达到了均衡水平。

从图 14-6(b)的 E_0'点可以看到，最初的投资水平为 100，相应的 GDP 水平为 3 000，而当利率从 8%降至 4%以后，投资增至 E_1'点的 200。较高的投资水平使总支出提高到图 14-6(c)中新的均衡点 E_1''，新的 GDP 均衡水平为 3 300。

如果中央银行实行货币紧缩的政策，减少货币供给量，那么，上述过程与之相反。

3. 货币政策与总供求曲线

前面的分析中给出的图形是表明货币供给量的增加如何引起总需求的增加，现在可以运用总供给和总需求曲线来说明货币政策对于宏观经济总体均衡的影响。货币供给量增加，就是 AS-AD 模型中的扩张的货币政策。如图 14-7 所示。

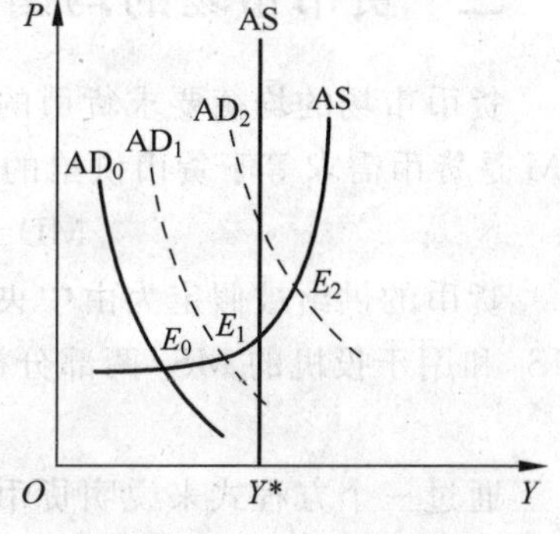

图 14-7　扩张的货币政策

货币供给量的增加导致总需求增加，AD_0 曲线右移至 AD_1。这种移动说明：经济在低于潜在产出的区间内，在有闲置资源的情况下货币扩张的作用。在此情况下，总供给曲线AS是比较平坦的(凯恩斯主义的观点)，宏观经济的总体平衡从 E_0 移至 E_1。货币的扩张主要影响实际产出(实际GDP的增长是主要的)，对价格水平的影响是轻微的。得出的结论是，在这一区间，实行扩张的货币政策可以有效地影响实际产出水平。

但是，如果产出水平的增长在大于潜在产出的区间，即在充分就业的经济中，则AS曲线趋于陡峭而近似于垂直(如 E_2 点所示)，货币的扩张所引起的AD曲线的继续右移，从 AD_1 移至 AD_2，将会引起实际产出水平的微小增长和价格水平的大幅度提高。这一结论说明的是，为什么当我们考察长期问题的时候，总是将总供给曲线AS看成一条垂直线，在此条件下，实行扩张的货币政策只能带来价格上涨或者通货膨胀。

与实行扩张的货币政策相反，当实行紧缩的货币政策时，货币供给量的减少会带来利率的上升。这会抑制投资支出，表现在总供给和总需求曲线上就是AD曲线的左移，将引起产出水平的减少和价格水平的下降。

与AS-AD框架中的货币政策有联系的便是所谓货币中性问题。它是货币供给变化能否对实际经济产生实质性影响的问题。如果货币供给变化将会影响产出、价格水平和其他经济变量，那么货币是非中性的，否则，货币便是中性的。

具体地说，货币供给的变化在短期中，由于存在着闲置的资源，其主要作用是产出或GDP的增长，而较少地影响价格水平，此时货币是非中性的。而在长期中，随着价格的充分调整，经济达到潜在产出，资源已被充分利用。此时货币供给的变化，主要影响价格水平，而对实际产出影响较少。例如，货币供给增加10%，第一年主要使实际产出增加，而价格水平上升较少。随着时间的推移，价格比较充分地调整以适应更高的价格和产出水平，直到价格水平上升10%，产出又回到原来的水平。简言之，当所有的调整都反映到价格上，则所有的名义变量包括名义产出等，都比原来上升了10%，但实际变量包括实际产出等，却没有因为货币供给增加10%而发生变动，这就是货币长期中性。

需要指出，我们通常说的长期究竟是多长？一般来说，经济上的充分调整至少需要5年，甚至10年的时间。

三、货币市场的均衡

货币市场的均衡要求货币的供给与需求相等。LM曲线所表明的是货币市场的均衡，LM是货币需求等于货币供给的缩写，根据凯恩斯的货币理论，其货币需求函数为

$$MD = MD(Y) + MD(r) = MD(Y, r)$$

货币的供给被假定为由中央银行控制的既定常量，它是一个外生变量，由用于交易的 MS_1 和用于投机的 MS_2 两部分构成：

$$MS = MS_1 + MS_2$$

通过三个方程式来说明货币市场：

货币需求：$MD = MD(Y, r)$

货币供给：$MS = MS_1 + MS_2$

货币市场的均衡条件：$MD(Y,r)=MS$

下面通过图 14-8 来说明货币市场的均衡，进而推导出 LM 曲线。图 14-8 中的(a)、(c)、(d)是倒置的，各轴均为正值。

图 14-8(a)表示货币投机需求 $MD_A=MD(r)$，投机需求和利率呈反方向变化。

图 14-8(b)表示货币的供给 MS。假定 MS 是给定的，由于 $MS=MS_1+MS_2$，则 MS_1 与 MS_2 互为余数。所以，图 14-8(b)中的斜线是一条 45°线，线上的各点表示总货币供给中划分为交易用货币量和投机用货币量。当交易用货币供给量增加时，投机用货币供给量会减少；反之亦然。

图 14-8(c)表示货币的交易需求 $MD_T=MD(Y)$。

图 14-8(d)表示货币市场均衡的 LM 曲线。

LM 曲线是根据图 14-8(a)、图 14-8(b)和图 14-8(c)推导而来的。首先从图 14-8(a)取 A' 点，对应的利率为 r_1，作连线到 MS_2'、MS_1'、Y_1，在图 14-8(d)中得到 r_1、Y_1 的组合点 A 点。从 B' 点的 r_2 到 MS_2''、MS_1''、Y_2，在图 14-8(d)中得到 r_2、Y_2 的组合点 B 点。根据同样的方法，可以找到更多的点，将这些点连接起来得到 LM 曲线。

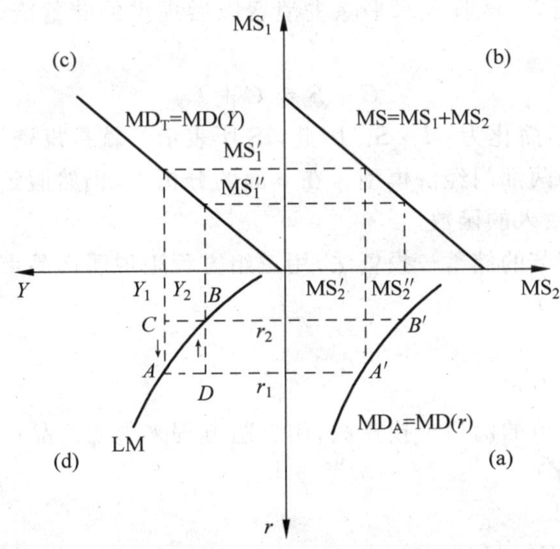

图 14-8　货币市场均衡：LM 曲线

LM 曲线是在货币市场的均衡条件下(货币供给与需求相等)，收入和利率组合点的轨迹，或者说，收入 Y 与利率 r 的关系。

LM 曲线以外的所有点都是非均衡点，如 C 点和 D 点。C 点是 Y_1 和 r_2 的组合点，当利率为 r_2 时，货币投机需求为 MS_2''，相应的货币交易供给只为 MS_1''，而在收入水平为 Y_1 时，货币交易需求应为 MS_1'，表明货币的供给小于货币需求。D 点是 Y_2 与 r_1 的组合点，当利率为 r_1 时，投机用货币需求为 MS_2'，相应的交易用货币供给为 MS_1'，而收入水平为 Y_2 时，货币交易需求仅为 MS_1''，表明货币的供给大于货币的需求。

货币市场自动均衡机制如何对货币的供求进行调整？当货币需求大于货币供给时，比如在 C 点，我们分析其自动均衡过程。在凯恩斯的货币理论中，货币市场包括货币和债券两个市场。当货币市场过度需求时,人们会卖出债券,这必然使人们增加货币的持有量,而债券市场上则会出现过度供给。当债券市场上过度供给时,又会降低债券的市场价格,而债券市场价格的下降就意味着利率的提高。正是由于利率的提高,使人们持有货币的机会成本提高,反过来又导致货币投机需求的减少。最终的结果是通过利率的变动使货币市场和债券市场重新恢复平衡。

总之,当货币需求大于货币供给时,利率将提高。图 14-8(d)中的 C 点的变动方向是从 C 点移向 A 点,使利率从 r_2 提高至 r_1(如箭头所示)。同理,在 D 点,当货币需求小于货币供给时,利率将下降,从而使 D 点移向 B 点(如箭头所示),货币市场恢复均衡。

第二节　产品市场的均衡

产品市场包括消费品市场和资本市场,产品市场均衡是指在这一市场上一定收入水平下的总供给与总需求相等,该收入水平除去消费以后提供的储蓄恰好等于投资,用公式表示为

$$C+S=C+I$$

将等式两边消去 C,简化为:$I=S$。因此,IS 所表示的就是投资等于储蓄,这就是第十章第四节已经分析过的两部门经济模型。在下面的分析中,仍然假定投资仅仅是利率的函数,消费和储蓄仅仅是收入的函数。

根据第十一章第四节的储蓄—投资法,用三组方程来说明产品市场。

储蓄函数:$S=S(Y)$

投资函数:$I=I(r)$

均衡条件:$S(Y)=I(r)$

根据第十一章第四节的消费—投资法,用三组方程来说明产品市场。

消费函数:$C=C(Y)$

投资函数:$I=I(r)$

均衡条件:$Y=C(Y)+I(r)$

根据以上两种分析方法用图 14-9 推导出 IS 曲线。图 14-9 中的(a)、(c)、(d)是倒置的,各轴均为正值。

图 14-9(a)表示投资和利率呈反方向变化。投资是利率的递减函数,利率越高,投资量越低;利率越低,投资量越高。图 14-9(b)表示储蓄与投资的均衡关系,在 45°线上的任何一点到两轴的距离都相等,因此,$I=S$。$I=S$ 是产品市场的均衡条件。图 14-9(c)表示储蓄与收入同方向变化。储蓄是实际国民产出的递增函数,国民产出越高,储蓄越多。图 14-9(d)表示产品市场均衡时利率 r 与国民产出 Y 的关系,IS 曲线是从该图的其他部分推导出来的。

具体说明 IS 曲线的推导过程。首先,从图 14-9(a)的投资曲线上任取一点 A',表示在利率为 r_1 时投资为 I_1。然后由 A' 点作连线交于图 14-9(b)中的 45°线。根据 $I=S$ 的均衡条件,当投资为 I_1 时,储蓄应为 S_1。再根据图 14-9(c)的储蓄函数,得到储蓄为 S_1 时实际

国民产出为 Y_1，从而在图 14-9(d)中得到利率为 r_1、国民产出为 Y_1 时储蓄与投资的均衡点 A。用同样的方法，在图 14-9(a)的投资曲线上再任取一点 B'，最后在图 14-9(d)中得到 B 点。

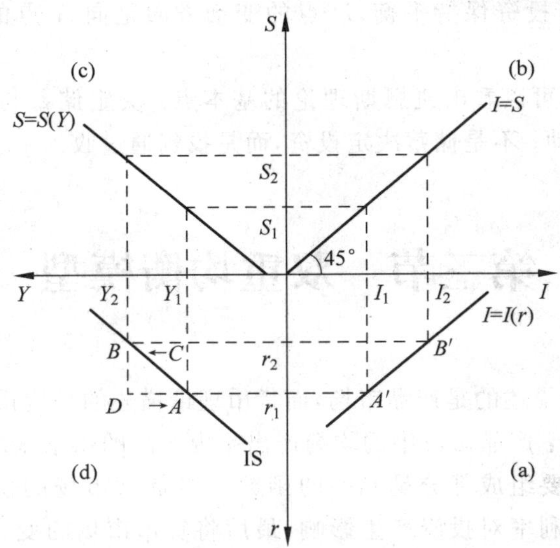

图 14-9　产品市场均衡：IS 曲线

由于图中的投资曲线和储蓄曲线都是线性的，因此，将 A 点和 B 点连接起来就可以获得 IS 曲线。如果投资曲线和储蓄曲线是非线性的，就要选取与投资曲线[图 14-9(a)]上更多的点所对应的储蓄曲线[图(c)]上的国民产出，从而做出 IS 曲线。

IS 曲线是反映利率和国民产出之间相互关系的曲线。曲线上任何一点都代表一定的利率和收入的组合，在各个组合点上，投资和储蓄都是相等的，从而产品市场是均衡的。

在 IS 曲线以外所有的利率与收入的组合点都不能使投资与储蓄相等，因而都是非均衡点，如图 14-9(d)中的 C 点和 D 点。C 点是 Y_1 和 r_2 的组合，当利率为 r_2 时，投资应为 I_2，而在国民产出为 Y_1 时，储蓄仅为 S_1，从而在 Y_1 与 r_2 组合时，产品市场是不均衡的，这表现为 $I_2 > S_1$，违背了 $I=S$ 的均衡条件。D 点是 Y_2 和 r_1 的组合，当利率为 r_1 时，投资应为 I_1，而在国民产出为 Y_2 时，储蓄是 S_2，这会在产品市场上表现为投资小于储蓄，$I_1 < S_2$ 表明，D 点也是一个非均衡点。

当产品市场出现非均衡时是如何调整的？在古典学派的理论中，当储蓄和投资不平衡的时候，利率会发生变动以调整储蓄与投资的不平衡。古典学派认为，利率是完全由储蓄的节欲和投资的生产力这类实际因素决定的。而在凯恩斯的理论中，利率完全由货币市场中货币的供求关系决定，它并不能调整储蓄与投资的平衡。凯恩斯在《通论》中批评说，古典学派向来把利率看作是使投资需求与储蓄意愿二者趋于均衡的因素。……市场使利率定在某一点，使得该利率下的投资量恰好等于该利率下的储蓄量。

凯恩斯认为，当储蓄和投资不平衡的时候，收入水平必须变动，以保证储蓄与投资保持平衡。同时，在凯恩斯的理论中，收入是个变量，在储蓄函数给定的情况下，投资水平将决定收入水平。这就决定了在产品市场非均衡条件下的调整方向。

在图 14-9(d)中的 C 点，产品市场中 $I_2 > S_1$。在 $I > S$ 的情况下，收入水平会上升，从

Y_1 移向 Y_2,以使储蓄与投资保持平衡,从而使 C 点向 B 点的方向移动(箭头所示方向)。同理,在非均衡点的 D 点,$I_1<S_2$,由于投资水平低于储蓄水平,从而使收入水平下降,从 Y_2 移向 Y_1,以使储蓄与投资保持平衡,D 点的变动方向是向 A 点的方向移动(箭头所示方向)。

从以上的调整过程可以看出凯恩斯理论的基本点:决定储蓄与投资平衡的不是利率的变动,而是收入的变动;不是储蓄决定投资,而是投资通过收入水平的变动决定储蓄。

第三节　双重均衡模型

国民产出决定理论描述的是产品市场,而货币理论描述的是货币市场。但产品市场和货币市场是紧密相连的:产品市场中的均衡产出是由产品的供求来决定的,在产品市场的总需求中,投资这一重要组成部分是利率的函数。当货币市场的供求发生变化时,会使利率发生变动,并通过利率对投资产生影响,最后将货币市场的变化传导到产品市场,进而引起产品市场的变化。当产品市场发生变化引起总产出变化的时候,由于货币交易需求是总产出的函数,所以,总产出的变化又会引起货币需求的变化,从而引起均衡利率的变化。

可见,产品市场和货币市场不可能单独处于均衡状态。当两个市场的其中一个处于均衡,另一个处于不均衡状态时,不均衡的自发调节运动就必须破坏另一个市场的均衡,这就有必要研究两个市场的共同均衡。

英国经济学家希克斯在凯恩斯的《通论》出版后不久,于 1937 年 4 月在英国的《计量经济学》杂志第五期上发表了《凯恩斯与古典经济学》一文,提出了研究产品市场和货币市场共同均衡的经济模型,这就是后来被称为 IS-LM 的双重均衡模型。

一、IS-LM 模型

在 IS-LM 模型中,IS 表示产品市场的均衡,LM 表示货币市场的均衡。

IS-LM 模型要解决的问题是什么?在分析货币市场的均衡时,一方面,我们强调利率是货币的供求决定的,不是由实际投资与实际储蓄决定的,但这不意味着利率与实际投资和实际储蓄无关。由于投资是利率的函数,储蓄是收入的函数,所以利率的变动会使实际投资发生变动,进而影响收入和实际储蓄。另一方面,由于货币的交易需求是收入的函数,从而收入的变动会影响利率。因此,产生的问题是,产品市场的均衡可以确定均衡收入水平,但无法确定均衡利率水平。货币市场的均衡可以确定均衡利率水平,但无法确定均衡收入或者产出水平。IS-LM 模型就是为了解决这一问题而设计的。

二、IS-LM 模型的稳定问题

用图形可以说明产品和货币市场的同时均衡,以及 IS-LM 模型的稳定问题。如图 14-10

所示。

IS 曲线和 LM 曲线相交，就是产品和货币市场同时均衡，均衡利率为 r_0，均衡产出为 Y_0。

IS-LM 模型的稳定问题，就是当出现非均衡时，如何通过模型内生变量的调整使之趋于均衡？在图 14-10 中所有的 Y 和 r 的组合点，除了 IS 曲线和 LM 曲线的交点 E 所表示的均衡点之外都是非均衡点，或者说(a)、(b)、(c)、(d)四个区域都是非均衡点。

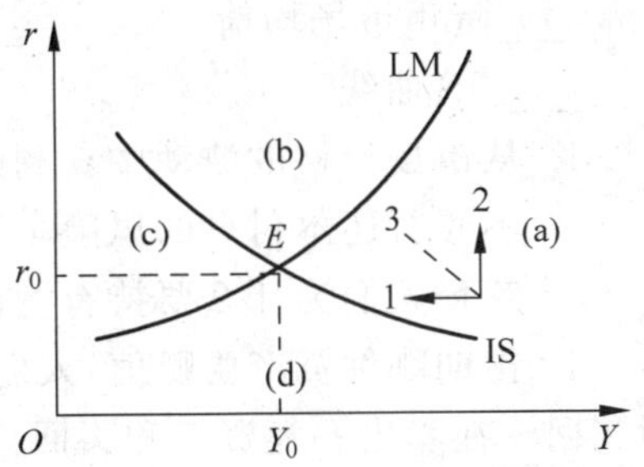

图 14-10　IS-LM 模型及其调整

位于 IS 曲线右边的点都表示产品市场上 $S>I$（如分析产品市场均衡的图 14-9 的 D 点），左边的点都表示 $I>S$（如分析产品市场均衡的图 14-9 的 C 点）。

位于 LM 曲线右边的点都表示货币市场上 MD>MS（如分析货币市场均衡的图 14-8 的 C 点），左边的点都表示 MS>MD（如分析货币市场均衡的图 14-8 的 D 点）。

注意：以上所说的在曲线的“左边”或“右边”，是图形未倒置时的。如果将其倒置来看，其“左边”或“右边”正好相反。

单独分析产品市场时已经得出结论：$I>S$ 将导致收入上升，反之则下降。单独分析货币市场也有结论：MS>MD 将使利率下降，反之则上升。这些结论也是分析 IS-LM 模型非均衡时调整过程的前提条件。例如在(a)区域，在产品市场上 $I<S$，收入水平下降，产品市场上的变动方向如箭头 1 所示；同时，在货币市场上 MS<MD，使利率上升，货币市场上的变动方向如箭头 2 所示。二者的合力会推动(a)区域的非均衡点向均衡点 E 移动，即沿着箭头 3 所示的方向变动。因为在产品市场上，在利率不断上升的同时会不断减少产量，而在货币市场上，在产量不断减少的同时，货币交易需求也不断减少，从而使利率上升的速度减慢、幅度减小。这一调整过程，最终使两个市场趋向于均衡点 E。

经济学家对 IS-LM 模型的有效性也有批评。这些批评的经济背景是，20 世纪 70 年代石油危机以后，滞胀现象的出现以及发达工业国的财政赤字居高不下，使根据 IS-LM 模型制定的财政和货币政策的有效性受到怀疑。其理由是 IS-LM 模型是以供求一致的均衡分析为前提的，但 20 世纪 70 年代以来欧美发达工业国和许多发展中国家的经济已不适用这种均衡分析了；IS-LM 模型是由凯恩斯主义者对凯恩斯理论加以完善而产生的，而凯恩斯本人当时所思考的范围并不一定完全是 IS-LM 模型所划分的部分。因此，必须将凯恩斯主义者和凯恩斯的分析加以区分。

练习题

一、概念

将定义的序号填入概念的____中。

____货币需求	____预防动机	____投机
____投机性货币需求	____信用风险	____灵活偏好陷阱

____货币市场均衡　　____LM 曲线　　____产品市场均衡

____IS 曲线

1. 从市场价格的波动中获利的行为。

2. 不履行还本付息的风险。

3. 解释人们为什么要持有货币的理论。

4. 预期哪种资产要贬值,人们就会在其价格下降之前卖出,并且可能在其价格降低之后买回。在卖出一笔资产和买回另一笔资产之前的这段时间内,货币将作为财富储藏手段保持在手中。

5. 人们为了预防意外的支出而持有一定量的货币的动机或愿望。

6. 货币需求等于货币供给的稳定状态。

7. 市场上一定收入水平下的总供给与总需求相等的状态。

8. 当利率下降到一定程度时,人们对货币的投机需求变得无限大,所有的人都会预期利率不会再下降而会上升,从而抛出债券而持有货币,无论货币增加多少都会被吸收。

9. 反映利率和国民产出或收入之间相互关系的曲线。

10. 在货币市场均衡条件下的收入和利率组合点的轨迹。

二、选择题

1. 货币充当(　)。

A. 交易媒介　B. 储藏手段　C. 价值标准　D. 以上答案都正确

2. 货币交易需求(　)。

A. 随着名义收入的上升而下降　B. 随着名义收入的下降而下降

C. 随着利率的上升而上升　D. 随着利率的下降而上升

3. 货币需求是收入和利率的函数,假定货币供给和价格水平不变,当收入增加时(　)。

A. 货币需求增加,利率上升　B. 货币需求增加,利率下降

C. 货币需求减少,利率上升　D. 货币需求减少,利率下降

4. 资产的货币需求(　)。

A. 随着名义收入的上升而下降　B. 随着名义收入的下降而下降

C. 随着利率的上升而上升　D. 随着利率的下降而上升

5. 下列直接影响实际货币余额持有水平的一项是(　)。

A. 商业银行数量　B. 实际收入水平

C. 价格水平　D. 利率水平

6. 当市场利率降得很低时,人们购买债券的市场风险将会(　)。

A. 变得很小　B. 变得很大　C. 不发生变化　D. 难以确定

7. 人们倾向于减少持有货币的情况是在(　)。

A. 债券市场价格趋于上升时　B. 债券市场价格趋于下降时

C. 债券的收益率不变时　D. 债券市场价格不变时

8. 凯恩斯的灵活偏好理论表明(　)。

A. 市场利率越高债券市场价格越低,同时,人们预期债券市场价格将会下降,因而

不愿购买更多债券

B. 市场利率越高债券市场价格越低，同时，人们预期债券市场价格将会上升，因而愿意更多购买债券

C. 市场利率越低债券市场价格越高，同时，人们预期债券市场价格还要上升，因而希望购买更多债券

D. 市场利率越低债券市场价格越高，于是，人们纷纷抛出债券而持有货币

9. 如果货币投机需求曲线呈现水平的形状，这说明（　　）。

A. 利率稍有变动，货币需求将大幅度变动

B. 利率变动很大，货币需求也不会有很大变动

C. 利率不再调节货币需求，货币需求不受利率影响

D. 以上三种情况都有可能

10. IS 曲线表示满足（　　）关系。

A. 收入—支出均衡　　B. 总供求的均衡

C. 储蓄和投资均衡　　D. 以上都正确

11. 在 IS 曲线上，收入和利率的组合点有（　　）。

A. 无数个　　B. 一个　　C. 两个　　D. 不能确定

三、计算题

已知某经济体的投资函数 $I=300-100r$，储蓄函数 $S=-200+0.2Y$，货币需求量 $L=0.4Y-50r$，货币供给量 $M=250$。

1. 写出 IS 曲线、LM 曲线的方程式。
2. 计算均衡国民产出 Y 和利率 r。

四、分析题

1. 简述货币的交易需求与资产的货币需求的区别。
2. 如何理解货币中性问题?

第十五章

中央银行与货币政策

每个现代国家都设有中央银行，它通过特定业务和法律授权方式制定和执行货币政策、监督管理金融业、规范和维护金融秩序。中央银行是一国最重要的宏观经济调控部门。它的更大意义在于由此形成的中央银行制度，这一制度是一国经济制度的重要组成部分。本章是关于中央银行以及货币政策问题的探讨。

第一节　中央银行

一、中央银行的起源和发展

中央银行被誉为人类有史以来的伟大发明之一。它是在近现代随着经济社会的发展而产生的，而中央银行制度由产生、发展到基本完善经历了三个阶段。

1. 中央银行制度的初创阶段

17世纪到19世纪70年代是中央银行制度的初创时期。在这一时期，资本主义生产力迅速发展，商业银行制度逐步形成，从而为中央银行制度的产生提供了必要的前提。一方面，由于银行券的分散发行，货币流通混乱，银行破产频繁，信用危机不断。这迫使政府必须对银行业及其金融活动进行有效的监督管理。另一方面，经济活动中已经出现一些大银行，它们拥有大量的资本并在广泛的范围内享有较高的信誉，在一定程度上垄断着全国的货币发行，并且控制着中小银行。因此，政府意识到必须对银行业及其金融活动实施监控，并从中寻求一个代理人，使其具有特殊地位和作用，这便孕育着中央银行的产生。

17世纪的英格兰银行是近代中央银行的鼻祖，但直到19世纪中期以后才发展成为现代意义上的中央银行。1844年的《英格兰银行条例》（又称《皮尔条例》）为英格兰银行独占货币发行权奠定了基础。其后在1847年、1857年和1866年的三次经济危机中，英格兰银行在政府的支持下，把握住了成为真正的中央银行的契机——作为“最后贷款人”，执行无限制的贷款资助普通银行，赢得了“银行的银行”这一称号，并确立了其在银行界的领导地位。1837年巴奈霍特在其《伦巴街》一书中首先提出“最后贷款人”概念而被金融界所承认，并最终为英格兰银行所接受。最后贷款人意指当商业银行发生资金困难时，向中央银行融资是最后的办法。最后贷款人原则便成为现代中央银行的理论基石。

2. 中央银行制度的普遍推行阶段

19世纪末到20世纪中叶是中央银行制度的普遍推行时期。在这一时期，以布鲁塞尔会议为主要推动力，中央银行制度在各国普遍建立起来。其历史背景是第一次世界大战期间主要资本主义国家相继放弃金本位制而导致普遍通货膨胀、货币制度混乱，客观要求战后重建货币制度。许多国家响应1920年在比利时首都布鲁塞尔召开的国际金融会议的号召：未设立中央银行的国家应尽快建立起中央银行；已经建立起中央银行的国家进一步发挥中央银行的作用。

这一时期成立的中央银行主要以美国联邦储备体系为基本模式，而美国联邦储备体系基本上属于自觉设计建立的现代功能型的中央银行。美国国会于1913年通过《联邦储备法》，1914年11月才成立联邦储备体系，是发达国家中最后一个设立中央银行的国家。联邦储备体系是经过美国第一银行(1791—1811年)和美国第二银行(1816—1836年)的经验积累，以及1837—1863年美国历史上的自由银行时期的沉痛教训，并根据美国国情而建立的中央银行。《联邦储备法》明确规定其宗旨和职能是：提供一种富有弹性的通货制度；提供更合理的准备金制度；提供再贴现商业票据的手段；建立更加严格和更有成效的银行监督管理制度。

3. 现代中央银行制度的形成阶段

20世纪中叶以后，中央银行制度的发展走向了现代中央银行的形成时期。这一时期的内容实质是中央银行制度在职能深化方面的重大进展，表现为第二次世界大战以后发达国家中央银行的国有化运动和大部分发展中国家以国有资本形成的中央银行制度的兴起。

1945年12月，法国率先将法兰西银行收归国有，股票由国家收购，原有股东换取了三厘利息的债券，使法兰西银行被完全置于政府的控制之下。1946年，英国通过了英格兰银行国有化法令，由财政部以4倍于原有价值的政府公债收兑了全部股票。从此，英格兰银行由私人股份资本银行变成国有的金融机构。此后，其他国家纷纷效仿这些做法实现了国有化。在这一时期，发展中国家建立的中央银行大部分都以国有资本为主要的资本形式。

现代中央银行制度已在世界各国普遍建立，即使由于政治、经济等原因，尚未建立中央银行的国家如新加坡和中国的港澳地区，也有类似中央银行的一些机构在独立或合作行使中央银行职能。例如，新加坡的货币局和金融管理局两个准中央银行的金融管理机构，分工执行中央银行的职能；中国香港则由汇丰、渣打和中国银行共同行使货币发行权，由金融司负责币制、汇率等重大决策。1981年成立的香港银行公会也参与协调货币和信贷政策。

二、中央银行的性质和职能

中央银行的性质是由其在国民经济活动中的特殊地位所决定的。它是代表国家管理金融的特殊机构，与商业银行和其他金融机构有着本质的不同。主要是它不以营利为目的，不直接经营商业银行和金融机构的业务，而是代表政府服务和管理整个金融业，既为银行和其他金融机构提供服务，又代表政府管理金融体系，并制定和执行货币政策。

中央银行的性质决定它具有和商业银行完全不同的职能。概括地说，它是货币发行的银行、管理银行的银行、中央政府的银行。

1. 发行的银行

现代各国的货币发行权都集中到中央银行。中央银行所发行的货币是其名义负债。中央银行独占货币发行权，作为由政府指定的唯一法定货币的发行机构。因此，中央银行又称发行的银行。发行的银行是中央银行最基本、最重要的特征，是发挥其全部职能的基础。

2. 银行的银行

这一职能是中央银行作为金融体系核心的基本条件，最能体现中央银行是特殊金融机构的性质。主要表现在以下三个方面：(1)为商业银行保存准备金。各商业银行把准备金作为存款存入中央银行，由中央银行集中保管。(2)统一办理全国金融机构的清算。中央银行作为一国支付清算的参与者和管理者，通过一定方式和途径，使金融机构之间的债权债务清偿以及资金周转得以完成，并维护支付系统的平稳运行，从而保证经济社会活动的正常进行。支付清算体系由中央银行组织设计、建立并制定操作规程，并拥有最终清算权威机构的特殊地位，要求金融机构在中央银行开立存款账户或清算账户，并保持备付金(如前所述，超额准备金习惯上称备付金)，以保证清偿的进行。(3)充当最后贷款人。这是在商业银行的资金周转困难时，可以向中央银行进行再贴现或抵押贷款。这样，中央银行就成为整个银行系统的最后贷款人。这一重要职能保证了银行系统的稳定和信用。

3. 政府的银行

中央银行是政府的银行，具体体现在以下几个方面：(1)为政府提供金融服务。包括为国家财政提供服务，代理国库收支；作为政府的金融代理人，办理政府金融事务；为政府融通资金，代理政府发行债券和还本付息事宜，是政府财政支出的最后支持者。(2)对金融体系的管理。中央银行代表政府对商业银行和其他金融机构的业务活动进行监督、管理、指导，并对金融体系进行监督管理，行使中央银行的行政管理职能。(3)集中保管黄金和外汇。黄金、外汇是国际结算的手段，称为国际储备。中央银行作为国家银行负责实施外汇管理制度，并集中保管黄金和外汇储备，代表政府参加国际性或地区性金融组织。(4)制定和执行货币政策。运用货币政策干预经济，这是在20世纪30年代大危机后国家运用经济政策调节经济时形成的职能。而在第二次世界大战以后，由于经济社会发展的客观要求，各国中央银行的这一职能又进一步加强。

三、中央银行的资产负债表

中央银行上述职能的履行，是通过它的业务活动来实现的，而其业务活动可以从它的资产负债表予以反映。由于各个国家在金融制度、信用方式等方面存在着差异,所以,各国中央银行资产负债表中的项目内容虽然有相似之处,但并不完全一致。

国际货币基金组织IMF以相对统一的口径,提供了中央银行资产负债表的基本格式。将IMF编制的《货币与金融统计手册》中的中央银行资产负债表的主要项目简化,如表15-1所示。

表15-1 中央银行资产负债表

资产	负债
国外资产	储备货币
对中央政府债权	定期储蓄和外币存款
对各级地方政府债权	发行债权
对存款货币银行债权	进口抵押和限制存款
对非货币金融机构债权	对外负债
对非金融政府企业债权	中央政府存款
对特定机构债权	对等基金
对私人部门债权	政府贷款基金
	资本项目
	其他项目

四、中央银行的独立性问题

现代宏观经济调控的一个显著特点是,货币政策已经成为国家宏观经济政策的重心,而作为货币政策运转中心的中央银行日益取得超脱地位。中央银行的地位问题的实质是,中央银行在政府中的相对独立性问题,同时,中央银行的独立性问题又是中央银行制度中存在争议的问题之一。

中央银行虽然是政府的银行,但由于它和政府的工作侧重点可能不一致,如政府更侧重充分就业和经济增长,因此可能会因为失业问题而选择扩张性政策,以刺激有效需求,增加就业,结果可能造成通货膨胀。而中央银行并非一个纯政府的服务机构,它负有广泛的社会责任,它不仅代表政府的意向和利益,也代表社会公众和商业银行的利益。中央银行的业务本身是专门的技术性工作,政府要插手中央银行有时难免事与愿违。因此,中央银行应在政府中保持一定的独立性,在货币政策的制定和操作上摆脱束缚,才能收到预期的政策效果。

但是,中央银行的独立性只能是相对的,任何国家的中央银行都不能完全独立于政府之外,只是由于各国的政治、经济、历史等诸多原因,中央银行独立性的程度有所不同。我们可以将中央银行独立性划分为独立性强、独立性较弱、独立性居中三种类型,不同的类型对于宏观经济会产生不同的影响。但是不管哪种类型,中央银行对经济进行宏观调控的愿望是相同的。

从中央银行产生到第一次世界大战之前,中央银行独立性问题曾有过争论。在第一次世界大战期间,政府滥用中央银行发行货币的特权以供军费开支,从而导致通货膨胀,战后为恢复经济仍然迫使中央银行增发钞票筹款再度陷入严重的通货膨胀，而中央银行对此都无力拒绝和扭转，这使人们开始认识到中央银行应该有自己的独立性。1920 年在布鲁塞尔和 1922 年在日内瓦召开的两次国际金融会议，都强调了中央银行应脱离政府而独立。这是第一次中央银行独立性思潮。

20 世纪 70 年代以后，中央银行独立性思潮再起。那时，西方国家出现了滞胀局面，各国政府和经济学家开始反省第二次世界大战以来实行国家干预，把财政政策作为主要手段，致使货币政策处在从属的地位，并按照宏观经济目标满足财政筹措资金的要求。在新的经济形势下，又重新强调货币政策。这一时期的货币政策比较偏重于增加货币供给量来降低利率、刺激投资的做法，最终使中央银行的独立性得以加强。

第二节 货币政策

从广义上讲，货币政策包括政府、中央银行和其他有关部门所有有关货币方面的规定和采取的影响货币供给的一切措施。狭义的货币政策是中央银行为实现一定经济目标而在金融领域所采取的方针和各项调控经济的措施。

一、货币政策的最终目标

货币政策目标包括操作目标、中介目标、最终目标。货币政策最终目标在不同的国家和不同的时期有不同的设定。20 世纪 30 年代以前的金本位时期，各国中央银行货币政策的最终目标是稳定币值和汇率。到三四十年代中期，凯恩斯主义的国家干预经济的主张盛行以后，充分就业成为其中目标之一。自 20 世纪 50 年代起，由于普遍的、持续的通货膨胀，认为稳定币值将物价上涨控制在可以接受的范围之内是重要目标。到 50 年代后期，随着经济增长理论的广泛流行，许多国家为了保存经济实力和国际地位，都把发展经济、促进经济增长作为货币政策最终目标的重点。而从 20 世纪 60 年代开始，随着一些国家国际收支逆差的出现，维持固定汇率发生困难。伴随着两次美元危机，一些国家又将平衡国际收支作为一项货币政策的最终目标。1997 年东南亚金融危机发生以后，各国的中央银行认识到在世界经济一体化、金融自由化浪潮的冲击下，保持一个国家的金融稳定的意义。因此，将金融稳定作为货币政策的最终目标之一就成为必然。这样，可以将货币政策的最终目标归纳为“五大目标”。

1. 稳定物价

中央银行通过控制货币投放，使货币供给量与货币需求量相适应，保证币值和物价基本稳定，这是货币政策所要达到的重要目标。但是控制货币投放，会在一定程度上与经济增长的要求相矛盾：为了保持经济发展的较高速度，需要增加投资，由此要求商业银行扩大贷款投放，并通过贷款把货币注入流通过程，增加货币供给量，从而影响币值和物价的基本稳定；而要保持币值和物价的基本稳定，则要控制信贷规模，相应减少贷款投放，由此则难以满足生产发展和扩大商品流通的资金需求,从而影响经济增长速度。为此,中央银行就要处理好币值和物价稳定与经济增长的关系。1971 年的"尼克松冲击"以后美元与黄金脱钩,导致黄金非货币化,各国把"稳定币值"改为"稳定物价"。

2. 充分就业

政府通过货币政策的实施可以提供更多的就业机会。但是,充分就业与币值和物价稳定也存在一定矛盾:要增加就业,就需要增加投资和工资支出,这会导致大量货币投放。而为了保持币值和物价稳定则应控制投资和工资水平,这又给充分就业施加了压力。如何权衡稳定物价和充分就业的关系,是中央银行面临的挑战。

3. 经济增长

中央银行要充分利用货币政策,积极促进经济发展。而各国流通中货币量是通过银行信用渠道投放的。适当地增加贷款投放,有利于更好地满足厂商的资金需要,促进经济增长。中央银行可以通过货币政策工具的使用,调节货币总量、结构、投向,以有效地调节经济增长速度、经济比例和产业结构,从而达到促进国民经济协调发展的目的。如前所述,该目标与币值和物价稳定是存有一定矛盾的,而与充分就业相互促进。

4. 国际收支平衡

国际收支逆差会导致本币对外贬值,进而影响本币的稳定。而中央银行通过货币政策,支持出口厂商的生产,扩大商品出口,以促进国际收支平衡。因此,平衡国际收支也是货币政策最终目标之一。充分就业与国际收支平衡也存有一定矛盾:就业人数增加,收入水平提高,会使进口的增加超过出口的增加,从而使国际收支恶化。国际收支出现逆差,可采用紧缩的财政与货币政策解决,但是紧缩政策将导致失业率的上升。经济增长与国际收支也有矛盾:经济增长需要进口国外的机器设备、先进技术以及原材料,而扩大出口则不可能在短期内达到,这就会使国际收支状况恶化。

长期的国际收支顺差,会导致本币对外升值。其结果会抑制出口、鼓励进口,同样不利于本国经济的稳定增长。因此,无论是国际收支顺差还是逆差,中央银行都要通过本外币政策的协调,实现国际收支的基本平衡。

5. 金融稳定

金融是现代经济的核心,将金融稳定确定为中央银行的最终目标之一,是一国经济稳定增长的必要条件。

金融稳定包括利率和汇率稳定,以及金融市场的稳定。保持金融稳定是避免货币危机、金融危机和经济危机的重要前提。货币危机是由于货币的严重贬值导致的货币信用危机。而货币危机通常会演变为金融危机,1997 年亚洲金融危机爆发之初首先就表现为货币危机。金融危机是由商业银行的支付危机带来的大批金融机构的倒闭,并威胁到整个金融体系的正常运行。当金融危机爆发以后,如果不能得到及时解决,必然引发经济危机。而当经济危机出现以后,企业大量倒闭,失业率大幅度上升,经济将严重衰退。

二、货币政策工具

当中央银行的货币政策最终目标确定以后,需要有效的政策工具来保证货币政策最终目标的实现，这些货币政策工具包括一般性政策工具、选择性政策工具和其他货币政策工具。

（一）一般性货币政策工具

一般性货币政策工具又称中央银行宏观调控的“三大法宝”，是中央银行从控制一般商业银行的信贷活动，从而控制货币供给量，再通过货币供给量的改变来影响经济。中央银行能够通过三种政策工具改变货币供给，包括法定准备金、贴现率和公开市场业务。

1. 法定准备金

最初各国使用存款准备金的主要目的，是为了应付客户的提现。1930年以后，认识到存款准备金比率的变动会影响商业银行的存款和投资规模。1913年美国的《储备法》最早将其作为一种货币政策工具，并于1935年正式使用。以后，其他国家纷纷效仿美国的做法。

中央银行使用的最简单的工具是改变法定准备金。而法定准备金是中央银行规定的每个商业银行作为准备金必须计提和上缴的货币的最低数额，法定准备金占存款总额的比例叫作法定存款准备金率。法定存款准备金率是对存款征收的“隐形税率”，该税率的替代效应是阻碍贷款的发放。因此，法定准备金的存在为中央银行提供了可以用来影响经济中的货币数量的强大工具，虽然中央银行因为它的作用过于猛烈而并不常用这个工具。

假设商业银行最初被要求保持相当于存款的10%的准备金，如果法定准备金下调至5%以后，则其多出的超额准备可以让商业银行发放更多的贷款。过去由于缺乏资金，商业银行可能会拒绝给一些它认为有价值的项目贷款，但现在它将发放这些贷款。当新贷款被使用以后，会创造新的存款，并且将带来进一步贷款，于是又启动了一个乘数过程。这样，中央银行通过调整准备金率来调节流通中的货币量。当经济扩张发生通货膨胀时，中央银行通过提高准备金率，迫使商业银行和其他金融机构紧缩信贷，减少货币供给量；当经济处于衰退时，中央银行降低准备金率，使商业银行扩大信贷规模，增加货币供给量。但是，由于准备金率是通过货币乘数来影响货币供给量的，这一政策的调整对整个经济影响很大，准备金率的微小变动通过乘数的作用会对货币供给量产生巨大影响，从而引起经济的巨大震荡。因此，这一政策在一般情况下很少使用。

如何确定法定准备金率的水平？应将法定准备金率定得高于商业银行愿意的水平，从而中央银行就能够更准确地调整货币供给量。如果定得低于商业银行愿意的水平，商业银行将持有大量多余的准备金，中央银行就不能更精确地调整货币供给量。

2. 贴现率

贴现率政策，最初称为再贴现政策。商业银行在资金不足时，将未到期的商业票据（由金融公司或信用较高的企业开出的无担保短期票据，可以背书转让，也可以贴现）卖给中央银行获得资金称作再贴现，中央银行向商业银行收取的利息率叫作再贴现率。

1837年英格兰银行最先使用再贴现政策，当时称为银行利率，目的是融通资金。直到19世纪中叶，再贴现才成为一种货币政策工具。第一次世界大战之前是再贴现政策的黄金时代，如英格兰银行1857年贴现率变动多达24次。因为此时自由放任的经济思想盛行，中央银行不直接干预经济，而是采取间接调控增减资金量以调节经济。20世纪30年代之后，尤其是推行凯恩斯扩张的经济政策以来，再贴现政策对货币供给的影响已经大大减弱，中央银行对贴现率的变动次数也越来越少，如英格兰银行1951年之后贴现率的变动一般每年只有1次。

再贴现的概念后来有所变化,商业银行从中央银行获取资金除了再贴现之外,还有别的贷款方式。同时,各国中央银行一般不使用再贴现率政策概念,而采取贴现率政策。贴现率政策是通过调整贴现率以影响商业银行借入资金的成本来影响商业银行的融资决策。

贴现率的变动还在一定程度上反映了中央银行的政策意向,有一种告示效应。如贴现率升高,意味着中央银行判断经济过热而有紧缩意向;反之,则意味着有扩张意向。这对短期市场利率常起导向作用,并且还可以通过中央银行对再贴现的票据种类和申请机构的资格加以规定,如区别对待的做法,可起抑制或扶持的作用,达到改变资金流向的目的。

中央银行通过调整贴现率来调节银根的松紧,当需要紧缩信用规模时,提高贴现率以收紧银根;当需要扩大信贷规模时,降低贴现率以放松银根。这项政策较法定准备金率温和,但中央银行更被动,因为商业银行是否愿意到中央银行申请再贴现,或再贴现多少,决定于商业银行的行为。如商业银行可通过其他途径筹措资金而不依赖于再贴现,则中央银行就不能有效地控制货币供给量,故市场的变化甚至有可能违背其政策意愿。

3. 公开市场业务

公开市场业务是中央银行控制货币供给最常用最重要的工具。公开市场业务是指中央银行在公开市场上买卖各种有价证券和票据的业务,并通过这项业务来调节货币供给量。"公开"的含义是,中央银行以普通购买者的身份出现在市场上。中央银行还通过"公开市场业务交易公告"公布公开市场操作的种类、数量和方式等。中央银行在公开市场上买卖的主要是政府债券,特别是期限在一年以下的国库券。

在通货膨胀时期,中央银行卖出债券,债券价格下跌,公众愿意购买,银行回笼货币,使货币供给量减少,引起利率提高,从而抑制总需求的增长,达到抑制通货膨胀的目的。在经济萧条时期,中央银行买进债券,就等于向市场投放货币,增加货币供给量,引起利率下降,从而达到刺激总需求的目的。

在这三种工具中,中央银行容易操作并经常使用的是公开市场业务。相对于可以做到微调的公开市场业务来说,调整贴现率往往被当作主要经济政策改变的市场信号,而法定准备金率的改变往往被用来宣告货币政策的重大变化。

中央银行还采用公开市场短期流动性调节工具和常设借贷便利管理流动性。公开市场短期流动性调节工具作为公开市场业务的补充,一般是在公开市场业务的间歇期使用。该工具采用市场化利率招标方式操作,以7天期内短期回购为主。中央银行根据货币政策的需要,综合考虑银行体系的流动性供求状况、货币市场的利率水平等因素,灵活决定该工具的操作时机、操作规模和期限品种等。操作对象为公开市场业务一级交易商中具有系统重要性、资产状况良好、政策传导能力强的部分金融机构。

常备借贷便利的期限一般为1~3个月,为满足金融机构期限较长的大额流动性的需求。常备借贷便利以抵押方式发放,抵押品包括高信用评级的债券类资产和优质信贷资产等。该工具的主要特点是:金融机构根据对流动性的需求申请常备借贷便利,中央银行与提出申请的金融机构之间直接交易,并且可以覆盖所有的存款金融机构,具有很强的针对性。

常备借贷便利有各种称谓,例如,美联储的贴现窗口、欧洲中央银行的边际贷款便利、英格兰银行的操作性常备便利、日本银行的补充贷款便利、加拿大中央银行的常备流动性便利、俄罗斯中央银行的担保贷款、印度储备银行的边际常备便利、韩国中央银行的流动性调整贷款、马来西亚中央银行的抵押贷款等。

(二)选择性货币政策工具

传统的三大货币政策工具都属于对货币总量的调节,以影响整个宏观经济。在这些一般性政策工具之外,还有选择性的对某些特殊领域的信用加以调节和影响的措施。

1. 消费者信用控制

消费者信用控制是指中央银行对不动产以外的各种耐用消费品的销售融资予以控制。其主要内容包括:规定用分期付款购买耐用消费品时首付的最低金额;规定用消费信贷购买商品的最长期限;规定可用消费信贷购买的耐用消费品种类,以及对不同消费品规定不同的信贷条件等等。在消费信用膨胀和通货膨胀时期,中央银行采取消费者信用控制,能起到抑制消费需求和物价水平上涨的作用。

2. 证券市场信用控制

证券市场信用控制是指中央银行对有关证券交易的各种贷款进行限制,目的在于抑制过度的投机。如规定一定比例的证券保证金率等,并随时根据证券市场的状况加以调整。

所谓保证金是客户在从事一笔交易时所实际支付的资金数量,其余部分由经纪人提供贷款支付。保证金比率越高,利用保证金所能从事的交易量就越小。反之,利用保证金所能从事的交易量就越大。20 世纪 20 年代,美国的股票市场就曾出现过“疯狂的 20 年”,而“疯狂的 20 年”之所以产生,保证金交易在其中起了重要作用。在疯狂的牛市中,大多数交易者用较少的现金就可以买到数量很大的股票。但在 1929 年“黑色的十月”中,美国的股票市场崩盘,牛市转变为熊市,到 1933 年大萧条的低谷时期,股票市价下跌了 85%。经历过这一危机以后,美国联邦政府在 1934 年制定了证券交易法案,而美联储就是根据这一法案实施选择性信用控制的。

3. 不动产信用控制

不动产信用控制是指中央银行对金融机构在房地产方面放款的限制措施,以抑制房地产投机。如对房地产贷款规定最高限额、最长期限以及首次付款和分摊还款的最低金额等。

房地产和其他不动产的交易带有浓重的投机性,但为了稳定宏观经济就必然要抑制不动产的投机性和房地产泡沫。美联储在第二次世界大战和朝鲜战争期间首先使用了这一政策工具。

4. 优惠利率

优惠利率是中央银行对国家重点发展的部门或产业,如出口工业、农业等所采取的鼓励措施。优惠利率在各个国家都普遍被采用。

5. 预缴进口保证金

预缴进口保证金是中央银行要求进口商预缴相当于进口商品总值一定比例的存款,以抑制进口的过快增长。这种做法多为国际收支经常出现逆差时所采用。

(三) 其他货币政策工具

1. 直接信用控制

直接信用控制是指从质和量两方面直接对金融机构,尤其是商业银行的信用活动进行的控制。这类强制性的信用控制有以下几种手段:(1)规定存贷款最高利率限制。这是一种经常采用的直接信用控制。如美国20世纪80年代之前的Q条例和M条例(在《1935年银行法》中)曾规定活期存款不准交付利息,定期存款和储蓄存款则有利率最高限的规定。(2)信用配额。它是指中央银行根据金融市场状况以及客观经济需要,分别对各个商业银行的信用规模加以分配,限制其最高数量。这一政策工具多用于发展中国家。(3)规定商业银行的流动性比率。流动性比率是流动资产对存款的比重,一般与收益率成反比,这也是限制信用扩张的直接管制措施之一。商业银行为保证中央银行规定的流动性比率,就必须采取缩减长期放款、扩大短期放款和增加易于变现的资产等措施。(4)直接干预。是指中央银行对商业银行的信贷业务、放款范围等加以干预。如直接干预商业银行对存款的吸收,以及对经营不当的商业银行拒绝再贴现等。

2. 间接信用指导

间接信用指导是指中央银行通过道义劝告、窗口指导等方法,间接影响商业银行的信用创造。

(1) 道义劝告

道义劝告是指中央银行利用其声望和地位,对商业银行和其他金融机构经常发出通告、指示或与金融机构的负责人进行面谈,劝告其遵守政府政策并主动采取贯彻执行政策的相应措施,如在国际收支出现逆差时劝告各金融机构减少向海外贷款等。

道义劝告在只有少量大银行并且传统上对中央银行的判断表示尊重的国家中行之有效。英格兰银行以对道德劝告的广泛使用而著名,而对于美国这种大而分散的银行系统,尽管也会加以尝试但一般不适用。

(2) 窗口指导

窗口指导指中央银行根据产业行情、物价趋势和金融市场动向,规定商业银行每季度贷款的增减额并要求其执行。如果商业银行不按规定执行,中央银行可削减向该银行贷款的额度,甚至采取停止提供信用等制裁措施。虽然窗口指导没有法律约束力,但有时其作用却很大。

间接信用指导的优点是较为灵活,但要真正起到应有的作用,还必须保证中央银行在金融体系中有强的地位、高的威望和拥有控制信用的法律权力和手段。例如,日本银行每季度口头通知民间银行下三个季度可贷出的款额,称为贷款额限制,也称为道德意义上的窗口指导,具有速效性。

三、货币政策的中间目标

从货币政策工具的运用到货币政策最终目标的实现之间有一个作用过程。在这个作用过程中,有必要及时了解政策工具是否得力,从而估计货币政策最终目标能否实现。这就需要借助于中间目标(中介目标和操作目标)的设置。因为中央银行本身并不能直接控制和实现物价稳定、充分就业、经济增长、国际收支平衡以及金融稳定这些货币政策目标，它只能借助于货币政策工具，并通过对中间目标的调节和影响，以实现中央银行的货币政策最终目标。因此，中介目标和操作目标就成了货币政策作用过程中一个十分重要的中间环节。中央银行运用货币政策工具，通过中间目标的操作，实现最终货币政策目标。

1. 货币政策的中介目标：利率和货币供给量

利率通常指的是短期市场利率，是反映货币市场资金供求状况而且变动灵活的利率。例如，在美国有国库券利率、联邦基金利率；在英国有伦敦同业拆放利率等。根据货币市场资金供求状况和货币政策目标的要求，中央银行通过公开市场业务调节资金供求，或者通过变动贴现率来影响市场利率。总之，中央银行可以间接地调控市场利率。

货币供给量由中央银行和私人商业银行系统共同决定。中央银行通过公开市场业务和其他工具向私人银行系统提供准备金，而商业银行利用中央银行提供的准备金创造出其他存款。这样，中央银行就能以较小的误差决定货币供给量。

选用货币供给量作为中介目标时，涉及使用哪种货币指标的问题。20 世纪 90 年代以前，主要使用 M1 作为中介目标。90 年代以来，各国中央银行都从 M1 转向 M2。

以上所述的利率和货币供给量这两个中介目标如何选择，则要看具体的经济条件。例如，20 世纪 70 年代中期以后，西方各国中央银行使用货币供给量作为中介目标。而进入 90 年代以来，又转而采用利率。主要原因便是 80 年代以来的金融创新，对金融业放松管制和全球金融市场一体化，使得各层次之间的货币供给量更加不易确定，基础货币的扩张系数失去了以往的稳定性，货币总量同货币政策最终目标的关系也难以把握了。

中央银行为什么不能同时使用利率和货币供给量，而必须在两个中介目标之间做出选择？我们用图 15-1 给予说明。

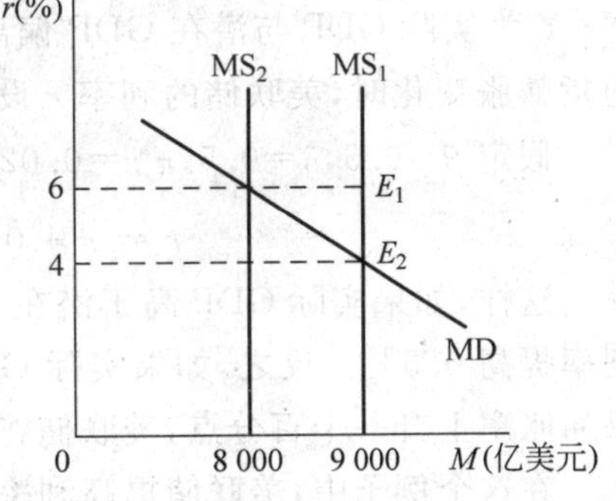

图 15-1　中央银行不能同时使用利率和货币供给量

假设中央银行（如美联储）在给定的经济条件下，以调整利率为目标，并且确定利率为 6%，同时，又以货币供给量为目标，并且确定货币供给量为 9 000 亿美元。图 15-1 中显示，如果确定利率为 6%，同时将货币供给量定为 9 000 亿美元，利率和货币供给量的组合点则只能在 E_1 点，而不能在货币需求曲线 MD 上的 E_2 点，因此无法代表货币市场的均衡。如果要找出货币市场的均衡点，就必然将利率目标改为 4%，而这将违背中央银行的政策目标。据此，中央银行必须在利率和货币供给量这两个指标之间做出选择。

2. 货币政策的操作目标：准备金和基础货币

与以上两类中介目标不同的是，准备金和基础货币虽然距离货币政策的最终目标比较远，但中央银行对其控制力却更强。所以，它可作为货币政策的操作目标。

准备金有不同的统计口径：准备金总额、法定准备、超额准备、借入储备、非借入储备等。仅就超额准备金而言，它对商业银行的资产业务规模有直接决定作用。存款准备金率、公开市场业务和贴现率等货币政策工具，都是通过影响超额准备金的水平而发生作用的。不过，超额准备金往往取决于商业银行的意愿和财务状况，这使货币当局难以测定和控制。

基础货币是流通中的现金和商业银行存款准备金的总和,也是中央银行的名义负债。基础货币是货币总供给量倍数扩张与收缩的基础,货币总供给量=基础货币×货币乘数。与超额准备金相比较,基础货币更具有可测性和可控性,是比较理想的货币政策的操作目标。

各国对基础货币的定义及其统计不尽相同,即使是在一个国家之内,根据基础货币的分析用途不同,可能有几种基础货币的定义。例如,基础货币在美国的定义是,联邦储备系统以外的现金+商业银行存在联邦储备银行的准备金。而在英国的定义是,公众持有的通货加上商业银行与英格兰银行的业务存款。根据国际货币基金组织《货币与金融统计手册》(2000 年版)的定义,基础货币包括中央银行为广义货币和信贷扩张提供支持的各种负债,主要指银行持有的货币(库存现金)和银行外的货币(流通中的现金),以及银行与非银行在货币当局的存款。

3. 中央银行对利率的设定

中央银行是如何设定利率,以实现其抑制通货膨胀和稳定经济的长期目标的?货币政策规则(或反应函数)就是描述中央银行如何根据实际 GDP、通货膨胀等经济变量设定利率的函数。美联储利率设定的货币政策规则由以下方程式给出:

$$r=\pi+\beta\hat{Y}+\delta(\pi-\pi^{*})+R^{f}$$

式中,r 为美联储设定的短期利率(联邦基金利率);π、π^{*} 分别为通胀率和目标通胀率;$\hat{Y}$ 为实际 GDP 与潜在 GDP 偏离的百分比;β、δ 为参数且大于零,表示当实际 GDP 或通货膨胀变化时,美联储的利率 r 设定将发生多大的变化;R^{f} 是一个参数。

假定 $\beta=0.5$,$\delta=0.5$,$\pi^{*}=0.02$,$R^{f}=0.02$。代入上述方程式得

$$r=\pi+0.5\hat{Y}+0.5(\pi-0.02)+0.02$$

这样,如果实际 GDP 高于潜在 GDP 一个百分点,货币政策规则表明美联储会将短期利率提高 0.5%。反之,如果实际 GDP 低于潜在 GDP,美联储则降低短期利率。同理,如果通胀率上升一个百分点,美联储将提高利率 1.5 个百分点。

在这个例子中,美联储提高利率的幅度超过通胀率的变动的原因是,当通胀率上升时,美联储通过提高实际利率以使经济减速,并使通货膨胀的压力下降。当实际 GDP 与潜在 GDP 相同($\hat{Y}=0$),并且通胀率等于目标通胀率($\pi=0.02$)时,利率 r 等于 4%,也就是实际利率($r-\pi$)等于 2%。

方程式中的货币政策规则尽管不是完美的预测,但在许多情况下,短期利率的实际值和预测值之间还是比较接近的。

练习题

一、概念

将定义的序号填入概念的____中。

____最后贷款人 ____发行的银行 ____货币政策

____再贴现 ____公开市场业务 ____保证金

____消费者信用控制　　____信用配额　　____窗口指导

____基础货币

1. 流通中的现金和商业银行存款准备金的总和。

2. 当商业银行发生资金困难时，向中央银行融资是最后的办法。

3. 中央银行在公开市场上买卖各种有价证券和票据的业务，并通过这项业务来调节货币供给量。

4. 客户在从事一笔交易时所实际支付的资金数量，其余部分由经纪人提供贷款支付。

5. 中央银行为实现一定经济目标而在金融领域所采取的调节经济的措施。

6. 中央银行作为由政府指定的唯一法定货币的发行机构。该职能是中央银行最基本、最重要的特征，是发挥其全部职能的基础。

7. 中央银行对不动产以外的各种耐用消费品的销售融资予以控制。

8. 中央银行根据产业行情、物价趋势和金融市场动向，规定商业银行每季度贷款的增减额并要求其执行。

9. 中央银行根据金融市场状况以及客观经济需要，分别对各家商业银行的信用规模加以分配，限制其最高数量。

10. 商业银行在资金不足时，将未到期的商业票据卖给中央银行获得资金。

二、选择题

1. 下列不属于中央银行职能的一项是(　　)。

A. 制定和实施货币政策

B. 为商业银行保存准备金

C. 垄断货币的发行

D. 为政府获得盈利

2. 中央银行在公开市场上卖出政府债券的政策意向是(　　)。

A. 筹集资金为政府弥补财政赤字

B. 扩张货币供给降低市场利率

C. 紧缩货币供给提高市场利率

D. 通过买卖债券获取差价利益

3. 中央银行提高贴现率，如果商业银行在中央银行贴现，那么(　　)。

A. 商业银行的准备金会增加

B. 商业银行的准备金会减少

C. 商业银行的准备金仍不变

D. 以上几种情况都有可能

4. 中央银行最常用的政策工具是(　　)。

A. 法定准备金率　　B. 公开市场业务

C. 贴现率政策　　D. 道义劝告

5. 中央银行改变货币供给的途径是(　　)。

A. 调整法定准备金率　　B. 公开市场业务

C. 调整贴现率　　D. 以上都是

6. 如果中央银行要限制货币供给的增长,那么,下列哪种情况将使这一目标更难实现?(　　)

A. 商业银行持有大量多余的准备金

B. 公众希望买入更多的政府债券

C. 来自于收入的存款数量过多

D. 大量黄金被输出到国外

7. 中央银行在公开市场上买入债券的结果是(　　)。

A. 银行存款减少　　B. 市场利率上升

C. 货币供给减少　　D. 以上都不是

8. 财政部将政府债券卖给(　　)时,基础货币会增加。

A. 中央银行　　B. 商业银行

C. 居民　　D. 企业

9. 中央银行的"窗口指导"属于(　　)。

A. 直接信用控制　　B. 间接信用控制

C. 一般性政策工具　　D. 选择性政策工具

三、计算题

假定每家商业银行都将其全部即期存款的10%作为银行准备金,其中,7.5%作为中央银行的存款,2.5%作为商业银行的库存现金。初始数据如表1、表2所示(表中的黄金券是指美国财政部发行的100%黄金作为准备的证券)。

表1　中央银行资产负债表　　10亿美元

资产		负债	
黄金券	10	中央银行票据	15
政府债券	35	存款:	
贷款	5	国库存款	5
		银行准备金	30

表2　商业银行合并资产负债表　　10亿美元

资产		负债	
黄金券	30	即期存款	400
库存现金	10		
贷款	360		

表3　中央银行资产负债表　　10亿美元

资产		负债	
黄金券	______	中央银行票据	______
政府债券	______	存款:	
贷款	______	国库存款	______
		银行准备金	______

表 4　商业银行合并资产负债表　　　　10 亿美元

资　　产		负　　债	
黄金券	________	即期存款	________
库存现金	________		
贷款	________		

中央银行买入 100 亿美元的短期政府债券，并开出支票支付这些债券。其结果是公众在商业银行的存款增加 100 亿美元。填写表 3、表 4 并回答：中央银行使用的货币政策工具是什么？体现了中央银行的什么政策意向？

四、分析题

1. 为什么说法定准备金是中央银行用来影响货币数量的强大工具，又是因其作用过于猛烈并不常用的工具？

2. 中央银行设定的货币政策的中介指标有哪些？中央银行主要通过哪一个指标间接地调控市场利率？

第十六章

国民经济的宏观调控

自由放任的自由市场经济时期已经过去,各国都采取相应的宏观经济政策来调节和管理宏观经济。而所谓宏观经济政策是指政府如何加强宏观经济管理,以实现经济增长和充分就业均衡的政策措施。通过财政和货币政策这两种基本的宏观经济政策工具,控制经济周期的剧烈波动。

在第十五章分析了货币政策对宏观经济的影响之后,本章将介绍财政政策的含义和政策效应、财政政策与政府财政赤字和政府债务问题、货币政策与财政政策的配合、IS-LM 模型与政策效力。

第一节 财政政策

一、财政政策

财政政策包括财政支出政策和税收政策。政府通过增减预算支出和增减税收,调节社会总需求,使之与社会总供给相平衡,以实现经济的稳定发展。不管是政府支出的变化,还是税收的变化,都将会影响政府的预算平衡。因此,政府财政政策又称政府预算政策。在市场经济条件下,政府对国民经济的宏观调控所运用的财政政策,主要包括政府购买、转移支付和税收,称为财政政策的三大工具。

1. 政府支出

政府支出包括政府购买和转移支付。政府购买指政府在物品和劳务上的支出,它的最大部分是军费开支。军费开支往往是政府直接影响总需求的重要途径。转移支付指将资金转移给政府以外的个人,主要包括退休、伤残、医疗和失业等社会保险金支出。在第十章的第三节已经指出,比较特殊的转移支付是政府公债利息。公债是为支付过去的战争或政府项目费用的需要而发行的,因此,公债利息并不是用于购买当前商品和服务的支出。转移支付的资金主要来自于对居民的征税,如个人所得税和工薪税等。

2. 税收

政府通过税收筹集资源用于公共目标,将资源由私人品转化为公共品。税收制度有两个主要原则:受益原则和支付能力原则。受益原则认为,对不同个人征收的税应与他们从政府计划中得到的利益成比例。例如,个人纳税应与他能够从公共品(如公园)中获得利益的情况相对应。支付能力原则认为,人们纳税的数额应与其收入或财富相对应。收入或财富越多,所纳的税就应当越高。

例如,新建一座桥梁的资金要依靠收取过桥费来偿付。因为只有使用才为之支付,所以,体现的是受益原则。如果建桥资金来自于所得税,则它所依据的就是支付能力原则。

1913 年通过的美国宪法第 16 条修正案写明:“国会有权对任何来源的收入规定和征收所得税。”

政府的税收包括个人所得税、公司所得税、销售税、财产税和社会保险税。各国的税制尽管不同,但所得税主要都是采用累进税制。个人所得税的课税范围包括个人的工资、薪金、退休金、利息和股息收入、租金等各种收入。公司所得税的课税范围包括本国公司来自于国内外的收入以及外国公司来自于本国境内的收入。销售税是对生产、批发、零售商品的课税,包括营业税和消费税。营业税的课税对象是全部商品和劳务,消费税的课税对象只是消费品。财产税是对具有纳税义务者的财产的征税,征税范围包括土地、住房、资本、遗产和馈赠等。尽管各国财产税税制和征税标准不同,但依据的财产或资本的数量或价格基本是相同的。工薪税是对雇主和雇工征收的占薪金和工资额一定百分比的税。由于工薪税的收入将用于养老、伤害、失业的保险和补助,所以也将工薪税称作社会保险税。美国的工薪税始于 1937 年,主要有联邦保险税、铁路公司退职税、联邦失业税和个体业主税四种。

对高收入征收较大比例的税,就是累进税制。如个人所得税。在累进税下,一个收入 5 万美元的家庭的纳税额要高于一个收入 2 万美元的家庭。高收入的家庭不仅要缴纳更多的所得税,而且其纳税占收入的份额实际上也更高。

对低收入征收的税占收入的份额高于高收入的人的税制,就是累退税制。销售税和财产税都属于累退税。销售税是消费者交易时征收的,虽然销售税本身的税率是统一的(例如 5%),但高收入者与低收入者所支付的税收占收入的比例是不一样的。

税率在所有收入水平上都是相同的,就是比例税制。比例税是要求所有纳税人按其收入的相同比例纳税。

表 16-1 是 2009 财政年度美国联邦政府课征的主要税种。其中,累进税是政府收入的最主要的来源,但比例税的工薪税所占份额正在上升,而消费税这样的累退税在联邦这一级则大幅度下降。

表 16-1　2009 财政年度美国联邦税收收入

项　　目	总收入(占总计的%)
累进税:	
个人所得税	46.6
遗产和赠与税	1.0
公司所得税	12.6
累退税:	
货物税	2.6
关税	1.1
其他税收及收入	1.0
比例税:	
工薪税	35.2
总计	100.0

二、财政政策的内在稳定器效应

所谓内在稳定器或者自动稳定器效应是一种宏观经济的内在调节控制,它能在宏观经济不稳定情况下自动发挥作用,使宏观经济趋向稳定。财政政策的内在稳定器效应无须借助外力或不必采取任何有意行动就可以直接产生调控效果。内在稳定器效应主要表现在以下两方面:

第一,税制。这是最重要的稳定器,累进制的个人所得税和公司所得税对经济活动水平的变化反应相当敏感。假如当初政府预算收支平衡,且税率没有变动。在经济出现衰退时,由于个人收入和公司利润在衰退时会减少,致使税收收入自动降低。在通货膨胀时期,由于经济的繁荣,个人收入和公司利润增加,税收额也随之自动增加。以上的"自动"减少或增加税收收入的过程,与财政政策的减税或增税的目的是一样的,都会起到抑制总需求的继续下降或继续膨胀的作用。

例如,1993 年克林顿政府将个人所得税税率由 31%提高至 39.6%,将公司所得税提高了一个百分点到 35%。这些税率的增加提高了整个税收体系的累进性,同时也轻微地增强了经济的内在稳定性。尽管税收体系所提高的内在稳定性减少了经济的波动程度,但也只是减轻而不是纠正经济的主要变化。

第二,政府支出。政府公共支出一般会随经济的繁荣而自动减少,这有助于对总需求的抑制,从而促使经济趋于稳定。当经济出现衰退时,失业增加,政府就必须增加支付津贴或救济金,使失业者能够维持必要的开支,从而阻止总需求的下降。在 20 世纪 30 年代最早建立失业保险制度时,这种政策之所以被经济学家所支持,重要原因就在于它具有内在稳定器的力量。经济在接近或达到充分就业时,政府就可以停止这种救济性的支出,使总需求不至于过度增长。

表 16-2 列出了作为内在稳定器的政府转移支付计划。

表 16-2 内在稳定器：政府转移支付计划

计 划	说 明
失业保险	一种向失业工人提供补助的联邦和州的综合计划
食品券	一项对任何收入低于一定界限的家庭支付补贴的联邦计划；在经济衰退期，更多的家庭可以享受这种补贴
福利计划	一项对有未成年儿童的贫困家庭提供补助金的联邦和州的综合计划；随着经济衰退期收入的下降，补助会增加
医疗补助	一项对贫困家庭提供医疗补助的联邦和州的综合计划；经济衰退期被补助家庭数目将增加
社会保险	一项资助退休人员的联邦计划；有些有资格领取保险的人选择继续工作，但在经济衰退期这类人数会下降，因此补贴将上升

内在稳定器效应的两方面，是结合在一起相互配合而共同起作用的。当然，经济中的内在稳定器还不足以防止衰退，但没有内在稳定器，产出和就业水平的波动或许会更大。

三、财政政策与财政赤字和政府债务

政府预算是政府确定国民经济优先发展项目的工具，也是经由财政政策来促进完成宏观经济的核心目标。政府的实际预算是指既定时期内，实际支出、收入和赤字的货币数额。

政府财政赤字或财政赤字，是指在既定的财政年度中，如果政府预算支出超过预算收入，就形成政府财政赤字。而政府债务是政府所借款项的累积额，是以往政府财政赤字的总和。

1. 财政赤字对经济的影响

(1) 结构性预算和周期性预算

现代公共财政学严格区分了结构性赤字和周期性赤字两个概念。这种区分的思路是，预算的结构性部分是主动的，它取决于相机抉择的政策，如确定税率、公共工程支出、教育支出或国防支出的规模。结构性预算是指如果经济在潜在产出水平上运行，政府收入、支出和赤字应该是多少。预算的周期性部分则是被动地取决于经济周期的状况，即国民收入和产出的高低程度。周期性预算是实际预算与结构性预算的差额，用于衡量经济周期对预算的影响，包括对政府收入、支出和赤字的影响。

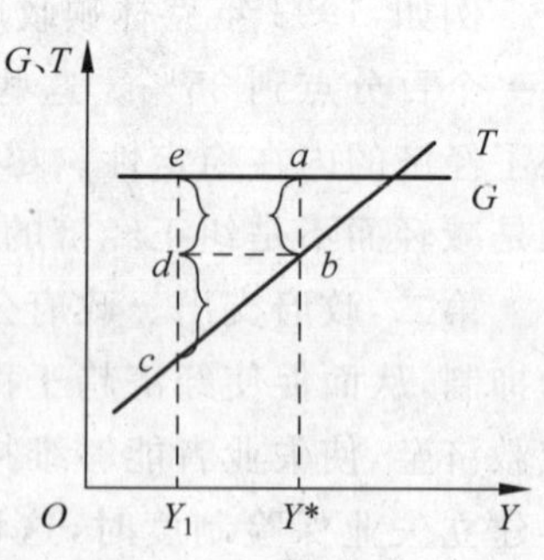

图 16-1 结构性赤字和周期性赤字

用图 16-1 说明结构性赤字和周期性赤字。假设经济处在充分就业的产出水平 Y^*，但从政府支出曲线 G 以及税收曲线 T 可以看出，存在着一个垂直线 ab 表示的实际预算赤字，表现出经济的扩张态势。

现在假定投资需求下降，从而抵消了这一预算赤字的扩张性影响，但却导致经济衰退至 Y_1。假设政府没有针对经济衰退采取新的经济政策，那么，G、T 曲线将保持不变。当经济处于经济衰退时的产出 Y_1 时，税收收入下降，同时政府支出保持不变，因此预算赤字增加至 ec，即在 ab 的基础上又增加了 dc。因为增加的赤字与经济周期有关，所以，增加的赤字 dc 被称为周期性赤字，它不是财政政策的结果，而是经济衰退的产物。

表 16-3 显示了 1985—1998 财政年度美国联邦政府的财政预算，表明了财政赤字总额、结构性赤字和周期性赤字是如何变化的。从这些变化中，可以评价财政政策的变化。例如，1990 年的联邦财政赤字是 2 210 亿美元，1991 年猛增至 2 690 亿美元，周期性赤字从 1990 年的 16 亿美元盈余变为 1991 年的 440 亿美元赤字，主要原因便是失业人数的增加。

表 16-3　结构性赤字和周期性赤字　　10 亿美元

财政年度	预算平衡＝结构性部分＋周期性部分		
1985	－212	－198	－14
1986	－221	－213	－8
1987	－150	－142	－8
1988	－155	－163	＋8
1989	－152	－176	＋24
1990	－221	－237	＋16
1991	－269	－225	－44
1992	－290	－232	－58
1993	－255	－212	－43
1994	－203	－190	－13
1995	－164	－166	＋2
1996	－107	－109	＋2
1997	－22	－56	＋34
1998	＋70	＋2	＋68

(2) 财政赤字与货币供给量

当经济衰退政府实施扩张性的财政政策时，便会产生财政赤字，而产生财政赤字通常要依靠发行公债(公债券，如国库券)来弥补。主要的办法是将政府发行的债券或公债卖给中央银行。如果财政部将 100 万美元债券卖给中央银行，首先是中央银行将应支付给财政部的 100 万美元作为存款，为财政部开立存款账户，用支票形式付给财政部；其次是财政部将该支票用于政府支出，财政部存款因此就减少 100 万美元，而社会公众增加存款 100 万美元，从而使商业银行的超额准备金增加 100 万美元。

凯恩斯认为，经济萧条时期，政府发行公债，最主要而又简便的办法是出售给中央银行。凯恩斯企图给人们的结论是，当大量失业存在时，扩大政府投资，增加货币供给量，降低利率刺激消费，即使出现财政赤字，也可以提高有效需求，增加产出，减少失业，而没有通货膨胀的威胁。

凡是这些不引起货币供给量变化的财政政策都称为纯粹的财政政策。将债券卖给中央银行，货币供给量就会增加，增加的数量是债券价格乘以货币乘数。但是，当出现财政赤字时，中央银行一般并不购买新发行的政府债券，而是在公开市场上购买过去发行的政府债券(如果中央银行购买财政部新发行的债券，这相当于中央银行直接向社会发行同量金额的基础货币,从而导致货币供给量的增加。如果短期内商品和劳务的生产不能同货币的增加量相适应,将会引发通货膨胀)。如果购买的旧债券等于新发行的债券数量,货币供给量就会与政府的支出一起增长,这被称为"货币化的赤字"或财政赤字货币化。而当出现货币化的赤字时,就不是纯粹的财政政策,而是财政政策和货币政策的结合。

(3) 政府财政赤字的短期影响

短期内政府的债务存量是既定的,政府财政赤字可能影响经济周期和储蓄—投资的平衡,而影响国民储蓄和投资平衡的主要是结构性预算。政府财政赤字对经济的短期影响称为挤出效应。所谓挤出效应是指政府增加支出的本意是为了提高总需求,但当支出增加时,由于货币供给量不变,会导致利率上升,私人投资下降。简言之,挤出效应是政府增加支出使利率上升,从而减少投资支出时所引起的总需求的下降。

例如,政府向波音公司购买了100亿美元的飞机。这种需求的增加使该公司及其工人收入增加,通过乘数作用引起其他厂商和工人收入增加。这种由政府支出增加引起的收入增加,导致社会对物品和劳务的购买增加,最终提高了货币需求。在此情况下,由于美联储没有改变货币供给,为保持货币供求平衡,利率必然上升。而利率上升之后的最终结果便是挤出效应的出现。

在充分就业和非充分就业的经济中,挤出效应略有不同。在一个充分就业的经济中,政府支出增加挤出私人投资。这是由于政府支出增加,对物品和劳务的需求增加,价格水平便会上涨,在名义货币供给量不变的情况下,实际货币供给量会因价格水平上涨而减少,从而使可用于投机动机的货币量减少。结果是债券价格下跌,利率上升,进而导致私人投资减少。

政府支出增加引起价格水平上涨,而价格水平上涨则会导致名义工资不变而实际工资下降。如果存在着货币幻觉,那么,短期内厂商对劳动的需求会增加,而工人因货币幻觉仍像价格水平不变时那样提供劳动,就业和产出将会增加。然而在长期内,如果经济已经处于充分就业水平,则增加政府支出会完全挤出私人投资和消费。货币幻觉一词是欧文·费雪在1928年首先提出的。货币幻觉是指人们只是对货币的名义价值做出反应,而忽视货币表示的实际购买力的变化。或者,货币幻觉是人们只重视名义所得,而忽略实际所得。

在一个非充分就业的经济中,政府的扩张性财政政策通常不会对私人投资完全"挤出"。因而,这种政策还会使产出和就业有所增加。之所以在非充分就业的经济中仍有挤出效应,是因为政府支出增加使总需求提高,而产出水平也相应提高,将使货币需求大于货币供给(货币交易需求增加后,名义货币供给量未变),因而利率也会上升,从而导致投资水平的下降。

挤出效应与政府财政赤字有关,但挤出效应只适用于结构性赤字。因为,如果财政赤字是由经济衰退引起的周期性赤字,那么,经济衰退则会引起货币需求的下降从而导致较低的利率,同时由于经济衰退时的货币政策通常又是扩张性的,所以,利率同样会下降。所以,挤出效应不适用于经济衰退时期。这一事实说明了财政赤字和投资之间并无必然联系。

在20世纪60年代,美国由于存在大量未被充分利用的资源,以及美联储允许经济在不提高利率的条件下实施扩张,因此财政扩张促进了投资的增长。而80年代巨额政府财政赤字的确抑制了投资，结构性赤字挤出了私人投资。其中，80 年代末和 90 年代初的供给学派时代，政府财政赤字急剧上升，而居民和企业储蓄的降低则更加剧了这一趋势。

（4）李嘉图等价

经济衰退时期，实施减税的财政政策将产生财政赤字。减税造成的赤字对经济产生什么影响，一直受到经济学家的关注，他们对这一问题展开了争论。1974 年哈佛大学的罗伯特·巴罗在美国的《政治经济学评论》发表《政府债券是净财富吗》一文，提出了所谓李嘉图等价，认为政府财政赤字将不会提高利率和降低投资。巴罗的这一观点是基于大卫·李嘉图最初的分析。李嘉图指出，当政府因减税出现财政赤字时，必须借债以维持其支出，而政府需要在未来增加税收以偿还债务。如果家庭认识到政府今天的减税意味着未来较高的税收，那么，他们将会把所有的减税储蓄起来，以保证用于支付较高的税收。巴罗认为，即使目前的纳税人预期较高的税收出现在遥远的未来，甚至出现在他们死后，他们也会关心自己的子女，以致把减税额储蓄起来，使其子女用这些遗产去支付较高的税收。其结果便是，私人储蓄的上升等于减税的全部数额。当私人储蓄增加的数额等于公共储蓄下降的数额时，国民储蓄总额不变。在此情况下，均衡实际利率不受影响，投资规模也不受影响。因此，李嘉图等价就是借款等价于税收。

巴罗的分析是李嘉图等价的现代模式，他对李嘉图等价理论的一个重大贡献是，尽管个人的生命是有限的，家庭仍会考虑遥远的未来。家庭的代际关系可能通过馈赠和遗赠维系着。如果政府将税收推迟到下一代征收，当代人的反应可能是多储蓄，以便给下一代留下更多的财富。这样的馈赠就将税收负担在以后各代之间平均分配。

李嘉图等价中有两个假定，第一个假定是家庭在计划消费时会考虑未来。第二个假定是征税征到未来的什么时候，家庭计划就将有多远的前瞻性。尽管李嘉图最终也抛弃了自己的观点，但他指出了一个重要事实：政府必须为其支出付款，如果今天不能征收足够的税款，在未来必须筹集更多的收入。

2. 政府债务对经济的影响

挤出效应是政府财政赤字的短期影响，而政府债务对社会生活水平的长期影响就是政府债务负担。

政府债务是政府财政赤字的累积，可以将赤字和债务累积的关系用以下形式表述：

下一年初的债务
＝本年年初的债务＋
本年的政府购买＋
本年的转移支付＋
本年的债务利息支付－
本年的收入

（“本年的政府购买＋本年的转移支付＋本年的债务利息支付－本年的收入”以大括号合称：财政赤字）

还可以将上述关系表示为如下的形式：

$$D_{t+1} = D_t + G_t + F_t + Dr - T_t$$

式中，D 为政府债务，G 为政府购买，F 为转移支付，r 为利率，T 为政府的收入，t 为当期，$t+1$ 为下一期。

分析政府债务对经济的影响，首先要区分内债和外债两种形式。内债是指一国所欠本国公民的钱;外债是指一国所欠外国人的钱。

一般认为,内债由于政府借的是本国公民的钱,如果将公债使用得当,不但不会造成沉重的负担,人民反而还会从中受益。但是,内债要求政府向债券持有人支付利息,因此政府必须征税。而即使是向利息获得者征收等额的利息,也将会带来激励机制的扭曲。这就是说,对债券持有人的利息收入或工资收入征税,用于支付其应得的利息收入,那么被征税者可能会减少工作和储蓄。

外债由于是政府欠外国人的钱,将会导致债务国公民可支配资源的减少。这些国家为所借债务还本付息,必然会增加出口,减少进口,通过贸易顺差来偿还外债。如巴西、墨西哥曾经用其出口收入的1/4到1/3偿还外债本息,其结果必然会降低本国的生活水平。

第二节　IS-LM模型与政策效力

一、财政政策效力的IS-LM图形分析

1. 财政政策效力的IS-LM图形分析

财政政策效力是指政府的收入支出变化使IS曲线变动,从而对国民产出变动产生的影响。

从IS-LM模型分析可以得出,财政政策效力的大小,因IS曲线和LM曲线的斜率不同而有所区别,即投资需求对利率的敏感程度。

在LM曲线斜率不变时,IS曲线的斜率越大或越陡峭,则移动IS曲线时,收入变化就越大,财政政策效力越大。反之,IS曲线越平坦,则IS曲线移动时收入变化就越小,财政政策效力越小。如图16-2所示。

图16-2(a)的 Y_1-Y_0 小于图16-2(b)的 Y_1-Y_0。前者的政策效力小于后者的政策效力。原因在于,图16-2(a)中的IS曲线较平坦,而图16-2(b)中的IS曲线较为陡峭。

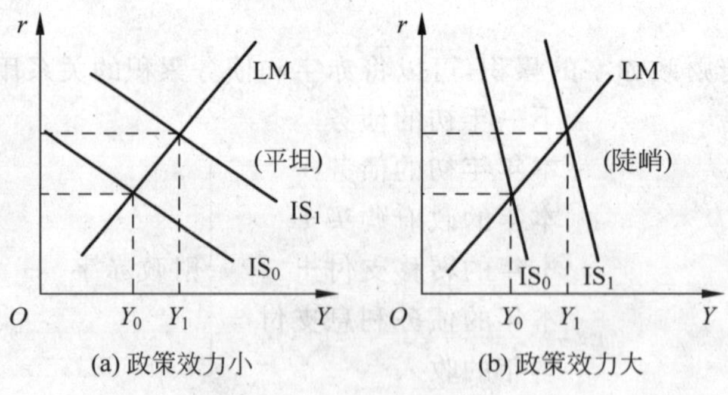

(a) 政策效力小　　(b) 政策效力大

图16-2　财政政策效力(一)

如果投资需求对利率的反应很敏感,IS曲线就较为平坦,意味着利率的较小变化和投资需求的较大变化。实行扩张性财政政策使利率上升时,会使私人投资下降很多,就是挤出效应较大,从而使国民产出增加得较少,政策效力越小。相反,如果投资需求对利率的反

应不敏感，IS 曲线就较陡峭，意味着政府支出的挤出效应较小，出现较多的私人投资从而使国民产出增加得较多，政策效力较大。

在 IS 曲线斜率不变时，财政政策效力随 LM 曲线斜率不同而不同。LM 曲线斜率越大或越陡峭，则移动 IS 曲线时，收入变动就越小，财政政策效力也就越小。反之，LM 曲线斜率越小或越平坦，则移动 IS 曲线时，收入变动就越大，财政政策效力便越大。如图 16-3 所示。

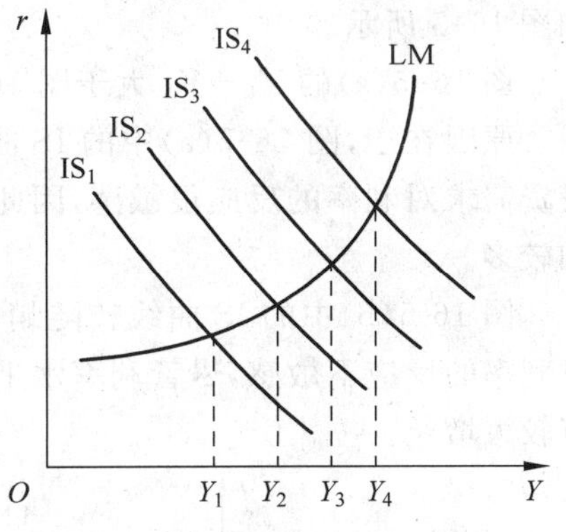

图 16-3　财政政策效力(二)

LM 曲线从左下方向右上方逐渐变得陡峭。一般地说，在经济萧条时，国民产出和利率水平较低，LM 曲线较为平坦，财政政策效力就越大。而在产出水平较高，并接近于充分就业水平时，LM 曲线较陡峭，财政政策效力较小。

在图形中，政府支出增加等量的 ΔG，使 IS 曲线右移同等距离。但 Y_2-Y_1 明显大于 Y_4-Y_3。其原因在于，LM 曲线斜率越大或越陡峭时，表示货币需求对利率的反应越不敏感，或者货币需求的利率系数较小。这样，由于政府支出的增加而引起的货币需求将使利率猛增，从而对私人投资产生较大的挤出效应，结果使财政政策效力变小。相反，LM 曲线斜率越小或较平坦时，表示货币需求对利率反应较敏感，或者货币需求的利率系数较大。这样，政府即使增加支出，也不会使利率上升很多，从而不会对私人投资产生很大影响，政府增加支出就会使国民产出增加较多，即财政政策效力较大。

2. 挤出效应的图解

如前所述，政府购买支出的增加会引起 IS 曲线右移，其结果是利率和实际产出水平同时提高。需要指出的是，其中包含着一个挤出效应。由于利率的提高，私人投资会因此被挤掉一部分，从而造成投资的下降，使实际国民产出增加的幅度减少，同时挤出效应也使凯恩斯的乘数效应进一步削弱。如图 16-4 所示。

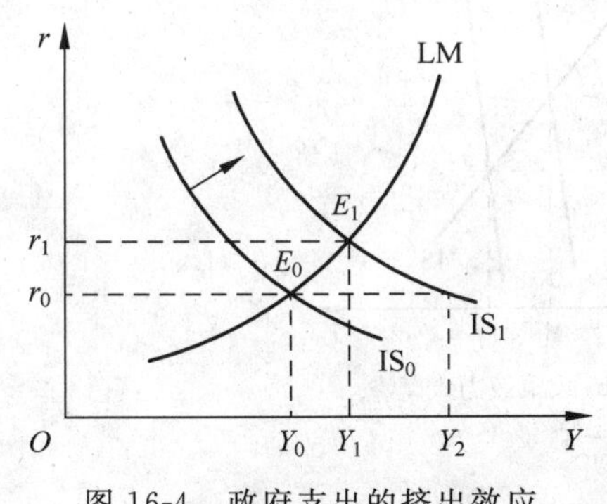

图 16-4　政府支出的挤出效应

如果政府支出增加，使 IS_0 右移至 IS_1，国民产出从 Y_0 增至 Y_1，利率也同时从 r_0 升至 r_1。可见，由于利率的提高，使私人投资下降，导致国民产出水平只能从 Y_0 增至 Y_1。而如果利率保持不变，仍在 r_0 时，国民产出的增加会从 Y_0 增至 Y_2，Y_2-Y_1 便是被“挤掉”的那一部分私人投资引起的国民产出的增加量。

二、货币政策效力的 IS-LM 图形分析

货币政策效力是指改变货币供给量的政策对总需求的影响。从 IS-LM 模型分析得出，货币政策效力的大小同样取决于 IS 和 LM 曲线的斜率。

在LM曲线斜率不变时,IS曲线越平坦,因变动货币供给量使LM曲线移动对国民产出变动的影响越大;反之,IS曲线越陡峭,LM曲线移动对国民产出变动的影响就越小。如图16-5所示。

图16-5(a)的Y_1-Y_0大于图16-5(b)的Y_1-Y_0。前者的政策效力大于后者的政策效力。原因在于,图16-5(a)中的IS曲线较平坦,当货币供给量增加使LM_0右移至LM_1时,投资需求对利率的反应很敏感,因此,货币供给量增加使利率下降时,投资和国民产出会增加较多。

图16-5(b)中的IS曲线较陡峭,当货币供给量增加使LM_0右移至LM_1时,投资需求对利率的反应不敏感,尽管利率水平下降较大,投资也不会增加很多,从而国民产出也不会有较大增长。

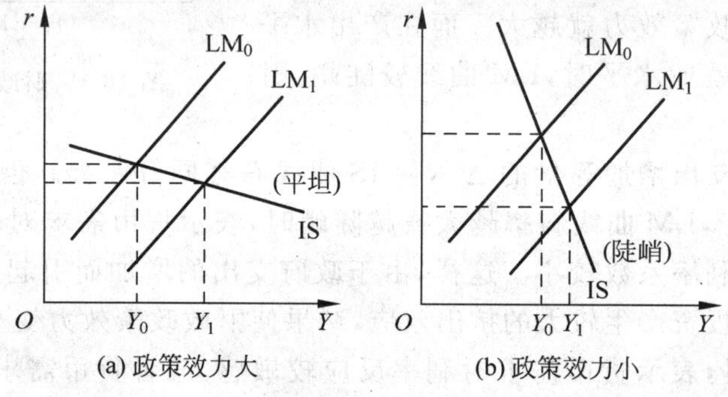

图16-5　货币政策效力(一)

在IS曲线斜率不变时,LM曲线越平坦,货币政策效力越小;反之,LM曲线越陡峭,货币政策效力越大。如图16-6所示。

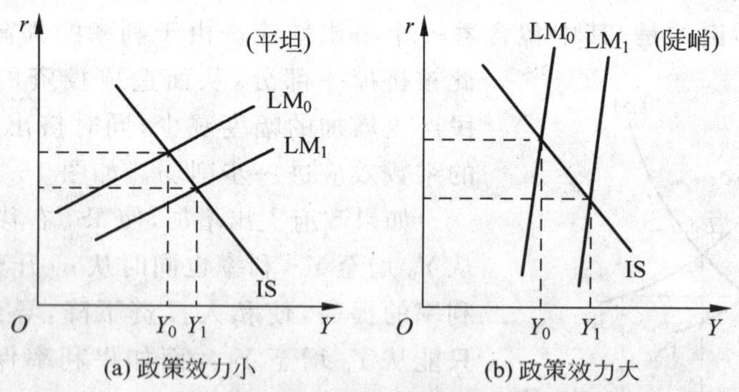

图16-6　货币政策效力(二)

图16-6(a)的Y_1-Y_0小于图16-6(b)的Y_1-Y_0。前者的政策效力小于后者的政策效力。原因在于,图16-6(a)中的LM曲线较平坦,当货币供给量从LM_0右移至LM_1时,国民产出的增加较少,货币需求受利率的影响较大,货币需求对利率反应较敏感。或者说,利率稍有变化就会使货币需求变动很多。当货币需求随收入变化而增加时,利率的很小变化就会使货币需求减少很多。货币供给量的增加并不能使利率大幅度下降,因而货币供给量变动对利率变动的作用较小,从而增加货币供给量的货币政策对投资和国民产出的增加影

响较小，因而其政策效力就小。相反，图 16-6(b)的 LM 曲线较陡峭，当货币供给量从 LM_0 右移至 LM_1 时，国民产出较图 16-6(a)有较大增加，表示货币需求受利率影响较小，货币需求对利率的反应不敏感。或者说，货币供给量稍有增加就会使利率下降较多，从而使投资和国民产出有较大增加，因而政策效力就大。

综合图 16-5 和图 16-6 货币政策效力的分析，得出的简单结论是，一项扩张性的货币政策如果能使利率下降很多(LM 曲线较为陡峭时)，并且利率的下降能对投资有较大刺激作用(IS 曲线较为平坦时)，那么这项货币政策的效力就大；反之，货币政策的效力就小。

三、财政政策与货币政策的配合

在分析了 IS-LM 模型与财政—货币政策效力以后，我们简要说明财政政策与货币政策的配合。货币政策与财政政策的配合取决于两个因素：需求管理的必要性，财政政策与货币政策的理想配合问题。

虽然货币政策和财政政策的调控目标是一致的，但是，货币政策和财政政策各自使用的政策工具是不尽相同的，并且各有其局限性。因此，为了达到理想的调控效果，通常需要将货币政策和财政政策配合使用。

通过改变政府支出、税收、转移支付等与货币政策相配合，政府能够改变投资、消费、政府购买、净出口等占 GDP 的比重。下面举例说明货币政策与财政政策的配合。

【例 1】 假设政府要以国内投资和净出口为代价增加国防支出。这一政策的目标是，既要通过增加国防开支增强国防力量，又不至于因需求扩张而导致总产出超过潜在产出水平。货币政策与财政政策的配合是：增加国防开支、保持税收不变、实行紧缩的货币政策，从而提高利率、挤出私人投资和净出口，为政府扩大支出提供空间。可见，上述政策是在增加政府支出的同时，通过排挤私人投资和净出口，使得总需求扩张进而使总产出保持原有水平。但是，这一政策将导致结构性赤字的增加和实际利率的提高。20 世纪 80 年代的里根政府基本是遵循了上述政策思路。

【例 2】 假设一国要改变当前储蓄率较低的情况，希望扩大投资，从而增加资本存量，提高潜在产出水平。货币政策与财政政策的配合是：提高消费税、减少政府转移支付，以减少个人可支配收入，从而减少消费；减缓政府购买并实行扩张的货币政策，以降低利率、扩大投资、降低汇率，刺激净出口。这一政策过程将会通过增加公众储蓄，从而鼓励私人投资。卡特政府曾经采用过这种政策配合，这一经济思想在 20 世纪 90 年代的克林顿政府也曾得到体现，可以在其 1993 年的预算案中找到答案。

在讨论经济政策问题时我们会发现，在经济学中，人们对经济政策的看法往往取决于他们的理论观点。例如，倾向于古典学派的经济学家，经常会怀疑政府稳定经济周期的必要性。他们认为，旨在增加总需求的经济政策会导致通货膨胀或者通货膨胀的升级。更为严重的是，他们认为凯恩斯主义的药方会减缓经济长期增长。

凯恩斯主义经济学家与倾向于古典学派的经济学家的观点相反。他们认为，宏观经济在运行中很容易出现经济周期问题。通货膨胀产生之后会伴随着高失业率，并且通货膨胀和失业不断交替。凯恩斯主义者相信，政府能够通过财政政策和货币政策改变总需求，进而影响实际经济活动。在存在通货膨胀压力时应采取措施影响总需求,而在经济衰退时应采取措施刺激总需求。因此,许多经济学家逐渐倾向于用货币政策稳定经济周期,同时坚持财政政策作为内在稳定器的重要性。

练习题

一、概念

将定义的序号填入概念的____中。

____宏观经济政策	____财政政策	____累进税制
____内在稳定器效应	____政府债务	____结构性预算
____周期性预算	____纯粹的财政政策	____货币化的赤字
____挤出效应	____货币幻觉	____李嘉图等价

1. 对高收入征收较大比例的税。

2. 如果经济在潜在产出的水平上运行,政府收入、支出和赤字应该是多少。

3. 一种宏观经济的内在调节机制,它能在宏观经济不稳定情况下自动发挥作用,使宏观经济趋向稳定。

4. 政府通过增减预算支出和增减税收,调节社会的总需求,使之与社会的总供给相平衡,以实现经济的稳定发展。

5. 实际预算与结构性预算的差额。用于衡量经济周期对预算的影响,包括对政府收入、支出和赤字的影响。

6. 当出现财政赤字时,中央银行一般并不购买新发行的政府债券,而是在公开市场上购买过去发行的政府债券。如果购买的旧债券等于新发行的债券数量,货币供给量就会与政府的支出一起增长。

7. 政府如何加强宏观经济管理,以实现经济增长和充分就业均衡的政策措施。通过财政和货币政策这两种基本的宏观经济政策工具,控制经济周期的剧烈波动。

8. 政府所借款项的累积额,是以往政府财政赤字的加总。

9. 那些不引起货币供给量变化的财政政策。

10. 政府增加支出的本意是为了提高总需求,但当支出增加时,由于货币供给量不变,导致利率上升私人投资下降。

11. 人们只是对货币的名义价值做出反应,而忽视货币表示的实际购买力的变化。

12. 当政府因减税出现赤字时,必须借债以维持其支出,而政府需要在未来增加税收以偿还债务。如果家庭认识到政府今天的减税意味着未来较高的税收,那么,它们将把所有的减税储蓄起来,以保证用于支付较高的税收。

二、选择题

1. 结构性赤字的规模( )。

A. 随着财政政策的变动而变动　　B. 随着税收规模的变动而变动

C. 随着货币政策的变动而变动　　D. 以上答案都是正确的

2. 周期性赤字是(　　)。
   A. 财政政策的产物　　B. 货币政策的产物
   C. 财政和货币政策的产物　　D. 依赖于经济中的失业率
3. 政府增加支出的挤出效应源于(　　)。
   A. 产出增长导致对资产的货币需求增加,最终是利率的提高,而高利率将减少私人投资
   B. 产出增长导致对货币的交易需求增加,对资产的货币需求减少,最终是利率的提高,而高利率将减少私人投资
   C. 产出增长导致对货币的交易需求和资产的货币需求增加,进而增加私人投资
   D. 以上几种情况都有可能
4. 挤出效应发生于(　　)。
   A. 货币供给减少使利率提高,挤出了对利率敏感的私人投资
   B. 政府对私人部门增税,减少了私人部门可支配收入和支出
   C. 所得税的减少,提高了利率,利率敏感的私人投资被挤出
   D. 政府支出的减少,引起消费支出的下降
5. 政府财政赤字与政府债务的关系,正确的说法是(　　)。
   A. 政府债务规模降低财政预算将出现盈余
   B. 财政预算盈余将导致政府债务的减少
   C. 政府债务是政府财政赤字的累积
   D. 以上说法都是正确的
6. 扩张的财政政策对经济产生的影响是(　　)。
   A. 缓和了经济衰退但增加了财政赤字
   B. 缓和了经济衰退也减少了财政赤字
   C. 引发了通货膨胀但减轻了财政赤字
   D. 缓和了通货膨胀但增加了财政赤字
7. 为了摆脱经济衰退,政府可以(　　)。
   A. 通过增加货币供给量来管理总需求
   B. 通过增加结构性赤字来管理总需求
   C. 通过减税的财政政策来管理总需求
   D. 以上答案都正确
8. IS 曲线的斜率不变,LM 曲线越陡峭,则(　　)。
   A. 财政政策的效力越大　　B. 财政政策的效力越小
   C. 货币需求对利率反应敏感　　D. 以上答案都不正确
9. LM 曲线斜率不变,IS 曲线越平坦,则(　　)。
   A. 货币政策的效力越大
   B. 货币政策的效力越小
   C. 投资需求对利率反应不敏感
   D. 以上答案都正确

10. LM 曲线越陡峭,IS 曲线越平坦,则(　　)。
   A. 货币政策能使利率下降很多
   B. 利率下降对投资刺激作用大
   C. 货币政策的效力较大
   D. 以上答案都正确
11. 产生较大的挤出效应的原因之一是(　　)。
   A. IS 曲线斜率不变,LM 曲线越平坦
   B. IS 曲线斜率不变,LM 曲线越陡峭
   C. LM 曲线和 IS 曲线斜率都平坦
   D. LM 曲线和 IS 曲线斜率都陡峭

三、计算题

假设在三部门经济中,政府的一次性税收为 200。填写空白处的数据并回答:
(1) 均衡 GDP 是多少?
(2) 经济处于均衡状态时的储蓄水平。
(3) 经济处于均衡状态时 $I=S+(T-G)$吗?
(4) 政府支出乘数的值是多少?

GDP	DI	C	I	G	$C+I+G$
1 200		900	200	300	1 400
1 450		1 100			
1 700		1 300			
1 950		1 500			
2 200		1 700			

四、分析题

1. 简述挤出效应。
2. 政府债务对经济会产生哪些影响?

第十七章

通货膨胀和失业

通货膨胀和失业是宏观经济学中的两个重要研究课题，也是不断困扰着各国政府的两大经济难题。通货膨胀导致货币的购买力降低，使所有人痛苦；而失业是失业者丧失工作，相对于就业者是少数的人痛苦。但失业者经济上的贫困令人难以承受，并且影响着人们的情绪和家庭生活。西方国家将通货膨胀率和失业率合称社会的痛苦指数。

痛苦指数最早由阿瑟·奥肯提出，是用一国的消费者价格指数年增长率与失业率之和表示。当指数超过20%，表示该国经济处于悲惨状态；10%～20%之间为一般，尚能承受；10%以下为经济表现优秀。1980年，美国的痛苦指数达到了极高的19.6%，这是由12.5%的通货膨胀率和7.1%的失业率共同导致的。

本章主要说明通货膨胀和失业的理论与政策问题。

第一节 通货膨胀

一、什么是通货膨胀

什么是通货膨胀？根据弗里德曼的定义，物价的普遍上涨就叫通货膨胀，无论何时何地大规模的通货膨胀总是一种货币现象。而萨缪尔森则认为，通货膨胀意味着一般价格水平的上涨。可见，通货膨胀总是和物价上涨、货币贬值联系在一起的。由此，我们得出通货膨胀是指货币发行量超过流通中实际货币需求量而引起的商品和劳务价格的普遍和持续上涨。

理解通货膨胀要注意，(1)通货膨胀指的是一般价格水平的普遍和持续的上升。而部分、个别的商品涨价，季节性的价格调整，暂时性的物价上涨，都不能算作通货膨胀。(2)通货膨胀是商品或劳务的价格上涨,而不是指其他物品的价格上涨。例如,有价证券等价格上涨不归此类。(3)物价水平上涨有公开形式、变相形式、隐蔽形式。如票证制、物价管制等。(4)货币过多是通货膨胀的总体特征。正如弗里德曼所说,通货膨胀起因于经济脸盆里的货币溢出太多。所以,通货膨胀是货币现象。

二、通货膨胀的度量

通货膨胀表现为一般价格水平总体上涨,而一般价格水平又是各类商品和劳务加总在一起的加权平均数,用价格指数表示。据此衡量通货膨胀的价格指数主要有以下三个:

1. 消费者价格指数(CPI),是表示城市居民直接消费的一定种类和数量消费品的价格水平变动程度的指标。它衡量的是消费者的一篮子商品和劳务的支出与基期年份的支出的比率,反映了居民货币收入购买力的升降和价格变动对居民生活费用的影响,是影响面最大的,人们最关心的价格指数。例如,美国的消费者价格指数包括了364种不同商品和劳务的价格,是从87个地区的23 000家机构收集的。

举例:以1998年为基期,假设每种商品的价格均为100,以保证商品数量的变化不会影响价格指数。假定消费者只购买三种商品:食品、住房和医疗,在这三种商品上的支出占其全部支出的比例分别为20%、50%、30%。这样,基期(1998年)的CPI为100=(0.20×100)+(0.50×100)+(0.30×100)。然后计算出1999年的CPI和通货膨胀率。假设食品价格上涨2%,升至102;住房价格上涨6%,升至106;医疗价格上涨10%,升至110。根据这些数据计算出1999年的CPI和通货膨胀率:

$$\text{CPI}(1999)=(0.20\times102)+(0.50\times106)+(0.30\times110)=106.4$$

$$\text{通货膨胀率}(1999)=[(106.4-100)/100]\times100\%=6.4\%$$

2. 生产者价格指数(PPI),是指通过计算生产者在生产过程中所有阶段上获得的产品价格水平变动而得的指数。美国劳工统计局公布的生产者价格指数,主要基于大约34 000种商品的价格,包括食品、制成品、矿产品等中间产品和最终产品,主要反映生产厂商销售商品价格变动情况。如果某行业的生产者价格指数低于50%,说明这个行业处于收缩状态。

生产者价格指数的计算公式:

$$\text{PPI}=\frac{\sum kW}{\sum W}$$

式中,k为各工业产品的出厂价格指数,W为产品的权数。编制该指数的具体步骤:选择代表产品并计算每种产品的平均价格;计算这些产品的出厂价格指数;确定产品的权数,一般用工业产品销售额作为权数;将代表产品的出厂价格指数和相应的权数,用加权算术平均公式进行计算,求得工业品生产者价格指数。

3. GDP紧缩指数或平减指数,是指国内生产总值按当年价格计算的价值与其按固定价格计算的价格的比率,即名义国内生产总值与实际国内生产总值的比率。其公式为

$$\text{GDP紧缩指数}=\frac{\text{名义 GDP}}{\text{实际 GDP}}\times100$$

因为基年价格指数的值为100,所以,将名义GDP除以实际GDP并乘以100。GDP紧缩指数用于衡量GDP各组成部分相对于基年的平均价格。GDP紧缩指数是整体价格水平的指示器,它包括的范围广,除了消费品和劳务之外,还包括资本品以及进出口商品等,因而能全面地反映一般价格水平的变动趋势。

三、通货膨胀的类型

依据价格上涨速度、通货膨胀预期和通货膨胀原因等不同的标准对通货膨胀进行分类,见表17-1。

表17-1　通货膨胀的类型

分类标准	类　别
价格上涨速度	温和的通货膨胀
	急剧的通货膨胀
	恶性的通货膨胀
通货膨胀预期	预期通货膨胀
	非预期通货膨胀
通货膨胀原因	需求拉动型通货膨胀
	成本推进型通货膨胀
	供求混合推进型通货膨胀
	结构型通货膨胀

根据价格上涨速度对通货膨胀加以分类,关键在于说明这种分类具体的数量界限。一般认为,每年一般价格水平上涨率为一位数,是温和的通货膨胀。如在20世纪50年代,美国、英国、日本的价格水平每年上涨保持在1%～3%,就是温和的通货膨胀。每年一般价格水平上涨两位数是急剧的通货膨胀,如50年代至70年代的拉美国家,价格水平的涨幅在10%～100%之间,这种在较长时期内的价格水平出现较大幅度的上涨就是急剧的通货膨胀。将年物价上涨率超过两位数的通货膨胀称为恶性的通货膨胀。在经济史上,第一次世界大战后的德国、第二次世界大战后的希腊等国都发生过恶性通货膨胀。这种通货膨胀甚至以每年百分之一百万、百分之一亿的速率上涨。

2008年在非洲国家津巴布韦发生了恶性通货膨胀。当年11月津巴布韦的通货膨胀率高达2亿%以上。与此同时,受国内恶性通货膨胀的影响,津巴布韦货币的汇率创下了平均10亿津元兑1美元的纪录。由于通货膨胀率的迅速提高,货币急剧贬值,津巴布韦中央银行被迫不断发行大面额货币,仅在2008年就有5次发行新货币。其中,在5月15日发行面额为5亿津元的纸币,实际价值只有10美元。从7月21日起发行面额1 000亿津元的农业无记名支票,该种支票与正在流通的津元现钞一样可购买任何商品和劳务。尽管支票的面额巨大,但1 000亿面额的支票仍不足以买一个面包,在当地市场上只能买4个橘子。因为1 000亿面额的支票,其价值仅相当于1美元。

根据物价上涨是否可以预测,通货膨胀可以区分为预期通货膨胀和非预期通货膨胀。能够预期到的通货膨胀对经济几乎没有影响。现代通货膨胀理论认为,一个经济体中随时会有一种惯性的或者预期的通货膨胀率。这一通货膨胀率是人们事先预见到的,并且已构成劳动合同和其他合约的一部分。

惯性通货膨胀是指可预期并且纳入合同和非正式协议中的通胀率,一般持续不变,直到某种冲击使其提高或降低为止。例如,对每年稳步上升的3%通胀率有所预期,3%通胀率就被写在工资协议中,或政府的财政计划中。在现代工业经济社会中,如美国,通货膨胀就具有极大的惯性。在能够改变通货膨胀的重大事件发生以前,惯性通胀将保持同样的速率。经济学家比喻说,惯性通胀就像一只原地不动的懒狗,受到猫的吸引可能去追猫。这一只懒狗后来又躺下,到下一次受冲击为止。惯性通货膨胀率有时也称为核心通货膨胀率、基础通货膨胀率或者预期的通货膨胀率。

尽管通货膨胀率会在一定时间内保持不变,但通货膨胀不会长期不受干扰而保持不变。总供给或者总需求的变动、生产率的变化以及其他经济事件,都将对通货膨胀造成冲击,使其高于或低于惯性通货膨胀率。

对于降低通货膨胀的代价,有研究表明,美国用提高失业率的方法使惯性通胀率每降低1%,就会使年GDP减少4%。具体地说,按1996年价格计算,通胀率降低1%损失大约3 000亿美元。通胀率每降低1%GDP降低的百分比称为牺牲率。

通货膨胀往往是不能预期的,当非预期通货膨胀产生时,因为没有预测到价格上升,就会对财富带来损失等不利影响。

四、通货膨胀产生的原因

如上所述,通货膨胀产生的原因也是一种分类标准。对于通货膨胀产生的原因,有代表性的观点有四类:需求拉动型通货膨胀、成本推进型通货膨胀、供求混合推进型通货膨胀和结构型通货膨胀。

1. 需求拉动型通货膨胀

需求拉动型通货膨胀或者需求拉上型通货膨胀指的是总需求超过总供给所引起的一般价格水平持续显著的上涨。扩张性的财政政策和货币政策,投资、政府支出和净出口的变化,都能够使总需求发生变动,并推动产出的增长,使其超出潜在生产能力。当总需求的增长速度超出经济潜在生产能力时,就会发生需求拉动型通货膨胀。从货币供给的角度看,需求拉动型通货膨胀是由于太多的货币追逐太少的商品供给,从而将价格水平提拉起来。同时,由于失业率下降,导致劳动资源稀缺,工资也被抬高,因此,通货膨胀将加速出现。

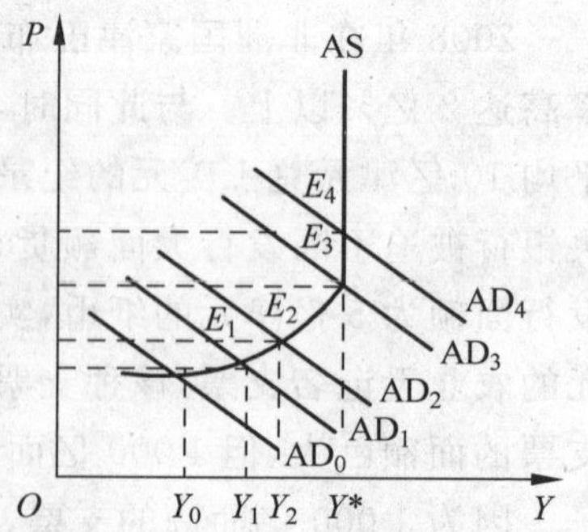

图 17-1 需求拉动型通货膨胀

在图17-1中,AS曲线分为水平、倾斜、垂直三段。AS在水平阶段时,产出较低,总需求由AD_0增至AD_1,不会引起价格水平上升,产出在达到Y_1前,一直保持稳定的价格水平;在AS曲线向上倾斜时,随着总需求的增加,AD_1右移至AD_2,需求的增加一方面引起产出的增加,同时又引起价格水平的上涨。这种伴随着产出的增加价格水平上升的现象就被称为半通货膨胀；随着总需求曲线 AD 的不断右移，经济达到甚至超过充分就业水平，或者潜在产出 Y^* 以后，整个社会的资源便得到充分利用。如果总需求继续增加，从 AD_3 右移至 AD_4，则与垂直的总供给曲线相交，结果是产出不变，而价格水平上升。这种产出不变，只有价格水平上升的现象，就是凯恩斯所说的真正的或纯粹的通货膨胀。

2. 成本推进型通货膨胀

成本推进型通货膨胀在市场经济早期并未出现，首次发生是在 20 世纪三四十年代。60 年代末以来，许多工业国在总产量下降的情况下，一般价格水平也在上升，这就是所谓滞胀。对此，需求拉动的通货膨胀理论却难以解释。新古典综合派认为，导致滞胀的最根本原因是总供给水平的下降，也是总供给曲线向左上移动。于是，经济学家提出了成本推进型通货膨胀，又称供给冲击的通货膨胀，是指不存在过度需求，只是由于供给方面生产成本的提高所引起的一般价格水平上涨。

工资是经营成本的重要组成部分，过高工资必然会导致一般价格水平的上涨。例如，1982 年美国的失业率达到 10%时，工资上升了 5%。经济衰退时工资仍继续增长，因为价格受到管制难以下降，削减工资会遭到强烈反对。

20 世纪 70 年代以来，成本的大幅度提高是来自石油和食品价格的剧烈变动，或者来自汇率的变化。例如，每个时期石油价格的急剧上升都无例外地引起经营成本上升，从而产生成本推进型通货膨胀。

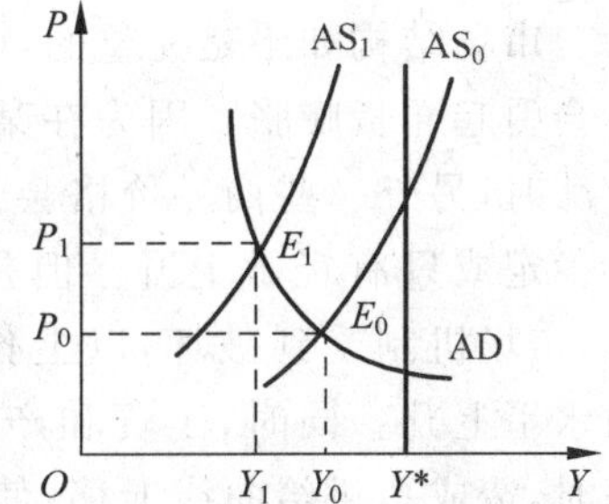

图 17-2　成本推进型通货膨胀

成本推进型通货膨胀用图 17-2 来说明。经济初始位于均衡点 E_0，此时产出和价格水平分别为 Y_0 和 P_0。由于生产成本的上升，导致 AS 曲线从 AS_0 向上移至 AS_1，新的均衡点为 E_1，在这一点上产出水平由 Y_0 降为 Y_1，而价格水平则由 P_0 升至 P_1。

3. 供求混合推进型通货膨胀

供求混合推进型通货膨胀是将供求双方的因素综合起来，说明通货膨胀是由需求拉动和成本推进共同促成的。

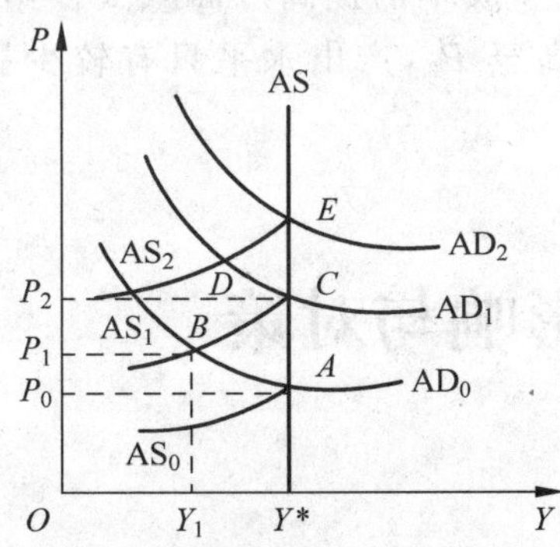

图 17-3　供求混合推进型通货膨胀

供求混合推进型通货膨胀如图 17-3 所示。在经济初始状态，AD_0 与 AS_0 相交于均衡点 A，对应的充分就业的产出水平为 Y^*，价格为 P_0。假设由于工资的上升，使总供给曲线左移，从 AS_0 左移至 AS_1，但总需求曲线 AD_0 保持不变。在价格为 P_0 的水平下，总需求大于总供给，引起价格水平上升，直至 P_1，总需求与总供给又相等，达到新的均衡点 B，对应的产出水平为 Y_1，低于充分就业的产出水平 Y^*。从 A 点到 B 点就是成本推进的过程。

由于实际产出低于充分就业的产出水平 Y^*，导致失业率增加。为了降低失业率，政府通过刺激有效需求，使总需求曲线右移，从 AD_0 右移至 AD_1。这时由于工资等成本因素不变，因而总供给曲线不变,仍为 AS_1。AD_1 与 AS_1 相交于新的均衡点 C,对应的价格水平为 P_2,产出水平为 Y^*,经济达到充分就业水平。从 B 点到 C 点的过程是需求拉动的过程。在这一过程中,价格水平上升而工资不变,因此,工人要求增加工资以抵消价格水平上涨的影响。于是随工资的上涨,厂商经营成本上升,导致总供给曲线从 AS_1 左移至 AS_2,AS_2 与总需求曲线 AD_1 相交于新的均衡点 D,结果是价格水平上升,产出水平下降,失业率增加。在此情况下,政府又要刺激需求以增加产出和就业,需求曲线从 AD_1 右移至 AD_2,均衡点又从 D 点移至 E 点。这种进程如果继续下去,就出现了 $A \rightarrow B \rightarrow C \rightarrow D \rightarrow E \rightarrow \cdots$ 价格水平呈现螺旋式上涨的进程,造成了持续的通货膨胀过程。

以上过程的起因是由成本的冲击引发的通货膨胀,如果经济始于图 17-3 中的 B 点,通货膨胀的起因就是需求的冲击。所以,通货膨胀的起因可能是需求拉动,也可能是成本推进。

4. 结构型通货膨胀

有一些新古典综合派的经济学家认为,20 世纪 70 年代的滞胀是由于市场结构不完整造成的,市场结构的不完整造成了工资和某些商品价格的刚性,于是提出了结构型通货膨胀的概念。

市场结构如果是完整的,市场机制便会产生作用,在经济衰退时,总需求的适度提高就不会引起通货膨胀。因为在某些商品因需求上升而价格上涨时,另外一些商品价格会下降,这会使总价格水平保持稳定或只有轻微上升。但是,当局部市场结构不完整时,市场机制受到破坏,以上作用就不存在,最终使总价格水平上升。同时,工资和产品价格刚性会在总需求提高时,造成总供给曲线上移,使产出减少而价格进一步提高。如图 17-4 所示。

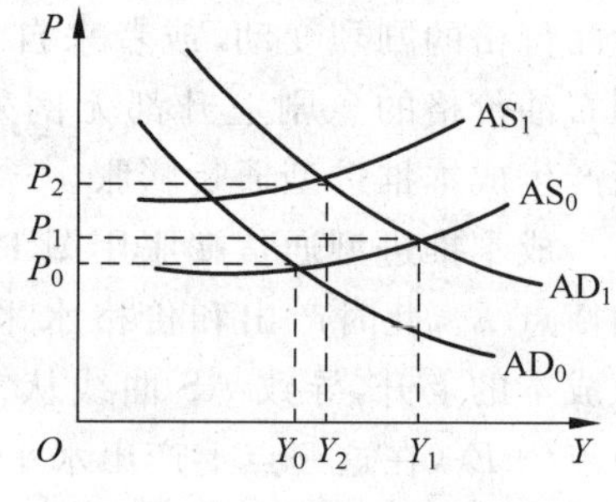

图 17-4 结构型通货膨胀

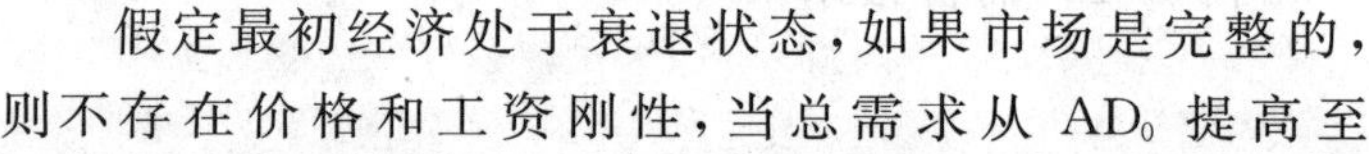

假定最初经济处于衰退状态,如果市场是完整的,则不存在价格和工资刚性,当总需求从 AD_0 提高至 AD_1 时,价格水平只有小幅上升,从 P_0 提高至 P_1,而产出水平却有较大提高,从 Y_0 增至 Y_1,经济在基本不引起通货膨胀的情况下实现充分就业。但如果市场是不完整的,就存在着价格和工资刚性,当总需求从 AD_0 提高至 AD_1 时,由于成本的提高厂商减少供给,供给曲线由 AS_0 升至 AS_1,价格水平大幅上升,从 P_1 提高至 P_2,产出水平只有较少提高,从 Y_0 增至 Y_2,于是出现了经济中的滞胀现象。

第二节 通货膨胀的经济影响与对策

一、通货膨胀的经济影响

1. 通货膨胀对收入与分配的影响

通货膨胀不利于靠固定货币收入生活的人,这些人主要包括领取救济金者、退休者和一些雇工等。由于货币收入固定，所以，随着通货膨胀率上升，其实际收入不断下降，导致生活水平的下降。相反，那些可以获得可变收入的人特别是企业主则可从通货膨胀中获利。他们可以根据通货膨胀水平不断调整货币工资，有时甚至可以保持实际工资的上升，而企业主由于工资成本上涨滞后于物价的上涨，从而可以获得更多利润。

通货膨胀引起债权人与债务人之间收入的再分配。假设为购买住房借款10万美元，则每年偿还固定利率的抵押贷款额为1万美元。当通货膨胀使工资和收入都翻了一番时，虽然需要偿还的贷款还是1万美元，但通货膨胀使贷款的实际价值减少了一半，只需要付出过去一半的劳动来支付1万美元，从而使财富增加了。所以，通货膨胀对于债务人来说是意外收益。一般来说，通货膨胀有利于债务人，而债权人受损，尤其是在固定利率情况下，通货膨胀引起货币贬值，实际购买力下降，债权人收回债权所得本息的购买力下降，其财富因此遭受损失。

通货膨胀增加纳税人负担。因为大部分国家对所得税实行累进制征税，货币名义收入越高，征缴的税率越高，从而加大了厂商和个人的纳税负担。所以，政府作为最大的债务人在通货膨胀时期总是能从中得到好处。这主要是税收的作用，税收是按名义收入计算的，较高的名义收入在累进税制的条件下，进入较高的课税等级，自动增加了税收份额，降低了私人的收入份额。

2. 通货膨胀对经济效率的影响

首先，通货膨胀损害经济效率，主要是通货膨胀对价格信息造成扭曲。通货膨胀较低时，买卖双方能够对商品市场价格作出正确反应。例如，当牛肉价格有较大提高时，消费者用鸡肉去替代牛肉。而当通货膨胀较高时，就难以区分相对的价格变化和整体的价格变化，使相对价格变得混乱而无所适从。

其次，通货膨胀扭曲货币的使用，从而产生“皮鞋成本”。如果人们要避免支付通货膨胀税，其方法就是经常去银行，把更多的货币存入有利息的储蓄账户上。这种减少货币持有量的成本称为通货膨胀的皮鞋成本(用磨损皮鞋产生的成本形容通货膨胀的成本)。

最后，通货膨胀存在着“菜单成本”(这个词来自餐馆印刷新菜单的成本)。通货膨胀使厂商经常调整其产品的价格，以便与其他经济中的价格保持一致，这种调整价格的成本被称为菜单成本。通货膨胀越高，调整价格的次数就越多，因而菜单成本也就越高。

出现通货膨胀时存在着通货膨胀税问题。通货膨胀税是政府通过印刷货币增加的收入。与其他税相比，其表现形式是隐蔽的，因为它没有税单。当物价在一定的水平上，政府印刷货币会使物价上升，人们持有的货币就会贬值。因此，通货膨胀税是无形中向每个货币持有者征收的税，是非法定税收。通常政府公共支出和转移支付的资金来自于征收的所得税、销售税等，也可以通过出售政府债券向社会公众借债来筹集，同时政府也可以通过发行货币来进行支付。

通货膨胀税因通货膨胀率的高低而不同，在不同的经济发展时期其作用也不同。例如，在20世纪90年代，美国通货膨胀率比较低，通货膨胀税不足政府收入的3%。但在18世纪70年代期间，年轻的美国国会主要依靠通货膨胀税来支付军费开支。由于新政府通过正常的税收或借款筹资的能力有限，于是就采用了印发美元向美国军人支付工资的方法。其结果是，几年内国内的物价水平上涨了100多倍。

二、反通货膨胀的对策

宏观经济政策可以运用各种手段与通货膨胀做斗争,控制或者扑息通货膨胀之火。反通货膨胀的政策主要有财政政策和货币政策的组合、收入政策和收入指数化政策等。

1. 财政政策和货币政策的组合

首先是"双紧"的财政和货币政策。紧缩财政和货币政策是所有国家反通货膨胀的传统政策措施。紧缩性的财政政策包括减少政府支出和增加税收,其直接效果是降低总需求。而紧缩性的货币政策包括减少货币供给量,提高法定准备金率或贴现率等,其直接效果是市场利率的提高,进而抑制投资和消费,从而导致总需求的减少。

其次是"松紧"或者"紧松"的财政和货币政策。"松紧"的财政和货币政策是指采用扩张性财政政策与紧缩性货币政策的组合,借以控制通货膨胀。使用这种"松紧"政策的目的,是为了防止实施控制通货膨胀的"双紧"政策时,可能会带来经济衰退和失业率的提高;"紧松"的财政和货币政策是指紧缩性财政政策与扩张性货币政策的组合。这样的政策组合,既能减少政府支出降低总需求,又能降低利率刺激投资,避免在控制通货膨胀的同时出现经济衰退。

2. 收入政策

收入政策是指对工资与物价进行控制,以实现控制通货膨胀的政策。收入政策中包括确定工资—物价"指导线",借以限制工资与物价的上升。具体做法是由政府规定一个允许货币收入增长的目标值,根据估计的平均生产率的增长,估算出货币收入的最大增长限度,而每个部门的工资增长率应等于全社会劳动生产率的增长趋势,并且不允许超过,从而维持整个经济中每单位产量的劳动成本稳定,使价格总水平保持不变。

实行工资—物价管制。具体做法是政府颁布法令,强行规定工资、物价上涨幅度,在某些时候,甚至暂时将工资和物价加以冻结,这是一种在战时常用的经济统制措施。

收入政策在早期曾被广泛采用,主要采取语言劝告、法律控制或者其他激励措施(例如,给予企业一定的定价决策自由,允许它们参与分享增加的利润,让企业分享成本节约的部分)来进行。但是,由于人们的规避行为,价格管制措施往往无效,而且除非伴随着严格的财政和货币政策,否则价格管制措施不可能放慢价格和工资的增长速度。因此,现在已经很少用管制价格和工资的办法来抑制通货膨胀。

3. 收入指数化政策

收入指数化是指将收入水平、利率水平同价格水平的变动直接挂钩,以抵消通货膨胀的影响。指数化的范围包括工资、政府债券和其他货币性收入。其实施办法是把各种收入同价格指数挂钩,使各种收入随价格指数的变化而调整。主要作用一是借此剥夺政府从通货膨胀中所获得的收益,杜绝其制造通货膨胀的动机;二是可以借此抵消或缓解价格波动对个人收入水平的影响,克服由通货膨胀造成的分配不公平。

指数化政策在消除收入不公平分配方面的作用是有限的。首先,全面实行收入指数化需要很高的技术性要求,而政府难以实施包罗万象的指数化政策。其次,不能使全部经济指数化,否则将会造成工资—物价的螺旋式上升,从而进一步加剧通货膨胀。具体地说,工资指数化时，价格上涨1%，工资自动上升1%的一部分a。指数化的系数大于零，最高等于1。指数化意味着工资既对滞后的通货膨胀率做出反应，又对当前的通货膨胀率做出反应。假设产出的增长最初使工资上涨1%，这将迅速使价格水平上涨1%。但如果工资是指数化的，价格的上涨意味着工资继续向上调整数值a。接下来通过加价过程又将使价格上升a。此后指数化再度使工资上涨，这次上升a乘以a(a^2)。接着又是第三轮循环，通货膨胀将上升a的又一个倍数(a^3)。这一过程称作工资—物价的螺旋式上升。只要指数小于100%($a<1$)，这一过程将最终停止。

第三节　失　　业

一、失业的种类

1. 摩擦性失业

摩擦性失业是指因劳工市场运行机制不完善，或因经济变动过程中工作转换而产生的失业。由于劳工市场的信息不完全，厂商找到所需的雇员以及失业者找到合适的工作都需要花费一定时间，因而在任何时期，摩擦性失业总是存在的。例如，从大学毕业到找到工作之前的这一段时间就是摩擦性失业。摩擦性失业在性质上是短期性的。

2. 结构性失业

结构性失业是指因经济结构的变化、产业兴衰的转移而造成的失业。这种失业特点是失业与岗位空缺并存，空缺岗位所需要的劳动技能与失业者所具备的劳动技能不相符合，或空缺岗位不在失业者的居住区等。例如，手工织机已经被淘汰，只具有手工织机操作技能的工人，由于产业的衰败而失业。结构性失业在性质上是长期的。

3. 周期性失业

周期性失业是指在经济周期中的衰退或萧条阶段因总需求下降而造成的失业。这种失业是和经济周期变化联系在一起的，因此称为"凯恩斯失业"。在经济周期波动过程中，当总需求下降时，对物品和劳务的需求也会减少，这种最终需求的变化又会引起对劳动力需求的变化。表17-2显示了第二次世界大战后英国的失业循环周期，清楚地说明了经济周期波动对失业的影响。

表17-2　第二次世界大战后英国的失业循环周期

时　　期	失业率(%)		
	平均值	最大值	最小值
1948—1950	1.6	1.8	1.5
1951—1954	1.5	1.7	1.2
1955—1960	1.6	2.1	1.1
1961—1965	1.8	2.3	1.4

续表

时　期	失业率(%)		
	平均值	最大值	最小值
1966—1973	2.6	3.7	1.5
1974—1978	4.6	5.7	2.6
1979—1986	9.2	11.1	5.1
1987—1993	8.3	10.5	5.8

在20世纪50年代和60年代前期,英国实现了高而稳定的就业政策目标,经济的"黄金时期"失业率很少超过2%。20世纪60年代中期"黄金时期"结束了,失业率呈现上升的趋势。1980—1981年严重的经济衰退,使英国的绝对失业水平甚至超过大危机时期最恶化的年份。虽然失业率在1986年的夏天达到最高值,以后有所下降。但由于实施反通货膨胀政策,失业率在1990年再度上升,于1993年中期达到10.5%的峰值。

周期性失业与摩擦性失业和结构性失业的区别是,后两者即使在劳工市场处于均衡状态时也会存在,而周期性失业则是劳工市场处于非均衡状态,愿意工作的人没有就业机会。因此,周期性失业属于非自愿失业。

经济学家将失业区分为自愿失业和非自愿失业。自愿失业是指工人所要求得到的实际工资超过了其边际生产率,或不愿接受现行的工资条件而未被雇用所造成的失业。非自愿失业是指具有劳动能力并愿意按现行工资水平就业,但由于有效需求不足而得不到工作造成的失业。

摩擦性失业既有自愿失业因素,也有非自愿失业因素,并且难以分清摩擦性失业者是自愿失业还是非自愿失业。例如,一个人不愿意接受某个工作岗位,从有就业机会看,是自愿失业者,但从没有找到合适的就业岗位看,又是非自愿失业者。

结构性失业属于非自愿失业,因为经济发展、技术进步、人口规模构成的变化,以及消费者偏好的变化等引起经济结构的变化,进而引起对劳动力需求结构的变化,这并非劳动者个人所能左右的。

摩擦性失业和结构性失业的区别是,摩擦性失业是指劳动力的供给和需求的结构是一致的,每一个寻找就业机会的人,都有一个适合他的工作岗位,只是寻找工作机会的人还未找到这一工作岗位。而结构性失业是指劳动力的供给和需求结构是不一致的,寻找就业机会的人,找不到与自己的技能、职业等相符合的工作岗位。

不论任何时候,市场经济中存在失业是不可避免的,充分就业并不是指全民就业。按照凯恩斯的观点,只要清除了非自愿失业,就是实现了充分就业。

需要强调说明的是,非自愿失业的根源在于工资是粘性的。粘性工资理论认为,工资调整的缓慢造成劳工市场的过剩或短缺。当工资高于市场出清水平时,一部分人就会找不到工作,造成在短期内劳工市场不能完全出清。尽管在长期中工资和就业会随市场条件进行调整,大范围内的失业会消失,但长期就意味着失业的时间会存在许多年。

二、自然失业率

失业问题通常分短期和长期。周期性失业与经济活动的短期波动有关，而失业的长期问题就是自然失业率的存在。

由于充分就业情况下仍然存在失业，而这种失业是无法避免的，包括摩擦性失业和结构性失业，因此称为自然失业。自然失业的大小用自然失业率，或称非加速通货膨胀的失业率来表示。新古典综合派认为，自然失业率就是充分就业的失业率，也是维持通货膨胀不变时的失业率。自然失业率的公式为

$$\text{自然失业率}=\frac{\text{摩擦性失业}+\text{结构性失业}}{\text{劳动力人口}}\times 100\%$$

经济学家赋予充分就业的失业率和自然失业率完全相同的含义，但经济学家更多使用自然失业率概念。

第四节　菲利普斯曲线

通货膨胀与失业是现代社会两大经济难题，通货膨胀与失业之间的关系研究起始于经济学家 A. W. 菲利普斯，本节将讨论菲利普斯曲线及其经济学家对这一曲线的理解。

一、菲利普斯曲线及其应用

1958 年，在英国伦敦经济学院工作的新西兰经济学家菲利普斯通过整理英国 1861—1957 年近一个世纪的统计资料，在英国《经济学人》杂志上发表了使他成名的论文《1861—1957 年英国失业和货币工资变动率之间的关系》，发现了失业率与通货膨胀率（货币工资增率）之间存在的负相关或交替关系。

在菲利普斯的论文发表两年之后，萨缪尔森和索洛在《美国经济论坛》上发表了《反通货膨胀政策分析》，他们用美国的数据也得出了同样的结论。萨缪尔森和索洛把失业率和通货膨胀率之间的负相关关系称为菲利普斯曲线（称早期的或原始的菲利普斯曲线）。如图 17-5 所示。

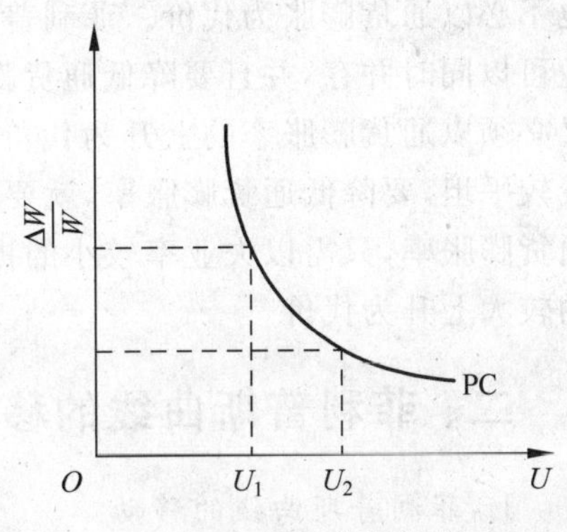

图 17-5　菲利普斯曲线

经济学家认为，工资是成本的主要构成成分，因而也是产品价格的主要构成成分。工资的增长直接导致价格水平的上涨即通货膨胀率的上升。由于工资和价格通常是同步运动的，所以菲利普斯曲线实际上是通过工资的变动率而不是价格的变动率来表示通货膨胀的。

横轴表示失业率 U，纵轴 $\Delta W/W$ 表示工资增长率。PC 是菲利普斯曲线，反映失业率与工资增长率之间的关系。U 低，$\Delta W/W$ 高；U 高，$\Delta W/W$ 低。菲利

普斯认为,如果英国失业率维持在5%的水平,货币工资就会稳定不变;如果失业率保持在2.5%,货币工资增长率就不会超过2%～3%,即不会超过劳动生产率的增长率。如果货币工资增长率超过劳动生产率的增长率,就会出现通货膨胀。

经济学家把菲利普斯曲线看作是进行需求管理的有用工具。政府在运用菲利普斯曲线这一政策工具制定经济政策时,首先要确定“临界点”。所谓临界点是政府对于社会可接受或可忍受的通货膨胀率和失业率程度的理解。在临界点上的通货膨胀率和失业率,是社会可接受或可忍受的,此时,政府可以不采取任何政策措施对经济进行调整。如图17-6所示。

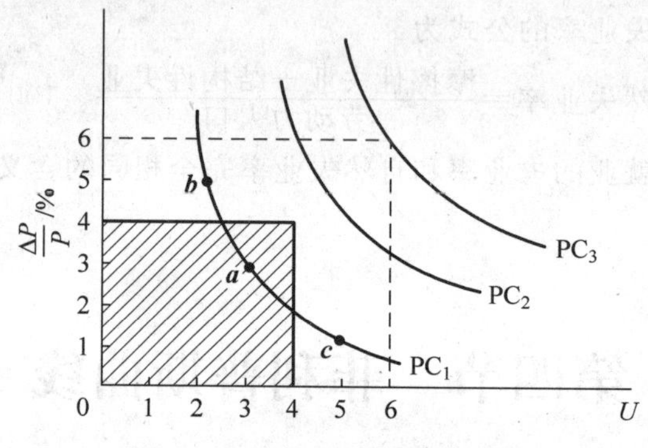

图17-6　菲利普斯曲线的应用

假定4%的通货膨胀率和4%的失业率是社会可接受的临界点,那么,对4%以下的通货膨胀率和失业率,政府不必采取调节干预措施。菲利普斯曲线上a点所表示的通货膨胀率和失业率就是这样的临界点。

超过临界点,政府就应采取必要的调节干预措施。在b点,虽然失业率低于4%,但通货膨胀率却高于4%,是社会不能接受的通货膨胀率。政府应采取限制性的财政政策和货币政策,以增加失业率,降低通货膨胀率。在c点,虽然通货膨胀低于4%,但失业率却高于4%,是社会不能接受的失业率。政府应采取扩张性的财政政策和货币政策,以提高通货膨胀率,降低失业率。

按照传统的凯恩斯主义理论,通货膨胀和失业不会同时存在。在达到充分就业之前,政府采取政策措施,在消除通货膨胀的过程中,不必以失业为代价;在消除失业的过程中,也不必以通货膨胀为代价。菲利普斯曲线与传统的凯恩斯主义不同,它表示通货膨胀和失业可以同时并存,并且要降低通货膨胀率,就必须以失业率的提高为代价;要降低失业率,又必须以通货膨胀率的上升为代价。代价的大小则取决于菲利普斯曲线的斜率。如果曲线较平坦,要降低通货膨胀率,就要以失业率较大的提高为代价。如果曲线较陡峭,要降低通货膨胀率,只需以失业率较小的提高为代价,但此时要降低失业率,则需要以通货膨胀率的较大上升为代价。

二、菲利普斯曲线的移动和修正

1. 菲利普斯曲线的移动

以上描述的通货膨胀与失业的关系,是早期菲利普斯曲线和传统凯恩斯主义的观点。

20世纪70年代以后，菲利普斯曲线表示的通货膨胀和失业的关系发生了很大变化，这就是菲利普斯曲线的移动，主要是后凯恩斯主义的观点。按后凯恩斯主义的观点，通货膨胀率和失业率之间仍存在着交替关系。但与以前相比，要降低通货膨胀率就需要以更高的失业率为代价；而要降低失业率，就需要以更高的通货膨胀率为代价。这样，就必须在更高的通货膨胀率和失业率水平上确定新的临界点。在图17-6中，菲利普斯曲线由原来的PC_1向右上方移至PC_2。此时，无论采取什么政策措施，都不能同时将通货膨胀率和失业率降至4%以下，也就不能使通货膨胀率和失业率回到原来的临界点以下，因此，只得把社会可接受的通货膨胀率和失业率都提高到6%的水平。

2. 菲利普斯曲线的修正

关于对菲利普斯曲线的修正，主要介绍货币主义的观点和理性预期学派的观点。

(1) 货币主义的观点

1968年，弗里德曼在《美国经济评论》上发表了《货币政策的作用》一文，这篇文章是根据他当年作为美国经济学会会长所做的一次演讲写成的。同年，经济学家费尔普斯也发表了一篇文章。他们的共同结论是，在长期内通货膨胀率和失业率不存在交替关系。

货币主义引进了预期因素来说明菲利普斯曲线，这种预期因素是适应性预期或后顾型预期，就是人们根据以往的经验来形成并调整对未来的预期。例如，如果过去的通货膨胀率稳定地保持在5%的水平，预期未来的通货膨胀率也为5%；如果通货膨胀率上升并稳定在10%的水平，那么预期未来的通货膨胀也会向着10%的水平缓慢上升：第1年可能为7%，第2年可能为8%，等等。

货币主义把菲利普斯曲线区分为短期和长期菲利普斯曲线。在短期内，工人来不及调整通货膨胀预期。当人们预期通货膨胀率可能低于以后实际发生的通货膨胀率时，由于工资是按预期通货膨胀率制定的，因而在实际通货膨胀率高于预期通货膨胀率时，工人的实际工资会降低，从而使厂商利润增加，于是厂商增加投资。厂商增加投资将促进就业减少失业。短期菲利普斯曲线说明的是，在实际通货膨胀率已发生变动而预期通货膨胀率尚未做出调整的短期内，失业率和通货膨胀率之间存在交替关系。或者说，只有在短期内，才有斜率为负的菲利普斯曲线。在短期内，政府运用宏观经济政策，提高通货膨胀率，减少失业是有效的。

但是，在长期中，工人会根据实际情况不断调整自己的预期。预期的通货膨胀率迟早要与实际通货膨胀率一致。这时，工人会要求增加名义工资，而实际工资不变，从而通货膨胀就不会起到减少失业的作用。这时，菲利普斯曲线变成一条垂直线，表明失业率和通货膨胀率之间不存在交替关系。不论通货膨胀率怎么变动，失业率总是固定在自然失业率的水平。

早期的菲利普斯曲线，重要的政策含义是，货币政策是有效的。菲利普斯曲线被认为是“在不同程度的失业率和价格稳定性之间做出选择的菜单”。但货币主义的观点是，把菲利普斯曲线作为决策者选择的菜单是危险的。货币主义认为，在长期中失业率是一个既定的数值，形成了经济中失业队伍的“硬核”。据此，以通货膨胀为代价的宏观经济政策不能减少失业，这就是宏观经济政策的无效性。用图17-7来说明。

PC_1为低预期通货膨胀时的短期菲利普斯曲线，PC_2为高预期通货膨胀时的短期菲利普斯曲线。PC_L代表长期菲利普斯曲线，是从U_0出发的一条垂直线，U_0为自然失业率，表明通货膨胀率无论如何变化，失业率总是保持不变的，或者这时采取的政策只能使通货膨胀加速，无法使失业率发生变化。

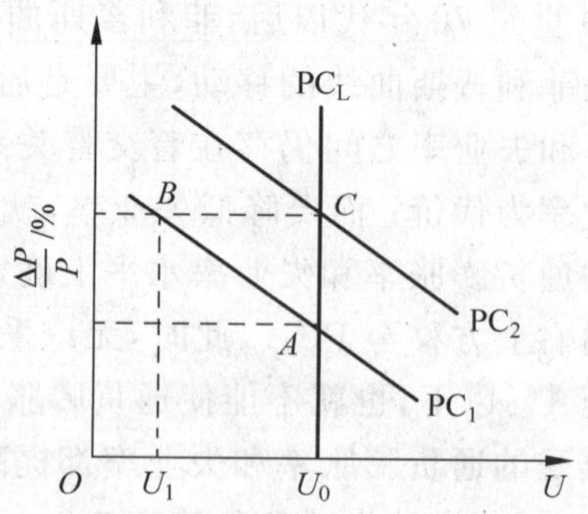

图 17-7　货币主义的菲利普斯曲线

假设，经济处于 A 点的低通货膨胀和低预期通货膨胀的自然失业率水平，政府实施财政和货币政策扩大总需求，利用通货膨胀与失业之间的交替关系达到其政策目的。在短期内，在预期通货膨胀率为 4% 的菲利普斯曲线 PC_1 上，从 A 点移动至 B 点，失业率降至自然率以下的 U_1，而通货膨胀率却从 4%升至 6%。随着时间的推移，人们习惯了较高的通货膨胀率，而且提高了通货膨胀的预期。当通货膨胀预期上升时，新的预期通货膨胀率为 6%，此时菲利普斯曲线向上移动了，一直移动至预期通货膨胀率为 6% 的菲利普斯曲线与自然失业率的交点 C，这时候通货膨胀率高于 A 点，失业率最终回到原来自然失业率的水平。

货币主义的结论是，决策者面临的通货膨胀与失业之间的交替关系是短期的，这种关系在长期就不存在了。于是弗里德曼和费尔普斯在 1968 年预言：如果想通过选择较高的通货膨胀以减少失业，他们减少失业的成功将只是暂时的。这一预言表明，无论通胀率如何，失业率最终要回到其自然失业率，这被称为自然率假说。

(2) 理性预期学派的观点

理性预期学派是在凯恩斯主义无法解释 20 世纪 70 年代的滞胀这一背景下兴起的，这一派别以卢卡斯、萨金特等人为代表，并在 80 年代成为宏观经济学中的一个重要流派，称作新古典宏观经济学派，而货币主义是其先驱。新古典宏观经济学派被美国经济学家托宾称为“二号货币主义”。他们认同货币主义关于美联储应该采取货币增长率法则的观点，认为货币增长率法则会使公司和工人更容易预测价格水平，因此减少实际 GDP 的波动。卢卡斯由于将理性预期发展并运用于宏观经济学许多重要领域而获得了 1995 年的诺贝尔经济学奖。

理性预期学派运用的是合乎理性的预期，与货币主义的适应性预期不同的是，预期不仅依据过去的经验，还要考虑今后事态的发展。理性预期或前瞻型预期表明了预期值和以后发生的实际值是一致的。这样，即使在短期内，也不可能出现预期通货膨胀率低于实际通货膨胀率的情况。因为人们已经掌握了充分的信息，拥有了过去的情况和经验，完全可以根据经济变量的概率或规律性，形成一种理性预期，而无须对政府经济政策先经历适应过程，以形成适应性预期。人们可以提前采取防范措施，用理性行为对抗这些政策。由此，理性预期学派认为，公众性预期的存在，使政府试图用通货膨胀来降低失业的政策是无效的。如果政府采取调节的干预措施，菲利普斯曲线可能变成一条具有正相关的曲线，表示通货膨胀率越高，失业率越高。高失业与高通胀并存，反映了凯恩斯需求管理的失灵。如图 17-8 所示。

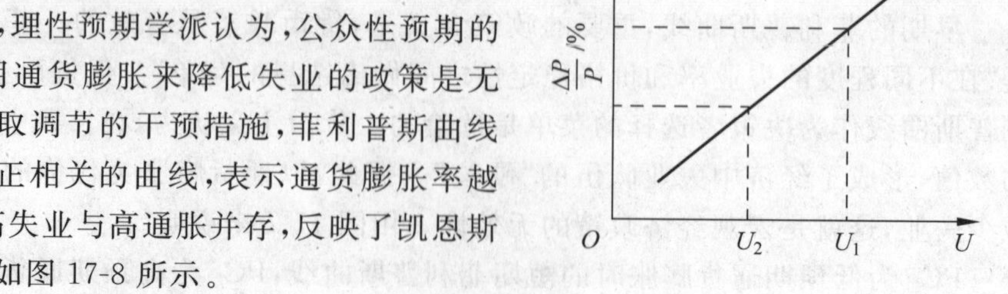

图 17-8　理性预期学派的菲利普斯曲线

由于人们预期到政府刺激经济的政策，经济不能增长，失业率仍然维持在自然失业率的水平上，而通货膨胀率却上升了，这就是新古典宏观经济学的“政策无效性定理”。这一定理有两个假定，理性预期和弹性价格（工资、价格具有弹性）。这两个假定是新古典宏观经济学的精髓。第一个假定是人们能够充分利用所有获得的信息，即理性预期。在经济生活中，预期对投资和消费等经济活动十分重要。如，究竟投资还是不投资；是消费还是储蓄起来以备未来使用，预期对这些都会有重要影响。理性预期假说认为，人们的预期是无偏向的，并建立在可获得信息的基础上。人们能够理解经济如何运行，了解政府在做些什么。第二个假定是价格和工资是灵活的。这一“古典假定”是说价格和工资可以迅速调整，使总供求达到均衡。新古典宏观经济学的关键性假设是由于理性预期的存在，政府不能通过系统的经济政策来愚弄人民。

但是，许多经济学家也批评理性预期假说。因为实证研究表明，即使在最有经验的经济预测专家那里，也会存在非理性预期的成分。特别是2000年互联网泡沫破灭，使得理性预期学派的结论遭遇尴尬。他们原先认为股票市场是不会产生泡沫的，更不用说股票市场崩盘的出现。于是，这种曾获得诺贝尔经济学奖的经济理论便不再被人们那么重视了。

练习题

一、概念

将定义的序号填入概念的____中。

____痛苦指数　　____ CPI　　____ PPI

____惯性通货膨胀　　____通货膨胀税　　____收入指数化

____摩擦性失业　　____结构性失业　　____周期性失业

____自然失业率　　____菲利普斯曲线　　____适应性预期

____理性预期

1. 通过计算生产者在生产过程所有阶段上获得的产品价格水平变动而得到的指数，主要反映生产厂商商品销售价格变动的情况。

2. 可预期并且纳入合同和非正式协议中的通胀率，一般持续不变，直到某种冲击使其提高或降低为止。

3. 将收入水平、利率水平同价格水平的变动直接挂钩，以抵消通货膨胀的影响。

4. 表示城市居民直接消费的一定种类和数量消费品的价格水平变动程度的指标。

5. 因经济结构的变化、产业兴衰的转移而造成的失业。

6. 充分就业的失业率，也是维持通货膨胀不变时的失业率。

7. 将通货膨胀率和失业率相加，表示一个国家的经济状况。

8. 政府通过印刷货币增加的收入。

9. 因劳工市场运行机制不完善，或因经济变动过程中工作转换而产生的失业。

10. 表示失业率和通货膨胀率之间关系的曲线。

11. 人们根据以往的经验来形成并调整对未来的预期。

12. 在经济周期中的衰退或萧条阶段因总需求下降而造成的失业。

13. 所形成的预期不仅有过去的经验,还要考虑事态在今后的发展,预期值和以后发生的实际值是一致的。

二、选择题

1. 痛苦指数计算的是(　　)。

A. 增长率减通胀率　　B. 失业率减通胀率
C. 通胀率和失业率之和　　D. 通胀率和增长率之和

2. 用来衡量通货膨胀率的价格指数是(　　)。

A. 消费者价格指数　　B. 生产者价格指数
C. GDP 紧缩指数　　D. 以上都是

3. 年通货膨胀率在10%以内的通货膨胀称为(　　)。

A. 温和的通货膨胀　　B. 急剧的通货膨胀
C. 恶性的通货膨胀　　D. 非加速的通货膨胀

4. 通货膨胀的一个潜在成本是(　　)。

A. 将财富从债权人手中再分配给债务人
B. 将财富从债务人手中再分配给债权人
C. 将财富从政府手中再分配给国债购买者
D. 将财富从政府手中再分配给国债出售者

5. 通货膨胀将造成(　　)。

A. 经济效率的损失
B. 收入和财富的再分配
C. 效率损失伴随收入和财富再分配
D. 以上各项都不正确

6. 通货膨胀将会使(　　)。

A. 债权人和债务人都受损　　B. 债权人受益,债务人受损
C. 债权人和债务人都受益　　D. 债权人受损,债务人受益

7. 成本推进的通货膨胀往往源于(　　)。

A. 某些需求方面的价格冲击　　B. 某些供给方面的价格冲击
C. 供求双方的作用　　D. 不确定性的因素

8. 抑制需求拉上型的通货膨胀,主要采取(　　)。

A. 降低工资　　B. 降低税收
C. 减少货币投放　　D. 提高消费水平

9. 收入政策主要是用来治理(　　)。

A. 需求拉上型通货膨胀　　B. 成本推进型通货膨胀
C. 供求混合推进型通货膨胀　　D. 结构型通货膨胀

10. 由于经济衰退而产生的失业属于(　　)。

A. 摩擦性失业　　B. 结构性失业
C. 周期性失业　　D. 自然失业

11. 自然失业率是(　　)。

A. 没有摩擦性失业时的失业率　　B. 没有结构性失业时的失业率
C. 没有周期性失业时的失业率　　D. 经济处于潜在产出的失业率

12. 菲利普斯曲线表示(　　)。
A. 通货膨胀导致失业率的提高
B. 失业导致通货膨胀率的提高
C. 通货膨胀率与失业率之间负相关
D. 通货膨胀率与失业率之间正相关

13. 长期的菲利普斯曲线说明的是(　　)。
A. 通货膨胀率和失业率之间不存在交替关系
B. 通货膨胀率和失业率之间仍存在交替关系
C. 通货膨胀率与失业率之间的关系离原点远
D. 与原始的菲利普斯曲线表明的关系相同

14. 理性预期的基本假设是(　　)。
A. 人们对未来的预期是理性和有效的
B. 价格和工资的变动是灵活的
C. A 和 B 是正确答案
D. A 是正确答案

三、计算题

1. 假设某地区的价格指数 1990 年为 105.9,1991 年为 109.5,1992 年为 114.5。计算 1991 年和 1992 年的通货膨胀率。

2. 假设某地区在某年份有 1.9 万成年人,其中,1.2 万人就业,0.1 万人失业并在积极寻找工作,0.3 万人失业但没有积极寻找工作。

计算或回答:

(1) 劳动力人数。

(2) 就业率。

(3) 失业率。

(4) 失业但没有积极找工作的 0.3 万人,是否用于计算失业率?

四、分析题

1. 通货膨胀怎样实现财富的再分配?治理通货膨胀有哪些经济对策?

2. 比较摩擦性失业、结构性失业、周期性失业。

第十八章

经济增长理论

宏观经济学的理论工具，尤其是经济增长理论，对于经济发展道路的选择和指导经济发展进程都有重要的意义。经济增长理论是现代宏观经济学的重要组成部分，它研究经济长期增长的因素、途径以及促进经济增长的政策措施。

从亚当·斯密开始，经济学家们就在研究经济增长问题。但是，经济增长理论得到迅速发展并成为宏观经济学的一个重要组成部分则是在第二次世界大战以后。这是因为经济社会在客观上要求把实现经济增长作为各国最重要的发展目标。

经济增长理论是凯恩斯主义长期化与动态化的结果。许多经济增长理论就是在把凯恩斯的短期分析长期化，以及比较静态分析动态化的过程中形成与发展起来的。本章主要介绍经济增长的基础知识，说明古典经济增长模型和新古典经济增长模型。

第一节　经济增长概述

一、经济增长及其特征

经济增长是指一国产品和劳务总量的增长，它包括一国商品和劳务的潜在生产能力的扩大和实际增加量，以及决定一国生产能力的各种资源的数量和质量、技术水平等因素的扩大和改进。经济增长的中心是国民生产总值的增加，而技术进步是经济增长的必要条件，制度与意识形态调整是经济增长的充分条件。

经济增长和经济发展这两个概念曾经混合使用，但两者之间是有区别的。经济发展不仅包括产品和劳务总量的增长,还包括产品和劳务在技术结构上的改变,部门结构和产出结构的改变,一国如何实现从落后国到先进国、由不发达到发达的转变。

美国经济学家西蒙·库兹涅茨总结出经济增长的六个特征：人均产量和人口的高增长率；劳动和各生产要素、生产率增长迅速；经济结构的变革速度很快；社会结构和意识形态的快速改变；经济增长在全世界范围内迅速扩大；世界各国经济增长的情况是不平衡的。

对经济增长的计量,典型的是经济增长率。经济增长率通常以年增长率表示,从某年到下一年的增长率就是年增长率,其计算公式为

经济增长率=[(第2个时期的值－第1个时期的值)/第1个时期的值]×100%

例如,2003年的实际GDP是103 810亿美元,2004年的实际GDP是108 420亿美元。这样,2004年的经济增长率为

$$[(108\ 420-103\ 810)/103\ 810]\times 100\%=4.4\%$$

经济增长是一个持续的过程,一年内的经济增长累积在未来的经济中,即经济增长是一年一年积累而来的。每年的经济增长率会有差异,而每年经济增长率的较小差异,从长期看将导致GDP较大的差异。表18-1列出了在不同的净增长率(指GDP的增长率减去人口的增长率)下,使人均GDP增长一倍大致所需要的时间,这就是所谓经济增长的72规律。72规律是用72除以经济增长率等于经济翻一番大致所需要的年数。

表18-1　经济增长的72规律

净增长率(%)	翻一番所需的时间(年)
0.0	—
0.5	144
1.0	72
1.5	48
2.0	36
2.5	28
3.0	24
3.5	20
4.0	18

人均GDP比GDP的总量意义更为重要,因为人均GDP是用作衡量生活水平的基本指标。人均GDP是国民总产出除以总人口。例如,1998年美国的总产出为8.5万亿美元,而人口2.7亿,所以人均GDP为

人均GDP(1985)=8.5万亿美元/2.7亿人口=31 481美元

人均GDP的增长只有在产出的增长超过人口增长的情况下才会出现。只要人口增长率低于GDP的增长率,即使是相对较低的增长速度,也能保证生活水平的提高。例如,在20世纪七八十年代,美国的经济增长率只有2.5%,但其人口增长率每年仅为1%。而许多发展中国家,人口的快速增长为其生活水平的提高带来了巨大的压力。表18-2显示了高收入国家和低收入国家GDP增长率、人口增长率、人均GDP增长率之间的关系,尤其要关注的是人口增长率对人均GDP增长率的影响。中国在经济高速增长的同时,人口增长率

控制在较低的水平，从而人均GDP增长率保持了很高的水平。

表18-2　平均增长率(1980—1997年)　　单位：%

	GDP增长率	人口增长率	人均GDP增长率
高收入国家			
美国	2.5	1.0	1.5
日本	1.4	0.3	1.1
加拿大	2.1	1.2	0.9
法国	1.3	0.5	0.8
低收入国家			
中国	11.9	1.1	10.8
印度	5.9	1.8	4.1
海地	−3.8	2.1	−5.9
埃塞俄比亚	4.5	2.3	2.2
肯尼亚	2.0	2.6	−0.6
委内瑞拉	1.9	2.2	−0.3
津巴布韦	2.3	2.0	0.3
尼日利亚	2.7	2.9	−0.2

二、经济增长要素分析

各国虽然发展经济的途径不尽相同，但经济增长的基本机制是相同的。经济增长不外乎人力资源、自然资源、资本品和科学技术这四个要素的贡献，是这四个要素共同推动经济增长。

1. 人力资源要素包括劳动力的数量和劳动队伍的技术水平。劳动投入的数量是经济增长的一个重要源泉，但仅仅依靠劳动投入的数量对经济增长的作用是不够的，而劳动队伍的技术水平或劳动力的质量才是能否提高工作效率、促进经济增长的关键因素。

经济学家用是否拥有更多的人力资本，解释劳动力工作效率的差异。人力资本是劳动者在其受教育和培训过程中积累起来的有价值的知识，最重要的人力资本类型是教育。任何国家即使最先进的设备和装置，只有那些受过训练的有技术的劳动力来使用，才能使其发挥最高效用。因此，劳动力的质量是一国经济增长最重要的因素。

2. 自然资源要素是指耕地、石油、天然气、森林、水力和矿产资源等。经济增长的第二个传统要素是自然资源，许多国家曾凭借其丰富的资源在经济发展中获得了有力的支持。丰富的自然资源提高了劳动生产率。例如，与土地贫瘠或是可耕地供给有限的国家相比，在美国和加拿大等土地资源充足的国家，农民可以收获到更多更好的农作物。在美国农民人口只占全美总人口的不足2%，但由于得益于现代农业机械以及大面积的土地资源，其粮食产量相当高，不仅为本国提供了足够的粮食，而且部分粮食产品还出口到世界其他国家和地区。

但是，当今自然资源的拥有量并不是经济获得发展的必要条件，如中国香港地区依靠贸易自由港的优势发展成为占世界国际贸易份额很大的地区，而有的领土资源丰富的国家或地区在国际贸易中的份额反而比不上中国香港。

3.资本品要素。经济快速增长的国家一般都在新资本品上大量投资。大多数经济高速发展的国家,10%～20%的产出都用于净资本的形成,20 世纪对汽车、公路、电厂的投资大大提高了生产率。资本的形成还包括那些由政府承担的为新兴的私人投资部门提供基础设施的社会基础设施投资,如引水工程、公众医疗保健事业等。

表 18-3 通过比较投资与经济增长可以看出,投资与经济增长的关系是十分密切的。一般地说,那些将大量的产出用于投资的国家能够促进经济更快增长。例如,在 20 世纪 90 年代,中国是全世界投资率最高的国家之一,同时中国的经济也保持着持续高速增长。

表 18-3　投资与经济增长的比较　　单位:%

国家	投资占 GDP 的百分比(1990—1996 年的平均)	GDP 增长率(1990—1996 年的平均)
中国	39	10.2
泰国	41	7.4
新加坡	35	6.6
印度	24	5.6
美国	17	2.4
英国	16	1.6

4. 科学技术对于提高生产率是十分重要的,经济增长依靠的是持续不断的发明和技术创新,从而提高产品的质量和产出的数量。同时,技术进步并不只是改进产品和工艺流程,更重要的是要培育一种新的企业家精神,这种制度创新也将把经济推向新的高度。

从英国的工业革命中可以认识科学技术对于经济增长的意义。在英国发生工业革命之前,世界上所有的国家都是农业社会。在这样的农业社会里,人们把大部分时间都用于食品和其他生活必需品的生产。1750 年前后发生在英格兰的技术变革与资本积累,显著地提高了农业和纺织业这两个重要产业的生产率。新的更有效的耕作方法产生了,纺纱织布、炼钢方面的新发明和新机器可以用更少的资源生产更多更好的产品。正是这场工业革命将英国从农业生产转向工业生产,从乡村的农业社会迅速地向城市的工业社会转型。

20 世纪 90 年代以来,计算机和信息技术不仅极大地提高了全社会的生产率,而且经济领域的每一个角落都发生了惊人的变化。一些经济学家认为,计算机是生产力的新的第四大要素。新技术正在改变着我们的经济和生活,甚至改变了世界经济的面貌。

经济学家使用总生产函数说明上述四个要素之间的关系,总生产函数将总产出、总投入和技术联系起来。总生产函数的数学表达式为

$$Q=AF(K,L,R)$$

式中,Q 为总产出,K 为资本对产出的贡献,L 为投入的劳动,R 为投入的自然资源,A 代表经济中的技术水平,F 为生产函数。

表 18-4 总结了经济增长的四个要素。

表 18-4 经济增长的四个要素

经济增长的要素或因素	例 子
人力资源	劳动力的规模、教育、技能和纪律
自然资源	石油和天然气、土壤和气候
资本	设备和厂房、社会基础资本
技术和企业家精神	科学与工程知识水平、管理技巧、创新的回报

需要指出，历史和现实都证明了经济增长依靠上述四个要素，但是四者之间并无特定的组合方式，因此每个国家寻找和探索经济成功的道路是各不相同的。也就是说，成功的经济增长战略可以用不同的方式来实行，而不存在适合所有国家和地区的单一“处方”。

例如，新加坡和马来西亚的成功部分地是以吸引外商直接投资为基础的，由此带来了资本、技术和外国市场。有 300 万人口的新加坡能够吸引比有 10 多亿人口的印度更多的投资；韩国的增长是以本国的企业为基础的，并且是以少数的大企业为中心的，这些企业已经发展到能够进行国际竞争的程度；中国台湾地区的经济增长则以大量的小企业为中心。

第二节 古典经济增长动态模型

一、古典经济增长模型概述

古典经济学家如亚当·斯密和 T. R. 马尔萨斯，强调的是土地在经济增长中的作用。在《国民财富的性质和原因的研究》(1776 年)中，亚当·斯密首先假设一个田园时代：没有土地的私人占有，可供所有人自由使用；没有资本的积累，或资本积累尚未形成。经济学家将斯密假设的这一时代称为黄金时代。

在亚当·斯密假设的这个田园时代，经济增长的动力是土地和人口。由于土地的自由使用，于是随着人口的增加，耕地面积也不断扩大。因为没有资本积累，当人口翻一番时国民产出也正好翻一番。在此情况下，因为不存在土地租金和资本利息，所以，实际工资就是全部国民收入。由于国民产出的增长与人口的增长是同步的，因此人均实际工资长期不变。亚当·斯密不承认边际生产力的递减，他的生产函数致力于规模收益。

但是，这种黄金时代的经济增长状态不会永远持续下去。随着人口的继续增长，土地全部被开发和利用。当土地达到充分利用时，土地、劳动和产出之间的平衡增长将不复存在。新增的劳动追加在现有的土地上，土地变得稀缺，同时出现租金并且不断上升，借以解决土地在不同用途上的分配。

如果人口继续增加，国民产出也将增加，但产出的增加率一定低于人口的增长率。其原因是，随着劳动不断追加在既定数量的土地上，单个劳动可使用的土地面积越来越少，收益递减规律开始发生作用。劳动与土地的比例不断提高，导致劳动的边际产出下降，实际工资率随之下降。

上述关系如果继续进行下去，就会出现马尔萨斯所描述的：人口的压力会使经济恶化到劳工们处于仅能维持生存的最低生活水平。他在其《人口论》(1798 年)一书中分析道，一旦工资高于最低生存线，人口将会增长；低于最低生存线的工资水平将导致死亡率提高。只有在最低生存工资水平上才会实现人口的稳定均衡。工人阶级命中注定要过一种野蛮的、肮脏的、短命的生活。马尔萨斯描绘的这幅悲惨画面，使得托马斯·卡莱尔指责经济学为“沉闷的科学”。

二、古典经济增长动态模型图解

用图 18-1 和图 18-2 说明斯密和马尔萨斯的古典经济增长动态模型。

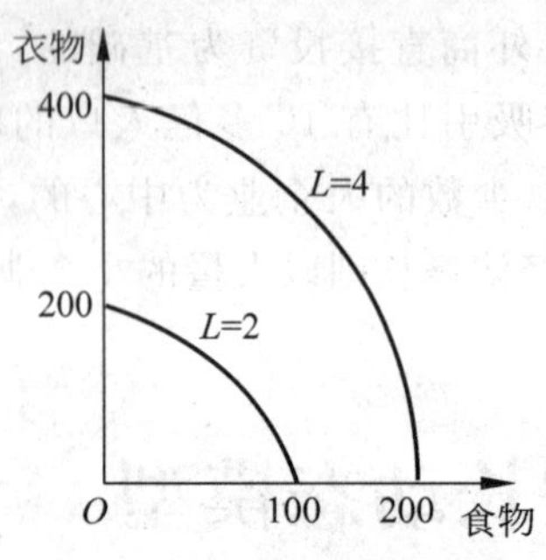

图 18-1　斯密的古典模型

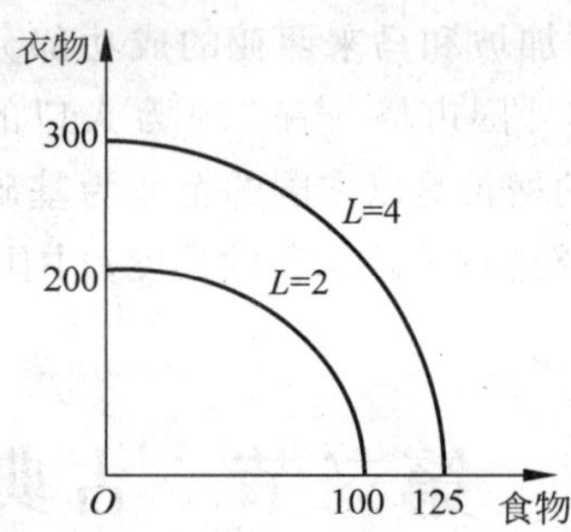

图 18-2　马尔萨斯的古典模型

图 18-1 表示斯密的黄金时代的经济增长过程。数量无限的土地在人口翻一番以后，生产可能性边界在各个方向移动两个单位，食物产出从 100 增至 200；衣物产出从 200 增至 400。可见，经济增长不受土地及其他资源的限制。

图 18-2 表示马尔萨斯描述的情况。人口翻一番而产出(食物和衣物)增长不到一倍。食物产出从 100 增至 125，仅增长了 25%；衣物产出从 200 增至 300，增长了 50%。其原因是更多的劳动与有限的土地，导致收益减少，从而使人均产出降低。

马尔萨斯认为，“在不受限制的情况下，人口每 25 年翻一番”。由于人口的增长是以几何级数比率上升，而粮食供给则以算术级数比率上升，几何增长与算术增长的差异最终将导致饥荒。正如马尔萨斯计算的，人均小麦产量将从 1800 年的 5.5 蒲式耳降至 1.7 蒲式耳，这种产出的水平将不足以养活英国人，这就是所谓“马尔萨斯的毁灭公式”。虽然，马尔萨斯的逻辑是完美的，但他的假设是错误的。马尔萨斯过高地估计了人口的增长，而大大低估了生产率的提高。

第三节　新古典经济增长模型

马尔萨斯悲观的预言破灭了，原因在于技术创新和资本投入能够阻止边际收益递减规律的作用。在此条件下，当人口不断增加时，而土地不再成为制约产出增长的主要因素，工业革命和技术变革作为经济增长的动力，促进了产出的增加。事实证明，工业革命创造的财富比以往所有时代的总和还要多。20 世纪以来，新的产业兴起，如电话、汽车、电力、互联网，极大地提高了社会的福利水平，也进一步证明了技术创新的巨大作用。资本积累和技术变革已经成为经济发展的支配力量，为了准确地理解资本积累和技术变革对经济的影响，我们应该考察新古典经济增长模型。

新古典经济增长模型首先是由美国麻省理工学院的罗伯特·索洛在 1956 年提出的。索洛由于对经济增长理论研究方面的贡献，1987 年获得了诺贝尔经济学奖。诺贝尔评奖委员会评价他的研究"激起了政府发展教育、研究和开发的更大兴趣"。英国的经济学家斯旺、米德，以及美国的经济学家萨缪尔森都提出了类似的经济增长模型。他们的共同点是将劳动力增长、资本增长和技术进步综合起来阐述经济增长理论和模型，这些模型被称为新古典经济增长模型。之所以冠以"新古典"，是由于这些模型不只是依据凯恩斯的投资和储蓄理论，还包含了古典经济学的内容。新古典经济增长模型被认为是理解发达国家经济增长的基本工具，在这些模型中，以索洛的经济增长模型最为著名。

新古典经济增长模型的基本假设：第一，使用两种要素资本和劳动，这两种要素是可以相互替代的，资本和劳动的比例是可变的。即一定量的资本可以与一定量的劳动相配合，反之亦然。同时，资本—产出比率(称资本系数)也是可变的。当资本—劳动比率升高时，资本—产出比率下降；资本—劳动比率下降时，资本—产出比率上升。第二，经济是完全竞争的，并且在充分就业的水平上运行，资本和劳动都得到充分利用。

一、技术不变的经济增长模型

在新古典经济增长模型中，重要的是资本和技术变革。但是，首先假定技术保持不变，目的是集中考察资本在经济增长中的作用。为了简便，假设只有一种资本品 K，劳动的数量为 L。人均资本量就是 K/L，为资本—劳动比率。在假定技术保持不变的新古典经济增长模型下，经济的产量增加可以写成生产函数的形式，也是总产出方程：

$$Q=f(K,L)$$

现在我们分析经济增长过程。经济学家强调资本深化的重要性，而资本深化是指人均资本量随时间不断增长的进程。例如，农业机械的增加，交通运输业的铁路、公路等的增加。在各个产业中，随着资本品的投入增加，人均资本量提高。其结果是，这些产业中人均产出有很大提高。

在资本深化的过程中，由于技术水平不变，资本的收益率会降低。因为收益率最高的投资项目最先实施，所以，随着投资项目的增加，越是靠后的项目收益率会越低。如基本交通网络建立之后，新的投资只能向人口较少的地区发展，这些投资的收益率会低于人口密集地区以及人口密集地区之间最初建立的交通设施的收益率。

同时，随着资本深化，工资率会上升。因为每单位的劳动都有更多的资本可以利用，因而其边际产品会提高，结果是竞争性的工资率随劳动边际产品的提高而相应地提高。如运输工人工资率的提高就是交通运输业人均资本量的提高，从而导致边际产品的提高。在经济的增长过程中，资本深化是经济增长的必要条件。1900 年以来，美国的人口和就业量增长了3倍以上,实物资本存量增长了10倍多。将这两个增长的数字加以比较,就得到人均资本量(K/L比率)增长近3倍。可见,资本深化是20世纪美国经济的一个重要特征。

总之,资本深化源于资本存量的增加快于劳动的增加。如果技术不变,资本深化将会引起人均产出的增长,以及劳动边际产品和实际工资的增加,还将导致资本收益递减和资本收益率的下降。

假定土地数量、自然资源贡献、劳动力的质量、经济所使用的技术都作为常量保持不变,用图18-3分析资本深化在经济增长中的作用,或者说增加人均资本的必要性。

图中,横轴K/L为人均资本,纵轴Q/L为人均产出,APF为总生产函数或者总生产曲线。当人均资本数量或者资本—劳动比率上升,从$(K/L)_0$增至$(K/L)_1$,那么,人均的产出量也将上升,从$(Q/L)_0$增至$(Q/L)_1$。

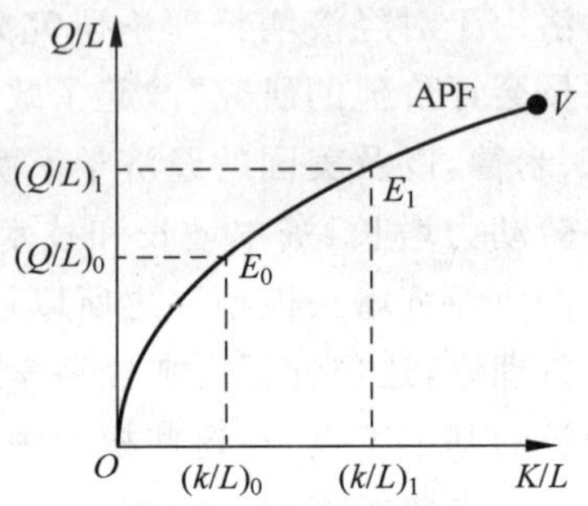

图18-3 资本深化在经济增长中的作用

随着资本的深化,资本的边际收益递减规律开始发挥作用。资本收益率和实际利率下降,APF的斜率呈现着缩小的趋势。此外,由于每个工人可以利用更多的资本,工人的边际生产率提高,实际工资也随之上升。

在技术不变的新古典经济增长模型中,长期均衡的状态是,资本—劳动比率停止升高,资本深化终止,实际工资停止增长,资本收益率和实际利率也保持稳定。可以用图18-3说明经济是怎样向着稳定状态移动的。随着资本继续积累,资本—劳动比率沿着图中箭头的方向从E_1上升,直至资本—劳动比率停止增长的V点。在V点上,人均产出不再变动,实际工资也停止了增长。

二、技术变革的经济增长模型

技术不变的新古典经济增长模型实质是资本积累模型,表明在没有技术进步的长期均衡中,资本—劳动比率会停止升高,经济进入这样的稳定状态:资本深化停止,实际工资停止增长,资本收益率和实际利率保持稳定。

假如经济增长仅仅依靠资本的积累,而这种资本积累是在生产技术不变的条件下只增加工厂的数目,那么生活水平最终必然会停滞。正是技术变革带来的生产工艺的改进和新产品以及新服务的引进,使同量的投入获得更多产出,工资上升,生活水平提高。技术变革还能够通过资本生产率的提高,在实际利率不降低的条件下,抵消利润率的下降趋势。技术变革对实际利率和利润率的这些影响尤其重要,因此,在讨论了资本深化之后,还必须考察技术进步的作用。

技术进步的表现形式,可能是劳动节约型,劳动节约型增加了对资本的需求,降低了对劳动的需求,使利润增加的幅度大于工资增长的幅度。也可能是资本节约型,资本节约型使资本相对于劳动减少得要多,使工资增长的幅度大于利润提高的幅度。还可能是中性的,这是介于劳动节约型和资本节约型之间的形式,这种形式对不同要素的回报和相关需求的影响基本相同。从经济发展史看，工业革命以来的技术进步所带来的发明大多是劳动节约型的。

总之，在人力、自然资源和资本等投入既定的前提下，技术变革能够使产出增加，因而成为经济增长的关键因素。

用图 18-4 分析技术变革在经济增长中的作用。横轴为人均资本 K/L，纵轴为人均产出 Q/L。图中给出了 1950 年和 2000 年的总生产曲线 APF。由于技术变革，总生产曲线从 APF_{1950} 上移至 APF_{2000}。这一变化说明，技术变革导致生产率的提高，具体表现在众多新工艺和新产品的引进等。

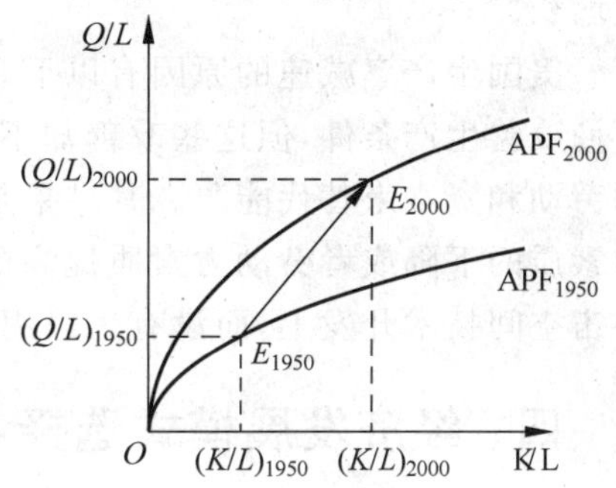

图 18-4　技术变革在经济增长中的作用

资本深化和技术变革的总和用图中的箭头来表示。资本深化和技术变革使人均产出从 $(Q/L)_{1950}$ 增至 $(Q/L)_{2000}$。说明经济生活不但没有停滞不前，而且人均产出增加、工资上升和生活水平提高。与此同时，技术的不断变革对利润率和实际利率也将产生影响。作为技术进步的成果，实际利率无须下降。发明创造提高了资本生产率，从而抵消了利润率下降的趋势。

三、生产率的重要性

生产率的测量方法有两种，第一种方法是总产出与劳动时间的比例，测量的是每人每小时的产出，公式为

劳动生产率＝总产出/总劳动时间

例如，1998 年总产出 GDP 为 8.5 万亿美元，当年的全部雇用劳动时间为 2 370 亿小时。因此，劳动生产率为

劳动生产率＝8.5 万亿美元/2 370 亿小时＝36 美元/小时

第二种方法是总产出与所投入的全部生产要素的比例，测量的是全要素生产率，全要素生产率与劳动生产率相比是对生产率更广的度量，公式为

全要素生产率＝总产出/投入的全部生产要素

麻省理工学院的经济学家保罗·克鲁格曼指出(1990 年)，“生产率不等于一切，但长期看它几乎意味着一切。一个国家提高其生活水平的能力几乎完全取决于该国提高人均产出的能力。”生产率和经济增长与一国的长期福利提高有直接关系，20 世纪以来美国的经济增长证明了生产率的重要作用。

在 1900—1960 年间，美国资本存量的年增长率为 2.63%，劳动的年增长率为 1.58%，生产率的年增长率为 1.32%，人均收入年增长率为 1.56%。可见，在人均收入年增长率的 1.56%中，有 1.32%是因生产率的提高，而只有 0.24%是资本积累超过劳动增长所致。如果将人均收入年增长率定为 1，生产率提高带来的人均收入提高约占 84.6%，而资本积累只占约 15.4%。索洛的类似研究(1909—1949 年间)得出的结果分别是 87.5%、12.5%。

这都证明了生产率的提高成为经济增长关键因素的论断。

但是,美国的生产率和产出的增长在1973年左右突然减速。这种增长趋势的中断称作“生产率增长减速”。生产率从1948—1973年的约1.5%减慢至1973年以后的该速率的一半。20世纪90年代以来由于计算机等电子产品高收益率的刺激,制造业的生产率又快速增长。

美国生产率减速的原因有以下几点:自20世纪70年代开始政府加强环境管制,要求厂商改善生产条件,但这些改善却不能转化为产出的增长;能源价格的上涨,导致厂商使用劳动和资本来替代能源。其结果是相对于以前而言,劳动和资本的生产率下降了;劳动力素质的下降或者劳动力素质提高的速度降低;美国将大约1/3的科研经费用于国防和宇宙空间技术开发上,而没有为民用技术带来好处,这是生产率减速的一个猜想。

四、经济发展模式选择

在经济发展模式中,除了纯粹的自由市场经济和既有市场经济成分也有指令性经济成分的混合经济以外,还有以下几种有影响的经济增长和发展模式。

1. 管理市场模式

日本和有“亚洲四小龙”之称的韩国、新加坡、中国香港和中国台湾,是管理经济模式的代表,其经济发展取得成功的关键因素包括:稳定的宏观经济环境、高投资率、健全的金融体系、教育的快速改善、出口导向型的外贸和技术政策。管理市场模式的主要特征是,将强有力的政府监控和强大的市场力量相结合。

2. 社会主义模式

社会主义模式的共同特征是,生产资料政府所有制、计划经济等。在社会主义模式中,中国取得的成就令人叹为观止。中国在1949年革命成功以后,采纳了苏联式集中计划的经济体制,1978年开始了经济改革,并且带来了经济的高速增长。据世界银行的统计,1977—1998年间,中国实际GDP年平均增长速度为10%,同期的年出口增长率超过16%。

3. 苏联式的指令经济模式

苏联式的指令经济模式,是一种包罗万象的、高度中央集中计划的、强调重工业的资源配置模式。东欧各国在第二次世界大战以后也效仿了这种模式。苏联经济在最初的几个十年中曾经迅速发展,1928年至20世纪60年代中期,其经济增长速度甚至快于北美和西欧。60年代中期以后,苏联经济的发展受到阻碍,国民产出开始下降。

从1989年开始,苏联和东欧国家放弃了指令性经济的试验,开始转向市场经济。这些国家在向市场经济转轨中,采取了被称为“休克疗法”的激进改革方法。

一、概念

将定义的序号填入概念的____中。

____经济增长　　____新古典经济增长模型　　____资本深化
____资本—劳动比率　　____劳动节约型　　____资本节约型

1. 人均资本量随时间不断增长的进程。

2. 人均资本占有量。

3. 一种用来解释工业化国家经济长期增长趋势的理论或模型。该模型强调资本深化和技术变革在经济增长中的重要作用。

4. 一国产品和劳务总量的增长，包括一国商品和劳务的潜在生产能力的扩大和实际增加量，以及决定一国生产能力的各种资源的数量和质量及技术水平等因素的扩大和改进。

5. 资本相对于劳动减少得要多，使工资增长的幅度大于利润提高的幅度。

6. 增加了对资本的需求，降低了对劳动的需求，使利润增加的幅度大于工资增长的幅度。

二、选择题

1. 经济增长的中心是(　　)。
   A. GDP 的增加
   B. 技术进步
   C. 制度与意识形态调整
   D. 以上答案都对

2. 生产率大幅度提高，最重要的要素应该是(　　)。
   A. 资本深化　　B. 技术变革
   C. 财政和货币政策　　D. 劳动技能的提高

3. 假设没有技术变革，资本深化的结果是(　　)。
   A. 提高资本—产出比率
   B. 降低资本—产出比率
   C. 产出增加的比例等于资本增加的比例
   D. 产出增加的比例大于资本增加的比例

4. 如果资本是唯一可变的要素，并且没有技术变革。那么，收益递减必然导致(　　)。
   A. 产出增加，资本—产出比率保持不变
   B. 资本—产出比率随着产出增加而下降
   C. 资本—产出比率随着产出增加而上升
   D. 难以确定

5. 经济学中的“资本形成”是指(　　)。
   A. 借入资金　　B. 发行债券　　C. 净投资　　D. 净收益

6. 新古典经济增长模型包括(　　)。
   A. 分析潜在实际 GDP 的增长
   B. 假设经济是完全竞争的
   C. 引入资本增长和技术变革
   D. 以上都是正确的

三、计算题

某国 2006 年的实际 GDP 为 10 030 亿美元,2007 年的实际 GDP 为 10 521 亿美元。求:2007 年的经济增长率。

四、分析题

1. 古典经济增长模型与新古典经济增长模型有什么区别?

2. 简述技术变革对经济增长的作用。

第十九章

开放经济的宏观经济学

从封闭经济转向开放经济的分析，就是开放经济的宏观经济学。随着全球经济一体化的进程不断加快，国际间的经济联系日益加强，经济相互依赖日益加深。

国家之间的经济纽带是什么？国际贸易和国际金融是最重要的经济学范畴。因此，本章主要研究这些基本范畴。

第一节　国际贸易原理

一、国际贸易发生的原因

法国经济学家弗雷德里克·巴斯夏写出所谓《蜡烛制造商请愿书》，讽刺那些反对国际贸易的人。《蜡烛制造商请愿书》的大意是，我们正在同国外对手进行一场竞争。这个对手生产光线的条件十分优越，用很低的价格占领我们的市场。这个对手不是别人，而是太阳。为此我们请求通过法律，关闭和堵塞所有透光的窗户、通道和缝隙，使它无法损害我们这个为国家谋福利的蜡烛制造产业。

世界经济的进程发展到现在，现实和经济学都告诉我们，国际贸易对一国是有利的。在巴斯夏那个时代发生的事情，现在不可能再出现了。那么，是什么经济因素导致国际贸易的发生？归纳起来有以下五个方面。

1. 各国生产要素禀赋状况不同

有的国家土地肥沃而广阔，有的国家资本充裕，有的国家则人力资源丰富，还有的国家拥有先进的科技力量。由于不同产品的生产所需生产要素种类及比例存在差异，有的需要集中使用土地，有的需要密集使用资本，有的需要大量使用劳动，还有些产品则需要高技术含量。因此,相对而言,土地丰富的国家,如澳大利亚,有利于开展土地密集型产品生产,如种植业和畜牧业;资本和技术丰富的国家,如美国,有利于生产资本和技术密集型产品,如汽车和计算机;劳动力丰富的国家,如中国、印度则有利于生产劳动密集型产品,如纺织品等。

如果世界各国都发挥自己的长处,分工生产优势产品,又通过贸易交换自己不生产的产品,则不仅可以互通有无、调剂余缺,而且能够促进资源的有效利用,增加产品总量,提高经济福利和生活水平。

2. 绝大部分生产要素不能在国际间自由流动

如果生产要素在国与国之间能够自由流动,某种要素稀缺的国家就能够利用别国流入的要素生产原来因资源稀缺不能生产的产品,从而取代产品的贸易。但是,生产要素在国与国之间无法像在一国国内那样自由移动,所以,才会发生商品和劳务的国际贸易,以弥补国际间生产要素相对流动性的不足。

3. 各国的科学技术存在差距

由于种种原因,各国的科学技术水平有高有低,技术水平高的国家在生产技术密集型产品上有优势,而技术水平低的国家凭借其现有技术无法生产或者必须花费巨大代价才能生产某些产品。因此,唯有通过国际贸易才能促进经济繁荣,提高社会福利水平。

4. 各国消费者偏好不同

即使所有地区的生产条件是相同的,但如果对商品的偏好不同,国与国之间也可能进行交易。例如,挪威和瑞典两国从海洋捕的鱼和在陆地上生产的肉类食品数量相当。但瑞典人喜欢吃肉,而挪威人则偏好吃鱼。那么,在瑞典,鱼就可能供过于求,而肉则供不应求。在挪威情况则相反。于是挪威出口肉到瑞典换回所需的鱼,而瑞典出口鱼换回本国所需的肉。这种对双方都有利的贸易就使两国可以从贸易中获利,社会的总体满足程度也得以提高了。

5. 生产成本的差异

国际贸易最重要的原因也许是各国在生产成本上存在的差异,而规模经济可以通过扩大产量而降低产品的平均成本。在制造业,汽车、家电、飞机等行业普遍存在着规模经济,同时,这些产品的生产需要规模经济。在没有国际贸易的情况下,产量的扩大受制于国内市场的大小。所以,当某个国家在某一产业具有先发优势时,就可以成为该行业高产量、低成本的制造者。规模经济使产品在成本和技术方面都比其他国家占有明显的优势,而别国则会发现从领先的厂商那里购买比自己制造便宜。这正如美国的录像机几乎全部从日本进口一样,虽然美国有像通用电气和 IBM 这样的大公司,他们也能制造录像机,但他们由于种种原因,还不能生产与索尼这样的日本制造商相竞争的产品。而日本也不必像美国波音公司那样大规模生产飞机,因为生产飞机并不是日本的优势。

二、国际贸易的基本原理

人们为什么选择所消费的物品和劳务绝大部分依靠其他人,以及这种选择怎样改善和提高人们的生活?可以假设一个简单的经济,在这个经济中,只有两个生产者,分别擅长生产牛肉和土豆。如果两个生产者各自消费其生产的产品，即生产牛肉的生产者可以烤、煮、炸牛肉等，生产土豆的生产者也能吃到炸、烤土豆。但是，不难想象其自给自足的生活会十分单调。生产牛肉的吃不到炸薯条，而生产土豆的享受不到牛肉的美味。要极其容易地做到每个人都可以享用到牛肉和炸薯条的方法就是相互之间的贸易。

推动国际贸易发展的经济力量在于贸易能够促进专业化，而专业化又能够提高劳动生产率。历史和现实已经证明，不断扩大的贸易和不断提高的生产率，能够使所有国家的生活水平得以改善。各国都意识到，向全球开放自己的市场，是其经济繁荣的最佳途径。

适合所有贸易参加者的基本原理包括绝对优势和比较优势。

1. 绝对优势

以玉米生产及其相关的成本为例。回答生产玉米成本问题的一个方法，是比较两个生产者所需要的投入。农场工人生产 100 蒲式耳需要 10 小时，而林场工人也许对生产玉米的劳动不够熟练，生产同量的玉米需要 20 小时。我们可以得出的结论是，农场工人生产小麦的成本低。当比较一个人、一个厂商或一个国家与另一个人、另一个厂商或另一个国家的生产率(产出与投入的加权平均值的比例)时，经济学家使用了绝对优势这一概念。简言之，绝对优势是根据生产率比较某种商品的生产者。用国际贸易理论的语言来说，绝对优势是指当一个国家使用相同数量的资源能够比另一个国家生产出更多的某种商品，或者当一个国家生产相同数量的某种商品，只需比另一个国家耗费更少的资源时，这个国家在这种商品的生产上与另一个国家相比具有绝对优势。例如，有 A、B 两国。A 国生产同样数量的商品 X 所耗费的资源少于 B 国。B 国生产同样数量的商品 Y 所耗费的资源少于 A 国。A、B 两国相比较，A 国在商品 X 的生产上具有绝对优势；B 国在商品 Y 的生产上具有绝对优势。而如果 B 国在商品 Y 的生产上具有绝对优势，又称互补的绝对优势。

用表 19-1 说明绝对优势对国际贸易的影响。

表 19-1(1)部分表示两个国家使用单位资源所能生产出的 X 和 Y 的产量，A 国使用单位资源可生产出 10 单位的 X 或 6 个单位的 Y；B 国使用单位资源可生产出 5 个单位的 X 或 10 个单位的 Y。这说明，A 国在 X 生产上具有绝对优势，而 B 国在 Y 生产上具有绝对优势。

表 19-1　具有绝对优势的国际贸易

(1) 用单位资源能生产出的 X 和 Y

	X	Y
A 国	10	6
B 国	5	10

(2) A 国将单位资源由 Y 生产转向 X 生产，B 国将单位资源由 X 生产转向 Y 生产引起的 X 和 Y 产量的变化

	X	Y
A 国	+10	−6
B 国	−5	+10
合计	+5	+4

表 19-1(2)部分表示当 A 国将单位资源由 Y 生产转向 X 生产,B 国将单位资源由 X 生产转向 Y 生产时,将使 A 和 B 两国的 X 产量之和增加 5 个单位,两国 Y 的产量之和增加 4 个单位。这也就是专业化和国际贸易给两国带来的利益。由此,两国 X 和 Y 的总产量都有所增加。A 国生产 X 由 10 个单位增至 15 个单位;B 国生产 Y 由 10 个单位增至 14 个单位,从而在使用相同资源的情况下,生产出了更多的商品 X 和商品 Y。

2. 比较优势

(1) 什么是比较优势

一位经济学家在讲述国际贸易理论时曾经举例称,美国职业篮球联赛 NBA 球星迈克尔·乔丹(2003 年退役)该自己修草坪吗?一个伟大的球星,其他活动可能同样出色,乔丹修自己的草坪也许比其他人要快。那么,这是否就意味着乔丹应该自己修草坪呢?

用机会成本和比较优势可以回答这一问题。假如乔丹用 2 个小时修完草坪,但如果用 2 小时去拍商业广告就可赚到 1 万美元。与乔丹相比,杰尼弗姑娘能用 4 小时修完乔丹家的草坪,但用 4 小时在麦当劳店工作能赚 20 美元。乔丹修草坪的机会成本是 1 万美元,而杰尼弗在麦当劳店工作的机会成本是 20 美元。乔丹在修草坪上有绝对优势(用 2 小时),杰尼弗在修草坪上有比较优势(机会成本低)。这个例子回答了贸易的好处:乔丹不该自己修草坪,而去拍广告,应该雇用杰尼弗修草坪。只要乔丹支付给杰尼弗的钱大于 20 美元而少于 1 万美元,则对双方都是有利的。

当每个国家都在某种商品上相对于别国具有绝对优势时,贸易的好处是显而易见的。但如果 A 国 X 和 Y 的生产率均高于 B 国时,情况又会如何呢?英国经济学家大卫·李嘉图在 1817 年发表的《政治经济学及赋税原理》中对这一问题做出了回答,提出了比较优势理论。按照这一理论,无论一个国家所有商品的生产率都高于或都低于别国,也都能够通过国际贸易得到好处。这一理论指出,每个国家都可以专业化地生产并出口其生产成本相对较低,也就是生产率相对较高的商品,同时进口其生产成本相对较高,也就是生产率相对较低的商品。

所谓比较优势,是根据机会成本比较某种物品的生产者。比较优势原理为国际贸易提供了坚实的理论基础。

假定 A 国的生产率在表 19-1 的基础上提高了 10 倍,A 国使用单位资源可生产出 100 个单位 X 或 60 个单位 Y,而 B 国的生产率没变,见表 19-2(1)。在这种情况下,A 国 X 和 Y 的生产率均高于 B 国,似乎与效率如此之低的 B 国进行贸易不会有任何好处,但在实际上,A 国生产更多的 X 和较少的 Y,B 国生产较多的 Y 和较少的 X 仍可使两国 X 和 Y 的产量之和均有增加,两国仍可以从国际贸易中受益,见表 19-2(2)。

表 19-2(1)部分表示各国使用单位资源所能生产出的 X 和 Y 的产量,A 国使用单位资源可生产出 100 个单位 X 或 60 个单位 Y;B 国情况与表 19-1 相同。B 国在两种商品上均不具有绝对优势。表 19-2 中(2)部分表示 A 国将 1/10 单位的资源由 Y 的生产转向 X 生产和 B 国将单位资源由 X 生产转向 Y 生产引起的 X 和 Y 产量的变化。与表 19-1 中的例子一样,这种转移将使 X 的产量之和增加 5 个单位,Y 的产量之和增加 4 个单位。A 国转向生产 X 的资源和 B 国转向生产 Y 的资源越多,专业化分工和国际贸易所产生的利益就越大。

表 19-2　具有比较优势的国际贸易

(1) 用单位资源能生产出的 X 和 Y

	X	Y
A 国	100	60
B 国	5	10

(2) A 国将 1/10 单位的资源由 X 的生产转向 Y 生产，B 国将单位资源由 X 转向 Y 的生产引起的 X 和 Y 的产量变化

	X	Y
A 国	＋10	－6
B 国	－5	＋10
合计	＋5	＋4

通过国际贸易所增长的利益由于两国间机会成本不同而不同。从表 19-1 中看出，在 A 国，生产一单位 X 的机会成本是 0.60 单位的 Y，而生产一单位 Y 的机会成本是 1.67 单位的 X。在 B 国，生产一单位 X 的机会成本是 2.0 单位的 Y，而生产一单位 Y 的机会成本是 0.5 单位的 X。可见，A 国生产 X 的机会成本小于生产 Y 的机会成本（$0.60<1.67$），而 B 国生产 Y 的机会成本小于生产 X 的机会成本（$0.5<2.0$）。

由此可见，即使不存在绝对优势，专业化分工和贸易仍可给贸易双方带来好处。虽然 A 国相对于 B 国在 X 和 Y 的生产上均具有绝对优势，但两种商品的边际收益不相等。A 国用单位资源可生产出 20 倍于 B 国的 X，却只能生产出 6 倍于 B 国的 Y。这也就是说，A 国在 X 生产上具有比较优势，而 B 国在 Y 的生产上具有比较优势。

这里的关键在于"绝对"和"比较"之分。最有效的资源配置方式是每个人或每个国家专业化地进行他们比较有效率的活动。即使一个人或一个国家在所有方面的效率都绝对高于或低于其他人或其他国家，他们也必然在某些方面具有比较优势，而在另一些方面处于比较劣势。这说明，专业化和贸易能否给贸易双方带来好处取决于是否存在比较优势，而非取决于绝对优势。只要存在这种比较优势，各国专业化地生产其具有比较优势的商品并进行贸易便可提高整个世界的总产量。

例如，马里这样的小国，工人使用手工织机，其生产率只有工业化国家的百分之几。但从本身的比较利益而言，马里通过出口自己生产率相对较高的纺织品等，进口生产率相对较低的汽车等，也能从贸易中获利。

比较优势的存在是国际贸易有益的充分条件和必要条件。假定 A 国与 B 国相比，在 X 和 Y 的生产上具有绝对优势却都不具有比较优势，其结果如何呢？见表 19-3。

A 国的 X 和 Y 的生产率均为 B 国的 10 倍，在这种情况下，便无法通过改变 A 国或 B 国的资源配置而使两种商品的产量有所增加。例如，在表 19-3(2)中，假定 A 国将一个单位的资源由 Y 的生产转向 X 的生产，B 国将 10 个单位资源由 X 的生产转向 Y 的生产，最终结果是两国的 X 和 Y 产量之和均没有任何改变。这说明，只有绝对优势而无比较优势的情况下，就无法通过国际贸易增进双方的利益。

表 19-3 没有比较优势便不能通过贸易增加产量

(1) 用单位资源能生产出的 X 和 Y

	X	Y
A 国	100	60
B 国	10	6

(2) A 国将一个单位的资源由 Y 的生产转向 X 生产,B 国将 10 单位的资源由 X 转向 Y 的生产

	X	Y
A 国	+100	−60
B 国	−100	+60
合计	0	0

(2) 比较优势理论的局限性

比较优势理论为国际贸易提供了理论基础,但有其局限性,主要体现在两个限制条件上。一是假定经济是平稳运行的,价格和工资是灵活的,并且不存在非自愿失业,这就是所谓"古典假定"。只有在这种条件下,比较优势理论才是有效的。然而,当 A 国的某种商品在 B 国市场上的份额迅速上升,B 国的失业就会上升。或者一种外币币值被高估,使对该产业劳工的需求量减少,失业增加。在类似情况下,国际贸易会使失业上升和 GDP 总量下降,从而使一国经济在生产可能性边界以内。当经济处于衰退或价格体系不能正常运行时,比较优势理论会受到质疑。二是与收入分配有关。国际贸易会增加国民收入,能提高消费水平,但并不意味着每个人、每个厂商都能从国际贸易中获益。如果国际贸易使某些要素所生产的商品或某些地区的商品供给增加,那么,收入则会降低。

尽管比较优势理论有其局限性,但仍然是经济学家解释国际贸易的基本理论,而且是最深刻的真理之一。如果忽视了这一理论,对一国的生活水平和经济增长将是不利的。

三、国际贸易对国民产出的影响

1. 国际贸易对国民产出的短期影响

(1) 开放经济的均衡

在短期内,当经济中存在着闲置资源时,一国国际贸易流量的变化将影响总需求、总产出和就业水平。用表 19-4 说明加入净出口以后对国民产出的影响。

表 19-4 存在对外贸易的产出决定 10 亿美元

(1)产出初始水平	(2)国内需求 $(C+I+G)$	(3)出口(X)	(4)进口(M)	(5)净出口 $(X-M)$	(6)总支出 $(C+I+G+X)$	(7)导致的经济趋势
4 100	4 000	250	410	−160	3 840	收缩
3 800	3 800	250	380	−130	3 670	收缩
3 500	3 600	250	350	−100	3 500	均衡
3 200	3 400	250	320	−70	3 330	扩张
2 900	3 200	250	290	−40	3 160	扩张

从表 19-4 中可以看出，在一个开放经济中，均衡产出将位于第(6)栏的国内外净支出总额正好等于第(1)栏的国内总产出时(3 500)。表中，当净出口额正好为－100 时，该国的进口大于出口，经济才处于均衡状态。在这一状态下，国内需求大于国内产出。

用图 19-1 说明开放经济的均衡。在国内需求 $C+I+G$ 曲线上加入对应于每一产出(GDP)水平的净出口量，就得到总需求曲线或总支出曲线 $C+I+G+X$。图中，当 $C+I+G+X$ 曲线位于 $C+I+G$ 曲线下方时，进口大于出口，净出口为负值(贸易逆差)；当 $C+I+G+X$ 曲线位于 $C+I+G$ 曲线上方时，出口大于进口，净出口为正值(贸易顺差)，国内产出量大于需求量。

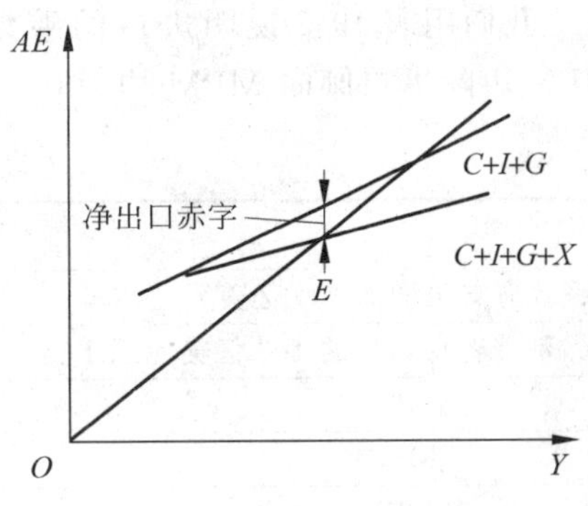

图 19-1　开放经济的均衡

均衡产出在总支出 $C+I+G+X$ 曲线与 45°线的交点 E 处。只有在这一点上，一国的国民产出正好等于消费者、厂商、政府以及外国人想要消费的商品和劳务的数量。这与表 19-4 所显示的均衡产出是一致的。

(2) 边际进口倾向与总支出曲线

如何理解图 19-1 中总需求 $C+I+G+X$ 曲线的斜率小于国内需求 $C+I+G$ 曲线的斜率？其解释是，存在着由于进口而增加支付的漏出量，可用边际进口倾向 MPM 说明这一漏出量。所谓边际进口倾向是指 GDP 每增加 1 美元时进口商品所增加的数量。例如，MPM 为 0.10，意味着每增加 3 000 亿美元的收入，进口就增加 300 亿美元。

当产出和总收入增加 300 美元时，消费支出的增量等于收入的增量乘以边际消费倾向 MPC(假设为 2/3)等于 200 美元。与此同时，对进口或者对外国产品的支出量也增加了 30 美元(MPM 为 0.10)。因此，对本国产品支出的增量仅为 170 美元(200 美元－30 美元)，因而总支出 $C+I+G+X$ 曲线的斜率就由封闭经济中的 0.667(2/3)降至开放经济中的 0.567(170 美元/300 美元＝0.567)。

(3) 开放经济乘数

乘数原理同样适用于对开放经济的对外贸易变动的分析。理解开放经济乘数的第一种方法是“轮数分析”，就是累计投资、政府支出和净出口每增加 1 美元所引起的一轮又一轮的支出和再支出。例如，德国需要购买美国的产品。购买美国产品的支出每增加 1 美元，将使美国的收入增加 1 美元，而在这增加的 1 美元收入中有 0.667(或 2/3)美元将被美国人用于消费。然而，由于边际进口倾向 MPM 为 0.10，因此，在每增加的 1 美元收入中，将会有 0.10(或 1/10)美元用于对外国产品和劳务的消费，从而在本国产品和劳务的消费支出只有 0.567(1×0.667－0.10)美元。这 0.567 美元的对本国的消费支出将使美国的收入增加 0.567 美元，而在增加的 0.567 美元收入中，又有 0.567 美元×0.567＝0.321 美元，将用于下一轮在本国产品和劳务的消费支出。如此进行下去，就得到总产出的增加，或者开放经济乘数：

$$
\begin{aligned}
\text{开放经济乘数} &= 1 + 0.567 + (0.567)^2 + \cdots \\
&= 1 + (2/3 - 1/10) + (2/3 - 1/10)^2 + \cdots \\
&= 1/(1 - 2/3 + 1/10)
\end{aligned}
$$

$$= 1/(13/30)$$

$$= 2.3$$

与封闭经济乘数＝1/(1－0.667)＝3 相比，开放经济乘数要低于封闭经济乘数。

我们用表 19-5 说明进口的乘数过程。假设消费者没有个人所得税，边际储蓄倾向 MPS、边际进口倾向 MPM 均为 0.1。

表 19-5　进口的乘数过程

	封闭经济	开放经济
a. 政府支出增加 100 亿美元	＋100 亿美元	＋100 亿美元
b. 消费者将增加的 100 亿美元用于：		
1. 国内消费	＋ 90 亿美元	＋ 80 亿美元
2. 储蓄(MPS＝0.1)	(10 亿美元)	(10 亿美元)
3. 进口(MPM＝0.1)	0	(10 亿美元)
c. 乘数	$\frac{1}{MPS}=10$	$\frac{1}{MPS+MPM}=5$
d. 乘数效应引起的额外消费		
＝国内消费×乘数	＋900 亿美元	＋400 亿美元
e. 累计变化＝a 项＋d 项	1 000 亿美元	500 亿美元

进口的乘数过程以政府支出增加 100 亿美元开始。100 亿美元的政府支出直接成为 100 亿美元的消费收入。随后的过程是，在封闭经济中，消费者的收入用于国内消费和储蓄两个途径。因为边际储蓄倾向 MPS 为 0.1，相应的边际消费倾向 MPC 为 0.9。所以，90 亿美元用于国内消费，10 亿美元储蓄起来。在开放经济中，消费者的收入用于国内消费、储蓄、购买进口商品和劳务。因此，消费者增加的 100 亿美元的收入将做如下分配：80 亿美元用于国内消费，10 亿美元作为储蓄，10 亿美元购买进口商品。在开放经济中，只有 80 亿美元而不是 90 亿美元用于国内消费。因此，进口的漏出减弱了所增加的收入对国内商品和劳务的支出作用。同时，进口的漏出也减小了乘数值。该例中，从 10 降为 5 便是很好的说明。

乘数值的大小取决于进口漏出的程度。在一个封闭经济中，储蓄是唯一的漏出。因此，边际储蓄倾向 MPS 是作为整个漏出的分母(1/MPS)。在表 19-5 的 c 项，封闭经济的乘数等于 10。而在开放经济中，增加了一个进口漏出。这样，像储蓄的漏出一样，进口将会减少每单位货币的乘数作用。在表 19-5 的 c 项：

$$\text{开放经济乘数}=\frac{1}{MPS+MPM}=\frac{1}{0.1+0.1}=\frac{1}{0.2}=5$$

不同的乘数产生了不同的结果。表 19-5 的 d 项表明了在封闭经济中增加了 900 亿美元的消费，而在开放经济中只增加了 400 亿美元的消费。

表 19-5 的 e 项总结了总需求变化的结果，总需求的累计增加值为

总需求的累计变化值＝支出的初始变化×乘数

支出的初始值是政府支出的 100 亿美元，在封闭经济中，最终使总需求或总支出增加了 1 000 亿美元，而在开放经济中，同样数量的政府支出只使总需求增加了 500 亿美元。这一结果的政策含义是，进口通过增加漏出而减小了财政政策刺激经济的作用。

理解开放经济乘数的第二种方法是"漏出量分析"。在第十一章第四节叙述的简单的乘数模型中,乘数=1/MPS。边际储蓄倾向 MPS 是支出向储蓄的漏出。如前所述,进口是另一种形式的漏出,使用边际进口倾向 MPM 说明这一漏出量。这样,每增加 1 美元收入的总漏出量就是漏向储蓄的数量 MPS 与漏向进口商品和劳务的数量 MPM 之和。这样,我们就得到了开放经济乘数:

$$\text{开放经济乘数}=\frac{1}{\text{MPS}+\text{MPM}}$$

利用上述有关数据代入开放经济乘数得

$$1/(\text{MPS}+\text{MPM})=1/(0.333+0.1)=2.3$$

可见,用漏出量分析与轮数分析得出的结果是相同的。

2. 国际贸易对国民产出的长期影响

(1) 开放经济的储蓄和投资

从长期看,提高储蓄和投资是经济不断增长的最为安全有效的途径。同时,一国的国际贸易状况主要反映的是其国民储蓄率和投资率。因此,我们有必要考察开放经济中储蓄和投资的决定。首先分析封闭经济中储蓄和投资在长期中的决定,然后研究开放经济中储蓄和投资在长期中的决定。

在封闭经济中,投资等于私人储蓄和政府储蓄。假设税收、政府支出和私人储蓄都是与利率相独立的因素。因此,在充分就业条件下,国内总储蓄(包括私人储蓄和政府储蓄)是既定的。相反,正如已经讨论过的那样,投资对利率变动的反应却十分敏感,利率的提高将减少对于房地产和其他基础设施的投资。

图 19-2 说明在一个充分就业的封闭经济中,国民储蓄和投资是如何达到均衡的。

最初,储蓄和投资的状况决定了健康的储蓄和投资水平的利率 r_0。假设政府增加购买,于是增加了财政赤字或者减少了财政盈余,表现为储蓄曲线从 $S+T-G_0$ 左移至 $S+T-G_1$,导致实际利率从 r_0 升至 r_1,使储蓄和投资再次达到均衡状态,同时投资水平从 I_0 降至 I_1。这说明,在一个充分就业的封闭经济中,政府财政赤字的增加是如何降低投资水平的。

图 19-3 说明在一个开放经济中,储蓄、投资和净出口的决定。在现行的国际利率水平 r_0,国内投资的水平在 A 点,该点是投资需求曲线和利率的交点。国民总储蓄在总储蓄曲线 $S+T-G$ 上的 B 点。储蓄和投资的差额为线段 AB,该差额就是净出口($X-M$)。因此,净出口或者一国的国际贸易状况是由其国民储蓄和投资之间的差额决定的,也就是由国内因素和国际利率水平共同决定的。

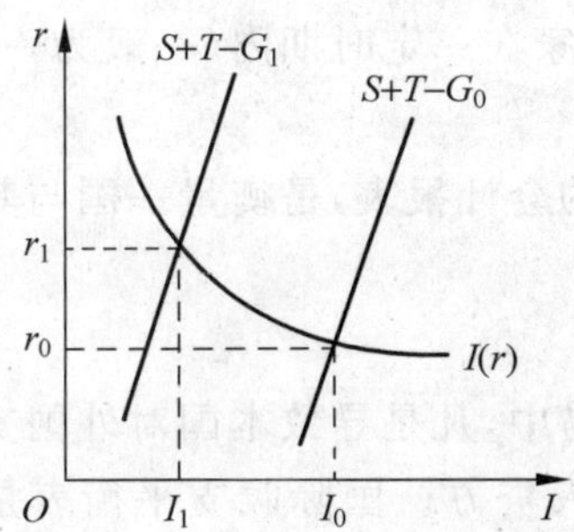

图 19-2　封闭经济的储蓄和投资

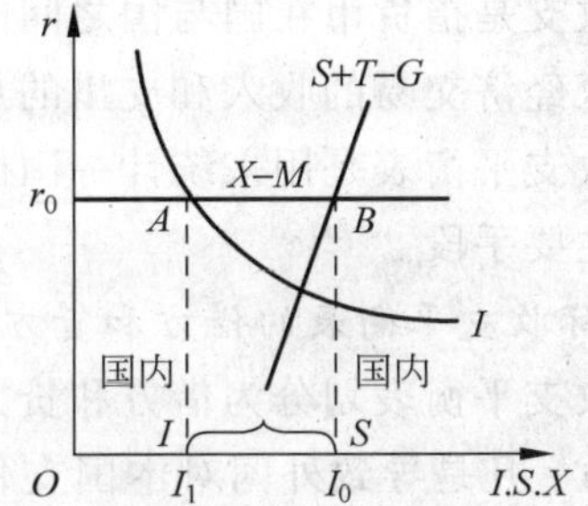

图 19-3　开放经济的储蓄和投资

需要指出,对于开放经济的储蓄和投资的分析,是以小国开放经济为前提的。这是由于金融资本的高度流动性,小国开放经济的实际利率是由世界资本市场决定的,图 19-3 中的 r_0 是国内利率与国际利率相一致的利率水平。然而,像美国这样的大国开放经济,能够对国际利率产生影响,其影响将介于小国开放经济和封闭经济之间。

(2) 促进开放经济增长的政策

在开放经济中储蓄和投资环境包含一系列政策,主要有稳定的宏观经济环境、贸易政策和市场机制等。稳定的宏观经济环境表现为税收合理而且可以预测;在低通货膨胀率条件下,投资收益是稳定的;汇率相对稳定,实现货币的自由兑换,以便于使投资者的利润汇回本国。那些政治经济不稳定的国家和地区,不但不能吸引外资,而且还会导致资本的外逃。

贸易政策能够保证一个开放的贸易体系提高其竞争力和促进最实用技术的应用。通过维持较低的关税以及其他贸易壁垒,可以确保本国的厂商受到竞争的激励。如果本国的厂商制定非效率的高价格或者试图在某些行业形成垄断时,该国可以允许外国的厂商进入本国的市场,以改变非效率的价格体系,这在某种程度上将会打破行业的垄断。

市场机制对投资会产生重大影响。像荷兰、卢森堡、香港等这些成功的开放经济,都为投资者提供了安全的投资环境,包括建立了完善的由法律监督的产权政策,尤其是对知识产权的保护,有利于确保发明创造者从其发明创造活动中获利。政府还要与腐败做斗争,因为腐败是强加于最有利可图的那些厂商的私人税收体系,它将带来产权的不确定性,以及增加生产经营成本并抑制投资。

第二节　国际金融原理

国际贸易是在各国之间进行的,不同的国家使用不同的货币。这就存在着不同国家货币之间如何交换的问题。上一节从实物角度分析了国际贸易。这一节将从国际贸易与国际借贷引起的资金流动的角度来分析国际金融,主要是国际收支以及汇率的决定等问题。

一、国际收支平衡表

国际收支是指货币在国与国之间的流动,一个国家在一定时期内(一般为一年)与其他国家或地区经济交易的收入和支出的总额。

国际收支平衡表是用来统计一国国际收支状况的会计报表,是衡量一国与其他国家经济交易的主要手段。

1. 国际收支平衡表的借方和贷方

国际收支平衡表划分为借方和贷方。在各种交易中,凡是导致本国对外国支付的项目都记入借方;凡是导致外国对本国支付的项目都记入贷方。国际收支平衡表是按照复式簿记的原则记录的,每一次交易都分别记入借方和贷方,而且金额相等,所以,国际收支平衡表的借方总额和贷方总额总是相等的，国际收支平衡表总是平衡的。例如，本国动用外汇储备购买外国商品，进口商品需要对外支付，因而记入借方；因使用外汇导致资产减少，因而记入贷方，借贷双方金额相等。或者说，记入借方的项目是本国对外国的支付，这意味着对外国货币的购买和本国货币的售卖；记入贷方的项目是外国对本国的支付，这意味着外国货币的售卖和对本国货币的购买。虽然国际收支平衡表总是平衡的，但这并不意味着在某一个具体交易项目上本国货币买和卖的数量一定相等。下面用表19-6说明一个简化了的国际收支平衡表。

表19-6　美国某年的国际收支平衡表　　10亿美元

(a)项目	(b)贷方(＋)	(c)借方(－)	(d)净贷(＋)或净借(－)
Ⅰ．经常账户			－339
a. 商品贸易总额	683	－1 030	－347
b. 服务	277	－197	80
c. 投资收益	274	－299	－25
d. 单方转移支付			－47
Ⅱ．资本和金融账户(贷出或借入)			339
a. 私人借贷	706	－381	325
b. 政府			
美国官方储备变动			8
其他国家官方储备变动			39
c. 统计误差			－33
Ⅲ．经常账户、资本和金融账户总计			0

国际货币基金组织1993年《国际收支手册》第五版，将国际收支账户分为两大类：经常账户、资本和金融账户。在国际收支平衡表上除了这两个账户以外，还有一个平衡账户或"误差与遗漏"账户，用于平衡国际收支平衡表上的借方总额和贷方总额。

2. 国际收支平衡表的内容

尽管各国国际收支平衡表的编制内容有所不同，但一般都包括三部分：经常账户、资本和金融账户、平衡账户。

(1) 经常账户

经常账户主要反映商品和劳务的进出口、生产要素收益的流动以及单方面的无偿转让情况。它是国际收支平衡表中基本的项目，主要包括以下三项内容：

① 有形贸易收支。有形贸易收支是一国商品进口和出口的全部记录。它是经常账户的主要部分，也是国际经济关系的基础。因此，有形贸易收支状况可以在一定程度上反映一国的整体国际收支状况。

② 无形贸易收支。无形贸易收支是一个国家对外提供劳务或接受劳务所发生的收支。它主要包括有形贸易从属费收支，如运输、通信、保险、银行等费用；与服务业相联系的收支，如旅游、宾馆、广告、信息等费用；与科教相联系的收支，如教育、技术、文化、体育交流等；生产要素的收益主要有工资、薪金、利润、股息、利息收益等。

③ 单方面的无偿转让。主要有债务豁免、经济援助、军事援助、战争赔偿、政府拨款、

私人汇款、私人赠与等。

经常账户中的商品出口和进口的差额称为贸易差额。出口大于进口为贸易顺差；出口小于进口称为贸易逆差。

在经常账户的进出口和收益的流动中，本国输出劳务和从外国得到收益记入贷方，本国输入劳务和向外国支付收益则记入借方。

在经常账户的无偿转让中，本国政府和私人对外国的转移支付记入借方，而外国政府和私人对本国的转移记入贷方。

经常账户的贷方总额与借方总额差称为经常账户差额。差额为正数为经常账户顺差；差额为负数为经常账户逆差。

(2) 资本和金融账户

资本和金融账户反映资产流动和储备变动的情况，是以货币表示的国际间的借款与贷款交易。资本和金融账户按投资方式划分，可分为直接投资和国际信贷；按投资期限划分，可分为长期资本和短期资本。

① 直接投资。直接投资是资本输出国直接在资本输入国投资创办工厂、矿山、农场、商店、宾馆、银行等营利性企业。输出国既没有保证归还这些投资的义务，也没有保证投资一定获利的义务。

② 国际信贷。国际信贷是资本输出国将资本借给输入国，输入国到期应按约定的条件还本付息。从信贷的形式看，有单纯贷款、出口信贷、补偿贸易等；从信贷的渠道看，有政府贷款、国际经济组织贷款、商业银行和企业贷款等。一般而言，外国政府贷款最优惠，但数量有限，有时还附加政治条件；国际组织贷款次之，但数量也十分有限，商业贷款来源最充裕，但利率最高，借款成本最大。

③ 长期资本。长期资本指投资期在一年以上或未规定期限的资本。它包括政府间贷款、国际机构贷款、私人直接投资等等。

④ 短期资本。短期资本指投资期在一年以下的资本。它主要包括各国银行间的资本调拨和拆放；国际贸易和短期资金融通及清算结算；套汇、套利和抵补保值等外汇买卖、外汇投机；短期资本外逃等。

⑤ 官方储备。官方储备是指一个国家的中央银行拥有的可以作为国际清偿手段的资产。它包括货币黄金、特别提款权、在基金组织的储备头寸、外汇资产、其他债权、基金组织的信贷。货币黄金是作为金融资产的黄金而不是作为商品的黄金，中央银行在必要的时候可以在黄金市场上出售货币黄金以取得所需的外汇。特别提款权是国际货币基金组织分配给成员国用于清偿债权债务关系的账面资产。在基金组织的储备头寸又称普通提款权，它是成员国向国际货币基金组织缴纳储备份额后可以随时提取的那一部分储备。外汇资产是中央银行持有的外汇储备。其他债权是中央银行拥有的外国债权。基金组织的信贷是指成员国向国际货币基金组织缴纳储备份额以后可以使用的基金组织的贷款。

与经常账户的顺差和逆差原理相同，资本和金融账户贷方与借方的差额正数时为资本和金融账户顺差，负数时为资本和金融账户逆差。

(3) 平衡账户

如前所述，国际收支平衡表是按照复式簿记的原则记录的，因此，所有账户的借方总额和贷方总额应相等。但由于不同账户的统计资料来源、记录时间不同，以及某些人为因素等原因，会出现净的借方或贷方余额，这就需要人为设立一个抵消账户，其数目与上述余额相等而方向相反。这个账户就是"误差与遗漏"。

《国际收支手册》第五版发布以来国际经济形势发生了很大的变化，最重要的变化是金融创新给世界金融市场带来的影响。在此背景下，国际货币基金组织于 2008 年 12 月发布了《国际收支和国际投资头寸手册》第六版。

《国际收支和国际投资头寸手册》第六版与《国际收支手册》第五版相比，在统计原则、经常项目、资本与金融账户等方面有多处修订。例如，金融账户使用"金融资产净获得"和"负债净产生"的标目，而不是"借方"和"贷方"；金融账户分录不再使用"资本"用语，从而与只在资本账户使用这个含义较窄的词的做法保持一致；金融账户分录的术语改为"收益再投资"以区别于"再投资收益"，以避免和收入账户里的术语相冲突；加工贸易在第五版中为货物贸易账户，而在第六版中加工贸易被定义为是不涉及所有权转移的贸易，因而将其记入服务贸易账户；在资本账户中，遗产被视为资本转移，而不是经常转移；专利和版权不再被视为非生产资产(专利和版权被划作生产资产，列入特定的服务)，从而不再列入资本账户。

《国际收支和国际投资头寸手册》第六版的国际收支平衡表，包括经常账户、资本账户、金融账户、误差与遗漏。

二、汇率及其均衡汇率

1. 外汇和汇率

外汇是指以外币表示并用于进行国际结算的支付手段。它包括外国货币，如钞票、铸币等；外币有价证券，如政府公债、国债、公司债、股票等；外币支付凭证，如票据、银行存款凭证、邮政储蓄凭证等；其他外汇资金。

外汇的标价方法有以下几种。

直接标价法是以本币表示外币的价格。以外币作标准，折算成一定数量的本币。如，1 美元：6.200 0 人民币。在直接标价法下，外汇汇率的升降和本币的价值变化成反比例关系：本币升值，汇率下降；反之，汇率上升。除美国、英国、澳大利亚、新西兰等，多数国家都采取直接标价法。

间接标价法是以外币表示本币的价格。以本币作标准，折算成一定数量的外币。如，1 英镑：1.500 0 美元。在间接标价法下，外汇汇率的升降和本国货币的价值变化成正比例关系：本币升值，汇率上升；反之，汇率下降。

除两种标价法之外，国际间外汇交易以及银行间报价时，常以美元为标准表示各国货币的价格，即美元标价法。在国际外汇市场上，美元是外汇交易的中心货币，因此，市场上习惯用美元标价法，而其他标价法则很少使用。美元标价法以一定单位的美元为标准来计算应兑换多少其他货币的汇率表示方法。

美元标价法又称纽约标价法，是指在纽约国际金融市场上，除对英镑用直接标价法外，对其他外国货币用间接标价法的标价方法。美元标价法由美国在 1978 年 9 月 1 日制定并执行,目前是国际金融市场上通行的标价法。例如,瑞士苏黎世某银行面对其他银行的询价,报出的货币汇价为:1 美元:1.000 0 瑞士法郎。

人们将各种标价法下数量固定不变的货币叫作基准货币,把数量变化的货币叫作标价货币。在直接标价法下,基准货币为外币,标价货币为本币;在间接标价法下,基准货币为本币,标价货币为外币;在美元标价法下,基准货币是美元,标价货币是其他各国货币。

汇率被认为是国际金融研究的中心问题,是指买卖外汇的价格,是为了得到 1 单位另一国家的货币所需要支付的某个国家货币的单位数。例如,美元对英国人来说是外汇,英镑对美国人来说也是外汇。如果某人用 2 美元可购买 1 英镑,那么,汇率可以用 1 英镑的价格是 2 美元,或者 1 美元的价格是 1/2 英镑来表达。

相对于另一个国家的货币,一个国家的货币价格的提高就叫作升值,而货币价格的下降则叫作贬值。例如,英镑的价格从 2 美元升至 2.5 美元,这意味着英镑升值,美元贬值。升值和贬值通常也用"坚挺"和"疲软"来描述。在官方汇率(并非市场决定的汇率)的前提下,官方汇率的下调称为降值,上调称为增值。

2. 均衡汇率的形成

之所以有多种汇率决定理论,是因为考察汇率决定因素的方法不同,看它是短期因素还是长期因素,是直接因素还是更为基本的因素。

(1) 自由汇率制度下汇率的决定

假定只有两个国家,美国和英国。美国人用美元和英国人交换英镑。有以下原因使英国人想要美元。

第一,美国的出口。美国的出口意味着英国的进口,当英国进口商需要购买美国商品时,他们需要用英镑购买美元,从而形成对美元的需求。

第二,长期的资本流动。假如美国的利润率提高了,英国厂商希望到美国直接投资,或者英国居民希望购买美国的股票,此时就必须把英镑换成美元,然后再用换来的美元去美国投资或购买股票。所以,英国投资者要用英镑兑换美元,形成对美元的需求。

第三,短期的资本流动。假如美国的利率上升了,英国居民愿意把货币存入美国,或者购买美国的短期国库券。这就需要用英镑交换美元,从而形成对美元的需求。

第四,投机心理。如果英国人认为美元在将来对英镑会升值,那么,他们就会持有美元,以希望将来用美元换回更多的英镑,从中赚取美元升值后的多余价值。

与此相类似,基于以上原因使美国人也想要英镑,并向外汇市场供应美元。问题是,美国人用 1 美元可以换来多少英镑,或者英国人用 1 英镑可以换得多少美元?也就是说,两国汇率是如何决定的呢?

在自由竞争的市场中,供求决定价格,于是我们从美元供给与需求或英镑的供给与需求来考察均衡汇率决定问题。如图 19-4 所示。图中,横轴表示美元的数量,纵轴表示以英镑表示的美元的价格。所有英镑的持有者,对美元的需求曲线用 D 表示,而美元的供给曲线用 S 表示。

当英镑表示的美元价格为 0.50 时,美元与英镑的汇率是 1 美元=0.50 英镑。沿着纵轴向上移动则意味着美元升值,向下移动则表示美元贬值。

美元的需求曲线之所以向右下方倾斜,从出口角度来说是因为美元贬值时,美国出口商品的英镑价格将下降，英国将购买更多的美国商品，因而美元的需求量增加了；反之，美元的需求量将减少。从资本流动的角度来说，是因为当美元贬值时，用同样数量的英镑可以买到更多的美元。如果人们预料美元汇率会回升，就会用英镑购买美元，以希望将来用美元购买更多的英镑，所以美元的需求量也将增加。反之，美元的需求量将减少。

美元的供给曲线是向右上方倾斜的，说明当美元升值时，美元可以兑换更多的英镑，美元的供给量将增加。所以，美元的供给量随着以英镑表示的美元价格的上升而增加。

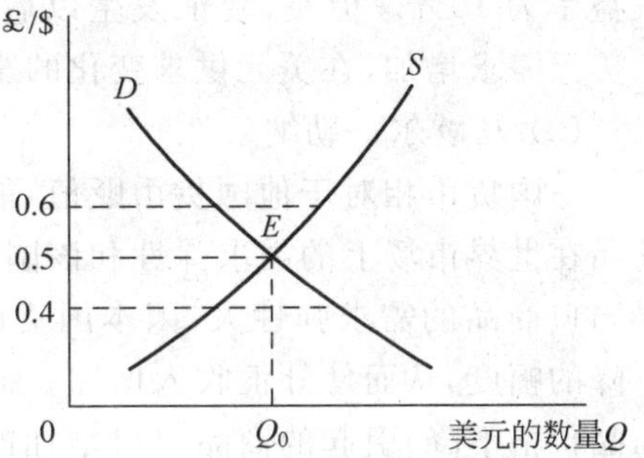

图 19-4　均衡汇率的决定

在完全竞争的外汇市场上，假定美元的价格为 0.40 英镑，这时美元的需求量超过供给量，出现了美元的短缺。为了能够得到美元人们愿意支付更多的英镑，因而美元价格有上升的趋势。但随着美元的升值，美国出口商品的英镑价格上升了，美元的需求量将减少，而美元的供给量将会增加。以上过程使美元的需求量和供给量相等时，便形成了均衡的以英镑表示的美元价格，形成了图 19-4 所示的均衡汇率 1 美元＝0.5 英镑；同样，假定美元的价格是 0.60 英镑，美元的需求量少于供给量，发生了美元的过剩，美元价格趋于下降。随着美元的贬值，美元需求量增加而供给量减少，最后又在 1 美元＝0.5 英镑的水平上形成均衡汇率。

因此，在完全竞争的条件下，均衡汇率是美元的供给量和需求量相等时的汇率，在图形上是美元的需求曲线和供给曲线相等时的汇率。

外汇供给和需求的背后，是商品、劳务的交易和金融资产的流动。在美国和日本的交易中，对美元的供给是来自美国居民使用日元购买日本商品和进行投资。例如，美国居民购买日本的汽车，外汇市场就产生了对美元的供给。对美元的需求则是日本居民购买美国商品和对美国进行投资的需求，并且需要以美元进行支付。比如，日本居民去美国旅游，就会需要美元。

总之，当美国居民购买外国商品、劳务和资产时，他们就会提供美元；反之，当外国居民购买美国商品、劳务和资产时，他们就会需要美元。

表 19-7 总结了外汇市场上美元供给和需求增加的各种情况。

表 19-7　外汇市场上美元供给和需求增加的各种情况

美元供给增加	美元需求增加
美国人对外国商品的偏好增加	外国人对美国商品的偏好增加
美国的实际 GDP 增加	外国的实际 GDP 增加
外国债券(相对于美国债券)的实际利率上升	美国债券(相对于外国债券)的实际利率上升
美国的财富增加	外国的财富增加
外国投资(相对于美国投资)的风险降低	美国投资(相对于外国投资)的风险降低
预期美元贬值	预期美元升值

因为世界各地外汇市场的汇率都是由外汇的供给和需求决定的,所以,世界各地外汇市场的汇率会趋于一致。如果汇率出现不一样,套汇将会发生。套汇是指在一个外汇市场上以低价买进外汇后,拿到另一个外汇市场以高价售出的行为。比如,假定在纽约外汇市场上1英镑可以兑换2美元,在伦敦外汇市场上1英镑可以兑换2.2美元。这样,人们将在纽约外汇市场上用1美元购买0.5英镑,再到伦敦外汇市场上用0.5英镑购买1.1美元,收益率为10%。但是,套汇发生以后,纽约外汇市场上美元的供给增加,而伦敦外汇市场上美元需求增加,在美元供求变化的影响下,纽约和伦敦外汇市场上的汇率会趋于一致。

(2) 马歇尔—勒纳条件

一国货币相对于他国货币贬值,能否改善该国的贸易收支状况,主要取决于该国出口商品在世界市场上的需求弹性和该国国内市场对进口商品的需求弹性。从出口方面看,如果出口商品的需求弹性大,因本国货币贬值引起的商品出口增加的幅度,将大于外币价格下降的幅度,从而使外汇收入增加;如果出口商品的需求弹性小,本国货币贬值(从而出口商品价格下降)引起的商品出口增加的幅度将小于本国货币贬值的幅度,从而使外汇收入减少。从进口方面看,由于本国货币贬值而减少进口,但如果国内市场对进口商品的需求弹性小,货币贬值(从而出口商品价格上升)引起的进口减少的幅度就小,由此导致外汇支出不仅不会减少反而将会增加。

如果用D_x表示出口商品的需求弹性,D_M表示进口商品的需求弹性。只有当$D_x+D_M>1$(马歇尔—勒纳条件)时,则出口收入的变化与进口收入的变化之间的收付差额将改善国际收支状况,而汇率将随之上升。由于这一结论首先由英国经济学家马歇尔提出,以后经过美国经济学家勒纳的发展,所以称为马歇尔—勒纳条件。

例如,假设一国出口商品的需求弹性为1/4,即出口商品数量的增加率只有价格下降率的1/4。如果出口商品的价格下降4%,那么出口商品的数量仅增加1%,结果出口总值将减少3%。又假设进口商品的需求弹性为3/4,即国内价格上涨4%,那么进口商品的数量就会减少3%,进口总值也将减少3%。由于这两种弹性之和等于1,进出口总值按同一方向和同一数量变动,那么贸易差额将保持不变,该国的国际收支状况得不到改善。

由于种种原因,导致马歇尔—勒纳条件缺乏有效性。例如,马歇尔—勒纳条件假设汇率在调整期总是固定的,但在浮动汇率制下,汇率在调整期内是会发生变化的。汇率的降低将导致国内价格水平上升,是因为进口商品的价格会上涨,并因此导致通货膨胀,而这将使通货贬值对国际收支平衡产生的积极影响被抵消。

(3) 购买力平价理论

1918年金本位制消失以后,瑞典学派的经济学家古斯塔夫·卡塞尔于1922年在其《1914年以后的货币和外汇》一书中提出了将汇率的确定与"实际经济"联系起来的"购买力平价"理论(PPP)。其基本内容是,各国的货币不再由黄金确定或兑换成黄金,而是建立起各国货币之间的共同参照物,而这种参照物就是各国货币在其国内的购买力。购买力平价理论包括购买力绝对平价理论和购买力相对平价理论。

购买力绝对平价理论表示为

$$R=\frac{P_A}{P_B}$$

式中，R 为 A、B 两国货币的汇率，P_A、P_B 分别为 A、B 两国的物价水平。

购买力相对平价理论表示为

$$R_1 = R_0 \cdot \frac{I_A}{I_B}$$

式中，R_1、R_0 分别为 A、B 两国货币新标准的汇率和旧标准的汇率，I_A、I_B 分别为 A、B 两国的通货膨胀率。

对购买力平价理论的批评是，该理论只是一个近似的，并不能准确预测汇率变动的理论。虽然在长期内购买力平价理论可能有一定的有效性，但在短期，汇率通常由资本流动，特别是短期资本流动决定。除了贸易商品的价格之外，贸易壁垒、运输成本、技术变化等因素也会影响汇率的变化，因而导致各国货币的价格和购买力之间出现背离。

3. 汇率制度

一国货币汇率的决定取决于该国实行的汇率制度，而汇率制度是关于汇率如何决定的一系列规则。当今世界上使用最广泛的汇率制度有两种：浮动汇率制和固定汇率制。应当指出，下面的定义是极端意义上的，而实际上在绝对的浮动汇率制和固定汇率制之外，还有其他种类。

浮动汇率制度是在政府不干涉的情况下，完全由外汇市场决定汇率的制度。这时的汇率是由外汇市场上的供求关系决定的，同时，均衡汇率也会将国际收支自动调整到均衡水平，使国际收支平衡表的借贷双方自动平衡，让官方储备交易差额等于零。

固定汇率制度是一国货币与他国货币之间的汇率固定不变的汇率制度。在这一制度下的汇率是由货币当局确定的，并通过干预外汇市场的活动来维持。在固定汇率制度下，各国的国际收支难以经常达到平衡，因此，官方储备交易差额是正数或是负数，但很少等于零。

下面我们具体介绍汇率制度的基本种类。

(1) 金本位制。在汇率制度的历史上，最重要的固定汇率制是金本位制。在这种汇率制度下，各国都将其货币的价值确定为固定数量的黄金，再以黄金为基础，从而建立起与各国货币之间的汇率。

汇率制度的目的是促进国际贸易和国际金融活动，同时便于汇率在受到冲击或处于不均衡状态时能够进行调整。英国哲学家大卫·休谟在 1752 年提出了国际收支均衡论，他指出，国际收支存在着一种自动调节机制，而黄金的外流是国际收支平衡机制的一个组成部分。用图 19-5 考察休谟的四重国际调节机制。

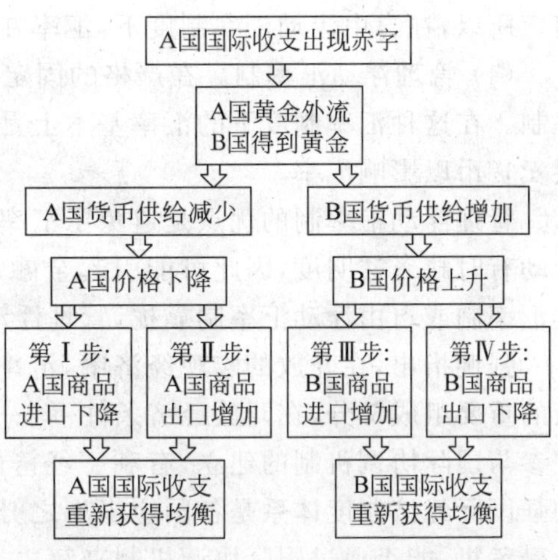

图 19-5　休谟的国际调节机制

假设 A 国有巨额贸易赤字，黄金开始流失。黄金的流失减少了 A 国的货币供给量，使 A 国的商品价格和成本下降，结果是：A 国减少了对 B 国和其他国家商品的进口，因为 B 国的商品变得相对昂贵了；于是 A 国的出口开始增加，因为 A 国国内生产的商品在国际市场上变得相对便宜了。

在B国和其他国家,情况正好相反。由于B国的出口迅速增长,从中得到了黄金,B国的货币供给量增加,抬高了B国的商品价格和生产成本。随即出现了另外两重机制:B国和其他国家的出口商品变得更加昂贵,所以出口到A国和其他国家的商品数量下降;因为B国的国内价格水平提高,B国的公民开始更多地进口A国低价格的商品。

休谟的四重国际调节机制的结果是,流失黄金的A国收支状况改善,而得到黄金的B国收支状况恶化,最终使国际贸易和国际金融在新的相对价格上重新实现均衡。此时贸易和国际借贷处于平衡状态,没有净黄金的流动。这种均衡是稳定的,不需要关税和其他形式的政府干预。

(2) 布雷顿森林体系。由于金本位制缺乏灵活性,为替代金本位制,1944年建立了布雷顿森林体系,用美元和黄金为各国货币建立了一种平价,各国货币同时以黄金和美元标价,货币间汇率的决定和金本位制大致相同。布雷顿森林体系使汇率变得既是固定的又是可以调整的,各国之间的汇率变动将按一种合作的方式进行。这便是布雷顿森林体系革命性的创新之处。

在布雷顿森林体系的安排下,美元成为主要国际货币。在第二次世界大战之后经济快速增长时期,世界经济实际上处于美元本位制之中。由于美元比值被高估、越南战争导致美国财政赤字剧增等原因,美国的国际贸易赤字大幅度增加。到1971年,流动美元的存量已经十分巨大,各国在维持官方平价问题上都遇到了严重困难。而国际资金的流动有可能破坏现有的汇率平价。于是,1971年8月15日的"尼克松冲击"结束了布雷顿森林体系时代。美国不再自动将美元兑换成其他货币,或以每盎司35美元的价格将其兑换成黄金;美国也不再继续设定以及维持美元的官方平价。

(3) 自由浮动汇率制。固定汇率是当今国际货币体系的基石之一,另一个重要的基石就是浮动汇率制。自由浮动汇率制主要在美国、欧洲和日本被普遍采用。另外,还有许多中等规模的国家也采用自由浮动汇率制。

在自由浮动汇率制度下,政府只是一个旁观者,听任外汇市场来决定美元、欧元等的价值。所以,在自由浮动汇率制度下,汇率在短期内往往有很大的波动。

(4) 管理浮动汇率制。在严格的固定汇率制和自由浮动汇率制之间,便是管理浮动汇率制。在这种汇率制度下的汇率基本上是由市场力量决定的,但政府或者中央银行会通过买卖货币以影响汇率。

管理浮动汇率制的优点是避免了汇率的过分波动,而主要缺点是中央银行干预汇率的行动有时缺乏透明度,因此可能引起金融市场的某些不确定性。还有,由于各国纷纷向固定汇率制或自由浮动汇率制靠拢,管理浮动汇率制的重要性便日趋减弱。

强调指出,在开放的宏观经济中,汇率机制处于非常重要的地位。汇率机制是货币政策的重要组成部分,在开放经济条件下,一国的货币政策应当充分考虑国际间的相互影响,并参与国际协调机制的建立,有利于经济的稳定增长。当经济趋于全球一体化的条件下,加强国际经济制度体系是各国应当为之努力的。2008年9月华尔街金融海啸引发的全球金融危机,能否通过国际协调机制来解决,备受世界各国的关注。

第二次世界大战之后,创建了一系列国际经济机构以管理国际贸易和国际金融。例如,1945 年 12 月成立的国际货币基金组织,监管汇率制度并帮助各国解决国际收支问题;与国际货币基金组织同时产生并在 1946 年 6 月正式开始营业的世界银行,为发展中国家提供长期生产性贷款;1944 年 7 月建立的布雷顿森林体系,实行固定而又可调整的汇率制度。除此之外,在不同时期和地区还建立了其他的国际经济机构。所有这些都为世界经济的稳定起到和曾经起到过重要的作用。

三、国际收支均衡曲线

1. 国际收支均衡曲线 BP 的推导

国际收支均衡也称为外部均衡,是指国际收支的贷方账户总值等于借方账户总值。这里需要分清,国际收支平衡表中全部账户记载的国际收支总额总是等于零,而国际收支是否均衡,并不是指国际收支平衡表中的全部账户,而是指其中一部分项目的收支差额是否等于零。

用 BP 表示国际收支均衡曲线或外部均衡曲线,下面我们推导出国际收支均衡曲线。

如果将国际收支平衡表中的误差与遗漏忽略不计,并且不考虑经常项目中除货物进出口之外的其他项目,则国际收支平衡的条件可写成下列公式:

$$(X-M)-K=0 \quad 或 \quad X-M=K$$

式中,X 为出口额,M 为进口额;$(X-M)$为金融资产的净出口,在这里也表示经常账户的差额;K 为资本净流出,是资本流出减去资本流入的差额。

上述国际收支均衡条件公式表示,经常账户、资本和金融账户都可能存在正的或负的差额,但只要两个账户的差额能够相互抵消,两个账户的差额之和等于零,国际收支便是均衡的。

经常账户的进口在很大程度上决定于实际国民产出和汇率水平,随国民产出水平和汇率上升,实际收入越高,本国对外国商品的需求就越多。汇率越高,意味着本币升值,进口同量外国商品数量所支付的本币数量越少,进口就会增加。因此,汇率越高进口量越大。所以,进口是国民产出和汇率的递增函数。而出口在很大程度上决定于外国对本国产品的需求,这样,净出口$(X-M)$就是国民产出(经常项目下的商品和劳务出口)和汇率的递减函数。汇率越高,本币升值,本国出口同量商品所获得的以本币计算的收入越少。同时,出口商品价格上升,不利于竞争,出口便会减少。因此,汇率上升,出口减少;汇率下降,出口量增加。如果不考虑其他因素的影响,就可以将净出口函数写成下列简单形式:

$$X-M=f(Y)$$

在资本和金融账户上,资本的流入额是国内利率的递增函数,国内利率越高,对外资的吸引力越大,资本流入额越大;相反,如果国内利率较低,则对外资的吸引力就小,资本流入额也会较小。资本流出额是国内利率的递减函数,国内利率越高,资本流出额越小;国内利率越低,资本流出额越大。因此,资本流出与资本流入的差额就是资本净流出 K,K 是国内利率的递减函数。在不考虑其他因素的影响时,资本净流出函数为

$$K=f(r)$$

根据上述函数关系,可以导出国际收支均衡曲线 BP,如图 19-6 所示。图 19-6 中的(b)、(c)、(d)都是倒置的,各轴均为正值。

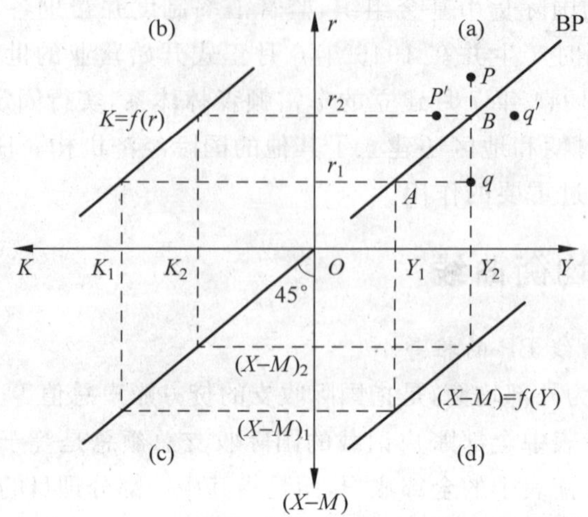

图 19-6　国际收支均衡曲线 BP 的推导

在图 19-6 中,图 19-6(b)表示资本净流出与国内利率之间的函数关系。由于资本净流出是利率的递减函数,因此,图中的 $K=f(r)$曲线是由右上方向左下方倾斜的。

图 19-6(d)表示净出口与国民产出之间的函数关系。由于净出口是国民产出和汇率的递减函数,因此,图中的$(X-M)=f(Y)$曲线也是从右上方向左下方倾斜的。

图 19-6(c)是一条 45°线,线上任何一点都满足净出口$(X-M)$等于资本净流出 K 这一实现国际收支均衡的条件。

图 19-6(a)中的 BP 曲线就是国际收支均衡曲线,曲线上任何一点都代表一个能够实现国际收支均衡的利率与国民产出的组合。相反,在图 19-6(a)中,任何不在 BP 曲线上的点,都不能实现国际收支的均衡。

位于 BP 曲线左上方的点,与 BP 曲线上的点相比,在国民产出相同的情况下,利率越高(如 P 点);或者在利率相同的情况下,国民产出较低(如 P'点)。而较高的利率会使资本的净流出较小[在图 19-6(b)中表示出来],较低的国民产出会使净出口较大(注意,较低的国民产出意味着收入较低,从而对进口的需求较低;反之,则较高)[在图 19-6(d)中表示出来]。因此,位于 BP 曲线左上方的点意味着净出口大于资本净流出,即存在国际收支顺差或国际收支盈余。

位于 BP 曲线右下方的点与 BP 曲线上的点相比,在国民产出相同的情况下,利率较低(如 q 点),或者在利率相同的情况下国民产出较高(如 q'点)。而较低的利率会使资本净流出较大,较高的国民产出会使净出口较小。因此,位于 BP 曲线右下方的点意味着资本净流出大于资本净出口,即存在国际收支逆差或国际收支赤字。

图 19-6(a)中的国际收支均衡曲线 BP 是由图中其他部分推导出来的。假定利率为 r_1,由 $K=f(r)$曲线可知,当利率为 r_1 时,资本净流出为 K_1。此时,要保证国际收支均衡就必须是净出口$(X-M)_1=K_1$。根据$(X-M)=f(Y)$曲线,当净出口等于$(X-M)_1$ 时,国民产出为 Y_1,至此,在图 19-6(a)中找到了保证国际收支均衡的利率与国民产出组合(r_1,Y_1),就是曲线上的 A 点。如果假设利率为 r_2,则可以通过上述方法找到 B 点。同样,我们可用

相同方法找到其他各点。将这些点连接起来就得到BP曲线。

BP曲线是从左下方向右上方倾斜的，表示当利率较高时，要保证国际收支均衡，就要有较高的国民产出水平；或者，当国民产出水平较高时，要保证国际收支均衡，就要有较高的利率。反之，当利率较低时，要保证国际收支均衡，就要有较低的国民产出水平；或者，当国民产出水平较低时，要保证国际收支均衡，就要有较低的利率。

2. 宏观经济相互作用的机制

(1) 乘数联系。假设美国紧缩经济以降低通货膨胀，或者仅仅由于私人部门的需求减少，导致收入和产出的下降。美国收入的降低会减少从其他国家(如欧洲)的进口，而美国的进口又是其他国家的出口，于是欧洲的出口下降又会降低欧洲的总需求、产出和就业。可见，降低美国国民产出的任何因素都会降低国外的产出水平和就业水平。相反，一国的财政扩张将带动其他国家的产出和就业。经济学家萨默斯在1993年的研究表明，如果日本经常账户盈余占其GNP1.5%的水平，则带来的新增需求就足以为其他国家创造600亿美元的新增出口，相当于创造了100万到200万个就业机会。可见，乘数联系是通过经常账户发生作用的。

(2) 货币联系。货币联系是通过金融市场运作的。在浮动汇率制下，一国的中央银行通过紧缩通货提高利率时，高利率就会吸引国际资金进入该国，于是该国的汇率上升，从而减少出口、增加进口、降低通货膨胀。而一国政策的影响又会外溢到其他国家，当另一国如美国提高利率时，投资者会卖出欧洲金融资产，买进美国资产，从而将促使美元升值和欧元贬值，同时还会提高欧元的利率。

欧元的高利率则会抑制欧洲的国内投资从而降低产出和就业，而欧元贬值的同时会因为对美国的出口增加而刺激欧洲经济。对欧洲的整体影响是，国内投资受到抑制、出口增加以及对总产出和就业带来的不确定性。货币联系表现为货币政策的国际传导(利率影响汇率和净出口)与国内机制(高利率降低国内投资)。同时，在开放经济中，货币政策变得复杂化了。

图19-7通过对照封闭经济和开放经济，分析在开放经济中是如何使货币政策复杂化的。资本和金融账户的不平衡是货币政策的一个难题。因为货币政策的要旨是控制货币供给量，但当货币可以在国际间自由流动时，中央银行对货币供给量的控制就更加困难。

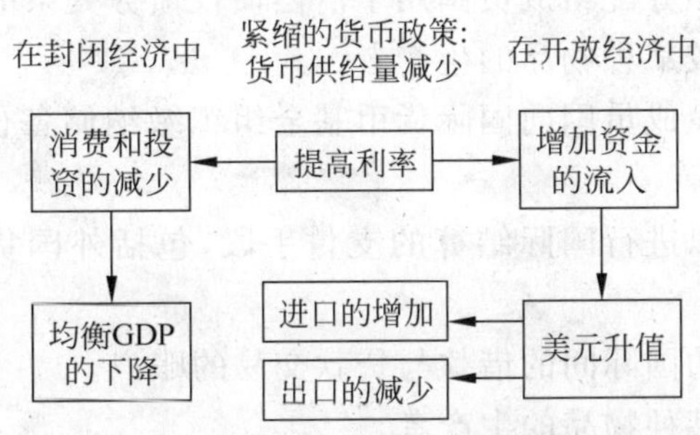

图19-7　在开放经济中货币政策变得复杂化

假设面临通货膨胀的压力,中央银行(如美联储)将会采取减少货币供给量的政策措施。于是,中央银行通过公开市场业务卖出债券,减少商业银行的准备金,从而减缓货币供给的增长。从图中看出,货币供给量的减少,使国内利率上升。在封闭经济中,国内利率上升将导致消费和投资的减少以及均衡 GDP 的下降。但在开放经济中,利率的提高会吸引大量外国投资者,因此增加了世界各国资本的流入以购买美国债券。然而,外国投资者为了购买美国债券,需要将日元、英镑等兑换成美元。由于对美元的需求增加,导致美元的价格上升或美元升值。当美元升值以后,一方面,进口产品相对便宜了,美国人对进口产品的购买增加;另一方面,美国的出口产品相对于外国的消费者来说就显得更贵了,他们将减少对美国产品的购买。结果是,加剧了美国对外贸易的不平衡。

(3) 储蓄和投资联系。国内投资和储蓄的变动如何影响其他国家?如果美国财政紧缩,包括提高税率、减少政府支出,最终会增加公共储蓄。储蓄和投资的传导机制是:一方面,财政紧缩会降低美国利率,进而美元贬值,会增加美国的国内投资和净出口或对外净投资;另一方面,美国利率的降低也会降低欧元的利率,从而增加欧洲的投资,但欧洲的对外净投资则可能下降,因为美国净出口的上升会使欧洲净出口下降。

上述三个联系构成了宏观经济相互作用的机制。具体地说,乘数联系将一国产出的变化传递到国外;货币联系使一国的货币政策影响到国外的汇率和利率;储蓄和投资联系决定了国内储蓄的变动不同程度地影响国内和国外的投资。

练习题

一、概念

将定义的序号填入概念的____中。

____绝对优势　　____比较优势　　____边际进口倾向

____经常账户　　____资本和金融账户　　____特别提款权

____普通提款权　　____马歇尔—勒纳条件　　____外汇

1. GDP 每增加一美元时进口商品所增加的数量。

2. 主要反映商品和劳务的进出口,生产要素收益的流动以及单方面的无偿转让情况,它是国际收支平衡表中基本的项目。

3. 国际货币基金组织分配给成员国用于清偿债权债务关系的账面资产。

4. 根据机会成本比较某种物品的生产者。

5. 国际货币基金组织成员国向国际货币基金组织缴纳储备份额后可以随时提取的那一部分储备。

6. 以外币表示的用以进行国际结算的支付手段,包括外国货币、外币有价证券、外币支付凭证和其他外汇资金。

7. 反映以货币表示的国际间的借款与贷款交易的账户。

8. 根据生产率比较某种物品的生产者。

9. 如果一国处于贸易逆差中,将引起本币贬值,而本币贬值会改善该国的贸易逆差,但需要的条件是出口商品的需求弹性 D_x 和进口商品的需求弹性 D_M 之和大于1,即 $D_x+D_M>1$

二、选择题

1. 提出比较优势理论的经济学家是(　　)。

A. 亚当·斯密　　B. 大卫·李嘉图　　C. 赫克歇尔　　D. 俄林

2. 根据生产要素禀赋状况,如果一国资本要素相对稀缺,而人力资源丰富,则该国应该(　　)。

A. 生产并出口资本密集型产品　　B. 生产并出口劳动密集型产品
C. 进口资本密集型产品　　D. 进口劳动密集型产品

3. 任何国家的贸易平衡主要取决于(　　)。

A. 国内储蓄率　　B. 国内投资量
C. 国际投资量　　D. 生产力水平

4. 如果存在着储蓄和投资缺口,弥补的方法主要是(　　)。

A. 增加净出口　　B. 提高利率水平
C. 实行固定汇率制　　D. 实行浮动汇率制

5. 在美国和日本的交易中,对美元的供给来自(　　)。

A. 日本居民购买美国商品和进行投资
B. 日本居民购买日本商品和进行投资
C. 美国居民购买日本商品和进行投资
D. 美国居民购买美国商品和进行投资

6. 如果日元对美元的汇率升值,将导致(　　)。

A. 美元对日元的汇率升值
B. 日本市场上美国商品价格的降低
C. 美国增加对日本商品进口,减少出口
D. 上述答案都不正确

7. 如果英镑相对于加拿大元升值,就可以说(　　)。

A. 对于英镑而言,加元增加了
B. 对于加元而言,英镑减少了
C. 其他条件不变,加拿大的英国商品的价格上升了
D. 上述答案都正确

8. 如果英镑的汇率是2美元,那么美元的汇率是(　　)。

A. 2英镑　　B. 1英镑
C. 0.5英镑　　D. 无法确定

9. 如果一国使其本币贬值,结果是(　　)。

A. 进口商品更加便宜,出口商品更加昂贵
B. 进口商品更加昂贵,出口商品更加便宜
C. 进出口商品都更加便宜
D. 进出口商品都更加昂贵

10. BP曲线表示国际收支均衡的(　　)之间的关系。

A. 国民产出水平与利率水平

B. 国民产出水平与价格水平

C. 国民产出水平与净出口额

D. 国民产出与国际收支差额

三、计算题

1. 假设A国和B国都生产X、Y两种商品,并且A国在两种商品的生产上都有绝对优势。劳动是唯一的生产要素,因此,劳动成本就是全部生产成本。计算并回答两国在两种商品生产上的比较优势。

	A国	B国
X	1小时	10小时
Y	3小时	20小时

2. 假设世界利率为10%,某地区的货币需求和供给见下表。计算或回答:

(1) 投资水平和储蓄水平。

(2) 资本流入或流出的水平。

(3) 该地区是国际贸易赤字还是国际贸易盈余?

利率(%)	货币需求(百万)	货币供给(百万)
12	130	70
11	140	60
10	150	50
9	160	40

四、分析题

1. 举例说明,为什么参与国际贸易的两国能够从贸易中获利?

2. 在自由竞争的市场中,均衡汇率是如何决定的?在自由浮动汇率制度下,什么因素将影响汇率的变化?

练习题答案

第一章

一、概念 （自左向右，下同）

4. 10. 9. 11. 8. 2. 6. 3. 7. 1. 5

二、选择题

1. B 2. D 3. C 4. D 5. B 6. C 7. A 8. C

三、计算题

从表中看出，Y 总是以 3 单位增加，X 总是以 5 单位增加。因此，Y 的变化值与 X 的变化值的比值为 0.6(或 3/5)。则直线的方程式：$Y=a+0.6X$。

将 $X=30$，$Y=28$ 代入方程式，求得截距 $a=10$。

四、分析题（答案要点，下同）

1. 微观经济学尽管研究的范围广泛，但可以用价格决定的研究来说明产品价格的决定机制，以及生产要素的价格决定。通过说明所有产品和要素的价格如何相互影响和共同决定，解释各局部市场之间的相互联系和影响。

宏观经济学研究的是整个国民经济活动，以及一国国民产出的变动及其与价格水平、经济周期、通货膨胀和失业等一系列问题之间的关系。最能反映一国国民经济状况的是国民产出水平。因此，国民产出的决定是宏观经济学的核心。

2. 上大学的机会成本主要包括，一种资源用于次优投入所产生的价值，即就业的货币收入，学费等相关费用的次优使用，如用于金融投资等。

饮食和住宿方面的支出不包括在机会成本中，因为不管在何处从事何种活动，都必须有这方面的支出。但是，如果上大学用于这方面的支出高于不上大学，其差额应当属于上大学的机会成本。

第二章

一、概念

11. 7. 1. 9. 2. 10. 4. 6. 15. 5. 14. 13. 8. 3. 12

二、选择题

1. D 2. B 3. A 4. C 5. D 6. B 7. A 8. B 9. D 10. C 11. D 12. D

三、计算题

1.

(1) 将 $Q_D=50-5P$、$Q_S=-10+5P$ 代入均衡条件 $Q_D=Q_S$ 得：均衡价格 $P_0=6$；将 $P_0=6$ 代入需求函数或供给函数得：均衡数量 $Q_0=20$。

(2) 同理,求得 $P_1=7, Q_1=25$。

(3) 同理,求得 $P_2=5.5, Q_2=22.5$。

(4) 由(1)和(2)的计算结果可知,由于消费者收入水平的提高导致需求增加。结果是均衡价格提高,均衡数量增加。

由(1)和(3)的计算结果可知,技术进步导致供给增加。结果是均衡价格下降,均衡数量增加。

2. $E_D=(\Delta Q/Q)\div(\Delta P/P)$,设该商品的需求量将增加 X,则:$1.5=X/8\%$,$X=1.5\times 8\%=12\%$,该商品的需求量将增加12%。

四、分析题

1. “丰收悖论”描述的是,在丰收的年份里农民的收入反而减少了。造成这种现象的根本原因在于,农产品的需求缺乏弹性,而农产品的供给富有弹性。在此条件下,农产品价格下降的幅度将大于农产品数量增加的幅度,最终导致丰收悖论的产生。

2.

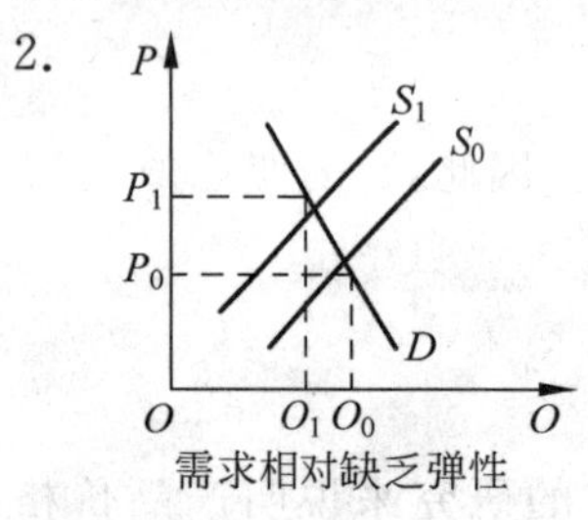

需求相对缺乏弹性

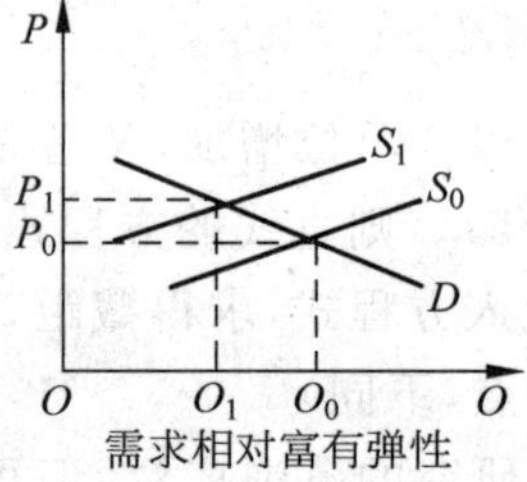

需求相对富有弹性

如图所示,自然灾害导致供给的显著减少,将提高农产品的价格,从而减少农产品的交易量。如果需求缺乏弹性,则价格变动的幅度相对较大,数量的变动相对较小;如果需求富有弹性,则价格变动的幅度相对较小,数量的变动相对较大。

第三章

一、概念

5. 8. 1. 9. 2. 11. 10. 3. 4. 7. 6

二、选择题

1. C 2. D 3. A 4. D 5. B 6. D 7. C 8. A 9. C 10. B 11. A 12. D

三、计算题

(1) 横截距为消费者的收入 I 全部购买商品 X 的数量30,且已知 $P_X=2$ 美元,因此,消费者的收入 $I=2\times30=60$ 美元。

(2) 纵截距为消费者的收入 I 全部购买商品 Y 的数量20,且由(1)已知 $I=60$ 美元,因此,商品 Y 的价格 $P_Y=I/20=60/20=3$ 美元。

(3) 预算线的方程式为:$Q_X P_X+Q_Y P_Y=I$,将(1)、(2)中 P_X、P_Y 的数据代入得:$2Q_X+3Q_Y=60$。

(4) 预算线的斜率的绝对值为 P_X/P_Y,将数据代入得:$P_X/P_Y=2/3$。

(5) 在 E 点,因为 $MRS_{XY}=P_X/P_Y$,所以,$MRS_{XY}=2/3$。

四、分析题

1. 这一说法不正确。正确的理解是，在效用最大化的商品组合，预算线的斜率＝无差异曲线的斜率。或者，消费者在做出自己的选择时要把两种商品的相对价格作为既定的，然后选择边际替代率等于这种相对价格的最优点。因为相对价格是“市场”愿意用一种商品交换另一种商品的比率，边际替代率则是“消费者”愿意用一种商品交换另一种商品的比率。所以，两种比率相等时，达到消费者效用最大化。简言之，消费者从花费在商品 X 上的最后 1 美元得到的边际效用与花费在商品 Y 上的最后 1 美元得到的边际效用相等；一种商品的边际效用与其价格之比等于所有其他商品的边际效用与其各自价格之比。

2. 收入效应大于或等于零的商品为正常品；收入效应为负的商品为劣等品；当价格变动的总效应为负时，这种商品就是吉芬商品。吉芬商品一定是劣等品，但劣等品不都是吉芬商品，只有当劣等品的收入效应超过其替代效应时，这种劣等品才是吉芬商品。

第四章

一、概念

12. 5. 1. 14. 2. 3. 13. 4. 11. 6. 8. 10. 9. 7

二、选择题

1. C 2. D 3. A 4. B 5. C 6. D 7. B 8. A 9. C 10. D

三、计算题

4单位资本				8单位资本			
劳动	TP	MP_L	AP_L	劳动	TP	MP_L	AP_L
0	0	—	—	0	0	—	—
1	22	22	22	1	22.5	22.5	22.5
2	42	20	21	2	44.0	21.5	22.0
3	60	18	20	3	64.5	20.5	21.5
4	76	16	19	4	84.0	19.5	21.0

四、分析题

1. 在图形上，劳动是 X 轴变量，资本是 Y 轴变量。一条曲线的斜率是 Y 轴变量的变动对 X 轴变量变动的比率。假设资本减少 1 个单位，而劳动必须增加 3 个单位才能维持原有的产量不变，这时等产量曲线的斜率为－1/3。因为 1 单位资本的生产率是 1 单位劳动的 3 倍，所以，减少 1 单位资本需要增加 3 单位劳动才能弥补产量的损失。资本减少导致产量下降，下降的数量由 MP_K 决定，而为了维持原有的产量就需要增加劳动量，增加的数量由 MP_L 决定。

2. 边际收益是一个短期概念，而边际收益递减是在其他要素投入数量不变时，如果等额增加一种要素，产量的增加额开始会上升，但超过某一点后，增加每一单位要素带来的边际产量会下降；规模收益是一个长期概念，而规模收益递减是当所有的投入都按相同比例增加到一定点后，导致成本的增加和收益递减。

第五章

一、概念

10. 5. 1. 6. 2. 9. 3. 4. 11. 13. 16. 7. 12. 15. 8. 14

二、选择题

1. C 2. A 3. D 4. B 5. D 6. C 7. A 8. D 9. B 10. C 11. B 12. C

三、计算题

1. 要素的最优组合必须满足 $MP_X/P_X=MP_Y/P_Y$，将表中的数据代入得：8/4=22/11。

因为 4 美元×6+11 美元×3=57 美元，所以，该厂商生产要素的最优组合为 6 个工人和 3 单位能源。

2. 因为要素的最优组合为 $MP_L/MP_K=P_L/P_K$，$MRTS_{LK}=\Delta K/\Delta L=MP_L/MP_K=P_L/P_K$。而在 A 点，$\Delta K/\Delta L>P_L/P_K$，即 $MP_L/MP_K>P_L/P_K$。所以，A 点不是要素的最优组合点。

3. 当产量增至 100 个单位时，总成本 $TC=AC\cdot Q=10\times100=1\,000$ 美元；边际成本 $MC=\Delta TC/\Delta Q=(1\,000-995)\div(100-99)=5$ 美元。

四、分析题

1. 在生产要素的价格、技术以及其他条件不变时，如果厂商改变其生产成本，等成本线会发生平行移动；如果厂商改变其产量，等产量曲线也会发生平行移动。这些不同的等产量曲线与不同的等成本线相切所形成的切点，都是要素的最优组合点。所以，离开扩展线的要素组合都不是最优组合。

2. 短期平均成本曲线呈 U 形，是边际收益递减规律的作用。随着产量的增加，边际成本下降，但达到最低点后转而开始上升。当边际成本高于平均成本时，平均成本曲线上升并且呈 U 形。长期平均成本曲线呈 U 形的原因是规模经济和规模不经济。生产阶段的开始阶段，由于生产规模的扩大而使收益递增，而当生产扩大到一定规模后收益递减，相应地长期平均成本曲线上升并且呈 U 形。

第六章

一、概念

5. 3. 6. 1. 7. 2. 4. 12. 8. 11. 10. 9

二、选择题

1. D 2. A 3. C 4. D 5. B 6. A 7. C 8. D 9. B 10. C 11. B 12. D

三、计算题

1.

(1) 因为厂商利润最大化的条件是 $MC=P$，所以产品的价格为 10 美元。每天的产量：5 000÷10=500。

(2) (8−5)×500=1 500 美元。

(3) 5 000−(8×500)=1 000 美元。

2.

(1) 求平均固定成本 AFC。因为 AC＝AVC＋AFC，所以，AFC＝1。

(2) 根据 AFC 求产量 Q。因为 AFC＝TFC/Q，所以，Q＝2 000。

(3) 根据总收益 TR 求产品价格 P。因为 TR＝P·Q，所以，P＝5。

(4) 因为边际成本 MC＝6，产品价格 P＝5，所以，P＜MC。

通过对厂商经营数据的分析，对比 P 与 MC 的关系。该厂商当前的经营状况是 P＜MC，因此，应当减少产出以避免经营亏损。

3. 四厂商集中率＝(150＋105＋85＋70)/450＝91%。

四、分析题

1. 由于完全竞争厂商是价格的接受者，其产品的价格是由市场上所有成员决定的，单个厂商只是把市场价格当作既定的，而不认为它的决策会影响价格。因此，单个厂商的需求曲线是一条与横轴平行的直线。

整个行业的需求曲线，由所有该产品的个人需求加总而成。当产品价格下降时，产品需求量将上升，而当产品价格上升时产品需求量将下降，因此，行业的需求曲线是一条向右下方倾斜的曲线。

2. 那些经济利润为零的厂商，已经实现了正常利润，其盈利正好等于机会成本，因此，即使没有经济利润也会继续生产；那些短期内亏损的厂商，不生产也要支付固定成本。因此，只要收入减去可变成本以后能弥补部分固定成本，继续生产就是有利的。

3. 与完全竞争相比，在既定的技术水平等条件下，不完全竞争的产品价格高于其边际成本，将产生无谓损失；厂商为了维持较高的价格从而获得超额利润，产品的产量通常较低，由此导致资源配置的低效率。

但是，大厂商能够利用规模经济的优势，与大部分技术的创新，有力地推动经济的发展和社会的进步；不完全竞争厂商通过提高价格和降低销售量来增加利润，结果是赢得急需其产品的客户，同时也失去那些犹豫不决的客户。不完全竞争厂商(尤其是完全垄断厂商)可以同时提高利润和消费者的满意度。

4. 不论其他博弈者采取什么策略，某博弈者的策略都是最好的，此时，该博弈者的策略就是占优策略；当两个博弈者都采取占优策略时，就会出现占优均衡；在竞争对手的策略既定时，两个博弈者都把自己的策略选择建立在假定对方会按其最佳利益行动的基础上，就会导致纳什均衡。

每个厂商和消费者都是在考虑其他各方的价格策略后做出决策的。在这一竞争均衡中，每个厂商都追求利润最大化，每个消费者都追求效用最大化，从而导致产品的价格等于边际成本，以及经济利润等于零。可见，在完全竞争市场中，即使每个厂商和消费者的行动都是非合作的，其经济后果从社会角度看也是有效率的，一个完全竞争均衡是一个纳什均衡或非合作性均衡。

第七章

一、概念

4. 1. 6. 2. 9. 3. 10. 12. 5. 7. 17. 8. 13. 16. 11. 20.

19.　14.　18.　15

二、选择题

1. B　2. D　3. B　4. C　5. D　6. D　7. A　8. C　9. B　10. D　11. A　12. C　13. A

三、计算题

1. 根据厂商利润最大化的条件 MC＝MR 可知：当雇用的人数从 3 增至 4 时，MC＝150 美元；总产量增加了 15 个单位(75－60)，MR＝10 美元×15＝150 美元。因此，厂商实现了利润最大化。

2. 在完全竞争的市场上，当边际产品 MP 乘以产出价格 P 等于投入的要素价格时，厂商就得到了利润最大化的要素组合。其公式：$MP \cdot P = W$，代入数据得：$0.5 \times P = 5$，$P = 10$。

3. 因为利润最大化的条件是 MRP($P \cdot MP$)＝MC，所以，$2 \times MP_A = 8$，$MP_A = 4$；$2 \times MP_B = 4$，$MP_B = 2$；$2 \times MP_C = 10$，$MP_C = 5$。

四、分析题

1. 边际生产力理论的基本观点是，劳动的边际生产力不仅决定边际劳动的工资，并且决定所有与他同一熟练程度的工人的工资。同理，资本的边际生产力不仅决定边际资本的利息，并且决定其他部分的资本的利息。简言之，在静态经济条件下，工资决定于劳动的边际生产力，利息决定于资本的边际生产力。

2. 为取得最大利润，只要一种要素的边际收益产品 MRP 大于该种要素的边际成本或者价格，就应追加该种要素。如果要素是劳动，雇用的工人数要到劳动的边际收益产品等于劳动的价格为止。

第八章

一、概念

4.　1.　3.　2

二、选择题

1. C　2. D　3. B　4. D

三、计算题

(1) 消费者效用最大化的条件：$MU_X/P_X = MU_Y/P_Y = MU_Z/P_Z$，将数据代入得：$100/2 = 50/1 = 200/4$。消费者实现了效用最大化。

(2) 厂商利润最大化的条件：$MC = P$。表中的数据说明，厂商达到了利润最大化。

(3) X 与 Y 的 $MRS = P_X/P_Y = 2/1 = 2$，Y 与 Z 的 $MRS = P_Y/P_Z = 1/4 = 0.25$，$X$ 与 Z 的 $MRS = P_X/P_Z = 2/4 = 0.5$。

X 与 Y 的 $MRT = MC_X/MC_Y = 2/1 = 2$，$Y$ 与 Z 的 $MRT = MC_Y/MC_Z = 1/4 = 0.25$，$X$ 与 Z 的 $MRT = MC_X/MC_Z = 2/4 = 0.5$。

(4) 通过(3)证明，X、Y、Z 三种组合的 MRS＝MRT，因此，经济实现了一般均衡。

四、分析题

1. 局部均衡分析只考察某一局部的均衡状态，不考察该局部与其他局部之间的相互关系和影响。如果只分析个别消费者、个别厂商、个别市场的均衡，就是局部均衡分析。而一般均衡分析是将所有的消费者和厂商、要素市场、金融市场、产品市场一并考察，分析它们之间相互关系和影响所形成的共同均衡状态。

2. 每一消费者都在其既定的收入下实现了效用最大化；每一厂商都在其生产函数决定的“投入—产出”组合下达到了利润最大化；所有市场同时出清并且各自的供求都相等；每一厂商都只获得正常利润，其经济利润为零，每一厂商不再有扩大或减少其产量的动机和动力。

第九章

一、概念

6. 3. 1. 5. 2. 15. 10. 4. 7. 14. 12. 8. 9. 13. 17. 16. 11

二、选择题

1. A 2. D 3. B 4. C 5. A 6. D 7. B 8. C 9. A 10. B 11. D

三、计算题

(1) 市场的均衡数量为800头，均衡价格为140美元。

(2) 社会边际成本＝私人边际成本＋污染成本，将数据填入下表。可见，资源最优配置的数量为500头，社会边际成本为180美元。

(3) 市场的均衡数量为800头，而资源最优配置的数量为500头。这说明，要改善资源配置应该减少牛的产量。

数量(头)	社会边际成本(美元)
500	180
600	200
700	220
800	240
900	260
1 000	280
1 100	300

四、分析题

1. 当一个厂商生产多种不同产品的成本低于多个厂商分别生产一种产品的成本之和时，就表明存在着范围经济。长期平均成本随着产量的增加而下降，就表明存在着规模经济。

规模经济和范围经济之间没有直接联系。一家生产两种产品的厂商可以在生产过程规模不经济时获得范围经济。同样，一家联合生产多种产品的厂商，在各自单独生产其产品方面具有规模经济，但不具有范围经济。

2. 在交易成本为零的条件下，相互间存在外部性的双方都将认为，与对方做某种交易是有利的。于是双方在“看不见的手”的引导下,会自动将产量调整到能够实现资源最优配置的产量水平,而且与所有权最初分配状态是无关的。简言之,如果私人各方可以无成本地就资源配置进行协商,那么,他们就可以自己解决外部性问题。

第十章

一、概念

7. 5. 1. 6. 2. 3. 8. 4. 9. 12. 10. 13. 11. 14. 15

二、选择题

1. A 2. B 3. C 4. B 5. A 6. D 7. B 8. B 9. A 10. B 11. A

三、计算题

1. 宏观经济均衡的条件是 AD=AS,4 500−1 500P=1 500+500P。解得:P_0=1.5,Y_0=2 250。

2. 用产品流量法和收入流量法核算 GDP,是分别计算最终产品的价值和各生产环节的增加值。

(1) 因为银装饰品为最终产品,所以,用产品流量法核算 GDP=32 万美元。

(2) 因为采矿和制造阶段的工资=8+6=14 万美元,厂商所获利润=(12−8)+(20−6)=18 万美元,所以,用收入流量法核算 GDP=14+18=32 万美元。

四、分析题

(1)GDP 没有包括闲暇的价值。这样,随着经济的发展,虽然 GDP 增加了,但人们的福利却降低了,因为闲暇时间减少了。(2)GDP 没有对有些社会问题的变化做出调整。例如,如果社会的犯罪增加,而为解决犯罪问题增加了政府支出,同时也增加了 GDP,但犯罪的增加却会减少社会福利。(3)GDP 没有对环境污染等问题做出调整。例如,GDP 指标无法反映酸雨、温室效应等环境退化问题带来的损失。

第十一章

一、概念

5. 1. 3. 2. 7. 4. 6. 8

二、选择题

1. D 2. A 3. A 4. B 5. C 6. D 7. B 8. C 9. D

三、计算题

1. 简单乘数公式:$\Delta Y/\Delta I=1/1-b$,将数据代入并计算:$\Delta Y/40=1/0.2$,ΔY=200 亿美元,国民产出将增加 200 亿美元。

2. $Y=(a+I)/(1-b)=(1+100)/(1-0.8)=505$ 亿美元。

四、分析题

1. 家庭的计划储蓄和厂商的计划投资取决于不同因素,例如,储蓄主要由收入决定;投资取决于利率、税收政策、预期产出水平、厂商信心等非收入因素。这会使储蓄和投资往往出现不相等。这样,在经济中就存在着计划与实际的差别。计划是“事前”意愿的消费、储蓄或投资数量;实际是“事后”衡量出的实际的数量。

2. 凯恩斯将卡恩的乘数原理作为其就业理论的重要组成部分,以解释总需求变动如何影响国民产出。凯恩斯乘数模型的重要特点是，用以解释萧条和衰退时期的经济状况，而不能应用于充分就业时期。

第十二章

一、概念

5. 3. 2. 4. 1

二、选择题

1. C 2. B 3. A 4. D 5. C 6. A 7. C 8. D

三、分析题

1. 凯恩斯主义认为，总供给曲线是一条水平线。由于经济萧条时期存在着大量失业和闲置的资源，通过增加总需求完全有可能使实际 GDP 大幅度增加而对价格水平没有任何影响；古典学派则认为，总供给曲线是一条处于潜在 GDP 的垂直线。经济具有自我矫正的力量，通过价格和工资的灵活变动，能够将经济的失衡调节到长期均衡状态。

2. 供给学派经济学强调激励，主张通过大幅度削减税收，以此促进经济增长，并且认为减税会更多地影响总供给而非总需求；激励人们更加积极地工作，引起工作质量和数量的提高，从而进一步增加生产能力；更多地关注中期而不是短期。

第十三章

一、概念

6. 3. 1. 2. 7. 5. 4. 9. 8

二、选择题

1. D 2. A 3. A 4. B 5. C 6. A 7. C 8. D 9. A

三、计算题

1.

(1) 因为法定准备金率为 25%，上缴中央银行的法定准备金＝10 000×25%＝2 500 亿美元，所以，至少使贷款增加 7 500 亿美元：10 000－2 500＝7 500 亿美元。

(2) 因为货币乘数＝1/25%＝4，所以，最多使贷款增加 30 000 亿美元：7 500×4＝30 000 亿美元。

2.

美元

资　产		负　债	
准备金	8 000	支票账户存款	40 000
贷款	32 000		

上缴中央银行的法定准备金＝8 000×20%＝1 600 美元；贷款额＝8 000－1 600＝6 400 美元；货币乘数＝1/20%＝5；贷款总额＝6 400×5＝32 000 美元；支票账户存款＝8 000＋32 000＝40 000 美元。

四、分析题

1. 当美联储的政策意向是紧缩银根时就买入国库券,国库券的利率将提高,于是投资国库券比出售联邦基金的投资获利更高,导致商业银行在联邦基金市场上的投资转向财政部证券市场的投资,联邦基金的供给就将下降。在竞争的市场上,联邦基金的供给下降,联邦基金的均衡利率将上升。美联储的政策意向是放松银根时,情况相反。联邦基金利率的变动,最终将影响市场利率的变动。

2. 中央银行决定整个银行体系的准备金数量,整个银行体系将这些准备金当作一种投入品,利用支票账户和发放贷款,通过多级银行的轮数反应过程,更多的银行货币被创造出来。

第十四章

一、概念

3. 5. 1. 4. 2. 8. 6. 10. 7. 9

二、选择题

1. D 2. B 3. A 4. D 5. C 6. B 7. A 8. D 9. C 10. C 11. A

三、计算题

1. IS 曲线 $300-100r=-200+0.2Y$;LM 曲线 $0.4Y-50r=250$。

2. 求解:$300-100r=-200+0.2Y$,$0.4Y-50r=250$,得:$Y=1\,000$,$r=3$。

四、分析题

1. 家庭购买消费品,厂商购买原料、雇用劳动等,都需要以货币形式持有某些资产,这是货币的交易需求;人们的财富可以有不同形式的存在,合理的方法是将其财富多样化,变成风险程度不同、类型不同的资产。这样,预期哪种资产要贬值,人们就会在其价格下降之前卖出,并且可能在其价格降低之后买回。在卖出一笔资产和买回另一笔资产之前的这段时间内,货币将作为财富储藏手段保持在手中,这是资产的货币需求。

2. 货币中性问题是货币供给变化能否对实际经济产生实质性影响的问题。如果货币供给变化不影响产出、价格水平和其他经济变量,货币是中性的。货币供给的变化在长期中,随着价格的充分调整,经济达到潜在产出,资源已经被充分利用。货币供给的变化主要影响价格水平,而对实际产出影响较少。简言之,当所有的调整都反映到价格上,则所有的名义变量包括名义产出等,都没有因为货币供给增加而发生变动,这就是货币长期中性。

第十五章

一、概念

2. 6. 5. 10. 3. 4. 7. 9. 8. 1

二、选择题

1. D 2. C 3. A 4. B 5. D 6. A 7. D 8. A 9. B

三、计算题

表 3 中央银行资产负债表 10 亿美元

资产		负债	
黄金券	10	中央银行票据	17.5
政府债券	45	存款：	
贷款	5	国库存款	5
		银行准备金	37.5

表 4 商业银行合并资产负债表 10 亿美元

资产		负债	
黄金券	40	即期存款	410
库存现金	10		
贷款	360		

中央银行通过公开市场业务买入短期政府债券；体现了中央银行通过增加货币供给量刺激经济的政策意向。

四、分析题

1. 中央银行通过调整准备金率来调节流通中的货币量。当经济扩张发生通货膨胀时,中央银行通过提高准备金率,迫使商业银行和其他金融机构紧缩信贷,减少货币供给量；当经济处于衰退时,中央银行降低准备金率,使商业银行扩大信贷规模,增加货币供给量。

准备金率是通过影响货币乘数来影响货币供给量的,准备金率的微小变动将会带动法定准备金量的巨大变动,然后通过乘数的作用将对货币供给量产生巨大影响,从而引起经济的强烈振荡。因此,这一政策在一般情况下很少使用。

2. 中央银行设定的货币政策中介指标主要有利率和货币供给量。

作为货币政策中介指标的利率,通常指的是短期市场利率,该利率是反映货币市场资金供求状况而且变动灵活的利率。例如,美国的国库券利率、联邦基金利率,英国的伦敦同业拆放利率等。中央银行根据货币市场资金供求状况和货币政策目标的要求,通过公开市场业务调节资金供求,或者通过变动贴现率影响市场利率,总之,中央银行可以间接地调控市场利率。

第十六章

一、概念

7. 4. 1. 3. 8. 2. 5. 9. 6. 10. 11. 12

二、选择题

1. A 2. D 3. B 4. A 5. D 6. A 7. D 8. B. 9. A 10. D 11. B

三、计算题

GDP	DI	C	I	G	$C+I+G$
1 200	1 000	900	200	300	1 400
1 450	1 250	1 100	200	300	1 600
1 700	1 500	1 300	200	300	1 800
1 950	1 750	1 500	200	300	2 000
2 200	2 000	1 700	200	300	2 200

(1) 均衡 GDP＝2 200。

(2) 经济处于均衡状态时的储蓄水平 $S=2\,000-1\,700=300$。

(3) 经济处于均衡状态时 $200=300+(200-300)=200$，$I=S+(T-G)$。

(4) 因为 MPC＝200/250＝0.8，所以，政府支出乘数＝$1/1-b=5$。

四、分析题

1. 政府财政赤字对经济的短期影响就是挤出效应。当政府增加支出时，导致利率上升，从而挤出私人投资；在充分就业和非充分就业的经济中，挤出效应略有不同。如果经济已经处于充分就业水平，则增加政府支出会完全地挤出私人投资和消费。在一个非充分就业的经济中，政府的扩张性财政政策，对私人投资的挤出效应一般不会产生完全的挤出；挤出效应与政府财政赤字有关，但挤出效应只适用于结构性赤字。

2. 就内债而言，由于政府借的是本国公民的钱，如果将公债使用得当，不但不会造成沉重的负担，人民还会从中受益。但是，内债要求政府向债券持有人支付利息，因此政府必须征税。而即使是向利息获得者征收等额的利息，也将会带来激励机制的扭曲。就外债而言，外债将导致债务国公民可支配资源的减少。这些国家为所借债务还本付息，必然增加出口，减少进口，通过贸易顺差来偿还外债，其结果必然会降低一国的生活水平。总之，只有合理的政府债务水平对经济发展才是有利的。

第十七章

一、概念

7. 4. 1. 2. 8. 3. 9. 5. 12. 6. 10. 11. 13

二、选择题

1. C 2. D 3. A 4. A 5. C 6. D 7. B 8. C 9. B 10. C 11. D 12. C 13. A 14. C

三、计算题

1. 1991 年的通货膨胀率＝[(109.5－105.9)/105.9]×100%＝3.4%。

1992 年的通货膨胀率＝[(114.5－109.5)/109.5]×100%＝4.6%。

2.

(1) 劳动力人数＝就业人数＋失业人数＝1.2＋0.1＝1.3 万人。

(2) 就业率＝(劳动力人数/成年人)×100%＝(1.3/1.9)×100%＝68.4%。

(3) 失业率＝(失业人数/劳动力人数)×100%＝(0.1/1.3)×100%＝7.69%。

(4) 失业但没有积极寻找工作的 0.3 万人,不能用于计算失业率。这是因为失业人数是指没有工作但在最近 4 周里积极寻找工作的成年人的数量。或者,失业人数是指在一定时期内,有工作意愿而仍然没有就业的劳动力人数。

四、分析题

1. 通货膨胀将财富从债权人再分配给债务人,债务人可以用实际价值较低的货币偿还债务;拥有的储蓄和持有的货币,因通货膨胀其购买力降低;政府对所得税实行累进制征收,货币的名义收入越高,征缴的税率越高,从而加大纳税人的负担。

在治理通货膨胀的对策中,紧缩财政和货币政策是所有国家反通货膨胀的传统政策措施;也采用扩张性财政政策与紧缩性货币政策的组合,或者紧缩性财政政策与扩张性货币政策的组合,以抑制通货膨胀;收入政策是对工资与物价的控制,以实现控制通货膨胀的政策。收入政策在早期曾被广泛采用,但现在很少用管制价格和工资的办法来抑制通货膨胀。

2. 摩擦性失业是由于劳工市场的信息不完全造成的失业;结构性失业是因经济结构的变化、产业兴衰的转移而造成的失业;周期性失业是和经济周期变化联系在一起的失业。

摩擦性失业和结构性失业即使在劳工市场处于均衡状态时也会存在,摩擦性失业者失业时间一般较短,结构性失业者失业时间持续时间较长。而周期性失业则是劳工市场处于非均衡状态时产生的失业。

摩擦性失业既有自愿失业因素,也有非自愿失业因素;周期性失业和结构性失业属于非自愿失业。

第十八章

一、概念

4. 3. 1. 2. 6. 5

二、选择题

1. A 2. B 3. A 4. C 5. C 6. D

三、计算题

[(10 521－10 030)/10 030]×100％＝4.9％。

四、分析题

1. 古典经济增长模型强调经济增长的动力是土地和人口。由于土地的自由使用,于是随着人口的增加,耕地面积也不断扩大。因为没有资本积累,当人口翻一番时,国民产出也正好翻一番。在新古典经济增长模型中,资本深化是经济增长的必要条件。但经济增长仅靠资本的积累,那么,生活水平的提高最终必然会停滞。因此,在人力、自然资源和资本等投入既定的前提下,技术变革是经济增长的关键因素。

2. 技术变革能够提高劳动生产率,使同量的投入获得更多产出,以及工资上升和生活水平的提高。技术变革能够通过资本生产率的提高,在实际利率不降低的条件下,抵消利润率下降趋势。总之,技术变革成为经济增长的关键因素。

第十九章

一、概念

8. 4. 1. 2. 7. 3. 5. 9. 6

二、选择题

1. B 2. B 3. D 4. A 5. C 6. B 7. D 8. C 9. B 10. A

三、计算题

1. 商品生产上是否具有比较优势,需要比较两国两种产品生产的机会成本。在A国,生产1单位X的机会成本为1/3=0.33个单位的Y。在B国,生产1单位X的机会成本为10/20=0.5个单位的Y。因此,A国在X的生产上有比较优势;在A国,生产1单位Y的机会成本为3/1=3个单位的X。在B国,生产1单位Y的机会成本为20/10=2个单位的X。因此,B国在Y的生产上有比较优势。

2.

(1) 投资(货币需求)水平为1.5亿美元,储蓄(货币供给)水平为0.5亿美元。

(2) 资本流入=MD−MS=1.5−0.5=1亿美元。

(3) 根据(2),该地区的国际贸易赤字=资本流入=1亿美元。

四、分析题

1. 大卫·李嘉图的比较优势理论指出,每个国家都可以专业化地生产并出口其生产成本相对较低的商品,同时进口其生产成本相对较高的商品。就是说,专业化和贸易给贸易双方带来的好处取决于比较优势。例如,马里这样的小国,工人使用手工织机,其生产率只有工业化国家的百分之几。但从马里本身的比较优势而言,马里通过出口自己生产率相对较高的纺织品等,进口生产率相对较低的汽车等也能够从贸易中获利。

2. 在完全竞争的条件下,均衡汇率是外汇的供给量和需求量相等时的汇率。如果外汇的供求发生了变化,则均衡汇率也会发生变化,并且在新的供求关系作用下产生新的均衡汇率。

在自由浮动汇率制度下,影响汇率的因素主要有进出口、资本流动、投机等。

参 考 文 献

[1] [英]凯恩斯.就业、利息和货币通论[M].北京：商务印书馆，1999.

[2] [美]保罗·萨缪尔森，威廉·诺德豪斯.经济学(第16版)[M].北京：华夏出版社，1999.

[3] [美]保罗·萨缪尔森，威廉·诺德豪斯.经济学学习指南[M].北京：华夏出版社，2000.

[4] [美]保罗·萨缪尔森，威廉·诺德豪斯.经济学(第17版)[M].北京：人民邮电出版社，2004.

[5] [美]保罗·萨缪尔森，威廉·诺德豪斯.经济学(第18版)[M].北京：人民邮电出版社，2008.

[6] [美]保罗·萨缪尔森，威廉·诺德豪斯.经济学(第19版)[M].北京：商务印书馆，2013.

[7] [美]罗伯特·霍尔，约翰·泰勒.宏观经济学[M].北京：中国人民大学出版社，2000.

[8] [美]坎贝尔·麦克康耐尔，斯坦利·布鲁伊.经济学(第14版)[M].北京：北京大学出版社，2004.

[9] [美]布拉德利·希勒.当代经济学(第8版)[M].北京：人民邮电出版社，2003.

[10] [美]约瑟夫·E.斯蒂格利茨，卡尔·E.沃尔什.经济学(第3版)[M].北京：中国人民大学出版社，2005.

[11] [英]艾伦·格里菲思，斯图尔特·沃尔.应用经济学(第七版)[M].北京：中国经济出版社，1998.

[12] [美]R.格伦·哈伯德，安东尼·P.奥布赖恩.经济学[M].北京：机械工业出版社，2007.

[13] [美]坎贝尔·R.麦克南，斯坦利·L.布鲁伊.经济学(第15版)[M].北京：中国财政经济出版社，2004.